巴黎 PARISIANS

AN ADVENTURE HISTORY OF PARIS

光影流动的盛宴

PARISIANS: AN ADVENTURE HISTORY OF PARIS

〔英〕格雷厄姆·罗布 著

金天 译

上海文艺出版社
Shanghai Literature & Art Publishing House

献给我的父亲和母亲——

戈登·詹姆斯·罗布（1921—2000）

乔伊丝·高尔－罗布

目　录

始发站

我十七岁到巴黎那会儿[①]，巴士底狱早已消失。旅行社提供的地图明明在东区标有“巴士底狱”的字样，但当我走出地铁巴士底站时，只见外面的广场上矗立着一根难看的青铜柱，此外别无一物，就连巴士底狱的废墟都没留下。青铜柱的基座上刻有日期：“1830 年 7 月”，鎏金的字体已然黯淡。柱子背面还有铭文，颂扬巴黎人为捍卫“公民自由”而英勇献身。可是法国大革命发生在 1789 年，这根青铜柱显然是为了纪念别的什么革命。何况 1789 年之后，连同国王在内的一众贵族都被送上了断头台，那么又是哪一个政权（或是哪一群人）在 1830 年血腥镇压了捍卫自由的巴黎市民呢？对此，纪念柱没有给出任何答案。等我回到英国，一个学长告诉我：除了 1830 年的革命以外，巴黎还发生过另外一起革命，就在七年以前。[②]

爸妈送我的十七岁生日礼物便是巴黎七日游。旅行社在巴黎军事学校附近的小旅馆替我订好了房间，另给了我参观巴黎古迹和在平价餐厅用餐的指南、塞纳河观光船的船票，以及一张可以在老佛爷百货兑现的礼品券。我打包了远超七日所需的衣物、急救用品和一本二手的《波德莱尔[③]诗选》。在遍访巴黎名胜之余，我的那些神奇且难以

---

① 按上下文日期推算，此时应为 1975 年，作者十七岁时。

② 应指“五月风暴”，即 1968 年春天法国发生的学生运动。

③ 夏尔 - 皮埃尔 · 波德莱尔（1821—1867），法国诗人、现代派奠基者，代表作包括诗集《恶之花》及散文诗集《巴黎的忧郁》。

言表的体验皆因《波德莱尔诗选》的指引。我读波德莱尔的《巴黎即景》，也读他的《现代生活的画家》。波德莱尔在其中的一章里这样写道：“美妙与诗意充盈巴黎人的生活——奇迹包围着我们；眼不能见，却呼吸它一如空气。”我在圣雅克塔[1]附近的咖啡馆品读波德莱尔的文
[4] 字。细雨模糊了往来行人的面庞，冷硬的哥特式建筑仿佛消散在蒙蒙雨雾里，就在那一刻，我当真见证了“眼不能见”的巴黎奇迹。

七天的巴黎之行还带给我好些有趣的发现。譬如埃菲尔铁塔对岸的小屋正是巴尔扎克一边躲债、一边写下《人间喜剧》[2]的地方。譬如我朝着圣心堂直走，站在可以仰望它那白色圆顶的高地[3]，只见我脚下星罗密布的咖啡馆一片欢腾，所有的民间艺术家都在仿造相同的几幅油画作品。[4]譬如我曾终日徜徉在卢浮宫，既忘了吃喝，也忘了我究竟看过些什么。譬如我寻到了铺着砂砾的中世纪街道，也琢磨过石墙上令人费解的涂鸦——它们似是饱学又有政治抱负之人留下的。譬如我经过地铁里肢体残缺的乞丐，也经过旅行指南里不曾提及的街区，亲眼看到过《巴黎即景》所描绘的烟花女。

我那时对法语“照本宣科”，远不能运用自如。几番尝试与人对话无果后，我觉得保持缄默、细品巴黎方是明智之举。横跨巴黎市只需半天，我步行过数次，随后便对照公交路线图来规划当天的行程。不出一周，27 路、38 路、92 路以及大多有着“随上随下”开放式后门的公交车已仿如旧识。我把坐观光游轮安排到了最后一天，基本在昏睡中渡过了塞纳河。等登上荣军院站的机场专线时，我的

---

① 是巴黎第四区的一座哥特式塔楼，高五十四米，其丰富的装饰反映了为教堂捐赠的教友——附近中央市场从事批发的屠户收入颇丰。

② 系法国批判现实主义的巨匠奥诺雷·巴尔扎克（1799—1850）的小说集，共 91 部，包含各式各样的长、中、短篇小说和随笔，创造出近三千个角色，被誉为“资本主义社会的百科全书”。

③ 圣心堂位于巴黎的蒙马特高地，是巴黎的最高点。

④ 向游客和信徒兜售的宗教主题的油画仿品。

行李鼓鼓囊囊的，里头全是（依我看）价值连城的二手书。在巴黎的这一周太过充实，以至于没到老佛爷百货兑换小礼品也不怎么令我遗憾了。

返程的飞机直达伯明翰，我身边的乘客是个美国人。他试着同我闲聊，问我去没去过巴黎的拉丁区①。我回答说“没有”——尽管后来才意识到我其实是去过的，但到底已经迟了。“哎呀！”那美国人说，“你一定要再去一趟巴黎！没到过拉丁区，等于没到过巴黎。”

翌年，我带着足够两周的生活费重返巴黎，决意找一份临时工。三周后我找到了工作，这一回在巴黎停留了半年。再后来，我对巴黎足够了解了，我也终于明白：我永远不会真正了解这座城市。谁让 [5]
气势逼人的停车门廊②是巴黎最具特色的景观呢——它们牢牢圈住内院，外人休得进入。我在这样的巴黎交到了朋友，他们大多出生在巴黎以外，却对身为巴黎人感到无比自豪。这些人带我去巴黎的隐秘角落，单凭我自己没可能找到。这些人践行“生活的艺术”：被困在车流里时依然优哉游哉，非法停车就相当于捍卫人身自由；他们把街道看作公共博物馆，好仔细端详橱窗里的摆设……这些人向我示范佯装同侍应生争执③的把戏，也鼓励我早日练出放胆打量美貌异性的厚脸皮。仍是学生的我翻阅过小说和史籍，试图把从书本上获得的信息与眼前的事实匹配起来。我学会了区分不同年份的革命，替巴士底站外的青铜柱找到了解答，甚至弄懂了一部分墙面涂鸦（政治标语）的含义。但我所习得的新知识总归显得别扭，且多少和现实脱节。这是企图查考历史的旅人必然会有的烦恼：先入为主的经验难免成为绊脚

① 是巴黎著名的学府区，也是抵抗运动和抗议游行的敏感区，其名称来源于中世纪该地区以拉丁语作为教学语言的传统。

② 指建筑前部带有顶棚的门廊，可通往庭院并容许马车或轿车在此上下客。

③ 或许是为了避免给侍应生小费。

石。为此我查阅了《巴黎街道历史大辞典》(雅克·伊莱雷[①]编)的全部七千条目，审视过所有我能搜集到的老照片。然而在巴黎的天空之下，即便最耀眼的探照灯也无法穿透笼罩古建筑的重重迷雾。哪怕我的法语已精进到可以偷听人们对谈的地步，巴黎大道上熙熙攘攘的人群和咖啡店里一张张陌生的面孔也一再提醒着我：这座有着百万人口、变幻莫测的都市永不会任凭一个人完全读懂。

我们即将展开的这场探险是对法国历史的回顾，这回顾由诸多不同的声音组成。我们的第一站始于法国大革命前夕，我们的终点站落在公元2010年。我们不时会穿越回中世纪乃至史前，以便探寻当时的历史风貌。最初的巴黎是塞纳河上的一座小岛，那里曾是巴黎西[②]族人的家园。后来的巴黎发展壮大，如雨后春笋般涌现的郊区地带却在现代巴黎人的心中引发恐慌，比之它们当年尚有强盗和野狼出没时更甚。

我但愿这本《巴黎》可比拟一部微型的《人间喜剧》，城中居民娓娓道来他们的亲身经历，汇集成巴黎的一段段过往。《巴黎》的每一则故事都是真实的，这每一则故事也都是完整的。故事与故事之间有交错、有转折，这些交错与转折是驿站，是十字路口，是划定时空的里程碑(不论是从字面意义上理解还是把它们看作一种比喻)。在巴黎，
[6] 不同的区域和建筑在不同的阶段消失复又出现，被不同的眼睛观察，见证不同的事件、不同人群的执迷和梦想，由不同的建筑师改造，受到不同岁月的洗礼。

直至十八世纪末，巴黎方才有准确的地图，少数巴黎人也方才愿意稍离他们的街区。但即便是在资讯发达、出行便捷的今天，对巴黎(或者任何一座伟大城市)的再发现都难免一定程度上的混淆与错乱。

---

① 奥古斯特·安德烈·库西兰(1886—1984),“雅克·伊莱雷”为其笔名，法国历史学家。

② 凯尔特部落高卢族分支,“巴黎”因此得名。

巴黎的街道分布、它的地形纹理、气候、气味、建材和巴黎人的喧嚣一起，构建出一种特定的现实。不论有多私密或多怪异，巴黎城的每一个异象和愿景都和它的节庆以及古迹一样，属于这座城市的历史。一家之言的确会让我们的这场探险变为脚本已定的呆板旅程，可是某个特定的地点、特定的时刻或特定的人物必然携带特定的观点和叙事手法。因此接下来的每一则故事都散发特定的气息，都主张自己的立场，都以独有的方式向过去致敬。正因为有叙事的需要，所以才会对巴黎建筑风格的转换、巴黎的警力和政府部门的变迁、它的基础设施与公共住房、巴黎人的娱乐消遣以及一场接一场的革命详加阐释。这些故事当中没有杜撰而后植入的细节，除了奥斯曼男爵、希特勒和少数几位共和党总统，也没有人对巴黎的排水系统或交通运输网络的发展做过点评。

一个人如果像解题一样沿着尚且未知的方向启程，之后再对照地图追溯他一路行来的脚踪，没准能从中提取良多有用的细节。我在踏过长路、搭乘过公交或经历过背包游后，曾经试图再现这样的“意外之喜”，好帮助自己整理回忆：率性出行是为了创设一个探索的情境；比对史料则是为了往这个情境中添入更为细致的见闻和推定。巴黎的历史学家有志一同地写道：想对巴黎做通盘记录是不可能完成的任务。我写《巴黎》，恰好重申并且放大了这种不可能。历代佳作（一些仍在版）对巴黎的历史条分缕析，这一点《巴黎》绝不能替代；但这本书也并非乍看上去的那样偏离对巴黎传统历史的描述。《巴黎》正如文化普及类读物《探索法国》①，其创作亦需严谨的考证，目的就是绝不篡改和矫饰来之不易的历史数据。最重要的是，我写《巴黎》是为享受追索巴黎本身所带来的乐趣，我希望我的读者亦然。因此，但凡开明的历史学家都会建议你：阅读这本书的同时，不妨试着找找拉雪 [7]

① 本书作者的另一本著作。

兹神父[1]公墓里到底埋藏着多少奇人奇案，不妨去戴高乐广场[2]和索邦广场[3]之间的每一家露天咖啡馆小坐，不妨把巴黎的十几条公交路线从头到尾乘一遍，不妨淘一淘从都尔奈勒[4]码头直摆到马拉盖[5]码头的每一个书摊。

---

① 法王路易十四（1638—1715）的告解神父。

② 原名星形广场（是巴黎十二条呈辐射状的主要道路的交汇点，故名星形），亦曾改名为胜利广场、贝当广场。

③ 以与之同名的索邦学院命名，为纪念法国神学家、路易九世（1214—1270）的告解神父、索邦学院的创建者罗贝尔·德·索邦（1201—1274）。

④ 意为“塔楼”，为法王腓力二世（1165—1223）在十二世纪末下令沿塞纳河所建，即卢浮宫的前身。

⑤ 意为“难以靠岸的”，位于孔代码头和伏尔泰码头之间。

第一站 /

皇家宫殿奇妙夜

每周三早上七点（冬季则是八点①），一艘渡轮会离开欧塞尔②，行驶约一百海里后到达巴黎。在冬季，这是从法国中部的勃艮第③以及南方省份前往巴黎的最佳选择，既安全又舒适。船只自约讷河④顺流而下，经塞纳河抵达目的地港口，只需三天就能栖息在古都巴黎的心脏地带，停驻于林立的尖塔和拱顶之下。这艘巨大的平底渡轮让人漆成了绿色，又分隔出带有舷窗的不同区域。船舱内十分宽敞，安着一排排木凳，足以容纳四百名乘客和他们携带的家禽家畜——要么是为了卖给沿途吆喝的商贩，要么是为了送上城里亲眷的餐桌。渡轮上有提供汤水和炖菜的厨房，不曾带足干粮的乘客不必担心饿肚子。船身左右还各有一间茅厕，专供不愿纡尊降贵在岸上的葡萄园解手的乘客方便。

士兵也好，辗转各地的推销员、流浪音乐家、僧侣、农民也罢，又或是一大群把亲生孩子留在老家、自个儿进城兜售奶水的乳娘——有钱人一旦习惯了与这些人同乘，自然会觉得比起在驿道长途奔波，走水路要惬意得多。在我们的故事发生以前，曾有诗人⑤坐过同样的

---

① 法国采用夏时制，即在春夏季将时间拨快一小时，在秋冬季调回正常时间。

② 位于法国勃艮第－弗朗什－孔泰大区，是约讷省的省会，被称为艺术与历史之城。

③ 是法国中部大区，勃艮第和波尔多为法国两大著名产酒区。

④ 塞纳河的左支流，流经勃艮第和法兰西岛（又称巴黎大区）。

⑤ 应指安托万·贝尔坦（1752—1790），法国诗人。

渡轮，在诗人的眼中，他仿佛已经“登上满载所有物种的挪亚方舟[①]，这就要去往海外的新大陆，到那儿繁衍生息”。而这艘渡轮上的乘客要是能在盘起的缆绳和堆成小山的行李之外找到一点空间，放眼望去，便能观察到船只仿佛静止不动、沿岸风光正如油画布景一般徐徐
[12] 倒退的奇特现象。船行平缓，人们忽然有了大把无所事事的时间。船上三教九流、鱼龙混杂，一些乘客在这喜洋洋的氛围中莫名振奋了起来。男人渴望一睹巴黎的景致，他们满心好奇，想探究巴黎的女人是否如传闻中的那样八面玲珑、风姿绰约。在圣母院的塔楼映入眼帘以前，他们早已对巴黎梦萦魂牵了。

1787年11月7日早晨，在从欧塞尔启程的这趟渡轮上，有一位最近才调派到瓦朗斯[②]的炮兵中尉。他年方十八，除了害怕当众出丑外一无所惧。中尉穿着长筒靴，却没有与靴子相匹配的高挑身段。但他足够有威仪，如果有人胆敢当着他的面取笑他是“穿靴子的猫”[③]，他必定要对方立即赔礼道歉。他此前在布列讷堡[④]的军校受训，教官对他的评价近乎赞扬，说他“正直审慎，行为端方。尤擅数学，对历史和地理亦所知甚多。社交能力稍弱，航海技术精良”。

年轻的中尉是“浪漫主义之父”卢梭[⑤]的忠实读者，自然也留意到了这趟旅程的迷人之处。但他到底太过在意自己的形象，不愿像其他乘客那样肆意调笑、打发时光，以免辜负了这一身军装。被派往瓦朗斯的时候，他们一行人曾夜宿里昂，他是随行的军官当中唯一不曾借机光顾妓院的人。而眼下，尽管他也迫切地想要探访巴黎，但他的心

① 据《圣经·创世记》的记载，挪亚方舟是一艘根据上帝的指示建造的大船，为容纳挪亚一家以及陆地上的所有生物（雌雄各一对）躲避大洪灾。

② 意为“勇敢者之城”，位于法国东南部，是奥弗涅-罗讷-阿尔卑斯大区德龙省的一个市镇，在古罗马时期就已经成为区域性的交通枢纽和战略性要地。

③ 系法国作家夏尔·佩罗（1628—1703）创作的童话故事主角。

④ 意为“浮标”，是法国大东部大区奥布省的一个市镇，属于奥布河畔巴尔区。

⑤ 让-雅克·卢梭（1712—1778），启蒙时代的法国与日内瓦哲学家、政治理论家、作曲家，代表作有《社会契约论》《爱弥儿》《新爱洛伊丝》《忏悔录》等。

思被更严肃的事情占满了。

自从八年前入读军校，这还是他第一次回老家科西嘉①。父亲在人生的最后几年里熬心费力、散尽千金，只为起诉自家的亲戚，不久前终于撒手人寰。他看着往日旧居，想起父亲已逝，心中没有丝毫悲痛，直到母亲为家务所累的身影出现在他面前，没顶的羞耻感像一记响亮的耳光甩在了他的脸上。很久以前，他们在老家便是地地道道的贵族，但法国政府看待他们像看待无知的贫农。因为家里有桑树园，也推广桑蚕丝，法国政府给了他们一笔津贴。然而等他们投入资金，[13]
也想从推广计划中获益后，王室派来几个无名小吏，随随便便就撤销了津贴福利。因为哥哥还在念无用的法学，就只好由他出面和巴黎的权贵交涉，想办法讨回这笔钱。

从地中海北上直到欧塞尔是一趟漫长的旅程，尤其是当驿道已显露初冬萧瑟的时候。直到此刻他才松懈下来，能稍享走水路的舒缓，直到此刻他才琢磨起即将前往的这座城市。

之前他到过一次巴黎，那时他才十五岁，还是布列讷堡军校的学员，同行的有他的三名同学以及一位天主教修士。行程仓促，只够他在码头书摊挑选一本小说，以及到圣日耳曼德佩②修道院匆匆念段祷文。他随即就被送进了巴黎军事学校，在那里待了整整一年，除了战神广场的阅兵场以外，没能看到任何巴黎的好风光。不过他当然从家人和同期学员那儿听说过巴黎的辉煌。他在史书和地理辞典上读到过巴黎的古迹和它丰富的宝藏。他像预备攻陷巴黎的敌军将领那样研究过它的军备和城防。不一会儿，巴黎的卫星城镇（塞纳河畔维特里③

① 地中海西部岛屿，是法国的单一领土集体，位于法国大陆的东南面、意大利半岛的西面。

② 圣日耳曼得名自中世纪的巴黎主教日耳曼·欧坦（496—576），德佩意为“草地”。

③ 是法国中北部城市，法兰西岛大区马恩河谷省的一个市镇，位于塞纳河左岸，距离巴黎市中心大约六公里。

和舒瓦西勒鲁瓦[①]）出现在他的视野里，随后是向北延伸的广袤的贝尔西[②]平原，他看着眼前的一切，记起他读过的那些书，也记起军校同袍所讲述的、真假参半的巴黎传说。

他站在渡轮的前甲板上，像船长那样直视前方。猪崽在他的脚边哼哧叫唤，挎篮里的母鸡片刻也不安宁，幼小的孩子追逐嬉闹着……喧嚣之中，唯有他显得格外沉默，格外严肃。阿尔福[③]到了，蓝绿色的马恩河[④]在这里与塞纳河汇流，他能感到脚下的船只破开涌动着的茶褐色河水，河面宽广起来，前方是无垠的坦途。巴黎宏伟建筑的尖顶已遥遥可见，在这里，深不见底的塞纳河还不曾接触城里人家以及工厂排放的污水。穿着狼皮斗篷、面目粗犷的男人撑着长长的木筏。不时有小船送来枫丹白露[⑤]的客人，也运走采自枫丹白露的铺路石。近岸的驳船载着洗衣女工，绿树成荫的堤道上马车飞驰。狭长的木棚之下，产自勃艮第的葡萄酒装在木桶里，由工人一一推上等候着的货车。

他总算知道巴黎是什么样的了：这座像万千小镇一样成长起来的
[14] 城市被高高在上的特权和微不足道的竞争扼住了咽喉。巴黎理应有像模像样、敢和伦敦叫板的港口，而不是搭起他眼前那摇摇欲坠的栈桥便作罢。巴黎政府理应建造巨大的谷仓和货栈，以便兵荒马乱时人民依旧有饭吃，而不是对如何养活一方百姓毫无头绪。这样的巴黎没有

① 意为“国王之选”，因 1739 年时，路易十五（1710—1774）选择该地区来练习狩猎而得名。

② 意为“羊圈”。贝尔西曾发现有古人类遗迹，其历史可追溯至新石器时代晚期（前 4000—前 3800）。从十八世纪起，该地区一直是巴黎葡萄酒贸易的中心。

③ 以十三世纪英格兰的赫里福德主教彼得·艾格布朗什（?—1268）建于当地的庄园命名。因法语中的 h 不发音，赫里福德（Hereford）逐渐异化成了阿尔福（Alfort）。

④ 意为“母亲河”，是一条流经巴黎盆地东部的河流。一战时在这里进行了著名的马恩河战役（1914），英法联军合力击退了德意志帝国军。

⑤ 意为“美丽的泉水”，是法兰西岛大区塞纳－马恩省的一个市镇，距离巴黎市区约六十公里，因其境内的同名宫殿和森林而闻名。

资格和古罗马相提并论，更没有资格对其他省份嗤之以鼻。

渡轮靠岸了，就停在卢浮岛以南的河道里，河道两旁是一排排低矮的平房。卢浮岛是无人岛，岛上堆着数量惊人的柴禾，仿佛不远处的万塞讷[①]森林才被大肆砍伐过，如今所有的木柴都集中在了一处似的。卢浮岛后边是圣路易岛，其上广厦林立。广厦之后更有庞然大物，好似巨型船尾屹立在天地之间，待河上的氤氲水雾和岛上人家的炊烟散开，这才显露出了真容——正是巴黎圣母院。

中尉和其他乘客一道在都尔奈勒码头下了船。他指着自己的行李箱，吩咐酒店派来的搬运工替他跑腿。他之前研究过路线，以为把地图牢记在了心中，便抬脚穿过道布勒桥[②]，却不料走入了西岱岛[③]上中世纪的迷宫。等拐进又一个死胡同、圣礼拜堂[④]也关上了大门，他方才摸清去往对岸（卢浮宫以东）的路。在拥挤的街道上左支右闪地走，他穿过横贯塞纳河右岸的圣奥诺雷路，踅进火炉路，这时河水散发的恶臭已为中央市场贩售的蔬果清香所驱散。

火炉路上多有装饰得体的旅店，入住的主要是到中央市场做买卖的生意人。中尉踏进猫打球咖啡馆[⑤]隔壁的瑟堡[⑥]酒店，据登记册（如今早已没有这种东西了）显示：他住 409 号房。他于是在册子上签了大名，用的是仍然带“u”的意大利语拼写，而不是日后经他改动的法语姓名拼写。

工人把行李箱送到了，中尉这才安顿下来，在有着六十万人口的都市享受独处的愉悦。寄宿瓦朗斯的时候，不论是早上出门还是晚上

---

① 意为“圣林”，是巴黎东南方向的一片森林，景色秀丽。

② 意为“双桥”，因十七世纪过此桥者须支付两个第纳尔（相当于两便士）而得名。

③ 意为“城岛”，是塞纳河上的两座岛屿之一（另一座为圣路易岛），也是巴黎城区的发源地，圣母院、圣礼拜堂、司法宫、警察总署等都位于该岛。

④ 是西岱岛上的一座哥特式礼拜堂，由路易九世下令建于 1242—1248 年间。礼拜堂的上层保存着重要的圣物，同时连接到路易九世的私人住所。

⑤ 得名自巴尔扎克的短篇小说《猫打球商店》。

⑥ 得名自法国下诺曼底大区芒什省的一个城镇，瑟堡港是法国西北部的军事要塞。

进门，都有人拦下他，占用他的时间，也打断他的思路，只为进行客[15]套的寒暄。而现在，他终于能自由地思考和探索了，能把他的亲身经历和从书上读到的内容做比较，能去亲眼看一看——巴黎是否配得上它那了不得的名声。

我们的故事有手稿佐证，虽然这手稿的内容既不详尽也不完整，但到底描述了中尉在那个夜晚的历程。不过即便没有手稿，要猜到让中尉如此好奇的对象是什么，其实也轻而易举。在当时，巴黎只有一个所有游客都趋之若鹜的地方。任何到过那里的人倘若写下巴黎游记，却唯独省略有关“它”的内容，又或者因为它的名声不好听而假装避讳——单凭这一点，他就算不得巴黎城合格的向导。而据说“那个地方”附近的街道是全欧洲最繁忙的。相比之下，巴黎的其他景点，比如卢浮宫、杜伊勒里①宫、圣母院、圣礼拜堂、巴士底狱、荣军院、新桥②、高布林皇家挂毯制造厂③、占地可观的广场和花园……都显得乏人问津了。

法王路易十六有个堂兄，继承了沙特尔公爵的头衔。此人耽于享乐、追求时髦，因为挥霍无度，总觉得钱怎么也不够花，于是把脑筋动到了自己的行宫上，把它改建成了从事商品交易和提供色情服务的集市。从 1781 年起，在沙特尔公爵的授意下，一条顶天立地的木质游廊沿着原先构成宏伟庭院的骑楼建起来了，其规模之大，令人咋舌，像是把一座火车站（如果真有木头游廊搭起来的火车站的话）给搬到了宫里。游廊三年后方才完工，但在那之前，掌柜的、江湖术

---

① 意为“石灰窑”，因凯瑟琳·德·美第奇王太后（1519—1589）在修建此宫时用了大量由周边砖窑烧制出的砖头而得名。

② 由法王亨利三世（1551—1589）在 1578 年下令修建，是塞纳河上最古老的桥梁，位于西岱岛的西面，“新桥”这个名称是为了在众多连接左、右两岸的桥梁中以示区别而取的。

③ 得名自十五世纪时以羊毛染色技术知名的高布林家族。

士、各类手艺人等就已占据了其中的每一个门面。几乎是一夜之间，沙特尔公爵的皇家宫殿成了永不闭门、如梦似幻的城中城。据当时的法国作家路易－萨巴斯钦·梅尔西耶说：“囚犯如果让人关押在了皇家宫殿，不会感到无聊，也大概要好几年以后才会想着重获自由。”（《巴黎印象》）这样的皇家宫殿甚至被戏称为“巴黎的首都”。

我们的故事发生在 1787 年，凡是在那时到过皇家宫殿的人，都不会怀疑工业进步和现代文明所带来的种种益处。皇家宫殿好戏连台，除歌剧外也上演木偶戏，夜间的皇宫花园里还有焰火表演。游廊和骑楼加在一块儿，足可容纳两百多间商铺。不在乎花钱或者不在乎买到伪劣产品的顾客能在百步之内购得气压计、折叠式塑胶雨衣、玻 [16]
璃板画、最新版的禁书、能让顶顶难哄的孩子破涕为笑的玩具、送给情妇的胭脂水粉、带给正房太太的英格兰进口法兰绒……某位先生可以在数不胜数的丝带、薄纱、绒球和绢花里做挑选。他若跟随人群缓缓移动，或许会忽然紧贴住一个可人儿，她那裸露的双肩在灯火下透出迷人的光泽。他意犹未尽地向前走，好一会儿才发现可人儿的一双妙手已趁机取走了他的钱袋。若他足够富有，大可在皇宫二楼的赌场豪掷千金，到三楼的当铺抵押金表和刺绣外套，再往四楼去，到租下某个房间的风尘女怀里寻求慰藉。

皇家宫殿里的饭馆足够奢华，招待皇帝也足矣。水果摊出售从郊区（以及市区）运来的热带水果；酒商推销的利口酒[①]如此“稀有”，产自子虚乌有的海外殖民地。任何美容产品这里都有售，而且价格公道：用于美白的、祛皱的、让胸口的青筋更为明显（被引为一时之美）的乳液和香膏等等，摊位上应有尽有。年迈体衰的骑士在皇家宫殿逛过一圈后，离开时能成神采奕奕的美少年。他的假牙在夜色里闪闪发光，假玻璃眼珠的颜色但凭他的心意决定，扑了粉的洁白头套下

① 又称香甜酒，以水果、坚果、草药、香料、花朵以及奶油增强酒水风味，有粘稠度及甜度，一般作为调酒和鸡尾酒的基酒。

是乌黑油亮的假发，长筒丝袜裹住了紧绷绷的假肌肉……想觅得如意郎君的东施姑娘若光临皇家宫殿，在佩戴好假肩、假臀、假胸、假睫毛、假眉毛甚至假双眼皮之后，同样可以变得美丽动人，至少是在新婚之夜拆穿这一切假象以前。

游廊的各个门面以玻璃挡板相隔，有些给辟成了时髦的精品店，专门展示原本穿在赌徒或浪子身上的衣物。店里的光线尤其昏暗，好让看不清衣料上有污渍的文员和纨绔子弟甘愿掏钱。此外，宫殿里建有公厕，用一次十五生丁[①]，还提供当天的报纸充当手纸。

气派的皇家宫殿不单迎合已知的每一种口味，也创造前所未有的新口味。就在中尉拜访过皇家宫殿后不久，巴黎有人出版了一份指南，推荐宫里“住在面包店楼上的”拉佩里埃夫人，说她精于接待年长的顾客，很懂性爱里鞭打调教的情趣。邦迪夫人手下的姑娘不是异域女郎就是青涩雏妓（是从最有名望的修道院招徕的）。安德烈小姐的时装店同样名不虚传，虽然指南建议：“客人不应在店里过夜，因为安德烈小姐奉行‘既在黑暗中，无须辨美丑’的原则。”

尽管既不喜欢扎堆，又反感肆无忌惮地互相打量，我们的中尉还是去了皇家宫殿，对那里的花园做过一番初步的侦查。他或许是早上
[17] 去的，正见衣衫褴褛的女人蹲在灌木丛中或下水道边，捡拾前一晚人们掉落的硬币和饰品。他或许是晌午去的，正逢宫中的火炮被穿过透镜的阳光点燃了引信，在十二点钟准时发射。还有那么一次，他在“侦查”的途中拐到皇家宫殿前面的广场，走进了卢梭钟爱的摄政咖啡馆。咖啡馆里有着巨大的厅堂，挂满镜子和水晶吊灯，顾客坐在大理石桌边，正兴致勃勃地对弈。还在瓦朗斯的时候，中尉自认是一把象棋好手。而端坐摄政咖啡馆的他在棋盘上排兵布阵，偶出妙招，若能伤敌八百，宁愿自损一千，也因此在被将死后显得格外愤愤不平。

摄政咖啡馆距离瑟堡酒店只有五条街，沿着圣奥诺雷路便能走

---

① 法国辅币，一百生丁合一法郎。

到。中尉常在财政部的前厅枯等许久，只为讨个说法，每一次都无功而返。他一路步行回酒店，会绕道皇家宫殿，看一眼游廊外竖着的铁栏杆。他终于打算更进一步，等天黑以后再行动，为的是满足好奇心，也填补他在性之一事上的空白。虽然他觉得人们太过看重那档子事，又急色鬼投胎似的做不到自省自持，但皇家宫殿毕竟是他最好的选择。在那里，一个有知识、有头脑的男人可以进行有价值、有成果的观测。正如他在一年后的文章里所写的："理性之眼将免于我们跌落春情的悬崖。"他的这篇文章探讨的是"幸福"，还入选过里昂学院举办的征文比赛。而说到幸福——他曾在皇家宫殿近距离观察到：单身所带来的不过是虚幻的幸福，现代人轻视家庭生活所带来的则必然是不幸。到访皇家宫殿的游客或许会争相观看从瓜德罗普①掳来的"野人"，又或两个世纪以来尸首皆保存完好的"美人"祖利玛。可与此同时，他们也难免见证那些披着文明外衣的人把原本生而有之、关乎繁衍存续、能从中感受幸福的正当愿望变作满足兽欲的野蛮追求。

在故事发生的这个晚上，远离了家人和战友的中尉已经在巴黎待了两周。尽管对行政改革颇有想法，但中尉在和行政机构的交锋中一再受挫，争取津贴一事看似毫无进展。他觉得自己需要散散心，在走 [18]
过皇家宫殿和国王图书馆后，又沿着两旁种有梧桐的大道拾级而上，跨进了意大利喜剧院的大门。若你喜爱轻歌剧或讽刺剧，又或干脆只想寻求一夜情，意大利喜剧院都能包君满意。在一部分男人的眼中，剧院已贴心地为所有女性观众贴好了价签，是要选择同昂贵包厢里的贵妇共度春宵，还是和廉价楼厅里的小姐同赴巫山，全凭各位男士的喜好。

那一晚上演的恰好是历史剧《贝莎特与丕平》，当真搅乱了年轻气盛的中尉心头那一池春水。在剧中，士兵们奚落男主人公的五短身材，管他叫"矮子丕平"，然而丕平人矮志不短，他以惊人的勇气建功

---

① 法国的海外省，是位于东加勒比海上的群岛。

立业，令之前取笑他的人心服口服。凭借高超的政治手腕，丕平甚至在圣但尼圣殿由教皇加冕，登上了法兰克国王的宝座。在迫使亲哥哥剃发出家后，丕平还先后征服了哥特人、撒克逊人、阿拉伯人，最终跨过阿尔卑斯山，朝着意大利雄赳赳、气昂昂地进发。后世皆称丕平的儿子查理大帝为“欧洲之父”，殊不知丕平才是首位欧洲帝国的霸主。

《贝莎特与丕平》却和丕平的雄图霸业无关，而是描绘了他人生中一段多情的插曲。已许配给丕平的贝莎特在新婚前夜让容貌肖似、心思歹毒的恶仆冒名顶替，丕平对此毫不知情。一次外出打猎时，他在勒芒[1]的森林里偶遇贝莎特的真身。“大脚贝莎特”（因为她有着鹅掌一般宽大的脚）曾向恶仆发誓，不到万不得已绝不透露身份。对她一见钟情的丕平威胁要取她的童贞，这才获悉眼前的女人是她真正的王后。丕平偕贝莎特重回巴黎，就此过上了美满的生活。不过对醉翁之意不在酒的观众来说，这部轻歌剧最大的噱头还是矮墩墩又色眯眯的国王一门心思追求患有马蹄内翻足的少女。

到演出结束时，年轻的中尉已是坐立难安、浮想联翩。他周围的观众正兴奋地讨论着如何消磨这一晚余下的时间。中尉对欢快的社交活动避之唯恐不及，却也并不情愿独自回瑟堡酒店吃晚饭。他离开戏院，在大道上刮起冬风时裹紧了外套。人群和马车自他身边匆匆而过，仿佛夜未深沉，新的一天才刚刚开始。不知怎么的，他在那一刻下定了决心，开始沿黎塞留路[2]往每一晚灯火辉煌、锣鼓喧天的皇宫游廊走去。

[19] 大约一小时后，中尉回到瑟堡酒店的409号房间，这一次他并非独自一人。等访客离开以后，他坐下来，在大开本的记事簿上写他的“观测报告”。他没有把经过写完，但始终留着这本笔记，或许是因

---

① 意为“白色堡垒”，是法国西北部城市，历史悠久，为金雀花王朝的发祥地。

② 以法国政治家、外交家、路易十三（1601—1643）的枢密院首席大臣及枢机阿尔芒·让·黎塞留公爵（1585—1642）命名。

为那个晚上发生的事对他年轻的生命而言太过重要。很多年以后，在性命攸关之时，他才会把这本笔记放进包着灰板纸的箱子，寄给他的叔叔保管。这份手札留存至今，对后人来说是一大幸事。去过皇家宫殿的人何其多，留下真实记录的人却如此少。也因此，中尉的这份手稿作为历史文献的价值远超它作为传记的价值。

1787 年 11 月 22 日，星期四
巴黎瑟堡酒店

我离开戏院，沿着皇家宫殿外的马路大步走。我的灵魂经受着强烈情感的冲击，以至于我的肉体甚至感觉不到寒冷。但我的想象终归冷却下来了，我的身体也在寒风中变冷，我躲到游廊的铁门下，想要避寒。

正站在门槛上的时候，我忽然看到一个女人。从当时的时间、她的穿着打扮以及她格外年轻的外表来看，我当即认定她是妓女。

我看着她，她停下了脚步。和其他烟花女一派张扬的模样不同，她带着和外表完美吻合的羞怯。她那娴静的举止和风度打动了我，她的胆小倒让我胆大起来。尽管我对她的谋生手段深恶痛绝，尽管我觉得让这样的女人瞥上一眼都是对我的糟践，我还是和她说起了话。她苍白的面容、羸弱的身躯、温柔的嗓音让我毫不迟疑采取了行动。我告诉自己，这个人要么就为我所用（好让我进行我要的“观测”），要么就不值一哂。

“你一定很冷。”我对她说，“这种天气为什么还勉强自己走在路上？”

“先生，因为我还心存指望。我定规要完成今晚的工作。”

她说这话时很平和，她的冷静吸引了我，我和她并肩走起来。

“你看上去不怎么强健。”我评价说，“却至今没有厌倦干这一行，倒是让人惊讶。”

“当然了，先生，一个人总要做点什么！”

[20] “话虽如此，就没有更适合你的工作了吗？”

“没有啊，先生，我总要混口饭吃。”

她有板有眼地对答，这让我很高兴。我前几次试图与她们这类人说话，没有一次成功。

“你一定是从北方来的，才能像这样抵御严寒吧。”

“我祖籍布列塔尼①，出生在一个叫南特的小镇。”

“我知道那地方……还烦请你告诉我，你是怎么丢掉童贞的？”

“一个军官夺走了我的清白。”

“你不恼恨吗？”我问。

“怎么不恨呢。（她说这话的时候，声音格外醇厚，带着一种我原本没有留意到的魅力。）我怎么不恨呢，先生。我的妹妹现在过上了好日子，要不是当初让那个军官糟蹋了，没准我也能过得不错。”

“你是怎么到巴黎来的？”

“那个杀千刀的军官抛弃了我。母亲实在气苦，发了好大的脾气，我不得已离家出走，就这样遇见了第二个男人，是他带我来的巴黎，然后也撇下我不管了。后来我又跟了第三个男人，这三年来都同他住在一处。他虽是法国人，但因为生意的缘故去了伦敦，如今还在那里……不如我回你的住

① 是位于法国西北部的布列塔尼半岛、英吉利海峡和比斯开湾之间的一个大区。在法语中，大不列颠就是大布列塔尼（Grande Bretagne），由此可见当地人民和不列颠岛之间的渊源。

处吧。”

“回我的住处做什么呢？”

“来吧，先生，这样我才好暖暖身子，你也才好快活快活。”

我不想让顾虑绊住脚步。我明知故问，指望她顺水推舟，好让我得偿所愿。虽然我另有私心，并不像她所以为的那样诚实，但我在她面前可不想露馅……

写到这儿，中尉停下了手中的笔。显然，这一晚的经历与他此前在爱情小说中读到的桥段差得很远。他落笔成文并逐渐沉浸在思绪中时，或许猛然意识到他并非今晚的主演，那顶着寒风的烟花女竟比他设想的戏份更重。

他以为自己才是那个观察者，殊不知早在他接近目标以前就被人仔细掂量过了。她看着他走在人群里，穿着蓝色的军装，又是倨傲又 [21]
是别扭。他并没有自己所期望的那种优雅，显然也不是本地人，而且就差在额头上标明“处男”二字了。这样的男人肯定愿意挑年轻又貌似羞涩的妓女作伴，他还指望她在寒风中陪他废话，即便操着皮肉的营生也依旧保持尊严。更重要的是，他需要那么一个精于此道的女人，好让他误以为从头至尾是他采取的主动，也是他掌控着节奏。

思及此，中尉在椅子上不适地扭动了一下。诚然，他对皇家宫殿“观测”不足，情况远比他想的更为复杂。不过这一晚的经历还是颇具指导意义的：他应当吸取教训，不再花太多的时间厉兵秣马、打磨战术。他错就错在把初夜变成了一场战斗，而实际所需不过他口袋里的几法郎，外加他生命里的五分钟。

他又在瑟堡酒店住了几个礼拜。从某种程度上来说，这次巴黎之行全是徒劳。虽然在这样一个充斥着无良店主和花花公子的城市，没能争取到桑树园的津贴是他预料中的事。他在闲暇时写了几封信，为一篇阐释科西嘉岛历史的文章开了个头："尽管没到年纪（手稿此处为空白），我却满怀饱经世故之人难得的热情。"毫无疑问，中尉对巴黎日渐熟悉起来，但他再没有留下别的观察日记。如果他十二月份重返意大利喜剧院，便能欣赏到舞台上的《看不见的女人》。不过《英国囚徒》的首演他注定是要错过了，因为两天前（平安夜的时候）他已经登上了开往蒙特罗[①]的船。他或许也重新走过皇家宫殿的游廊，但那里的人群如此密集，而一个来自布列塔尼又语笑嫣然的风尘女肯定不缺客人。他多半再也没有见过他的初夜情人。

除了中尉的寥寥数语，我们并无了解那个风尘女子的其他途径，何况中尉的寥寥数语已经很不寻常。当时的官方数据显示：明确知道祖籍的巴黎妓女共有一万二千七百名，其中有五十三人来自南特，且
[22] 姓名不详，只以花名相称（譬如茉莉、杏儿、媚娘、纯晴等）。因此风尘女所述蒙羞出走又惨遭遗弃的故事究竟是真是假，根本无从考证。或许她的法国恩客（如果当真有这么一个人的话）从伦敦回来，替她赎了身。也或许有什么人"像挑出租马车"那样从皇家宫殿选中了她，把她安置到雅静的公馆，一如夏倍上校夫人[②]当年一般。又或许故事发生两年后，皇家宫殿已成酝酿革命的热土，她便和巴黎的妇女姐妹一道，参加过皇宫喷泉边的历史性会议[③]。"皇家宫殿的小姐"发出严正抗议，为付出了"爱国劳动"索取应得的报酬："齐聚巴黎、一逞风流的男同胞，想想我们竭诚服务、尽心伺候诸位的时光吧，你们有什么理由苛责我们！"

---

① 意为"小教堂"，全称蒙特罗福约讷，是法国塞纳－马恩省的一个市镇，位于约讷河和塞纳河交汇口左岸。

② 巴尔扎克笔下的人物，原是娼妓出身（《夏倍上校》）。另可参见巴尔扎克的《烟花女荣辱记》。

③ 指凡尔赛妇女大游行，是法国大革命最早及最重要的事件之一。因不堪忍受哄抬的物价而集会的巴黎妇女受始于皇家宫殿的演说鼓动，发起了一系列戏剧性的暴力对抗。

在那些动荡的岁月里，皇家宫殿是巴黎妓女最好的落脚点。1800年，夏多布里昂[①]结束流亡，自英格兰返回巴黎，他诧异地发现这座城市犹如荒地，教堂寂静，雕像黧黑，唯有皇家宫殿喧嚣依旧，回荡着欢声笑语。一个身量矮小的驼背正站在桌上，边拉小提琴边为波拿巴将军——法兰西共和国的第一执政唱赞歌："真乃国父兮波拿巴，德厚流光兮貌无双！"（《墓畔回忆录》）

假设当年的烟花女初遇中尉时芳龄十八，如今则已近而立，再做不了几年皮肉生意了（巴黎妓女的年龄多在十八至三十二岁之间）。十年的革命令生活变得愈发艰难。况且波拿巴将军一旦决定到法兰西喜剧院看戏，总要命人把马车停在皇家宫殿附近，又派出士兵提前"清场"，以免不巧有烟花女败了他的兴、污了他的眼。更久以后，当这位曾经的炮兵中尉征服了半个欧洲、娶了奥地利女大公为妻、让自己的母亲成了全法国最富有的寡妇时，皇家宫殿的妓女则要么被罚款、受监禁、强制体检，要么灰溜溜让人送回了出生地。

但即便是拿破仑·波拿巴也难以撼动"巴黎的首都"。根据某英国旅行家[②]的说法，皇家宫殿始终是"令年轻人泥足深陷之地"。它闻 [23]
名遐迩，哪怕是沙俄腹地的哥萨克[③]骑兵都听过它的传说——当这支来自东方的军队[④]越过日渐崩塌的奥斯曼帝国的边境，指挥官甚至以皇家宫殿的传说来激励部下。他们坚称：你只有亲眼看过皇家宫殿的放浪形骸，亲自品过它的骄奢淫逸，才算受到全方位的教育，才算成长为一个真正的男人。

---

① 弗朗索瓦-勒内·德·夏多布里昂（1768—1848），十八至十九世纪的法国作家、政治家、外交家。

② 应指弗朗西斯·威廉·布拉格登（1778—1819），英国记者、作家。

③ 哥萨克在突厥语中意为"自由人"，是一群不愿沦为农奴而迁徙东欧大草原（乌克兰及俄罗斯南部）的游牧民，在历史上以骁勇善战和精湛的骑术著称，是支撑俄罗斯帝国于十七世纪往东扩张的主要力量。

④ 指克里米亚战争，又称东方战争（1853—1856），俄国与英、法为争夺小亚细亚地区的权利而在黑海沿岸的克里米亚半岛开战。

第二站 /

巴黎拯救者

1

尽管巴黎每一条蜿蜒的街道、每一扇合起的窗户之后都藏着故事，始于1774年12月17日的一系列灾难性事件却尤其值得书写——它们在这座城市的历史上留下了难以磨灭的痕迹，以至于在此后相当长的一段时间里，蒙马特[①]高地和圣热纳维耶芙山[②]之间的三十三平方公里土地上，所有曾发生过的战争、革命、瘟疫和大屠杀与之相比，都显得黯然失色了。然而历史学家直到两个世纪以后才首次提及这些事故，或许这也暗合了我们将要讲述的故事所包含的寓意：正因为巴黎无比健忘，所以会有那么多人选择住在这里、住在这座文人墨客惯称之为“地狱”的城市。巴黎能毫不费力地让人忘掉过去，城中那永无止息的纷纷扰扰把一切都带走了，就像大雨把千家万户的垃圾冲进了塞纳河道。

---

① 得名自该地的战神庙遗址，蒙马特原名“战神山”(Mons Martis)，后为纪念圣但尼(? —250)在此殉道，改名为“殉道人山”(Mont-Martre)，蒙马特乃音译。山高一百三十米，位于塞纳河右岸，十九世纪后成了艺术家的聚集地。

② 是塞纳河左岸巴黎第五区的一座山丘，为纪念巴黎的主保圣人热纳维耶芙(约422—502)，在山顶建有先贤祠(前身为圣热纳维耶芙修道院)和圣热纳维耶芙图书馆。传说圣女热纳维耶芙阻止了匈奴国王阿提拉(406—453)对巴黎的入侵，还对当时的法兰克国王克洛维一世(约466—511)皈依基督教做出了贡献。

不祥之兆是在星期六的下午出现的。还有一个礼拜就到圣诞节了，巴黎的市场和商店正铆足了劲儿备货。南城外的海关一片繁忙景象，交通拥堵一如往常。尽管已是岁末年终，想赶在1774年最后一次进城的旅客依然得经过漫长的等待，方能进入乱哄哄的喧闹都市，朝烟雾笼罩下的高大建筑进发。

但凡通关，皆需征税。海关官员搜查着每一辆马车、每一位乘
[28] 客、每一件行李，以防其中夹带“违反国王禁令的物品”。小贩也好，挤奶女工也罢，又或拉着堆满时令蔬菜的手推车、旅途劳顿的农民，还有沿驿道风尘仆仆赶路、自南方快马兼程而来的乘客……都被迫停下脚步，在彼此的陪伴下等候进城。

他们中的一些人坐在附近磨坊的花园里，喝着免税的葡萄酒。另一些人则站在海关大门的栅栏边闲聊。还有一些人凑在一起看热闹，瞧着搬运工把一桶桶酒从车上卸下来。一个修车匠烧热了炉子，正预备修理马车断了的大轴——车夫天不亮便从奥尔良①出发了，却在快到巴黎前的最后一段路上陷进了一个大坑。这要是在法国的其他地方，人们肯定不以为然，哪怕这大坑深得足以掉进去一匹马也一样。但是据车夫说，这个大坑有所不同，它是忽然出现在奥尔良以南的大路上的。早在巴黎还是塞纳河中的小岛、岛上盖着茅草屋的时候，高卢人②的轻型战车就把事发路段所在的大道踏平了。公元前52年，恺撒的心腹大将拉比埃努斯③率领军团，正是沿着这同一条宽阔的大道对安居小岛的巴黎西部落发起了毁灭性的攻击。到1774年，该条大

① 法国中北部城市，位于卢瓦尔河畔，距离巴黎约一百一十公里。奥尔良历史悠久，高卢-罗马时期就已建城，中世纪为法兰西王室领地。二十世纪末以来，随着法兰西岛的人口外扩，成了巴黎的远郊卫星城。

② 古罗马人把居住在如今的法国、比利时、意大利北部、荷兰南部、瑞士西部和德国南部莱茵河西岸一带的凯尔特人统称为高卢人。

③ 提图斯·拉比埃努斯（约前100—前45），曾担任护民官一职，是罗马共和国末期的职业军人，也是恺撒（前100—前44）在高卢地区最信赖的副将之一，但在此后的内战中倒向了庞培（前106—前48）。

路已是法兰西王国的要道，若不是有牲畜挡在路上、耽搁了进程，一小时内至少能有十多辆马车通过海关的大门。

对于见证了1774年这场灾祸的人们来说，入关后的这条路竟然叫作“地狱路”，显然意味深长。没有人知道这个邪恶的名字是怎么来的，它可能源自高卢语单词“集市”或者“铁家伙”——兴许是对划定城市边界的海关铁门的简称。有人说这条路之所以被称为“地狱”，是因为从街头走到巷尾，随时可闻呼喊和咒骂声。但也有人指出：如果按照这个标准衡量，那巴黎的每条街道都应该叫作地狱路了。还有人相信街名是指向未来也能回溯过去的线索，因此把地狱路和一则古老的预言联系在了一起。这则预言说：总有一天，拉丁区所有的庙宇、小酒馆、修道院和异教徒开办的学校都要坠入深渊、直下地狱。与此同时，受过教育的人则喜欢从学术的角度出发探究问题——有词源学家断言：在罗马帝国统治时期，巴黎的圣雅克路是“上行路”，而眼下的这条街因为地势较低，被称为“下行路”（Infera）。随着时间 [29]
的推移，这个词让人传得走了样，又被当地人进一步简化，“下行路”才变成了“地狱路”（Enfer）①。

1774年12月17日下午三点，人们对“地狱路”来源的争执或许终于有了能一锤定音的解答。只见街道一侧的建筑物忽然发生了倾斜。很快，地底传来好似巨人叹息又舒展四肢的声音。已经通关的牛群惊慌失措，撒蹄子退回到了栅栏以外。一名跨入巴黎地界的男子正朝着海关大门狂奔，头上罩着兜帽。在他的身后，街道上黑烟滚滚，地狱路以外的建筑突然就毫无遮挡地出现在了人们的眼前，只因地狱路东侧直延伸到巴黎市中心的四百米大道上裂开了一个巨大的豁口，吞没了沿途所有的房屋。

---

① 该解释出自法国历史及语言学家皮耶－托马－尼可拉·余赫多（1719—1791）编纂的《巴黎市及其周边地区历史词典》（1779），现已被认定为并不可靠，因此“地狱路”的名称起源至今不明。

果不其然，人们把这个大豁口叫作“地狱之口”。事到如今，也只有最食古不化的词源学家才会继续质疑这条街道那真实而又邪恶的地名起源。

2

地狱路事故发生两年多后，一顶装饰华美的轿子途经格勒纳勒[①]街，颤巍巍地穿行在圣日耳曼市郊的中心地带。前一晚下过一场小雨，街道变得很是泥泞。轿子里的男人正透过溅满泥点的小窗往外看，回想起他曾徒步走过贵族聚居的圣日耳曼市郊的日子。他当年也研究过这里宏伟建筑的外立面，停下过脚步临摹那气派的门楣和老虎
[30] 窗。他也曾好奇建筑师如何能把马厩和佣人房都叠进方寸之间，却仍然能造出足够宽广的庭院，使得访客在叩响主人家的大门以前便深感惶恐、不敢造次。他还在雨中速写过那些建筑的承重梁和门廊，雨水自安在檐口的铜制海豚的口中飞溅下来，打湿了他的衣裳，而威严好似国王的看门人正傲慢地审视着他。

他向来是个观点鲜明的人——这从他的诸多文章中可见一斑，他的这一性格对我们了解随后发生的事件很是关键。在他看来，巴黎始终是座故步自封的城市，它的市徽由一艘小船和古时塞纳船工的口号“颠而不破”组成。但要是让他来设计市徽，他定要把小船换成紧闭的大门——这用橡木和铸铁竖起的坚固屏障若再配以但丁[②]的名句“来者啊，快把一切希望扬弃！”(《神曲·地狱篇》)，实在是排外的巴黎最精确的写照。

他年轻时曾在罗马学习建筑，不止一次让贵族从街上拖走，只为向独具慧眼的他展示自家年久失修却仿如珍宝(从艺术角度而言)的

---

① 意为“兔子生活的林地”。

② 但丁·阿利吉耶里(1265—1321)，意大利中世纪诗人，是现代意大利语的奠基者，也是欧洲文艺复兴时代的开拓人物，其史诗《神曲》留名后世。

私宅。而在巴黎，出于相同目的的拜访必定会被拒绝，除非你有楚楚的衣冠和贵族的头衔，否则定会让听令行事、狐假虎威的家仆拦在门外。有那么几次他抬起头，在二楼的窗户里看见主人居高临下的脸，那脸上涂着雪白的铅粉和夸张的胭脂，好似一张冷笑着的面具。

意大利向欧洲各国开放，欢迎艺术竞争，比起法国高明了不止一星半点；他也因此在二十岁时就拿到了罗马建筑奖。尽管父母都是法国人，但他的父亲常年在瑞典经商——他在斯德哥尔摩的出生是个意外，也连带着剥夺了他获得任何法国助学金的资格。他的“外国人”身份迫使他仅凭天赋和毅力谋出路。他的“外国人”身份也令他免于沉浸在法式的傲慢当中：法国人居然以为他们所谓的大教堂（比茅草屋强不了多少的破烂）可与古希腊的神庙比肩，当真荒谬。如此看来，最欣赏他的学术研究成果的法国佬是个被迫流亡海外的人，也就说得通了。伏尔泰[①]曾在给他的信中这样写道：“您的观察既有趣又 [31]
富有启迪……我仍然对巴黎感兴趣，就像一个人总还是关心他的老朋友，哪怕这个朋友满身缺点也愿意包容，比如它那歪歪扭扭的街道、设在马路中央的市场、断水的房子甚至是断水的喷泉！不过至少我们的僧侣还住着大而无当的修道院，算得上是种安慰了。毫无疑问，所有问题都会得到解决的，也就再花个五、六百年的时间吧。在那之前，我衷心祝愿您能取得配得上您出色才干的成功。”

轿子贴着圣叙尔比斯教堂的灰绿色外墙爬上了图尔农路[②]，向卢森堡花园的方向前进。他本人在巴黎的这个地区倒没有做出过什么贡献，因此对沿途某些建筑存在的明显缺陷心怀不忿，或许也情有可原。他在这一行干了这么多年，拿下的最有利可图的项目就是凯瑟

---

① 原名弗朗索瓦－马里·阿鲁埃（1694—1778），法国启蒙时代的思想家、哲学家、文学家，被称为“法兰西思想之父”。

② 以政治家、外交家、弗朗索瓦一世（1494—1547）的枢密大臣、圣日耳曼德佩修道院院长、大主教弗朗索瓦·德·图尔农（1489—1562）命名。

琳·勒布朗小姐——她的魅力当然无可争议，尤其是她还附带一个身为巴黎首席建筑师的爹。他当上了勒布朗先生的乘龙快婿，却依旧没闯出什么名堂。他在外省造了几座城堡，在韦兹莱[①]的寺庙废墟上兴建了修道院，但是在巴黎，他终归只是那个“设计营房的师傅”。他替前任建筑师收拾烂摊子，加固他们的豆腐渣工程，虽然佣金还算可观，但这份工作着实不怎么光彩。

和勒布朗小姐成婚已有十六年了，如今他年近五旬，有着高高的个子，面容严肃，骨瘦嶙峋。他把假发戴得很靠后，也许是为了露出直飞入鬓的双眉。他看似不近人情，但每每在陷入沉思时显出几分沉郁和羞怯。他的身上有种近乎昂扬的斗志，只需一星火花便能点燃，可是他的热情到底藏得太深，一般人看不见，除了在文章里直抒胸臆，他也很少把热情表达出来。他这辈子有两个女儿，培养了几位门生，建立了强大的社交关系网，他觉得干他这一行的不需要知心朋友。

今天是个新起点，但他不怎么兴奋，仍然若有所思的。他对即将担任的那个职位不太看好，也已经做足了思想准备：他的工作会因为目光浅薄之人和极为有限的预算受到阻碍。他因此写道：“艺术家注定不能获得幸福，因为他的想法在趋于完善以前就让人的愚昧和嫉妒
[32] 毁掉了。”他还打算发表一篇文章，题目就叫《论恶语中伤对公共建设造成的危害》。或许是为了应验他的担忧，轿夫在沃吉哈路[②]的尽头把轿子放到地上，有什么东西挡住了前方的路。那时的他还不知道：就在方才，地狱路再一次发生了坍塌。他的调任令是国王陛下亲自下达的，从 4 月 4 日起即刻生效。但由于管事的大臣那慢得惊人的效率，政令送到他手上已是二十天之后了，他注定了要在上任的第一天

① 法国勃艮第大区约讷省的一个市镇。

② 以曾拥有该路段土地的语言学家兼修道院院长加布里耶尔·沃吉哈（1677—1748）命名。

就迟到。

地狱路第一次发生坍塌事故后，国王的御用建筑师安东尼·杜邦先生出具了一份报告。杜邦在事发第二天便亲自下到二十五米深的坑洞，借助火把，他看见了一条水平巷道，沿地狱路向北直延伸到塞纳河。这地下在古时似乎是个采石场，曾经的矿工对正确的采掘技术一无所知，打通了的坑道在好几个地方都为坍坡所阻。所谓“坍坡”是指坑道发生塌方时，其顶板崩落后呈现出的拱形空隙。而坑道顶板的碎石陆续掉落，越积越多，越堆越高，在填满坍坡空隙后顶穿地层，形成了一个圆锥体，这锥体的顶部便是俗话所说的“钟形帽”——只有在地表塌陷、我们自以为牢不可破的地上建筑突然消失后才能看到。

根据杜邦的指示，工人们腰悬长绳下到坑道，加固满布碎石的巷壁。一个工人不小心栽进了坑洞，在黑暗中惶惶不可终日地捱了三小时、把并不存在的妖魔鬼怪全想象了一遍之后，让人用绞盘安全送出洞口，几天后康复如初。地狱路在短时间内恢复了交通，杜邦因迅速有效的部署获得了嘉奖。新版《巴黎街道历史大辞典》还专门辟出一个条目，用略嫌夸张的语气介绍说：“杜邦（辞典中误作‘德尼’）先生诚然是我们社会的福祉。他以身作则，证明了保卫市民的大无畏精神 [33] 并非军人独有，其他行业的人也愿意挺身而出，为捍卫同胞的生命安全赴汤蹈火。”

沃吉哈路的尽头是一座广场，连着直通塞纳河的竖琴路，广场上车如流水马如龙。地狱路二度塌陷后，交通和治安警已将其封锁，轿子无法通过。我们故事的主人公从轿中起身，勉力推挡开人群，来到圣亚森特路和地狱路的路口，向把守着的宪兵出示了调任令副本。那上面写道：“兹特派吉约莫阁下……前往视察并勘测巴黎市及其附近平原之石矿，以判定其地质变化和发掘活动会否有碍巴黎地基之稳固。”宪兵看一眼“吉约莫阁下”的刺绣外套，又闻见他身上令人愉悦的熏香，痛快地给他让了路。

地狱路的东面是斐扬[①]修道院，院门前聚了一群人。空气中弥漫着一股淡淡的霉味，像是几百年没有打开过的地窖里的气味——吉约莫立刻便认出了这个味道。地狱路一侧的建筑似乎完好无损，但在另一侧，某户人家那与停车门廊相连的马厩外墙已全然坍塌，标志着事发地应当近在咫尺。果不其然，吉约莫走到不远处的庭院，见地上赫然出现一个形状规则、直径约六米的大洞。他一只脚踩着坑洞的边缘，探身朝里凝视，估摸从街面到底下钟形帽的垂直距离差不多有四米半，而坍坡本身可能要再往下延伸二十到二十五米。

吉约莫已经安排了工程师到地狱路第一次发生坍塌的地点会面，而直到和工程师做了初步的交谈，他方才意识到形势格外严峻：这一次的塌方比起两年前的那起事故，距离巴黎市中心近了足有八百米。这一次要遭殃的不再是海关护栏旁的棚屋和磨坊，而是遍布古迹和高楼的巴黎。从吉约莫站着的地方可见圣宠谷医院[②]的圆顶、一座座教
［34］堂的尖塔、街道更远处（从前的罗马大道上）的索邦学院拱顶以及巴黎圣母院的塔楼。

地狱路可能正不断沉降的消息本身已足够惊人，更何况街道之下的地质构造直等到吉约莫出任石矿监察的这一天才又发生剧变，真是很不吉利。吉约莫要是再迷信一点，或许会觉得冥冥中自有天意，所以管事大臣才迟迟没有发来调任令，所以地狱路底下的裂隙和塌陷都是计算好了的，只等 1777 年 4 月 24 日（星期四）一到，便在他的脚下崩裂。但吉约莫毕竟在巴黎住了这么久了，他知道一切都是巧合。他如今所感受到的躁动与外界无关，那躁动来自他的内心，来自他的

---

① 意为“树木繁茂的”。

② 由路易十三的王后奥地利的安妮（1601—1666）下令修建。她婚后二十三年无所出，因此在生下儿子路易十四后感恩上天圣宠，在原来本笃会修道院的土地上兴修了这座教堂，是一座美丽的巴洛克式建筑。法国大革命后，这里改建成了一所军医院。

天赋受到压制、他的才华不得施展的漫长岁月。他站在天坑的边缘，看着碎石扑簌簌滑入黑暗，像探险家凝视新大陆的海岸线一样，注视着这座城市地基上巨大的创口。

3

对地狱路之下的废弃采石场进行过初步勘探后，不出几天便有一些矿工来告诉吉约莫，说他们在地下找到一串神秘的脚印，坍坡上日积月累下来的尘土似乎被一条长长的尾巴扫动过，对此吉约莫毫不惊奇。还有一个矿工在脖子上系着香囊，里头装着捣碎了的大蒜和樟脑（他所以为的防毒利器），他对吉约莫先生说：有一个模模糊糊的影子沿着坑道逃走了，留下一股“很奇怪的味道”。其他矿工纷纷补充说那影子是“绿色的”，跑得“非常快”，这意味着它在黑暗里也能看清路。

现代人似乎总爱把事故和古老的传说联系在一起。尽管以前从没有过相关的报道，但据说任何看到地下“绿人”的工人（又或者是他们的亲人）都会在一年之内身亡。你瞧，开工才一个月，一个矿工的叔叔就过世了，所以这个传说显然是真的…… [35]

在地基加固工程的第一阶段，吉约莫将工人分成了三组。发掘组由外来民工组成，他们负责清理坑道的碎石。石工组则会用发掘组清理出来的石块砌起石柱，支撑坑道顶板；等回到路面以后，他们还负责每隔开一段距离就在街上钻一个探孔，尽管这样一来就必须封锁路面，难免会引发居民的不满。最后，绘图组要以 1 ∶ 216 的比例为这座地下迷宫绘制地图，他们的成品会比之前有过的任何一张巴黎街道的地图都更为详尽。

施工时最棘手的问题还是如何处置那么多钟形帽，盲目移除会带来极大的风险。因此石工组遵循由大自然提供，又由吉约莫先生完善的建筑方案，干脆将每一顶钟形帽都打造成了美丽的漩涡状石饰，其外形仿佛一座座奇特的、倒立过来的大教堂。普通的建筑师或许会用岩石和砂砾填满塌方的裂隙了事，但吉约莫不是普通人。他在地下挖出挑高的穹顶和宽敞的门廊，用软砂岩修整了被当年的矿工毫无章法凿得坑坑洼洼的巷壁，又用灰岩砌好墙面，使这一条条坑道显得既通达又典重。在置于巴黎的日光之下也毫不逊色的光滑墙面上，吉约莫命人刻出方框，并在框中题字（或用画笔或用刻刀），标明该加固点在工程中的序列号、总建筑师和年份，譬如像这样：25 · G · 1777（其中 G 代表吉约莫）。

在 1777 年余下的时间和接下来的一整年中，吉约莫将他的地下
[36] 长廊与头顶的街道完美匹配了起来。他沿地狱路在两侧房屋之下挖出一模一样的坑道，加固房屋地基的工作则留给房主来做。部分原因在于房主人拥有他房屋之下全部土地的使用权，只要他愿意，大可以把自家的地窖一路挖到地心。创建一个和地上城市如出一辙的地下王国太有成就感了。在这里，街道名称让人刻在了石板上，如果旁边绘有一朵百合花，那就表明附近的地面上有修道院或者教堂。在地面上的巴黎，仅部分市郊地区对房屋做了编号（为方便部队驻扎），而吉约莫在地下巴黎创设了自己的编号体系。在这无人居住的世界里，每个门牌号都是以 G 打头的，比起地面上那座拥挤的迷宫，在这里找路压根不是问题。

自从在罗马度过学生时代以来，吉约莫第一次感到了真正的满足。他曾担心石矿监察的工作不过是徒有其名，但随着工程的进展，见证着他惊人天赋的、坚不可摧的证据正日日将他包围。在拉丁区地下二十五米的深处，他享受这份寂静所带来的无上欢喜，他把自己的全副身心献给了这项充满激情的事业。

曾有人指控吉约莫不可理喻、苛待工人，这样的指控并不属实。我们应当看到：不论一个人的出身有多低贱，只要他同样对这项事业（加固地下巴黎）怀抱热忱，那么吉约莫就是他最坚实的伙伴。每一

天，工人都有两次休息时间，能回到地面晒晒太阳、呼吸新鲜空气。其中一名矿工是个老兵，他选择在地下度过休息的时间，争分夺秒地雕刻一尊马翁堡的石像——马翁堡是法国的海上要塞，是这老兵所在的军团1756年时自英军手中夺回来的。有一天，老兵正细细雕琢模型，坑道顶板突然发生坍塌，将他埋在了底下。吉约莫下令为老兵修筑纪念碑，碑上如此写道："经战火淬炼三十载，这位英勇的老兵在此结束了征程，死时与生前一样，仍在为君效忠、为国尽职。"

当时的市政府曾委托某位诗人为加固工程歌功颂德。由于工程远未结束，吉约莫和那名老兵一样，每一天都在搏命。然而诗人歌颂的对象并非石矿监察本人，而是他努力践行着的拯救巴黎的艺术：

> 若没有这伟力托举千钧如等闲
> 叫这片古老沃土吱吱作响的
> 广阔都市；和她那每一座、每一座石宫
> 本会生于尘土，又归于尘土

正如吉约莫所预料的那样，同行的嫉妒和无知成了加诸在他身上的最大阻碍。事实证明，杜邦当初采取的加固措施毫无效果，且十分离谱。失了面子的杜邦便试图煽动矿工罢工，说吉约莫付给他们的报酬太低。财政部空旷的走廊也是杜邦散播谣言的"好地方"，他压低声指责吉约莫滥用公款，把数百万法镑[①]浪费在了不必要的工程上，而这些钱本可以花在建造卫生设施、公共道路和国防军备上云云。 [37]

吉约莫对人们的闲言碎语浑不理睬。因为与此同时，恰有一个可怕的事实逐渐浮出水面，相比之下，杜邦的阴谋诡计不过是无底深渊中微不足道的一张蜘蛛网。

---

① 又称里弗尔，为法国古货币单位，1法镑 = 20苏尔 = 240第纳尔（相当于1英镑 = 20先令 = 240便士），后为法郎所取代。

4

在把巴黎地下王国的地图拼到一起以后，这座城市的过去便像徐徐展开的画卷一般呈现在了吉约莫的眼前。最初，高卢人和罗马人从塞纳河附近的露天采石场挖掘石材、建造房屋，后来他们沿着古老的河床愈钻愈远，直探入了城南和城北的山丘。随着巴黎从河上岛屿扩展为横跨两岸的都市，采石场的规模也越变越大，巴黎开始消耗自己的地基，好增添地上的城市风景——工人采来的砂石被用来制作玻璃、冶炼金属，石膏粉被浇注成了石膏，灰岩用来砌墙，粘土则烧制成了砖瓦。圣雅克路上一度停满了大车，马拉着绞盘一圈圈走，直到绞索完全绷直，正好是十公里，重达六吨的灰岩也就这样从采石场运了出来。巴黎最好的石材便出自地狱路，成了建造圣母院、皇家宫殿以及玛莱区贵族府邸的不二选择。矿工自采石场挖出尽可能多的石料，只余薄薄的一层支撑坑顶。若干年后，新来的矿工见采石场已经开采殆尽，便向地层更深处挖去。于是每一座采石场的底板都成了其下另一个矿井的顶板。

难怪吉约莫没能找到坚硬的岩层，他在坑道所见皆是巨大的空隙，仅由几块摇摇欲坠的灰岩勉力支撑。在离地面如此遥远的地方，
[38] 他依然可以清晰听到马车驶过那隆隆的声音。也许正是在那一刻，吉约莫真正意识到了问题的严重性：塞纳河左岸所有街道和房屋的重量竟然只落在几根细长的灰岩石柱上。

巴黎泰半地区无可挽回的毁灭是足以和里斯本大地震[①]相提并论的浩劫。但除此以外，吉约莫还承担着另外一项他绝不愿看到的风险。在地下的漫长时光里，他对这份工作的看法发生了转变。他开始

---

① 发生于 1755 年 11 月 1 日，造成约十万人死亡。大地震后随之而来的火灾和海啸几乎将整个里斯本付之一炬，同时也令葡萄牙的国力严重下降，殖民帝国从此衰落。

明白是他的建筑奇迹撑住了这座城市，而一旦脆弱的灰岩石柱不支倒塌，那么他的所有心血也将毁于一旦。

在这种情况下，他方才着手扫清杜邦因为嫉妒而设置在他前进道路上的障碍，他所采取的手段并不光明磊落，但因为任务的急迫性，或许值得我们谅解。

唯一救得了巴黎的吉约莫向警察和间谍求助。受挑唆向国王进言要求加薪的矿工（以及他们的遗孀）被送进了监狱。杜邦本人受到监视，让人抄了家，威胁要把他流放到外省去，又或者“在巴士底狱把地牢坐穿”。杜邦别无选择，只得“自愿亲手”签署了一份文件（正如吉约莫在工程简报中说明的那样），宣布立即退休，并承认夏尔－阿克塞尔·吉约莫是无可指摘的正人君子。

在接下来的十年里，即使是在最深、最危险的坑道中，也不时能见到吉约莫先生高高的个子。他走在地下世界那寂静的街道，脸上毫无血色，好像涂了白铅。没有人会质疑他的决定，也没有人试图削减他的预算。他在一页页图纸上描画的每一根线条都变成了坚固的现实。他为绘制地下巴黎所雇用的制图师人数远超卡西尼[①]绘制整个 [39]
法兰西王国地图时请来的工匠人数。在有谋逆之心的大臣抱怨凡尔赛宫[②]如水的花销时，吉约莫正悄悄建造起欧洲最大的建筑群——如果将其中的所有坑道首尾相接，足以从巴黎一路排到中央山地[③]的边缘。吉约莫还在地底发现了一段长 1.5 公里、曾为竖琴路上的浴场供

---

① 指塞萨尔－弗朗索瓦·卡西尼（1714—1784），也作卡西尼三世，家中四代人皆为法国知名的天文学家。1744 年为修正巴黎子午线之故，着手绘制了地图学史上里程碑式的大型法国地形图。

② 凡尔赛是法国中北部城市，距离巴黎西南约二十公里，是巴黎重要的卫星城。凡尔赛因凡尔赛宫而闻名，后者自十七世纪末至法国大革命结束均为法兰西王宫。一战后在凡尔赛宫签订的《凡尔赛条约》（由战胜的协约国和战败的同盟国签订的和约）奠定了二十世纪初的欧洲政治格局。

③ 位于法国中南部，为一火山高原。

水的罗马高架引水渠，遂对它进行了修复和改造，又把它同整修一新、通向卢森堡花园和皇家宫殿的美第奇[1]水渠连接了起来。他在引水渠的承重梁上做了精美的雕刻，在黑暗的地下为巴黎的淡水输送铺就了一条凯旋大道。

吉约莫恰恰在暗无天日的地底获得了前所未有的职业成就感。事到如今，他曾耿耿于怀的艺术家幸福与否的概念已变得无关紧要，因为他对这座城市过往的了解超越了任何一本书上的记载。他在他的王国中搜集到一批奇异的动物石雕，甚至还有一些水果化石。他毫不怀疑他走过的地方曾是一片汪洋。他手下的一名矿工在布列塔尼当过水手，信誓旦旦地说他在一层致密砂岩中辨别出了一艘小船的残骸。或许在两千多年以前，一场超乎想象的特大洪水把南方的斑岩和花岗岩巨石卷到了这里。远在高卢人以先便定居此地的人们眼睁睁看着他们的家园被一夜摧毁。

罗马人曾称之为卢泰西亚的巴黎古城如今只剩这些遗迹：一条被冲垮了的引水渠、部分砖墙和下水管道、几枚硬币和破碎的胸像……而吉约莫知道自己的创造将比巴黎存活得更久。当千万年以后，卢浮宫和杜伊勒里宫也已化作尘埃，夏尔－阿克塞尔·吉约莫的地下王国将成为巴黎曾经伟大的唯一证明。

他的地下王国欠缺的仅仅是人口。

后来的某一天，塞纳河右岸制衣路[2]上的居民发现自家的酒窖不知何时堆满了腐尸。这些尸体原本葬在城外始建于九世纪的圣婴墓地，九百年来，墓园已被填得满满当当，土地渐渐膨胀隆起，乃至于

---

① 是佛罗伦萨十五至十八世纪在欧洲拥有强大势力的名门望族，其中便出了两位法国王（太）后凯瑟琳·德·美第奇和玛丽·德·美第奇。凯瑟琳是瓦卢瓦王朝国王亨利二世（1519—1559）的妻子和随后三位国王的母亲，玛丽（1575—1642）则是法王亨利四世（1553—1610）的王后、路易十三的母亲。

② 路易九世曾允许该路段的女裁缝沿圣婴墓地摆摊、售卖成衣，故名。

毗邻制衣路的墓园挡土墙被尸骸完全压垮。

吉约莫立即向政府提议：在已然加固后的地下建藏骨堂，好把圣婴墓地的所有遗骸都运到那里。他的提议获得了采纳，同时巴黎政府还决定，把同时期因瘟疫大爆发而亡、可能造成传染的尸体一并带往藏骨堂。

在地狱路的海关关卡之外，有一条叫作伊苏瓦尔墓园路的街道， [40] 得名自同一区域的古代坟场。当地人认为中古时期曾对巴黎造成极大威胁的撒拉森①巨人伊苏瓦尔便葬于此处。而在这条街道之下，吉约莫预备好了足有一万二千平米的藏骨堂，入口则开在地狱路。他称呼这里为“殉道人墓窟”，为的是纪念罗马与之相仿的地下墓穴。

自 1786 年起，巴黎有史以来最大规模的墓葬搬迁开始了。在一年多的时间里，每到夜晚，数个街区的居民就被熊熊燃烧的火把、高声诵经的神父和搬运尸体的手推车（偶有尸骨残骸从车上掉落）吵得难以入眠。这是一场长达十五个月的游行，展示了巴黎每一阶段的历史。曾经只能躺在城墙外的修女和麻风病人的遗体如今来到了这里；圣巴多罗买大屠杀②的受害者与加害了他们的天主教徒在死后混居一处；一部分最古老的尸骨则来自未曾留有记录的墓地，他们是圣但尼在公元三世纪传基督教入巴黎以前便已去世的男男女女……到 1788 年为止，入葬藏骨堂的死者数量已比当时健在的巴黎人口多出十倍。

吉约莫等待着数以百万计的死者大军抵达，随后在伊苏瓦尔墓园路的地下开始打造最新一轮的杰作。一车一车的尸骨被运往地狱广场以外的蒙鲁日③，倾倒进那里的一个井状豁口，井内悬有链条，以防

---

① 狭义上指中世纪地中海的穆斯林海盗，他们在八至十世纪时最为猖獗。

② 发生于 1572 年，最有权势的新教结盟宗（胡格诺派）领袖因信奉新教的亨利四世婚礼之故齐聚巴黎，遭由新娘玛戈王后（1553—1615）母亲凯瑟琳·德·美第奇王太后授意的天主教徒血腥屠戮。

③ 意为“红山”，因该地区的土质偏红而得名，是法兰西岛大区上塞纳省的一个市镇，位于巴黎南部。

遗骨阻塞通道。而在井底，工人对森森白骨加以分类，然后一列接一列、一条走廊挨一条走廊地将它们排放好：有专门安放胫骨和股骨的巷壁，也有用头骨镶嵌成的横梁，藏骨堂的所有“装饰和布置均力求与其整体风格相符”。当死亡被装点得如此盛大，当死亡的象征俯拾皆是，死亡本身反而没有那么慑人了。

“死者大游行”结束后不久，法国大革命的爆发将巴黎变成了人间地狱，在动荡岁月里丧生的无名贵族也最终落户巴黎的地下墓穴。吉约莫因与旧朝权贵过从甚密，让听信谗言的同行和心怀不满的工人送进了监狱，在铁窗后度过了那段乱纷纷的日子。但是他的盼望和喜
[41] 悦不曾消逝，因为他清楚他的手笔将永远留存。他在1794年出狱，此后继续担任石矿监察一职，又兼任高布林皇家挂毯制造厂的督办，直至他1807年与世长辞。他生命中将近一半的时间都奉献给了拯救巴黎的事业。人们将他安葬在城东的圣加大肋纳公墓①——正好位于高布林制造厂和地狱路之间。

1883年，巴黎的其余公墓也陆续得到了搬迁，吉约莫的墓碑在此过程中丢失了。他的遗骨和众多先人的骸骨一起被集中运往他一手建造起来的藏骨堂，和那里的巷壁融为了一体。如今，在那个巨大的藏骨堂里，在由钙和磷酸盐组成的恢宏墓室之中，夏尔-阿克塞尔·吉约莫仍然在某个角落贡献着他的一份力量，牢牢支撑住巴黎，以免它消失在虚无的深渊。

5

拯救了巴黎的这个人两百多年前就去世了。而在这么长的时间里，巴黎的任何一段历史都没有提过他。曾经毁掉巴黎、造成了大面积破坏的人倒有街名和雕塑加以缅怀，然而吉约莫的创举无人记起。

---

① 也有一说为吉约莫起初被葬在了圣玛加利大公墓。

巴黎的里昂火车站附近的确有一条叫作“吉约莫”的小路，纪念的却是某个同姓的领主，与夏尔－阿克塞尔·吉约莫没有任何关系。

吉约莫或许会把这看作是巴黎的忘恩负义，也或许他早已默认了巴黎人对他的亏欠永远无法还清。又或许是因为巴黎不愿提醒它的市民和各方游客——在他们的脚下到底安放着什么。

1859 年时，吉约莫上任第一天就发生塌陷的地狱路路段并入了新建成的圣米迦勒大道。二十年后，地狱路的其余部分则改名为当费尔－罗什罗路，以纪念在对抗普鲁士人的贝尔福保卫战中贡献卓绝的当费尔－罗什罗上校。当费尔－罗什罗路后来成了巴黎火车的终点站，给街道命名的人显然认为如果还保留原来的名字，称呼铁路终点站为“地狱站”，恐怕实在不妥。何况“当费尔”（Denfert）谐音“地狱”（d' Enfer），既多少能掩盖昔日地狱路的恶名，又不至于完全否认它曾经代表的邪恶含义。

直通巴黎市中心的地狱路改名时，没有人担心灾难会重演。同一 [42]
年（1879 年），在距离 1774 年第一次塌方事故的现场不远，脱胎换骨后的当费尔－罗什罗路上有三栋房屋出现墙体开裂。为此，居民纷纷怪罪成天在终点站进出、响声震天的巴黎火车。而地质学家和矿物学家为了表明他们对地基加固工程的信心，建议把国立巴黎高等矿业学校迁到卢森堡花园的外沿，也就是 1777 年地狱路第二次塌方地点（圣米迦勒大道）的对面。

于是次年四月里的一天，傍晚六点，正陆续离开校园的师生惊讶地看到：住在街对面的理发师端坐自家饭厅，在路人的注视下尚且手握刀叉、低头看着地上的坑洞——上一秒还在盘中的晚餐下一秒已落到了历经漫长时光堆叠起来的坍坡钟形帽上。圣米迦勒大道 77 号、79 号和 81 号的房屋外立面脱离了建筑整体，猛然消失在了地底。这一次，市民更愿意将事故归咎于交通和桥梁部门的监管不力，而不是在地狱作祟的可怕魔鬼。

此类事件后来已很少发生。巴黎市的街道和建筑几乎没有了沉降之虞。每年出现的沉洞数量在十个左右，且多数很小，因此极少有人伤亡。面积较大的塌方则会运用现代技术加以处置，受灾居民则由政府出资重新安置。1975 年，巴黎北站下方出现的巨大坑洞被迅速填以了二千五百五十立方米的水泥。现在，除蒙马特高地和当费尔－罗什罗广场以东的某些区域，整个巴黎都堪称牢固、安全。

迷途

你难以想象环绕在我们身边的阴谋诡计。我每一天都能在自家的房间里发现稀奇古怪的东西。

——致波利内公爵夫人的信
1789年7月28日，星期二

不久以前，一切都还太平的时候，她对杜伊勒里宫还是喜欢的。要是城里的歌剧演出结束得晚了，她便在宫里歇上一宿，不用披星戴月地赶回凡尔赛去。可现在她不得不搬到这里住，杜伊勒里的缺点就都显出来了。即便其他租客已经让人赶了出去，他们从前的府邸也做了翻新，这里的空间总归显得局促，房子的构造也委实太过复杂。她平常住在底楼，走廊那一侧的半楼[①]也是她的。她的丈夫和孩子住在楼上。要不是眼下是特殊时期，她倒乐意和女伴一直待在巴黎。只可惜这些日子以来，她已经很少在天黑以后才回家了。她也不喜欢她的丈夫成天钻在地图室里，在她的马车一路驶进院子的时候闲极无聊地用望远镜追着看。

她住过的每一个地方都永远装修个没完，对此她早已经习惯了。

---

① 又称夹层楼面，特指一、二层之间的低矮阁楼。

有时候她也羡慕那些农民，谁让他们的茅草屋花一天工夫就能搭好。除了水彩设计稿和纸板模型以外，她计划要造的那些房间通常再也看不到实物。她记得刚结婚那会儿，新家的卧室天花板一片狼藉，石膏
[46] 脱落，壁画斑驳。她想尽快安顿下来，就吩咐把天花板刷成纯白色了事，可是她的好丈夫——那时候还是太子的国王陛下坚持要“全面修复”，还说要在用镀金灰泥重新装饰好的天花板画上丰满的希腊女神。等逐渐了解了法国王室的历史和他们的财政状况，这种永不停歇的装修传统倒为她培养起自己的审美行了方便。花园的部分改造工程完全符合她的要求：昔日的几何式园林被推倒重来，取而代之的是宜人的英式园林，她若能徜徉其中，必定身心舒爽。然而如今他们搬到了巴黎，对房屋的每一项改造必须由当下的形势决定。

木匠在一些衣柜的后头安装了移门；掀开墙上的挂毯看，后面的镶板其实是一扇暗门，通向一段小小的楼梯。已不知当年为何铺设的活动地板让她总也弄不清这个家到底有几层。她的住所变成了迷宫。从她的卧室后门溜出来，沿着走廊经过一排空荡荡的房间，再走下另一侧的楼梯方才能到达庭院。这个地方当真容不下任何的直截了当，他们若能早日离开，当然是再好不过了。

她的房间背朝庭院，正对着左侧的杜伊勒里花园和塞纳河。风从那个方向刮来的时候，雨点会噼里啪啦砸在窗玻璃上，天色昏暗，她只能看见窗外通往路易十五广场[①]的一排排行道树。自从士兵、佣人还有衣着寒酸的百姓都能进出以来[②]，杜伊勒里花园在白天时变得更嘈杂了。夜里它不对外开放，照理说应当空无一人，但她近来常听到花园里有响动，那声音又辽远又模糊——花园之外的高墙和路堤仿佛一张大网，密密笼住了这座城市夜半时分的私语。

塞纳河畔绿树成行，护栏一侧却立着破旧的木棚，仿佛这里不是

---

① 即协和广场。

② 杜伊勒里宫曾长期闲置，其花园一度向公众开放，成为巴黎市民喜爱的休闲场所。

首都巴黎，而是偏远的水乡。穷人的孩子学会了在河道里游泳，他们边大声呼喝边挥舞着长杆，种种举止皆令她费解。从她这里看对岸，风景乏善可陈。她却从朋友和丈夫的告解神父那儿得知：从对岸看她这头，除了有个贮木场比较煞风景以外，景色可谓相当迷人（她的家也是景色的一部分）。[47] 可如果贮木场失了火，她住在那附近的朋友就不得不从佣人房一直逃到外面的大街上——伏尔泰码头固然气派，码头后面的街道却密密麻麻犹如蛛网。但是她也知道，不论失火与否，他们当中的一些人早晚是要逃命的。

尽管听上去错综复杂，他们的逃跑计划执行起来却很简单。她已经安排好了从巴黎直到香槟沙隆[①]的大致路线，但国王陛下对追究细枝末节显然兴趣浓厚。自从他们眼看着暴民冲进凡尔赛宫，砍下近卫军的脑袋，又给那血淋淋的人头套上扑了粉的假发、高举在长矛之上后，不得不连夜逃到巴黎，追逐细枝末节倒成了能让人放松心情的消遣。她的丈夫向来喜欢摆弄简单却精巧的机关，对这里一屋子奇特的现代装置欢呼雀跃。佣人不止一次发觉国王跪在不同的房间，正试图撬开那里的门锁。

总之他们的逃跑势在必行，她的朋友费尔森伯爵会负责驾驶马车。听说费尔森的亲戚——一位叫作吉约莫的先生[②]还受托替他们新家的地下建造堡垒，照她看，那样黑漆漆一片的地方哪还有装饰的必要？她坐在客厅里，吩咐佣人收拾行李（她要带上她的珠宝、火盆、银质的洗手盆），而国王正同一群预备远征（从英吉利海峡沿岸直到地中海）的人交谈。这群人此行是为了确定巴黎子午线的确切位置，据说这条“玫瑰线”距离她此刻坐着的地方不过几米远，随后穿过皇

① 简称沙隆，是法国东北部城市。中世纪时因香槟酒的生产和贸易成为重要的商业集镇，法国大革命后成为马恩省的省会，也因当地众多的军事基地而闻名。

② 同样在瑞典出生和长大的吉约莫是瑞典贵族汉斯·阿克塞尔·冯·费尔森伯爵（1755—1810）的教父。

家宫殿、杜伊勒里宫和卢浮宫之间的狭窄小巷一路往南去……为了测量上的绝对精确，考察团要穿越卢瓦尔河[①]以南未经开化的荒野，那里的居民甚至从没听说过“巴黎”的名字。但这次测量一经完成，科学家将能够绘制出有史以来最精准的法国地图，这也必定会让痴迷地理的国王欣喜万分，捧着新地图一研究就是好几个礼拜。

同测量子午线相比，他们的出逃也需要绝对的精确，并且只会更加危险。费尔森先生已替他们安排好了长途马车，届时会等在城外的
[48] 圣马丁税关[②]那儿。布耶侯爵[③]会沿途部署兵力（直到东北边境），确保万无一失。他们也力求面面俱到，费尔森先生将要驾驶的特制马车自带食品储藏柜、炉灶和活动餐桌，除了马车本身尺寸较大，算得上很不起眼了。在过去的两个星期里，一位身高和体型与国王极为相似的内侍（也有着圆滚滚的肚子）会在每晚的同一时间从正门离开杜伊勒里宫。国王选定了三名近卫军协同他们离开。除宪兵以外，有人建议他雇用久经沙场的“识途老马”，譬如某位退了休的邮政局长，据说此人知道“法兰西王国的每一条道路”。但是陛下想表明他对近卫军的高度信任，于是要求卫队长提供三名人选，却没有提前透露需要他们执行的“公务”内容。

为了避免引起怀疑，他们会分成四组离开。家庭教师图泽尔夫人[④]会把小太子和公主带往附近的颈手枷路[⑤]，费尔森先生会假扮成马

---

① 法国最长的河流，发源于塞文山脉。

② 十八世纪时，包税商集团（法国封建时代预先将税额交给国库，受王室委托再向百姓征税的富商和金融家）为了解决巴黎内外因走私造成的财政损失，在巴黎周边新修了一道围墙（即包税人墙），并在其上设置若干税卡以控制税收。

③ 弗朗索瓦-克洛德-阿姆尔·布耶侯爵（1739—1800），法国将军，在大革命时期担任东北地区的军事指挥官，是坚定的保皇派，也是1791年王室出逃的主要策划者。

④ 在图泽尔夫人之前担任家庭教师一职的正是本章开头王后致信的对象——约兰德·马汀·加布里耶尔·波利内公爵夫人（1749—1793）。她曾受王后重用，与之关系亲密，却在法国大革命爆发后逃往奥地利避难，不久离开了人世。

⑤ 得名自该路段曾由巴黎主教下令设立的可怖刑具。

车夫，等在船楼旅馆的路旁。三刻钟后，国王的妹妹——伊丽莎白夫人①会前来与他们会合。而等就寝仪式②结束，假国王上床休息后，真国王会打扮成贴身侍从的模样，自杜伊勒里宫开溜。王后则会与随行的近卫军——据称最值得信赖的梅登先生一道，最后离开宫殿。

从她的住处到颈手枷路的拐角距离很短，照理说不会出任何岔子。等卢浮宫完全建成了③，杜伊勒里宫就会是一个大长方形的西侧边线。这个大长方形让密密麻麻的中世纪贫民窟填满了，里头是一座接一座由三面围墙组成的庭院，把杜伊勒里宫和卡鲁索④广场分开在了两头。其中最靠近塞纳河以及她的住所（同时距离颈手枷路最远的）那个院子叫作太子庭院。一旦走出那一座座庭院，就相当于离开了杜伊勒里宫的范围。等穿越卡鲁索广场、经过国王马厩和一个菱形的废弃小广场后便能到达颈手枷路，全程不超过五百米。

平日里，包括太子庭院在内的院子总有皇家律师、各地使节和帮佣进进出出，近来这里却多了不少面目粗野、意图不明的人。院子外边直通往颈手枷路的大道上，马车正大排长龙，听候从宫里和附近旅 [49]
店出来的贵人差遣。倒是有那么些无良记者已经开始散播王室预备出逃的"谣言"，虽然没溅起什么水花，但向来与他们不对付的拉法叶侯爵⑤闻言，特意加强了皇宫的守备，又命人点起宫灯，直把夜色下

① 全名伊丽莎白·菲利普·玛丽·埃莱娜·德·波旁（1764—1794），是路易十六（1754—1793）的妹妹。法国大革命期间，伊丽莎白一直陪伴在国王一家的身边。

② 波旁王朝的历任国王会举行正式的起床和就寝仪式，地点往往在一间富丽堂皇的大房间，但那里不是他们真正用来睡觉的地方。能参加国王的起床和就寝仪式，被看作是朝臣地位的象征。

③ 当时的杜伊勒里宫由花廊与卢浮宫相连，其广场将卢浮宫的庭院包裹在了中间。

④ 意为"盛装舞步"，该广场为路易十六的马队演习而建。

⑤ 吉尔贝·莫提耶·拉法叶侯爵（1757—1834），法国将军、政治家，同时参与过法国革命和美国革命，被誉为"两个世界的英雄"。他一生致力于各国的自由与民族奋斗之事业，晚年还成为"七月革命"的要角，亲手把三色旗披在了新国王路易-菲利普一世（1773—1850）的身上。

的杜伊勒里照得亮如白昼。因此王后逃跑时要戴一顶宽边帽遮住面孔，虽然她认为这有点多此一举，毕竟自从她一夜白头后，连最亲近的朋友都认不出她来了。不过万一她被哨兵拦住，她会自称是新来的家庭教师邦纳夫人。终有一天，受暴民煽动、群情激愤的巴黎人民会清醒过来，承认再没有比他们的王后更适合扮演这个角色的人了。

她自幼长于奥地利，在巴黎是个“外国人”，瑞典贵族费尔森先生自然也是，却比巴黎本地人更能胜任驾车逃跑的任务。地道的法国贵族不可能像费尔森先生那样，懂得用车夫的行话与人貌似随意地攀谈。他们也绝不会想到随身携带廉价的鼻烟盒是为了若有难缠的话匣子过来搭讪，便能给对方吸上一口以便打发。多亏了他娴熟的模仿技能，费尔森在旅馆的马路边伪装得十分成功。不一会儿，图泽尔公爵夫人便带着公主和已经睡着了的、作女孩打扮的小太子来到了约定的地点。费尔森片刻不曾耽搁，驾驶着马车沿码头直走，随后右转，穿过路易十五广场，又顺着圣奥诺雷路折返，重新回到了颈手枷路上的马车行列之中。

时间一分一秒地过去，片刻之后，一个妇人围着他们的马车绕了个圈。门开了，伊丽莎白夫人爬了上来，不巧踩到了藏身图泽尔夫人裙底的小太子。伊丽莎白仍然显得惊魂未定，解释说她方才看到拉法叶侯爵的马车从她的面前驶过，显然是要去宫里参加国王的就寝仪式。众人重新在车上安顿下来，等待着国王和王后尽早现身。

从颈手枷路的这个拐角可以看到杜伊勒里宫二楼的窗户，宫外灯火通明，仿佛什么盛世奇观即将上演。附近的教堂敲响了午夜的钟
[50] 声，但国王依旧踪影全无。直到就寝仪式结束、一班大臣鱼贯而出（比预计的晚了一些），贴身侍从眼看着陛下洗了身、宽了衣，已躺下预备入睡，一个自称“杜兰德”的大腹便便的仆人方才镇定地跨过正门的台阶，经过杜伊勒里庭院的岗亭，朝卡鲁索广场走去。哨兵的注意力忽然被黄铜鞋扣击打鹅卵石的声音吸引了。他见“杜兰德”摘

下鞋扣，跪下身来熟练地重新扣好，然后直起身，面朝颈手枷路一直走去。

国王的意外迟到令马车里的乘客惊惧不已，但国王本人不以为意。他坐到两位女士的对面，安慰她们说好事多磨，这恰恰证明了他们的计划合情合理。国王又说：就像钟表难免会有瑕疵，但各个零部件若能通力协作、彼此帮补，只要擒纵装置[①]调节得恰到好处，整台仪器就能良好且精确地运行。因此，王后至今没有露面倒并不曾让国王太过担心。

而那时，王后已经和梅登先生一起离开了皇宫。他们轻轻松松通过了设在太子庭院的哨所，正要接着穿过卡鲁索广场，忽然从侧面打来一束光。他们连忙躲到面朝广场开设的窄窄的边门背后，见一辆挂着灯笼的马车轰隆隆驶过了他们的身旁。透过车窗，王后清楚看到了拉法叶侯爵的脸。比生存本能更为强烈的怒火自心头燃起，她甚至想扑上去用手杖敲打马车。据当晚的另一名近卫军说（他当时并不在场），梅登先生曾试图安抚王后，让她冷静下来。但根据事态的发展来看，更有可能是王后安抚了梅登先生，告诫他既然选择了这条路，就必须一条道走到黑；又鼓励他说：不出一会儿他们就能坐上费尔森先生的出租马车，平平安安、顺顺当当地和等在圣马丁税关外的人会合。

接下来发生的事情看似不可思议，细想却并非如此。事发几年后，包括布耶侯爵在内的多名相关人员都对此作过描述。最早也最详 [51]
尽的记录出自王后的告解神父丰塔日，他如实记下了王后与他曾有过的对话。现代历史学家或许会怀疑这样的事情是否当真可能发生，但

① 机械钟表中介于“传动机构”和“调速机构”之间的一种机械结构。通过将原动系统提供的能量定期地传递给摆轮游丝系统来维持该系统不衰减地振动，并进一步将该振动次数传递给指示装置以达到计量时间的目的。

是他们忘了他们生活在一个截然不同的时代：若干个世纪以后，巴黎已遍布导航设备，路标密集得甚至能挡住人们想要前往的景点，而彼时巴黎的城市地图之多，足以将它所有的街道来回铺上几遍。

等侯爵的马车消失在夜色中后，王后和梅登先生走出了藏身的边门。他们很熟悉国王的指令：一旦离宫，左转。尽管侯爵的意外出现让他们一时慌了手脚，但他们知道走这条路不会有错，再有几百米，他们便能和大部队碰头了。

他们的前方是用护栏围起来的塞纳河，右手边的皇家桥在反射灯的照耀下清晰可见，直通往对岸。那儿的高楼里还有几户人家亮着灯，但此刻，码头上空无一人。于是他们不再迟疑，穿过皇家桥，匆匆走入了河对岸的街道。

没人知道那一晚是梅登先生带的路，还是出于对王后的尊重，他选择跟在她的身后。另外两名近卫军留下过对当晚事件的记录。梅基奥尔·德·穆斯捷只记得：（他听说）王后让拉法叶的出现吓得不轻，便与梅登先生分开了。弗朗索瓦·德·瓦罗西的叙述更为详细，但他不巧弄丢了笔记，等二十五年后重新回忆往事时，他发觉自己的记忆早已模糊。不过他确实记得有人曾告诉他，说“王后立刻甩开了梅登先生的胳膊，开始朝反方向走，梅登先生只好亦步亦趋地紧跟着她。”而第三名本可以给出解答的近卫军（梅登先生本人）基于某些显而易见的理由，从没有将此事落成文字。王后在和丰塔日神父交谈时则承认：事情之所以会演变成那样，她的确要承担一部分责任，她说“梅登先生对巴黎的了解甚至比她还少……因此他们当时没有左转，而是右转来到了皇家桥，然后过了河。”（《出逃的国王》）

[52] 在理想情况下，一个理智的人可能会在此时停下思考，并且意识到如果他方才选择的路线是正确的，那么杜伊勒里宫必定还在他们的同一侧。但是当时的情形并不利于他们冷静反思，何况既然他们眼下所在的街道和杜伊勒里宫以及颈手枷路大致还在同一条直线上（尽管方向正相反），他们便假定这条路线依然合理，然后头也不回地往前走去。

他们踏上的这条路叫作渡轮路，因当年为杜伊勒里宫运送石材的渡轮而得名。然而路牌在当时的巴黎仍然非常罕见。直到1805年，巴黎市长才下令在黄色瓷匾上刻写街道名称，以此分辨极为复杂的巴黎地形——瓷匾上若标以红色字母，代表该街道与塞纳河平行；若标以黑色字母，则代表道路与塞纳河垂直。

他们经过了一条又一条街，期待着下一秒就能在拐角处看到费尔森先生的马车。他们脚下的路稍稍向右弯曲，穿行在公馆高墙、修道院和教堂之间，令人仿佛已置身于贵族聚居的外省郊区。假设他们以每小时六点五公里的速度步行，再从事后推断出的路线和他们延误的总时长计算，想必他们沿着渡轮路一直走到了最深处，直至找到颈手枷路的最后一丝希望似乎也破灭了，直至他们听到了哭声和偶尔传来的尖叫声才终于觉得不对劲。渡轮路的尽头曾经关押着麻风病人，就在临终关怀医院和精神病院之间。一个陌生人途经此地，大约会以为自己不经意间发现了潜藏在都市边缘的炼狱。

所以直到此时他们才选择转过身，往来时的方向走，却没有照原路返回，而是选择了另外一条不同的路线，就好像除了迷路以外，他们仍然没有意识到：他们错就错在一开始不该跨过塞纳河。

事到如今，明明误导了王后（或者说明知王后误导了他）的梅登先生难辞其咎。他也是个可怜人，习惯了听从命令，不得不大晚上在陌生的街道转悠，紧跟着一个随时会对过往马车发脾气、有本事一踏出家门就迷路的女人，何况这女人的身份如此尊贵，多半容不得任何反驳她的声音。 [53]

当然了，与其说梅登先生懦弱，倒不如怪他无能。临行以前，王后甚至可能向他提出过一些建议，好让他为不到五百米的逃跑路线做好准备，可他似乎并没有太当一回事。如今不仅王后身陷险境，她的孩子和丈夫也随时有性命之虞，更不用说他们一家如果出事，会在欧洲掀起怎样的腥风血雨了。

梅登先生虽然没有随身携带地图，也没有事先研究过地图，不过他倒算不得罪大恶极，至少不像布耶侯爵在回忆录中描述的那样，说此人“无知到不可思议”。（侯爵毕竟自恃身份，不好直接批评王后本人。）但要解释梅登先生为何会迷路迷得如此彻底，就要在这个本就迂回的故事里再添一段插曲。长话短说起来就是——梅登先生是受了那个时代的局限。他确实遵循理性行事，然而当理性之光范围有限时，他便寸步难行了。

1791 年的巴黎还没有正式的地图。比例尺适当、制作精美的城市地图极为罕见，而对拥有它们的军官、图书馆馆长、国王或富裕的收藏家而言，这些地图又从不发挥实际的作用。陌生人如果想对巴黎有个整体印象，人们通常会建议他攀到纪念碑的顶上，一览城市风貌。文具商店出售的粗略平面图只标注巴黎的主要景点和主干道的大体位置。在多数巴黎人看来，地图的功能应当是歌颂这座城市，而非不留情面地暴露它的曲折小巷和那么多死胡同。建筑师宽德罗绘制的《巴黎今日地图》（1798）还苦心孤诣省略了所有次要的街道，宽德罗说“如若不然，我的地图除了一团乱麻以外，什么也显示不了”。

岛城巴黎发展至今，包括王后玛丽－安托瓦内特在内的市民向来安于现状。大多数巴黎人从未离开过自己的街区，而对于那些必须走得更远的人来说，出门永远有出租马车可以代步。梅尔西耶曾在《巴黎印象》中写道：“哪怕旅程再短，巴黎人也要坐马车。”这或许是因为他们有自知之明，也或许是因为他们太过懒惰。1874 年出版的《拉鲁斯[①]大百科全书》中有过这样的描述：“即便是首都巴黎的居民也不了解城市的街道。”而马车夫所掌握的地形知识究竟有几何，始终是
[54] 个谜。数百年以来，巴黎订立了那么多有关出租马车的规定，却没有一条提及车夫应当熟悉他所行经的路线。巴黎人对马车内的靠垫如何安装、马车如何避震、马匹如何喂养、车夫不得超速、不得酒驾、不

① 由法国词汇学家皮埃尔·阿塔纳斯·拉鲁斯（1817—1875）编纂，共十五卷。

得阻塞人行道、不得惊扰游行队伍、不得谩骂行人、不得侮辱女性乘客、不得在夏天光膀子等等有明确的法规，却从不要求车夫掌握从甲地到乙地的最便捷途径。而鉴于往返巴黎不同街区的出租马车会悬挂相应颜色的灯笼以示区分，我们或许可以假定车夫对巴黎路况的了解从不完备，具体的行车路线往往取决于拉车的马儿想怎么走。

玛丽－安托瓦内特在塞纳河左岸迷路半个世纪以后，巴黎城市地图的好处仍然远远没有得到市民的重视，即便是印刷这些地图的工人也不例外。1853年，巴黎刊登了一份给“不了解首都”却想在首都找活儿干的排字工人的指南，以冗长到夸张的篇幅详述了怎么走遍首都巴黎的六十家印刷社。根据指南的说法，失业的排字工人若想找到工作，得先去里沃利路①（从前的圣日耳曼德福塞②路14号，走上第一个院子靠右手边的扶梯），到那里碰碰运气，然后“离开，沿里沃利路左转直走到圣但尼路，再右转，一直走到路的尽头，穿过夏特雷③广场和兑换桥④，走到正对面的木桶路，右转，第一条路就是圣礼拜堂路，到那里的5号找布坎先生”。

按照指南的说法：“假设在每个印刷社耗时两分钟，那么走遍全部六十家印刷社需要七个半小时。”即便如此，这位不走运的排字工人也只是在“巴黎方圆百里内的印刷社”名单上刚刚起步。

凑巧的是，在那个星期一的夜晚，也许就在离渡轮路不远的地方，整个巴黎最有资格为王后指路的人正在绘制现代制图学史上的杰作。在巴黎的某个街角，埃德姆·韦尔尼凯眯眼对着望远镜（仆人在身边替他举着火把），试图测量街道夹角的确切度数。韦尔尼凯和另 [55]
外六十名几何学者组成的团队总是在夜晚进行测绘工作，因为只有这

① 为纪念拿破仑·波拿巴（1769—1821）在1797年的里沃利会战中率法军打败奥军（神圣罗马帝国）、成功占领意大利北部并一举击溃第一次反法同盟，故名。

② 德福塞意为“沟渠”。

③ 意为“小城堡”。

④ 得名自建在桥上的金银饰品店和金融交易所，是十二世纪货币兑换业兴起的见证。

时他们才能放开手脚，不必担心受到人群的推挡、野狗的骚扰或者马车的冲撞。韦尔尼凯的梦想是绘制出首张完全可靠的巴黎地图——精细到甚至能在地图上找出城里每一堵凸起的墙壁、每一座歪斜的壁龛。十五年前，韦尔尼凯自费开始了这项挑战，如今距离完成还差几年。国王对他们的事业表达了祝福，但新政府对地图的热情显然不高。韦尔尼凯曾请求政府适当拨款，某部长却要求将此事送呈委员会讨论，“以便确定这张地图是否当真有用”。

如果王后和梅登先生能像埃德姆·韦尔尼凯一样鸟瞰巴黎，会发觉他们方才走过的路正处在以红十字路口为中心向外扩散、状如蛛网的小径外沿。这其中的一条条小径确实伸得笔直，却常以奇特的角度将其他小路一截为二，圈出呈平行四边形的小广场或似乎每天都不尽相同的梯形区域。在那些并不对称的街道上，时间以让人迷惑的速度流逝着。距离他们过桥来到左岸至今，可能只过了五分钟，也可能已经过了半小时。

或许是误打误撞，或许是闻到了塞纳河水的气味，总之他们找到了往回走的路，经过圣父路（抑或与之相邻的主干道）重新回到了塞纳河边。虽然比起过河以前，他们此刻正身处皇家桥的更上游路段，可见对岸与杜伊勒里宫相连的卢浮宫的外墙。码头上仍然空无一人，但已有哨兵在皇家桥的另一头站岗。在王后的左手边是和记忆中一模一样的杜伊勒里宫的侧翼——她的寝宫所在的地方，这也或许是她第一次从这么远的地方试图判定它的方位。她的丈夫和孩子正在离宫殿不足五百米的马车里等待着她，度日如年，猜想着人们何时会发现国王已经落跑，唯恐王后以叛国的罪名让人逮到。

也许是绝望过后反而平静了下来，也许只是养尊处优惯了的王后
[56] 不愿再深一脚浅一脚地赶路。既然这场冒险无异于参加假面舞会①，

① 又称化装舞会，源自万圣节的传统，宾客需戴面具或伪装方可参加。

那么事到如今已没有了遮遮掩掩的必要。王后和梅登先生干脆朝站在皇家桥另一头的哨兵走去，直接问他：到颈手枷路的船楼旅馆该怎么走？

即便哨兵确实知道路线，他也不太可能示意两个“平民”抄近道、徒步穿过杜伊勒里宫。而已经吃过亏、上过当的王后和梅登先生也不太可能忽略好不容易有人给他们指明的路——这或许便能解释为何王后又开始不情不愿地探路，很快陷入了与杜伊勒里宫咫尺之隔的中世纪迷宫。

杜瓦耶讷[1]街区是中古巴黎的产物。在那片狭小的地界内盘桓着近五公里长的巷子，臭气熏天，其中一些小巷和污水沟几乎没有分别。那里的部分贫民窟建筑在几百年前或许曾是修道院，还有一些奇形怪状的土丘和凹坑，大约是前朝的街道和拱门的遗迹。一条条死胡同成了一片片垃圾场，里头堆满用于建造卢浮宫的石材。每到夜晚，卢浮宫似乎已经让人拆除了，而圈住卢浮宫的古老废墟却被永久保存了下来。

他们沿着漆黑的中世纪小巷摸索前行，教堂敲响了一刻又或半小时的钟声。要是在外省，他们可能已经弄清了方向，但是在巴黎，情况偏偏比较特殊。依照基督教的传统，巴黎最古老的教堂建在塞纳河边，面向东南偏东方向，正如巴黎圣母院那样，只为让东升的旭日照亮圣坛后的玫瑰花窗。但这种布局占地极广，使得同一地块上的其他教堂只好因地制宜、委曲求全。建于1646年的圣叙尔比斯教堂大概是巴黎最后一座向东而立的教堂。如今，巴黎的教堂朝向四面八方。在王后和梅登先生所在的地方，方圆两百米内共有四座教堂，只有一座面向东方。倘若从空中看，巴黎的教堂就好似停泊在繁忙的塞纳港口的船队，除几艘面向东方的巨轮（大教堂）以外，其余小船则熙来攘往、各行其是。到十八世纪末，只有具备埃德姆·韦尔尼凯那样学

---

① 意为“主教”。

识的人（爬上教堂的尖顶进行三角测量）才可能以教堂为参照物确定方位。

[57] 由于众人的说法在细节上存在分歧，因此难以断定王后和梅登先生到底在“迷宫”探索了多久，抑或当他们终于走上“康庄大道”圣奥诺雷路时已经过去了多少时间。二人沿着路灯照耀下的人行道走了不到百米，总算见到了已经心急如焚的其余王室成员。根据家庭教师图泽尔夫人的说法，多年来被皇家威仪和繁文缛节所束缚的国王陛下难得表现出了真情实感。他用两条胳膊紧紧搂住王后，热情地吻了她，直说了好几遍“见到你真高兴！”

费尔森先生深知往东北方向出城的路不好对付，决定不从始于路易十五广场的香榭丽舍[①]大街走，而是向东沿着圣奥诺雷路和蜿蜒曲折的圣安托万市郊一直走到巴士底狱，在那儿左转，驶过近五公里的大道，进入圣马丁税关的出口所在的小路。当然，费尔森先生本可以在圣梅里教堂就左转，然后斜穿过圣马丁大道，但这些都是“后见之明”了。总体来说，他们的逃亡之旅有惊无险进行了下去。当特制的马车驶过邦迪森林[②]，飞速穿越布里[③]和香槟平原，将巴黎的满城风雨暂时抛在了身后时，国王陛下显得极其满意。他设想自己在安全抵达目的地[④]后对“法国人，尤其是巴黎人”发表的讲话必然在议会掀起滔天巨浪，一时喜不自胜，向马车里的其余乘客慷慨激昂地宣布：“嗐！可算是离开让我吃足苦头的巴黎了。我把话撂在这儿，一旦我重振旗鼓，你们一定会看到一个面目一新的我！”

国王直到此时依旧十分乐观。事实上，若不是他们在巴黎耽搁了

---

① 源自古希腊语“至福乐土”（Ēlýsion），是神话中的英雄死后抵达的地方。香榭丽舍大街附近的爱丽舍宫（Élysée）之名同样有此含义。

② 邦迪因邦迪森林而闻名，是法国中北部城市，也是大巴黎都会区的组成部分。

③ 位于巴黎盆地东部，地处马恩河谷、奥尔日河谷、塞纳河谷和法兰西岛坡地之间，占地面积约五千平方公里，以出产奶酪而闻名。

④ 王室计划出逃的最终目的地应在法国大东部大区默兹省的蒙梅迪，北邻比利时。

太久，原本是能够在起了疑心的民众迫使（布耶侯爵部署的）保皇派 [58]
军队撤离前便到达索姆韦勒的。若不是他们在巴黎耽搁了太久，也就不会受到好奇的圣默努[①]市民的围观，人群中的某个少年是当地邮政局长的儿子，他认出了国王那和硬币头像上一模一样的面孔。当时是1791年6月21日晚上8：00，大约在同一时间，某位不知疲倦且唯恐天下不乱的巴黎才子跑到杜伊勒里宫，在那里的外墙上贴了一张布告：

> 敬请市民留意——杜伊勒里宫的胖子已连夜出逃，发现其行踪者请务必将其带回。必有酬谢。

1793年10月16日

革命广场（前路易十五广场）的风景向来是巴黎顶好的。午后的阳光照耀着香榭丽舍大街，透过浓荫，将广场笼罩在一片粉色的光晕之中——夏绿蒂·科黛[②]被斩首示众，她那脱离了躯干的脑袋却仍然双颊绯红，或许便是这个缘故。当时有数千人见证了这一奇特的现象，甚至推动了对肉身已死、感官是否尚存的科学研究。由于科黛小姐生前戴着老家诺曼底特有的花边女帽，一时间还引发了巴黎妇女竞相购买的热潮。

死囚车载着他们来到革命广场，车上的男男女女却显得异常平静。沿途的无套裤汉[③]对他们讥讽谩骂，但他们不曾露怯，无愧于他

---

① 同上文的索姆韦勒一样，都是香槟沙隆区的市镇。

② 全名玛丽－安·夏绿蒂·德·科黛·达尔蒙（1768—1793），法国大革命恐怖统治时期的重要人物，策划并刺杀了激进派领导人让－保尔·马拉（1743—1793），后被处决。

③ 指十八世纪晚期的法国底层百姓，衣衫褴褛，是响应法国大革命的激进分子、好战的广大参与者。

们身为贵族的尊严。站在广场上方三米高的断头台上，他们环顾四周，见身穿制服的士兵勉力维持着秩序，也看这座城市的建筑牢牢将他们包围。他们留给这个世界最后的话语几乎令所有人为之动容：

“自由自由，天下古今几多之罪恶，假汝之名以行！”[①]（她向竖立在广场上的自由女神像鞠躬。）

“但愿我的鲜血能铸就人民的福祉。”[②]

“对不起，先生。我不是故意的。”[③]（她在不小心踩到刽子手的脚后如此说。）

[59]　此前他们坐着死囚车，自巴黎古监狱[④]出发，渡过塞纳河，沿着圣奥诺雷路直走。这是一段大约三公里长的旅程。他们中的一些人从车上下来、踏上断头台的木质阶梯时，生平第一次清楚知道了自己身在何方，又是如何到达此地的。罗兰夫人[⑤]甚至要来了笔墨，好记录下“从古监狱到革命广场途中的发现”，也记录下她人生最后的时刻。

玛丽－安托瓦内特竭力自持，看似正沉浸在思绪里，但她仍会不时留心周围的事物。有多位目击者见她端详着法国海军部（又或是克里雍大饭店）[⑥]石墙上的革命题词，又注视着那自窗口高高飘扬的三色旗[⑦]。从这里，她应当能听见皇家宫殿在正午准时响起的加农礼炮声。

---

① 罗兰夫人临刑遗言。

② 路易十六临刑遗言（和玛丽－安托瓦内特等并非在同一天被处死）。一说其遗言为“我清白死去。我原谅我的敌人，但愿我的鲜血能平息上帝的怒火。”

③ 玛丽－安托瓦内特（1755—1793）临刑遗言。

④ 巴黎昔日的王宫和监狱之一，位于市政厅以西，靠近圣母院，是司法宫（法国最高法院所在地）的一部分。在大革命期间，许多囚犯在这里接受审判后被送往刑场，因此古监狱又有“断头台前厅”之名。

⑤ 全名玛莉－让娜·菲利庞－罗兰（1754—1793），法国大革命时期著名的政治家、吉伦特党领导人之一。

⑥ 这两座建筑毗邻而建，其外形一模一样。

⑦ 法国的国旗，最早出现在法国大革命时期，颜色取自当时的法国国徽（红、蓝二色），再加上代表法国王室的白色。其中蓝色是圣马丁长袍的颜色，白色纪念民族英雄圣女贞德，红色则是圣但尼军旗的颜色。

而当囚车从圣奥诺雷路驶入革命广场时，她的目光正穿过一座座花园，直视着杜伊勒里宫的方向。根据当时记者的说法，那一瞬间，王后的脸上显露出某种极为“深刻的情感”。

断头台上的视野是绝好的，放眼望去，巴黎几乎显得超凡脱俗了。埃德姆·韦尔尼凯的主要测量点自革命广场便清晰可见，然而如果站到断头台上，可以看得更远：杜伊勒里宫的穹顶、圣叙尔比斯教堂的北塔、蒙马特山丘的制高点……出于某种神奇的造化，蜿蜒的塞纳河道似乎被人抻直了，从这里看，巴黎城的宫殿、河流乃至城外的山丘一览无遗。杜伊勒里宫的柱廊、向城东绵延开去的高楼以及屋顶之上广阔的云海不禁令人浮想联翩，好似漫长岁月创造的并非混沌一片的巴黎，而是乾坤无际、祥风时雨的天庭。处在革命广场的中心可举目远眺，同样地，远处的人亦可遥见革命广场上的情形。那一天，站在杜伊勒里宫前的某个人若听到人群的喧嚣，再顺势爬上花园雕像的基座，哪怕自八百米开外也能清楚地看到——断头台上的铡刀曾如何落下。

第四站 /

冤冤相报

故事是在 1828 年的英格兰进入尾声的。即使在弥留之际，病床上的老人依旧神志清醒，足以感到自己罪孽深重，虽死亦不得解脱。一位法国神父拿着一叠纸，坐在老人床边的写字台前。他们很可能正身处伦敦的苏活区，那里是多数法国逃犯和外籍人士选择定居的地方。我们只知道神父的名字缩写，就姑且称他为“毕神父”吧。毕神父至今已听过许多人的临终忏悔，那是一则又一则关于迷失和背叛的故事，在故事里，个人的命运总和国家的历史交织在一起。可即便如此，眼前这位老人的故事也算得上格外曲折和漫长了。好在这故事已然在老人的脑海中重复了无数遍，所以讲起来十分顺畅。

老人这就说到了故事的结尾：他从巴黎逃到英格兰，就此住了下来。毕神父停下笔，把一份完整的忏悔书交到老人的手中。神父举着蜡烛，看奄奄一息的老人颤巍巍地在每一页上签下了大名。几天后，老人去世了，神父信守诺言，把这份签了名的忏悔书寄到了巴黎警察总署。神父还随忏悔书附了一封信，解释说他本人和已逝的老人都认为“应当向警方通报这一系列可憎的事件，而做出了忏悔的这个恶人既是事件的参与者，同时也是受害人”。

巴黎警方在收到忏悔书以后，可能对相关事件进行了简短的调查，也做了一些收尾工作。但当时距离案发已经十多年了，而警方的手上还有更加紧迫的任务需要他们全力以赴。新上任的警察总长德贝勒姆先生忙着清理这座城市：他设了专职岗位，雇用环卫工人定时清扫巴黎的街道。他拿到了政府的拨款，强制妓女进行体检。他下令毒
[64] 死无人认领的流浪狗，禁止弹着手摇琴的街头艺人唱淫秽歌曲。他还为所有非巴黎户籍的乞丐提供通行证和救助金，随后将他们一一遣返了原籍。德贝勒姆以罗伯特·皮尔[1]爵士为榜样，为从前似乎毫不起眼的警员配备了带有巴黎市徽、铿亮纽扣的鲜蓝色警服以及神气活现的双角帽[2]。

那封忏悔书后来被送到了巴黎警察总署的档案处，要不是我们这个故事里的关键人物现身，忏悔书本会无声无息地永远消失。直到最近，雅克·珀歇还是巴黎警察总署的档案处主管。这是他梦寐以求的工作，是对他在大革命的黑暗时期所表现出的英勇和狡黠的一点回报。珀歇三十岁出头时曾当选为大革命公社[3]的一员，但他反感公社的暴力行径，所以倒戈成了保皇派，面上却不露声色。他冒充一腔热血的革命分子，保住了查处越境外逃者、不服管教的神职人员以及保皇派阴谋家的工作。他说只有这样才能救那些人的命，使他们免于被送上断头台。他后来告诉朋友道："与狼共舞并不意味着与狼同食。"当然，为了在如此艰难的时期不至于丢掉饭碗，他必须牺牲少部分人来挽救大多数人的生命。可即便是这样，他也从未脱离过身份被识破的危险。臭名昭著的雅各宾派[4]首领、要求在"二十四小时内"处决国

---

① 罗伯特·皮尔爵士（1788—1850），英国政治家、伦敦警察厅的成立者。因为创建了现代警察制度，在大部分英语国家，罗伯特的昵称"伯比"（Bobby）同时也有"警察"的意思。

② 又称拿破仑帽，法国大革命后取代三角帽成为流行样式，广泛被欧洲与美国的海、陆军所采用。

③ 有别于四十年后成立的"巴黎公社"，是1789—1795年间巴黎的管治机构，自攻陷巴士底狱后建于巴黎市政厅，从本质上对抗中央政府的命令。

④ 又称雅各宾专政，即恐怖统治，是法国大革命当中一段充满暴力的时期，曾以革命手段大规模处决了包括国王和王后在内的政敌，断头台因被称为"国家的剃刀"而成为革命的象征。

王的俾约-瓦伦[①]曾警告珀歇道："朋友，保重，你看上去就长了一张狂热的两面派的脸。"

不知何故，"狂热的两面派"竟然幸免于难。那些年里，雅克·珀歇一人分饰多角，到了令人难以置信的地步。从巴士底狱陷落到拿破仑下台，珀歇在巴黎北部的郊区藏过身，管理过巴黎以东六公里处的一个村（在一个月便要处死千人的恐怖统治时期只把几个村民送上了断头台）。珀歇也蹲过大牢，亏得有朋友相救才脱了身，他后来做过两份官方报纸的编辑，还负责过新闻审查的工作，甚至编写了两部百科全书，又对法国各省的省情做了统计调研。

最后，珀歇进入了巴黎警察总署的档案处。在和政治打了这么多年交道以后，他对这个为政治所操控的世界早已看透。档案处阁楼上 [65]
的书架以及书架上的纸盒里装着巴黎一切的秘密。曾经在这座城市生活过的每一个人都在纸上留下了影踪——不论这人是富有还是贫穷，也不论他是有罪还是无罪。珀歇认为这些秘密信息便是他"勾勒人性全貌"的最佳来源。在对档案进行逐一分类时，他便能借此把人类历史那"深不可测的乱象"理出一点头绪来。他能从大量的细节里窥探到"人类私生活的神秘画面"，珀歇还决定要用大部头的著作向世人阐明这一点。

十一年来，每天早上，珀歇都会走过巴黎圣母院旁的大桥，消失在暗无天日的警察总署档案处，不厌其烦地查找庞杂的资料。每天晚上，他重新回到街上，脑袋里装满一整天来读到的阴谋罪行，以及对案件似乎越来越清晰的头绪。尽管并不起眼，但一个背景复杂且对追查真相充满热情的人肯定会有敌人。心生嫉妒的同事、有不良记录捏在珀歇手里的警察、在不得不充当两面派的艰难时期存活下来却没有

---

① 让-尼古拉·俾约-瓦伦（1756—1819），和马克西米利安·罗伯斯庇尔（1758—1794）、乔治·丹东（1759—1794）等并列为恐怖统治时期的主要架构者，是公共安全委员会最激进的成员之一。他曾倡议立即废除波旁王朝的君主制，在对路易十六的审判中拒为国王提供辩护。

珀歇得志的人等等，他们到处传谣，说珀歇是潜藏着的革命分子。他们质问：我们怎么能把这个国家最肮脏的秘密交给一个革命分子来保管呢？显然不能。尤其是当这个国家还在不断产生更多肮脏秘密的时候。正如珀歇本人在他的“大部头著作”中揭露的那样：前警察总长德拉弗先生甚至纵容手下收受保护费、经营赌场和妓院。

珀歇果然被免职了。在这个拥有两万六千名公务员的城市，晋升和降级的消息每天都能在报纸上读到，而免职是对一个人非常公开的侮辱。珀歇在回忆录中没有说实话，他说是他把心爱的工作主动交给了别人，但私下里，他称这次解雇为“致命的打击”。他因此得了病，病情日益严重，他说一切都是敌人捣的鬼。在接下来的三年里，珀歇放下身段四处打点，企图讨还旧日的人情，乃至赌上了自己的名誉。1828 年，“新官上任三把火”的德贝勒姆出任警察总长一职，珀歇终于得到了在档案处重新工作的机会，但级别不再是主管。在为国兢兢业业服务了四十年以后，六十八岁的珀歇反而成了档案处的初级文员。

而就在那个时候，毕神父从英格兰寄来了忏悔书。不同于档案处的其他人，对追逐真相如饥似渴的珀歇凭借丰富的经验和准确的直
[66] 觉，在那薄薄几张纸的背后看到了一份无价之宝。忏悔书提醒着珀歇执法不当的可怕后果，忏悔书的某些细节还令珀歇想起了自己的难堪处境。他为此做了大量翔实的笔记，又把笔记添到了家中已然堆积如山的文档里。

到那时为止，珀歇都夜以继日地工作着，把从忏悔书中获取的原始资料整理成文。但是他的敌人也毫不松懈，继续造谣说珀歇患有精神疾病，是对国家安全的一大威胁，应当被立即清退，以免死前还惹是生非。

珀歇的名誉每受一次诋毁，他便感到病情加重一点。他开始把他的“大部头著作”当成个人日记——这对史学家而言可并不明智，除非他觉得关乎自己的真相亦是历史大局的一部分。珀歇在手稿的最后

几页留下了这样一些令人不安的注释：

> 今天我非常痛苦，但凡我还有一点力气，大概都会投河自尽。
>
> 明天（1830年3月6日）就是我的生日了，我却感到如此虚弱，如此沮丧，不得不暂时搁笔，留待以后再写——如果我还能爬出这个无底深渊的话。

几个月后，死亡使珀歇得以摆脱肉身的痛苦。虽然敌人对他的死讯幸灾乐祸，但珀歇至少有那么一点安慰：他知道自己手头的工作已经完成。而即便没有，这一切也终归画上了句点——四十年后，巴黎公社[①]的无政府主义者一把火烧了警察局。不过短短几小时，包括那份署了名的忏悔书在内，巴黎五百年来的历史档案伴随冲天的火光化作灰烬，一同消失在了西岱岛的上空。

珀歇留给妻子的是一份微薄的退休金和几卷亟待出版的大部头作品。出版商闻讯，带着合同争相找上门来。经过几年的犹豫不决，珀歇的遗孀把手稿卖给了一个叫作阿尔丰斯·勒瓦瓦瑟尔的人——正是这个勒瓦瓦瑟尔出版了巴尔扎克的第一本小说《舒昂党人》。

以现代人的眼光来看，珀歇的叙事风格略嫌平淡，但他所描绘的一桩桩阴谋和命案（且全是真人真事）很有市场价值。勒瓦瓦瑟尔拍着胸脯向珀歇的妻子保证，说她丈夫的遗作会得到很好的处置，并且做了任何明智的出版商都会做的事情：雇用老练的文本加工大师，试图把珀歇那体量庞大的文献转化成干净利落的故事。拉莫特-朗贡男爵在退休以前也曾是公务员，退休后则专门替从未写过回忆录的人 [67]

① 一个在1871年3—5月间曾短暂地统治巴黎并宣布要接管法国全境的政府，后在“血腥一周”时被严厉镇压，常被认定为具有无政府主义倾向。

整理生平事迹。他至今已出版有《杜巴利伯爵夫人[①]自传》（六卷本）、《伦纳德回忆录》《莱昂纳尔·奥蒂埃——玛丽－安托瓦内特御用美发师回忆录》以及诸如《女德古拉伯爵[②]》和《墓穴隐士》等多部连载小说。他对十四世纪法国猎巫事件[③]的惊人描述（可参见其广受好评的《法国宗教裁判所史话》）则严重误导了专家和学者，直到1972年时人们才发现：拉莫特－朗贡笔下的"猎巫事件"纯属捏造。

这位信笔而书的男爵因此保留了珀歇作品的大致框架，但在某些细节上作了很大的改动，尤其是对"忏悔书的故事"。拉莫特－朗贡私自添加了人物对话和各种博人眼球的小细节，以取悦他的小说读者。"忏悔书的故事"在由毕神父披露给巴黎警局整十年后付印，却让拉莫特－朗贡添油加醋、胡编乱造了一通，很难再令人信服。这则只能当作小说来看的故事是"警局档案员珀歇"所著《巴黎警察总署历史档案回忆录》第五卷（下简称《回忆录》）的一部分，其炮制者则是拉莫特－朗贡。但是男爵的名字并未出现在书页上，导致原始档案已遭焚毁、无史料可用、只得参考《回忆录》的一众学者指责背了黑锅的雅克·珀歇是代笔作家、想入非非的蹩脚写手、毫无职业道德的资料伪造者。

当时的部分杂志也刊登过《回忆录》的节选。1848年，马克思在读了其中有关自杀和堕胎的章节后有选择性地加以了引用，倒让"警局档案员珀歇"听起来像个不折不扣的马克思主义者。与此同时，一位知名小说家读到了《回忆录》中名为《复仇宝石》的"忏悔书的故事"，认为它虽然"荒诞不经"却引人入胜。这位作家写道："在那只蚌壳里，我分明看到了一颗珍珠，虽然未经打磨，尚且分文不值，但

① 玛丽－让娜·贝库·杜巴利伯爵夫人（1743—1793），法王路易十五的情妇，也是恐怖统治时期最知名的受害者之一。

② 巴托里·伊丽莎白（1560—1614），匈牙利伯爵夫人，同时也是历史上杀人数量最多的女性连环杀手。

③ 指在十二至十六世纪的欧洲一度盛行的搜捕巫师、将其带上宗教审判庭并最终活活烧死的迫害行为。

只需匠人的妙手加工就能绽放夺目的光芒。”这位作家于是亲力亲为，用长达一百十七章的情节把“忏悔书的故事”变成了气势磅礴的不朽巨著。平凡无奇的砂砾终于被打磨成了价值连城的珍珠，这部巨著便是后来举世皆知的《基督山[①]伯爵》，这位作家便是法国浪漫主义文豪大仲马。

大仲马沿用了忏悔书的主线，取出了珍珠，随即便将蚌壳抛进了文学史的垃圾堆。但如果我们能尽量剔除拉莫特－朗贡男爵较为浮夸 [68]
的加工痕迹，对忏悔书（哪怕其原本已不复存在）的历史真实性加以检验，或许仍有可能揭示珀歇在生命的最后几年苦苦追寻的“神秘画面”的一角。

1

1807年的时候，如果一个盲人在塞纳河和中央市场之间那九曲十八弯的街道上摸索，或许有那么一瞬间会以为自己正身处几百公里之外的南方某省。因为前来巴黎的农民工总是聚居在固定的几个区域，在那里，他们能说家乡话，也能吃到家乡菜。靠近中央市场的圣奥波蒂内街区便住着一群来自尼姆[②]的天主教移民。在尼姆，所有最好的工作都让新教徒给占了；但是在巴黎，一个外来打工者不论信仰什么，总可以找到谋生的办法。万一他时运不济，亲戚和老乡至少能确保他有口饭吃，不会饿死。话虽如此，巴黎那些人口密集的“城中村”也远称不上是外来务工人员的避风港：在那里，自家的收益或许就意味着别家的损失——街坊四邻操持同样的营生，竞争难免更激烈，矛盾也更多。但有邻居互相较劲总比一个打工者在都市的茫茫人

① 位于法国的科西嘉岛和意大利的托斯卡纳之间，在厄尔巴岛以南，因是《基督山伯爵》中的藏宝地而闻名，但真实的基督山小岛和小说中的描写并不相符。

② 尼姆（Nîmes）得名自凯尔特部落的泉水之神内莫叙斯（Nemausus），是法国南部城市，位于塞文山脉脚下，距离地中海海滨大约三十公里，市内分布大量古罗马时期的建筑，其中尼姆竞技场和泉水花园为当地的代表性景点。

海中不知所措要强。

每个移民社区都有自己的咖啡馆，这里是大伙儿聚会的场所。出于治安的考虑，警察对这些咖啡馆很熟悉，任何想要财源广进的咖啡馆老板也一定会和当地的警察局长搞好关系。尼姆社区的咖啡馆坐落在圣奥波蒂内广场附近的街道上，在故事发生的那天（1807 年 2 月 15 日，星期日），咖啡馆的老板马修·卢皮安正比平时更为专注地听着客人的闲聊。

老家在尼姆的鞋匠弗朗索瓦·皮科到咖啡馆来，同这里的常客分享好消息。皮科是个英俊又勤快的年轻人，他刚刚和一个叫作玛格丽特·德·维戈鲁的女孩订了婚。根据《回忆录》的描述，玛格丽特“像朵清新的雏菊，脸蛋俊俏，身段诱人”，带着自幼家境殷实方才赋予她的那种气度，并且不论她嫁给谁，都会有一笔丰厚的嫁妆。皮科
[69] 的老乡按捺下嫉妒之情，纷纷恭喜他行了大运。要知道巴黎有差不多两万名鞋匠，每天要抢夺总共七十五万双脚的生意，一个普普通通的鞋匠竟然能攀上这样的好亲事，实在是上辈子烧了高香。所以等皮科离开咖啡馆以后，老板卢皮安和几个常客做了与准新郎相识之人或许会做的事情：他们试图想出那么一个馊主意，好让幸运儿皮科单身的最后几天尽可能地不如意。

在那个星期天，除了卢皮安以外，咖啡馆里的另外三个常客分别叫作安托万·阿鲁特、热尔韦·乔巴德和吉拉姆·索拉里（他们的名字当时还不为皮科所知）。我们无法验证这三个人的准确身份，但既然这是个真实的故事，他们的名字总归值得一提。阿鲁特、乔巴德和索拉里全是尼姆地区特有的姓氏，但还没有到很常见的地步。

是卢皮安先想出那个“恶作剧”的：他要向警察局长告发，说皮科其实是个英国间谍。等皮科被关在看守所里、苦苦哀求警员放行、眼看快要赶不上自己婚礼的时候，他们便能当着他的面大肆取笑一番。乔巴德和索拉里都认为这是个绝妙的主意，只有安托万·阿鲁特拒绝掺和进来。与其说阿鲁特为人正直，倒不如说他谨小慎微。他知

道捉弄警察的风险，也担心皮科开不起这个玩笑，他还怀疑咖啡馆老板卢皮安正打着玛格丽特的主意。卢皮安的发妻已经过世了，他正盘算着要续弦。玛格丽特足以胜任女招待的工作：坐在镀金镜子前面的红色天鹅绒椅上，往咖啡碟里夹上几块方糖，对侍应生如此这般耳提面命，再不时与客人调调情……想有这样的一个女人坐镇咖啡馆，每年少说也得花个几千法郎。

阿鲁特的怀疑自然是对的，但他并没有提醒皮科多长个心眼。他离开咖啡馆，回家忙自己的事去了，至少他的良心还算清白。

那个时代的警察局长都堪称职业作家。他们杜撰的剧本和小说成功与否，并不取决于观众的掌声或读者的好评，而是取决于他们笔下的当事人会否被判处监禁或死刑。那天下午，巴黎第十三分局的局长关上了通往接待室的门，把一桌子的营业执照、通行证和没收来的黄色歌单往边上推了推，清理出那么一小块空间。局长在桌边坐下来，[70]看着不久前收到的密报，上面只提供了几条线索：鞋匠，天主教徒，尼姆人，可能是英国间谍，弗朗索瓦·皮科——这名字太过普通，倒不像是化名。待太阳落山时，局长已经构思出一个精妙已极、企图推翻帝国统治的阴谋。即便卢皮安的举报有误，这个皮科并不是什么英国间谍，鞋匠也总归是臭名在外、爱惹是生非的大麻烦。他们因为久坐的缘故饱受肝病的困扰，也因为久坐而常常便秘，这样的一群人既然生活不如意，就对社会不满，要朝政府发泄。经历过大革命的人都知道，鞋匠总爱找不痛快。

警察局长把他的“调查报告”呈给了警务部长，后者正在研究从西部传来的警讯。自1804年以来，旺代省[1]就不断出现新的骚乱，偶

① 因旺代河而得名，是法国西部卢瓦尔河地区所辖的省份，濒临大西洋。法国大革命之后，因宗教迫害、残杀王室成员、对外战争过于惨烈等因素，当地居民发动了大规模的暴动。

尔还能在沿海地区看到英国人的船只出没。据探子回报，旺代省的叛乱分子和南方的保皇派互有勾结。凡事都习惯用“阴谋论”来解释的警务部长于是得出结论：调查报告里的细节恰恰指向一个更大的反叛计划——尼姆的天主教贵族结束在英国的流亡生活，返回了故土[①]，却发现那里仍然由新教徒执掌大权。他们对拿破仑的幻想破灭了。而眼下皇帝既然远在普鲁士作战[②]，一张意图颠覆他政权的大网正从地中海张开，直撒到了大西洋沿岸。

调查报告是否真实可靠已经无关紧要。在警务部长看来，宁可信其有，不可信其无。如果皮科当真清白，又怎会遭人举报？何况他和那个似乎销声匿迹了的逃犯约瑟夫·卢彻颇有相似之处，足以让警务部长下令采取行动了。

于是那天夜里，警察把鞋匠皮科从家中带走了，甚至没有惊动邻居。在接下来的两个月里，玛格丽特·德·维戈鲁疯了一般地找寻自己的未婚夫，却没有人知道（或者没有人愿意告诉她）皮科究竟去了哪里。像乱世里的许多人一样，皮科就此消失了，没有留下只言片语，也找不到什么合理的解释。卢皮安是最后一个见过皮科的人，他使出了浑身解数安慰玛格丽特。鉴于事情的发展超出了掌控，如今再向警察局长坦白这原本只是场恶作剧，实在不明智。只有疯子才会跟
[71] 着跳下悬崖，企图去救那个注定要摔死的人。而且……没准警察确实查到皮科有什么问题呢？

两年过去了，皮科依然杳无音信。终于有一天，玛格丽特擦干眼泪，嫁给了卢皮安。有了她的嫁妆和咖啡馆多年来的积蓄，夫妇俩把悲伤的回忆和穷酸的老主顾留在了圣奥波蒂内，到前途光明的新社区开始了新生活。林荫道上奔驰往来的马车、五花八门的面孔，咖啡馆

---

① 拿破仑在平息了法国西部的暴动以后，曾允许自大革命以来遭到驱逐的神职人员返回法国领土。

② 应指发生在 1806—1807 年间的法国对抗第四次反法同盟战役。

里打着扑克的官员、喝着柠檬水的贵妇……大都市的日常光景轻易就能让人忘掉过去。

2

越过标志着意、法边境的山峰，在科蒂安阿尔卑斯最荒凉的峡谷中，费内斯特雷莱堡牢牢攀附在几乎与地面垂直的峭壁上。这一城堡群一度把守着通往法国的道路——如果能把人迹罕至、几不成形的碎石沟叫作“道路”的话。当时的学者认为，费内斯特雷莱（Fenestrelle）意为“小窗”或（finestrelle）“地极”（finis terrae），这两种解释显然都很合理。囚犯若从城堡底下的小窗极目远眺，可见苍鹰盘旋在白雪皑皑的荒山之上，也可见奥尔谢拉峰上蜿蜒达三公里的阿尔卑斯城墙。囚室之内挂着窗帘，窗外不时传来呼啸的风声和孤狼的嗥叫。在这片好比西伯利亚的荒野上，不论生死，尽皆悲凉。这也就很难解释为何1814年正月里的一天，一位即将撒手人寰的老人眼中却闪动着满足的微光——如果不是已然精神错乱，便是他有着深刻的宗教信仰。

费内斯特雷莱堡是拿破仑所设的监狱中最牢不可破的。这位法国人的皇帝并没有重建巴士底狱——伏尔泰称之为“复仇的宫殿……在那里，有罪无罪都一样被锁在铁窗之后”。[①] 相反，拿破仑启用了在大革命中幸存下来的要塞，把北部的阿姆堡、卢瓦尔河上的索米尔堡、马赛港的伊夫城堡等等变作了新时代的巴士底狱，它们都宽敞无 [72]
比、固若金汤，并且远离巴黎。而费内斯特雷莱堡关押着法兰西帝国近十年来的“敌人代表”。拿破仑在写给哥哥——那不勒斯[②]国王约瑟

① 1717年，伏尔泰（1694—1778）因写讽刺诗影射宫廷生活的淫乱，被投入巴士底狱关押了十一个月。1726年，伏尔泰遭诬告，又被投入巴士底狱达一年。出狱后，他遭驱逐出境，流亡英国。

② 意大利南部第一大城市，坎帕尼亚大区以及那不勒斯省的首府，也是波旁王朝统治的两西西里王国的首都，直到意大利统一为止。在拿破仑占领那不勒斯的七年里，曾任命其兄长约瑟夫·波拿巴（1768—1844）为国王。

夫·波拿巴的信中表示："那些让你觉得麻烦的人物，统统可以送到费内斯特雷莱堡。"（1806 年 2 月）；"只有神父或者英国人才能被送往那里。"（1806年3月）；"我下令逮捕了所有让英国人收买的科西嘉人，我已经把很多人送进费内斯特雷莱堡了。"（1807 年 10 月）。所以在费内斯特雷莱，昔日那不勒斯贫民窟的恶棍常与罗马贵族擦肩而过；拒向拿破仑的统治低头的主教在狱中秘密举行圣餐礼时，充当辅祭[①]的则是从前的帝国间谍与刺客。

即使在高墙之内，社会阶级仍然分明。方才提到的那位"即将撒手人寰的老人"曾是米兰的贵族、位高权重的红衣主教。因此他的囚室并非空无一物，相比平民的牢房几乎算得上舒适，就像同为费内斯特雷莱囚徒的巴托洛梅奥·帕卡（教皇庇护七世的枢机卿）所描述的那样：或许"有那么几件从村里租来的家具、几把摇摇晃晃的椅子、一幅薄薄的窗帘和一张略胜于鞋匠的工作长凳的粗糙木桌"。一些主教会竭力要求和自己的仆从关在一块儿，另一些则在普通囚犯里物色"佣人"。对这样的一群人来说，外面的世界已经不复存在了——六十万大军在莫斯科的惨败[②]只是谣言，传进他们的耳中并且绝对可靠的唯有这里的群山发布的公告：雪崩时那隆隆的声响，地震过后囚室墙面上好似地图一般蔓延开的裂缝……然而费内斯特雷莱堡到底关押着那么多有钱有势的人，它就一定能被他们的钱和权逐步渗透。即便是在这个阿尔卑斯山的死胡同，金钱也早晚会像流水一样突破石头间的缝隙。

拿破仑的一系列远征导致欧洲各地的财富被迫进行了大转移。仗打到哪里，当地亟待逃命的王公贵族便把数以百万计的美金托付给像

---

① 协助主礼的司铎（主教或神父等）举行圣祭的成年男性，一般由修士担任，负责分送已被祝圣的圣餐饼酒及清理祭器等。

② 即俄法战争，是指俄罗斯帝国和拿破仑治下的法兰西第一帝国在 1812 年爆发的一场战争，以拿破仑大军的失败撤退告终。

罗斯柴尔德①这样的金融好手。拿破仑的军队直捣托伦蒂诺②后，以威胁攻占罗马城为由，迫使教皇庇护六世签订了《托伦蒂诺条约》，将价值三千万法郎的货币和珠宝自罗马运回了巴黎，途中免不了有人监守自盗、中饱私囊。一时间，各类绘画和艺术作品要么被藏匿，要么被出售，来不及处置的也只得让拿破仑的大军掳回了卢浮宫。和叔 [73]
叔庇护六世一道遭驱逐的红衣主教、马耳他骑士团③团长布拉斯基-奥涅斯蒂在拿破仑倒台后重回罗马，“惊讶地发现他离开前藏起来的宝藏安然无恙”。

简而言之，从前的米兰贵族兼红衣主教若为了“留得青山在”，在被关押到费内斯特雷莱堡以前往汉堡和伦敦的银行汇入了大量现金、处置了绝大多数房产，并用相关收益投资了阿姆斯特丹某家银行的债券，显然合情合理。假使这位老人在米兰（或米兰附近的某个地方）还拥有一笔数额庞大、以钻石和各国货币的形式储存起来的“宝藏”，同样不值得我们大惊小怪。唯一令人瞩目的倒是他真正的动机。老人已经时日无多了，他坚信子女早已将他抛弃，只等他身故，好来瓜分他的遗产。于是他委托狱卒（又或是仆人）带信给律师，剥夺了家中的“每一个卑鄙小人”对他财产的继承权。

或许这本就是他一直以来的打算，或许这是他后来才想到的复仇大计——在费内斯特雷莱堡服刑的漫长时光里，他甚至找到了替他报仇的完美工具。他收了一名法国天主教徒做仆人，那是个朴实而热情

---

① 迈尔·阿姆谢尔·罗斯柴尔德（1744—1812），生于德国法兰克福的犹太人，欧洲银行业巨擘，创建了全球第一家跨国公司，被誉为“国际金融业之父”，历史上最成功的商业家族罗斯柴尔德家族因之崛起。

② 意大利中部马尔凯大区马切拉塔省的一个城市，地处便利而富饶的海滨地带，后来成为教皇国的一部分，直至拿破仑抵达，重新划定了教皇国的疆界。

③ 全称耶路撒冷、罗得岛及马耳他圣约翰独立军事医院骑士团，是国际法所承认的主权独立天主教修道会，其前身为成立于第一次十字军东征之后的医院骑士团，最初的目的是为保护本笃会在耶路撒冷的医护设施，并为前往圣地朝圣的穷（病）人提供医疗帮助。

的青年，老人在他的身上看到了自己曾经历过的苦难。青年也让人出卖，也遭人遗弃，他所经受的痛苦既可怖，又是他之所以还愿意活着的动力。他如今已然领悟了一个残酷的道理，叫他吃尽苦头的人却还不甚明白：那些害了他的人不单令他过得极为凄惨，他们还从此剥夺了他感受幸福的能力。

这对年龄和背景迥异的主仆形同父子、胜似师徒。既然曾是主教，老人本应把基督的美德教导给青年。但他并没有那样做，而是把贷款、利率、股票和公债的相关知识倾囊以授，又指点了青年如何在赌博中稳赢不赔的技巧。他把这个仆人列为了他巨额财产的唯一继承人，当那年冬天的暴风雪席卷费内斯特雷莱堡，而欧洲大陆正因为又一场动乱风雨欲来时，交代了所有身后事的老人了无遗憾地咽了气。

两个月后，当1814年的春天到来时，战败退位的拿破仑登上了
[74] 驶向厄尔巴岛的小船。厄尔巴岛位于托斯卡纳海域，距离基督山不过五十公里。在欧洲，男男女女自监狱和藏身之所走出来，欣喜地看见黎明的曙光已然来到。国王重新回到各自的宫殿，游客重新涌向繁华的巴黎。在意大利西北部的阿尔卑斯山区，一个三十六岁的男子拿着标有“约瑟夫·卢彻”字样的通行证，悄无声息地离开了费内斯特雷莱堡。

从他乘坐囚车到达费内斯特雷莱堡至今，已经快七年了，准确地说是二千五百一十三天。他走到堡垒下面的小村庄，进了一间酒馆，发现镜子里的那个陌生人一直盯着他——他已经完全认不出自己的模样了。穿过费内斯特雷莱堡的大门时，七年来的习惯、七年来仿佛既成事实的绝望、七年来的铁窗生涯倏然终结，那种释然震慑了他。现在，他注视着镜子里自己瘦弱的模样，感到一种不可思议的自由：不管他过去是谁，从此刻起，他就是约瑟夫·卢彻。七年前他便应当魂飞魄散了，却因为命运开的某种玩笑，成了执著于人世却无根无绊的幽灵。

积雪融化后，基索内河[1]水流湍急，他沿河边的山谷直走，到达了一望无垠、芳草萋萋的波河平原[2]。在皮内罗洛[3]，他取道都灵，此时回望阿尔卑斯山上那冰冷的城垛，真仿佛大梦一场。

1814年4月，一个衣衫褴褛的男人走进意大利的一家银行，警察却并不会跑来兴师问罪。因为他虽貌似流浪汉，但极有可能是曾流亡海外的权贵或新移民——何况他所提供的凭证一应俱全，也确实能合法地提取大笔资产，其数额之巨，不可能是小偷小摸来的赃款。在银行看来，这样的客户和锦衣玉食的王侯毫无分别。

接下来的几个月并未留下记录，但我们不难猜测约瑟夫·卢彻的行踪。他一定到过米兰，可能在那里拜访了律师、签署了一些文件。他或许短暂地去过某座郊外的庄园又或某个僻静的树林。他在费内斯特雷莱堡得到的指示皆准确而有效，很快他就能做到审时度势、制定下一步的战略方针了。

汉堡和伦敦银行账户里的钱加上在阿姆斯特丹的债券投资，总计达七百万法郎。而埋藏在米兰近郊的宝藏则包括三百万法郎的可流通 [75]
货币和价值一百二十万法郎、未曾被掳到卢浮宫去的钻石、精美绝伦的珠宝首饰、浮雕宝石和其他小型装饰品。卢彻用他在费内斯特雷莱堡学到的手段留下了钻石和一百万法郎，随即用其余的钱购买了四个不同国家的债券，利率在百分之六左右，这样他的年收益能有六十万法郎，可以满足几乎任何一种消费欲望或生活习惯。相比之下，被迫退位的拿破仑在登上厄尔巴岛时，随身带着四百万法郎，足以供他在岛上建起豪宅、兴修道路和排水系统，并为重返法国招兵买马、养精蓄锐。而约瑟夫·卢彻的总资产超过一千一百二十万法郎，相当于巴

---

① 发源自科蒂安阿尔卑斯山脉的意大利河流。

② 意大利的主要平原和地理特征之一，也是欧洲的主要工农业产区，从阿尔卑斯山一直延伸到亚得里亚海。

③ 意大利都灵省的一个市镇。都灵则是意大利北部的重要工业城市，坐落在波河左岸，距离米兰大约一百四十公里。

黎两万名鞋匠的年收入之和。

要换作其他人坐拥金山银山、可以为所欲为，早就为撞了大运偷笑不止了。但对卢彻来说，这样还远远不够，单凭财富又怎能改写那个在他的脑海中上演了千百万次的故事？他的恩人、师父和同伴教会了他了解自己的敌人、憎恨自己的敌人。但除了仇恨以外他也寻求别的东西，那就是对彻底解脱、对绝对正义的深深渴望，他觉得唯有那样才能洗刷他这些年来犹如活死人一般的冤屈。

翌年二月，卢彻住进了巴黎近郊一家安静的疗养院。疗养院的管事对卢彻的身份和经历一无所知，不晓得面前的这个病号堪称全法国最富有的人（如果管事的知道，必然要大吃一惊）。卢彻的行李很少，也没有贴身佣人，他付了伙食费，在疗养院安顿下来，想要恢复因长期患病而不支的体力。巴黎城更高档一些的疗养院建在市郊的山坡上，带有独立的阳台和小花园。在 1838 年的法规出台以前，私人疗养院可以接待各色人等，只要他们有支付能力：正从外科手术中康复的残障人士、孕妇、虚弱的老年人、安分守己的精神病人、出手阔绰的臆想症患者……比起和门房还有邻居挤在同一个门牌号里的巴黎市民，高级疗养院里的病人享有更多的隐私和自由。

[76] 起初，卢彻恢复得很好。但是等拿破仑从厄尔巴岛逃回巴黎、集结军队推翻了刚才复辟的波旁王朝[①]后，约瑟夫·卢彻的健康状况便突然恶化了。在巴黎再次成为帝国首都的那一百天[②]里，卢彻病歪歪地躺在床上，只有足够的力气吃饭、看报。直到拿破仑在滑铁卢战役中败北，这一次被放逐到了圣赫勒拿岛[③]，卢彻才渐渐有了起色，终

① 是法国历史上从拿破仑退位到七月革命之间的一段时期（1814—1830），曾为“百日王朝”所打断。波旁复辟时期的法国又回到了波旁王朝的统治之下，再次成为君主制国家。

② 史称“百日王朝”，即 1815 年 3—7 月间拿破仑自流放地重返法国、试图重建法兰西第一帝国的一连串事件。

③ 是大西洋岛屿，属英国海外领地。

于攒够了体力出门游览巴黎。

3

当目睹笔直的里沃利路上拱廊林立、完美地面朝远处的凯旋门，而新建起来的石堤紧贴塞纳河那曼妙的曲线时，在那个夏天返回巴黎的大批移民也许有过这样的困惑：单凭几位建筑师和他们雇用的工匠，是否足以在几年里就改变一座城市的风貌？巴黎在十年动乱中的变迁远超它在半个世纪的和平时期里发生的改变。人们在这座城市架起新的桥梁，开凿新的运河，建设新的市场、喷泉、货栈以及粮仓。巴黎有了更完善的街道照明设施以及城北和城东巨大的公共墓地，有了可媲美希腊神庙的证券交易所（虽然尚未完工），旺多姆广场上甚至竖起了置于古罗马亦不逊色的铜制圆柱[①]。拿破仑把巴黎变成了他导演的帝国大戏的帷幕。而现在，一群新演员登上了舞台。复辟势力闯入了拿破仑的宫殿、漫步在他曾十分钟情的长廊，他们用这样的方式向这位科西嘉独裁者复仇。归根结底，这也便是“复仇”的含义：主张对被夺走的物品拥有合法的使用权和处置权。

然而巴黎最大的变化一时半会儿还不怎么明显。中央市场附近的圣奥波蒂内街区仍然遍布中世纪的小巷和令人困扰不已的死胡同，但是赋予了街区活力的已不再是从前的街坊。单单在圣奥波蒂内，往日的居民便走了一大半，他们要么迁到了外省，要么战死在了他乡。所 [77]
以即使约瑟夫·卢彻的外表和气质不曾发生巨变，这里也不会有人认得他了。

那里曾经有个小铺子，铺子里的年轻人正用小刀划开皮革，再把

① 旺多姆广场得名自亨利四世和情妇加布丽埃勒·德斯特雷的私生子塞萨尔·德·波旁－旺多姆公爵（1594—1665）位于该地区的同名府邸。广场上的铜柱则是拿破仑为了纪念1805年率法军在奥斯特里茨（今捷克境内）的战役中击败俄奥联军、第三次反法同盟随之瓦解而建的。

皮子裹到鞋楦上。那里也曾经有家咖啡馆，门楣上涂着一个奇奇怪怪的名字……而当那天早上，卢彻得知咖啡馆从前的老板——尼姆人马修·卢皮安已经搬走了的时候，自黑暗岁月留存下来的一息微光似乎也熄灭了。卢彻还得知：卢皮安的新咖啡馆开在某条气派的大道上，过去六年里分享了卢皮安的好运和卧房的女人叫作玛格丽特·德·维戈鲁。除此以外，没人知道卢皮安家还有什么亲戚。“那可真不凑巧。”卢彻对邻居们说，“我倒是欠了其中的一个人一些钱。”话说至此，忽然有人想起“安托万·阿鲁特”来，说这个阿鲁特是卢皮安的老乡，大约是有些沾亲带故的，不过据他所知，阿鲁特很多年前就搬回南方了，从此再也没有人听说过他的消息。卢彻从圣奥波蒂内回到市郊的疗养院，当天便结了账、退了房。

皇家客运专线的终点站距离圣母得胜圣殿路只有几条街，每天都有一趟前往里昂和南方省份的长途马车在这儿发车。广告上说“旅程仅需一百小时”，就好像那要比“旅程仅需四天”听起来短一样。尽管马车只容得下八名乘客，但随之而来的还有一大群搬运工、依依惜别的家人、前来观光的游客、趁机作案的扒手和维持治安的警察。所以在一片人声鼎沸当中，没有人会特别留意那个登上了马车的老神父。我们碰巧知道神父叫作巴尔蒂尼（Baldini），是“无畏者”的意思。这个名字在意大利和南法很常见。

马车驶过高布林税关，离开了巴黎，在通往枫丹白露的碎石路上疾行。等到达犹太城[①]的制高点后，乘客通常会在标有巴黎子午线的卡西尼金字塔附近下车，回望来时的路，便会看到它正好同巴黎圣母院的塔楼处在一条直线上的奇景。一份旅行指南这样描述眼前的景色道：“从这个高度往下看，整个巴黎一览无余。自东向西，从左到右，目力所及之处，皆是构成了这座城市的宏伟塔楼和形状各异的建筑。”

① 是位于巴黎南部的市镇，距离巴黎市中心仅七公里。

因为旅程需要整整四天的时间，乘客之间难免熟络起来，但是当巴尔蒂尼神父在里昂下车时，那趟车上没有一个人了解神父的底细。巴尔蒂尼随即上了一条小船，沿湍急的罗讷河[1]顺流而下，到了蓬圣埃斯普里[2]。他又换乘另一辆马车，穿过塞文山麓那尘土飞扬的驿道和加尔省热气氤氲的灌木丛，在离开巴黎后的第八天抵达了曾受罗马人统治的尼姆古城。神父在当地最好的酒店登记入住（这意味着他必定持有标记为“巴尔蒂尼”的通行证），然后花了几天时间调查打听。最后，他来到镇上一个破败不堪的角落，在一间陋室里看到了他前世所见的最后一张面孔。 [78]

除了安托万·阿鲁特之外，任何人恐怕都不会相信巴尔蒂尼神父接下来讲述的故事——而我们因为远比阿鲁特知道得多（包括约瑟夫·卢彻那部分真实的故事），所以同样不会上当。只听巴尔蒂尼神父对阿鲁特说：他曾经是在那不勒斯的蛋堡服刑的囚犯，在那里，他遇见了一个名叫皮科的法国人，亲耳听到了皮科的临终遗言。就在这时，阿鲁特忽然痛哭失声，神父抬眼望天，片刻后继续说道：因为某种神秘的缘故，皮科得闻“上帝的声音”，获悉了（又或是回想起了）阿鲁特的名字，认定阿鲁特知道当初陷害了他的人是谁。皮科笃信天主，宽大为怀，早已原谅了那些出卖他的人。他唯一的愿望（一个垂死之人虽然古怪但并非不合情理的愿望）便是将背叛者的名字刻在铅板上，与他一同入葬。为了表达对阿鲁特吐露实情的谢意（又或鼓励阿鲁特说出真相），皮科要请巴尔蒂尼神父代为转交一样信物，那是他在蛋堡的狱友——一个叫作赫伯特·牛顿的爵士托付给他的。

如果阿鲁特夫妇读过连载小说，可能当下便会起了疑心。但神父随即掏出一颗闪闪发亮的大钻石，在阿鲁特的妻子看来，这足以证明

---

① 罗讷（Rhône）得名自罗德岛人（Rhoda）曾在河流入海口建造的殖民地，意为“奔腾”。该河以其强大的水流而闻名，自远古时期起便是内河航行要道，连接着欧洲北部及地中海。

② 意为“圣灵桥”，是法国加尔省的一个市镇，行政上属于尼姆区。

神父那毋庸置疑的诚意了。她委实太过高兴，竟忘我地搂住了神父
瘦弱的身躯，至于她的丈夫为何还在犹豫，她是决计弄不懂的。阿鲁
特虽然害怕，但到底败给了贪婪，他在妻子的怂恿下抛却疑虑，开了
[79] 口。于是神父的小本本上多了这样三个名字：马修·卢皮安、热尔
韦·乔巴德、吉拉姆·索拉里。

几小时后，巴尔蒂尼神父坐上了从尼姆北上巴黎的长途马车。

他留下了饱受痛苦折磨的安托万·阿鲁特。至少在阿鲁特本人看来，命运待他如此不公：这么多年来他始终活在恐惧之下，如今得神父亲口确认——他确实相帮害死了无辜的皮科。眼下他又被迫出卖了从前的朋友。更糟糕的是，尼姆的珠宝商从他这里买走了钻石，又以高出两倍的价格转手卖给了别人。阿鲁特早已心态扭曲，杀死珠宝商的那一刻（他终于不再是模棱两可的帮凶，而是犯下了一桩事实清楚、证据确凿的罪行），这么多年以来，他头一次感到了解脱。

阿鲁特的犯罪是一时冲动，并无预谋。宪兵给他剃了光头，替他戴上意味着终身监禁的绿色高帽，那上面挂着一块锡牌，刻有他入狱时的编号。当阿鲁特套着脚镣、站在土伦[1]的工厂车间编织绳索时，当他躺在囚室的板凳上，无铺无盖、难以入眠时，他一定觉得弗朗索瓦·皮科哪怕已死，也依然得报大仇了。

4

马修·卢皮安的事业蒸蒸日上，虽然还不到日进斗金的地步，但也足够他偶尔请老乡在吧台喝上一杯了。（这些昔日的常客已经负担不起在他的咖啡馆消费。）与其说卢皮安有商业头脑，倒不如说他“瞎猫撞上了死耗子”，在恰好合适的时机租下了这间咖啡馆。波旁复辟时的巴黎一度为盟军占领，纷至沓来的游客和巨大的商机也随之注入了巴黎，不卖酒水又收费高昂的英吉利咖啡馆倒不是唯一一家在流淌

① 法国东南部城市，因海洋军工而闻名。

着外币的林荫道上获利的商铺。

尽管已经发家致富，卢皮安却从不介意弯腰去捡掉在臭水沟里的硬币。因此当有意外之财送上门来的时候，他马上抓住了机会。一位 [80]
打扮得一丝不苟、从未在这个街区出现过的老妇人来到英吉利咖啡馆，要求和老板谈一谈。老妇人解释说，她的家人刚刚躲过了一场灭顶之灾（或许是压下了什么惊天丑闻，又或许是帮某个不肖子孙逃过了警察的追捕），而他们的恩人普罗斯珀先生失去了所有的积蓄，却安贫乐道，拒绝接受任何资助；普罗斯珀唯一的愿望是在一家信誉良好的咖啡馆找一份侍应生的工作，自食其力。

为了回馈普罗斯珀，这个万分感恩的家庭决定背着他使个小花招。老妇人告诉卢皮安：如果他同意雇用普罗斯珀，并且对后者已经青春不再的事实佯作不见的话，她每月会付给咖啡馆一百法郎。一个年近半百、不再健步如飞的中年男子当然并非侍应生的最佳人选，但考虑到一百法郎相当于一名侍应生两个月的工资，又或是二百五十小杯加了糖和干邑白兰地的咖啡的零售成本，卢皮安同意了老妇人的请求。

事实证明，普罗斯珀是个相当不错的店伙计。他并不起眼，身上的某种气质还一度困扰着卢皮安的夫人。事实上，普罗斯珀的真实性格是个谜，但这也通常是帮佣之所以得力的原因——他们抹掉了自己的偏好与身份，以尽可能适应雇主的一切需求。普罗斯珀遇事冷静，对咖啡馆的各种小事故处理得当。他也善于观察，有一天他看到某个顾客喂了卢皮安的猎狗几块饼干，不久猎狗便死于心脏病突发。正是普罗斯珀向警察局长详细描述了那名顾客的模样。而当卢皮安夫人的鹦鹉不幸丧命时，也是普罗斯珀第一个发现了鹦鹉的死因：一小捧苦杏仁以及荷兰芹。

对老实人来说，那段即便是家养鹦鹉也无法在笼子安眠的日子很不好过。统治着法兰西王国的固然是新君[①]，但三十年来的战乱和暴

① 指路易十八（1755—1824），在位期间实行君主立宪制。

政不会因为几项法令的颁布或者几条性命的终结便一笔勾销。拿破仑的大军不曾完全消逝在滑铁卢的漫天炮火之中，在英吉利咖啡馆外的人行道上，穿着破烂军装、沦为了残废的乞丐不断骚扰着进出的客人。曾以伟大帝国的名义在欧洲四处烧杀抢掠的暴民令巴黎的街头不再安全，新上任的警察局长正忙于应付无政府主义者的挑衅和保皇派
[81] 的反攻倒算，实在无暇他顾。英吉利咖啡馆入口处的报架上因此充斥着对可怕暴行和令人悚然的犯罪事实的报道。

一天早晨，就在普罗斯珀把报纸一份份摆开，以便折叠整齐挂到报架上时，卢皮安偶然在其中一份报纸上读到了一个熟悉的名字：热尔韦·乔巴德——他的尼姆老乡。就在前一天，吉拉姆·索拉里还来过英吉利咖啡馆，乔巴德破天荒地没有随行。据门房说，当晚乔巴德彻夜未归。对此报纸给出了解释：拂晓前，有人在卢浮宫边上新造起来的人行桥上发现了乔巴德的尸体。报道还向读者透露了一条奇怪的细节：乔巴德让人一刀刺中了心脏，至案发时凶器仍然留在胸口，刀柄上粘着一张小纸条，纸条上有这样两个铅字：一号。

尽管没有留下官方记录，但发生在艺术桥[①]上的谋杀案一定让才成立不久的安保队伤透了脑筋。他们的重点怀疑对象多半是排字工人——底层百姓当中的“文化人”，也向来是公共安全和社会安定的一大威胁。当然，凶手也可能从宪报的标题页上剪下了这两个铅字，然后贴到了纸条上。作案的唯一动机只能是抢劫：死者的口袋里还装着一些硬币，应当是凶手被人撞破行凶后匆忙逃离现场，没来得及夺走硬币并且带走凶器所致。

在得知乔巴德遇害的消息后，卢皮安感到一种似乎要大病一场的不适，但是他太忙了，要考虑的事太多了，没有时间来操心他人的不幸。从一个默默无闻的外乡人一路打拼至今，他成了巴黎一流咖啡馆

① 巴黎第一座（九拱）金属人行桥，连接法兰西学会和卢浮宫。

的老板，他现在要做的盘算是他的尼姆老乡这辈子都不敢奢望的。

卢皮安之前结过一次婚，和原配生有一个女儿。那姑娘十六岁了，楚楚动人，既充满天真，又为男人们看她的眼神所代表的无限可能暗自兴奋。她的父亲和继母花了大把的钱，把她装扮得如同公主一般。卢皮安小姐是等待贵客赏光的特制点心。在那个风云变幻的年 [82] 代，即便是平民之女也梦想着能嫁给贵族。

既然卢皮安一家不惜工本，那么只有当一个举止优雅、相貌矜贵的男人以不容错辨的姿态表明他对卢皮安小姐的兴趣后，卢皮安一家方才会觉得这笔买卖不算亏本。这个男人像英国游客那样给了侍应生小费，又买通了卢皮安小姐的保姆。卢皮安小姐见他诚意十足（至少他的荷包很鼓），便提前让他尝到了一点甜头。而直到她不仅让人品尝过，且整个儿被吃干抹净以后，她才向父母坦白了一切。卢皮安夫妇惊觉为时已晚，他们恨自己眼皮子浅，当初就不该相信一个肯打赏侍应生的人。

所以当这可恶的采花贼登门拜访，亮明了显赫的身家（他原来竟是个侯爵），并宣布他会迎娶卢皮安小姐时，卢皮安一家当真如释重负。这位文质彬彬、相貌堂堂的侯爷随即还表示：他已经在巴黎最昂贵的餐厅“蓝色表盘”订好了婚宴，届时会有一百五十名宾客出席。

童话居然成真了。侯爵娶了卢皮安的女儿，他还派了信使前来蓝色表盘，为他的迟到致歉，说因为得了国王的临时召见，他当晚十点才有望出宫，一时激起宾客的热烈讨论。卢皮安一家和客人继续用餐，一瓶瓶葡萄酒很快让人喝空了——这可不是普罗旺斯葡萄大丰收以后酿出来的便宜货。尽管新娘情绪低落，宴会依然进行得很顺利，吃甜点之前还上了好几道菜。客人面前的盘子又换过了一轮，这一回每只盘子里都装着一封信，信上说没有露面的新郎其实是个逃犯，就在他们读信的当口，他已经离开法国远走高飞了。

眼看着最金贵的投资打了水漂、煮熟的鸭子白白飞走的金融家都不会比此刻的马修·卢皮安更加沮丧。在普罗斯珀的建议下，备受打击的卢皮安一家到乡下过了周末，远离痛苦回忆的同时也试着往好处想：英吉利咖啡馆依旧生意兴隆，欠蓝色表盘的饭钱一年之内就能还清，而卢皮安小姐虽然让人糟蹋了，但毕竟还年轻，不是没有机会攀上什么外国绅士，又或者是初来乍到的有钱主顾。

[83] 就在卢皮安一家呼吸着乡间的空气并畅想美好的未来时，巴黎圣母院以北的某个地方升起了滚滚的浓烟。某幢大楼的好几个房间同时发生了火灾，在戴着黄铜头盔、提着帆布水桶的消防队员匆匆赶到以前，火势便蔓延到了楼下的英吉利咖啡馆。而随着天花板上的石膏线条逐渐脱落、挂在墙上的油画迅速起皱，一群叫花子却仿佛商量好的那样过来“帮忙”了。他们把咖啡馆里的桌椅以及所有还算值钱的东西装上了手推车，因为动作粗暴还打破了镜子、刮花了台面、砸碎了每一块玻璃和店里的瓷器。当卢皮安一家结束在乡间的野餐、回到都市以后，发现他们的住所和店铺只剩下了冒烟的空壳。

火灾似乎是“群众骚乱”引起的，因此保险公司拒绝赔付。房东别无选择，只得将卢皮安一家扫地出门。若他们有真朋友，定会在此时不离不弃——也就是说，除了忠心耿耿的普罗斯珀之外，没有任何人留下或对他们伸出援手。而普罗斯珀不仅留了下来，且拒领薪水。知道世上还有真情在，让卢皮安一家倍感安慰。几周后，罹患神经衰弱的卢皮安夫人因脑溢血而亡，普罗斯珀尽心尽力操办了丧事，就好像那是他自己的婚礼一样。

蜿蜒进入圣安托万市郊的心脏地带、通往巴士底广场的那条长街是里沃利路的延伸段。如果一个人能像看手相一样解释曲里拐弯、如同掌纹的街道意味着什么，大约会说在那片阴郁的城郊，在工人阶级和革命分子密谋策划政变的都市一角，没有人当真能心想事成。

卢皮安一家遭灾的那会儿，一个名叫奥诺雷·巴尔扎克的年轻作家搬进了圣安托万市郊的一间小阁楼。巴尔扎克这样描述他从窗户里看到的风景：“有时，淡黄色的街灯投射在重重迷雾之上，映出沿街鳞次栉比的屋顶那浅浅的轮廓，让它们看上去仿佛一朵朵静止的浪花。稍纵即逝、充满诗意的白昼，凄凉的薄雾，折射变幻的日 [84]
光，寂静而魔幻的夜，神秘的黎明，从每户人家的烟囱升起的袅袅炊烟……我对这个陌生世界的每一样细节渐渐熟悉，也渐渐感到欢愉。我热爱我的牢房，它是我自愿坐的监狱。”（《驴皮记》第二章第十五节）

若没有了小说家丰富的想象力，这片街区就顿时显得乏味起来，一切看似毫无指望。因为岳父母当年拟定的婚前协议，卢皮安必须归还妻子带来的全部嫁妆。他用剩下的钱在圣安托万市郊租了一间咖啡馆，说是咖啡馆，却比小酒馆强不了多少：唯一的一盏油灯早已被熏得发黑，唯一的一张地毯也皱巴巴的，店里充斥着廉价烟草的气味和认为洗澡纯粹是浪费时间的顾客的体臭。卢皮安那美丽的女招待已经死了，女儿则顶着一头不知多久没打理过的卷发，一绺绺地挂在脸颊边上，活像是长在阴沟里的乱糟糟的藤蔓。只有吉拉姆·索拉里看起来很高兴：这里更像从前他们在圣奥波蒂内的咖啡馆，他可以放心大胆地说家乡话而不会让人看作乡巴佬。

索拉里独自坐着，面前放着一成不变的啤酒和柠檬水，这对咖啡馆的生意无甚帮助，尤其是当人们得知：索拉里离开卢皮安的咖啡馆后不久便浑身抽搐，经数小时救治无果，在痛苦中死去了的时候。如果新闻没有报道某个特别的细节，也许卢皮安的顾客还不会把索拉里的死与早前发生的谋杀案联系起来。按照惯例，在入葬以前，索拉里的棺椁会暂时停放在其住所的入口处。等有人注意到盖着黑布的棺材上还粘着一张小纸片的时候，棺椁已经停在那儿有好一会儿了。小纸片上有这样两个铅字：二号。

可怖的艺术桥谋杀案有了续集，消息很快在街坊四邻间传开了。一夜之间，卢皮安的客人便走了个干净，咖啡馆门外的两把藤椅空空荡荡，只有附近的流浪狗才会跳上去打盹。卢皮安自然也怀疑最近的这些事件互有关联，但他找不到有人要对他不利的理由。尽管这第二号谋杀案令他充满了不祥的预感，他却始终猜不透凶手的动机。

[85] 要不是普罗斯珀大发善心，已然破产的卢皮安和他的女儿就要去睡大街了。普罗斯珀拿出微薄的积蓄，让这父女俩至少不必住到乞丐收容所去。但普罗斯珀的恩惠不是无条件的，这条件甚至还相当卑鄙，让马修·卢皮安在觉得羞耻之余也倍感惊讶，那就是自己当真会答应下来，同意让女儿卢皮安小姐做普罗斯珀的情妇，与他一起生活，为他暖床，也满足他老迈时的渴望。

事情就这么定下来了。普罗斯珀的房间里换上了一张双人床，原本指望她能攀权附贵的少女在父亲的默许下成了娼妓。

夜里，卢皮安躺在薄薄的床垫上，听着远处若有似无的笑声和叫嚷，他但愿这座城市永无止息的音浪能淹没从隔壁房间传来的声响——他终于知道普罗斯珀看似老迈，却依旧充满了野兽般的力量。

5

天气晴好的时候，杜伊勒里花园的林荫道上总归很热闹，有带着孩子出来晒太阳的保姆、午休时的上班族和售货员、遛狗的人、花花公子，以及衣着鲜艳一如宫前的花朵、周身弥漫着香水味的时髦女人。到傍晚时，花园沉寂下来，偶尔可见河边露台上和树林中的寂寞人影，暮色昏暗，沿途的一座座白色雕像似乎正在向人招手。

某天晚上，在里沃利路上的铁门即将关闭以前，一名穿着深色外套、体格魁梧的男子悄悄溜进了杜伊勒里花园。与此同时，马修·卢皮安正沿着花园里的林荫道往回走，太阳就快下山了，卢皮安却磨磨蹭蹭的，他还不想那么快就经过里沃利路上的商店和咖啡馆，不想那么快回到他如今生活着的、每一刻都带给他痛苦和耻辱的地方。

一道人影出现在卢皮安的面前。他侧身想让对方先走，却在下一秒钟听到了“皮科”两个字。在甚至还没能回想起这个名字以前，卢皮安的身体就先一步僵住了。面前的这张脸离他足够近，即便在暮色

中也能看得很清楚。但那不是鞋匠皮科的脸——这张狞笑着的面孔分 [86]
明属于那个每一晚都糟蹋他女儿的野兽。

忏悔书不曾记录在杜伊勒里花园发生过的简短谈话。但卢皮安在那个瞬间肯定明白了过来：他正紧盯着捅死乔巴德、毒杀了他们家的狗、鹦鹉和他的同乡索拉里、将他的女儿嫁给罪犯、一手策划了英吉利咖啡馆的纵火和洗劫案、导致他的妻子身亡、又把他的女儿变作情妇和娼妓的罪魁祸首。卢皮安肯定也知道了拜自己所赐，无辜的弗朗索瓦·皮科在人间地狱煎熬了七年。在标有“三号”的刀子刺入心脏以前，卢皮安或许只来得及感受到没顶的恐惧和仇怨。

当一只有力的手臂从背后牢牢箍住凶手时，卢皮安的血仍然在石子路上流淌。来者穿着深色的外套，他用比捆猪蹄还短的时间利索地堵住了凶手的嘴、绑住了他的双手，将他用毯子裹住，扛到了肩上。凶手——普罗斯珀（又可称他为弗朗索瓦·皮科、约瑟夫·卢彻或巴尔蒂尼神父）一瞬间以为警察终于把近来的谋杀案联系到了自己身上，但他旋即又想：宪兵总是两两一组，不会单独行动，而警方若要逮捕他，只需在里沃利路上埋伏即可，不必采取如此极端的措施。尽管毯子阻挡了他的视线，但河水的气味、突然吹起的寒风和从远处传来的市井杂音告诉他：绑架了他的人已从塞纳河边的大门离开了花园，正过河往左岸走。

忏悔书只说弗朗索瓦·皮科让某个男人背着，走了大约半小时。然后绑架者取走了罩在皮科身上的毯子，却依然捆着他的双手。皮科发现自己身处某间地下室，正坐在一张折叠床上。房间里还有一盏昏暗的油灯以及一个圆形的普鲁士壁炉，排烟管道一直通到了天花板。这地下室的墙壁是粗糙的灰岩，像是废弃了的采石场的一部分。如果巴黎警方在收到忏悔书后进行过调查的话，那么这些细节本可以帮助他们找到案发地点。假使绑架了皮科的男人以每小时三公里的速度沿

伏尔泰码头走，再穿过奥德翁[1]广场，那么不出半小时便能到达该地
[87] 区。地图显示这里离塞纳河不远，在古时正是采石场，因此囚禁了皮科的地下室很可能位于地狱路最北面的某个地方。

自从巴尔蒂尼神父到访尼姆以来，数月甚至数年的时间倏忽而过，绑架了皮科的男人从土伦的监狱（一艘囚船）设法逃了出来。他经历了那样许多事，以至于他的面貌也发生了惊人的变化，皮科竟一时没有认出他来。他告诉皮科：我就是那个被你的复仇计划彻底毁掉了的人，比起那另外三个混账（马修·卢皮安、热尔韦·乔巴德、吉拉姆·索拉里），我并没有犯什么滔天大罪，却依然叫你选中，不得不承受诛心的惩罚。皮科当初是否知道：那颗大钻石将成为压垮安托万·阿鲁特的最后一根稻草已经不再重要，如今，阿鲁特也决心报仇雪恨。只是他竟试图一石二鸟，可谓错上加错。

阿鲁特是在坐牢以后才开始看清本该显而易见的真相的，那就是巴尔蒂尼神父的说辞压根站不住脚。阿鲁特自认敬畏上帝，但他当真相信“上帝的声音”会在皮科的耳边低语、告诉他“安托万·阿鲁特”这六个字吗？等从监狱逃跑以后，他没花什么工夫就查到：根本没有赫伯特·牛顿爵士这个人，而那不勒斯的蛋堡从皇帝奥古斯都[2]被流放到那儿以来，已有一千多年不曾用作监狱了。事实既然明摆在那儿，巴尔蒂尼神父的真实身份也就呼之欲出了——想必他正是利用从阿鲁特口中榨取的信息犯下了近来轰动全城的“编号谋杀案”。

阿鲁特又想：虽然巴尔蒂尼神父是冒牌货，但他掏出来的钻石货真价实，而一个拿钻石当零钱使的人肯定富得流油。在接下来的几年中，阿鲁特对弗朗索瓦·皮科追查愈深，便愈发肯定了自己的假设：皮科确实非常富裕，而且拥有一笔常人无法想象的宝藏。

---

① 意为“有屋顶的奏乐堂”。

② 弗拉维乌斯·罗慕路斯·奥古斯都（约 463—480），西罗马帝国的最后一位皇帝。有别于人称“奥古斯都”（意为神圣、至尊）的罗马帝国开国君主盖乌斯·屋大维·图里努斯（前 63—14）。

于是阿鲁特想出了一个他自以为绝妙的办法，眼下正预备实施：除非皮科吐露宝藏的具体位置，不然就没有饭吃。在阿鲁特看来，这手段固然异常简单，却能确保他成为百万富翁，又能在皮科身上报一箭之仇——倘若世界上从此少了一个名叫皮科的疯子，他大约不会感到丝毫的愧疚。

不幸的是，接下来发生在地狱路地下室的故事已经让拉莫特-朗 [88]
贡男爵改得面目全非了。男爵为了给读者带来刺激的阅读体验，喜欢偶尔在书中来上这么一段血淋淋的描写；何况唯一可以推定事实的依据——忏悔书的原件以及珀歇做过的调查笔记早已不在，我们唯一可用作参考的也只有男爵恐怖小说式的笔触了。

但有一点是可以肯定的，那就是皮科拒绝松口。在四十八小时滴水未进、粒米未沾的情况下，这位从前关押在费内斯特雷莱堡的囚犯似乎依然能将生死置之度外。惊讶不已的阿鲁特这才逐渐意识到他的“完美计划”其实存在着严重的缺陷：如果他饿死了皮科，他一心渴望的财宝也就永远到不了手了。

根据忏悔书的说法，皮科不愿透露宝藏的下落，仅仅是因为他依然心系着财富。但是忏悔书又包含了一个与之矛盾的细节：见逼问无果，满心贪婪又极其失望的阿鲁特在地下室转来转去，却忽然发现皮科的脸上露出了恶魔般的笑容。眼看着他的敌人将取得最终的胜利，怒不可遏的阿鲁特“像野兽一般朝皮科扑来，撕咬他的皮肉，用刀戳他的眼睛，将他开膛破肚后逃离了地下室，把连同皮科的尸首在内的一切都抛在了身后”。

忏悔书或珀歇的笔记也好，拉莫特-朗贡男爵的小说也罢，对皮科尸首的下落没有再作交代。照理说“巴黎某地下室发现一具遭受捆绑、内脏残缺的干瘪男尸”的消息一定会见诸报端，即便老鼠能在几天里就啃掉尸体以及皮科生前穿着的衣服，房东也肯定会留意到腐尸所散发的不同寻常的气味。可是迄今为止，我们没有找到任何与这桩谋杀案相关的报道。

这个故事的结局我们已经知道了，相比之下倒显得平静无波：阿鲁特一路逃到了英格兰，在那里定居下来，却始终受到良心的折磨，直到一位法国神父“帮他认清了走偏的路，令他深深憎恶起自己犯下的罪”——这是毕神父在写给巴黎警方的信件中的原话。阿鲁特向神父口述了忏悔书，接受了神父为他行的祝福礼，知道他的过犯已得赦免。

而当毕神父把阿鲁特的忏悔书寄给巴黎警方，并附上自己的信件
[89] 时，他显然另有想法：既然大革命和恐怖统治的时期已经过去，巴黎又成了信奉天主教的法兰西王国[①]的首都，那么当局能领会这个故事所包含的寓意便格外重要。毕神父因此在信中写道：“人出于骄傲，竟试图胜过上帝。他们一心复仇，终归让仇恨碾碎。让我们回转到上帝面前，敬拜祂、谦卑地顺从祂的旨意。——您忠心的仆人”

这便是由安托万·阿鲁特口述、毕神父手写、经雅克·珀歇记录并由拉莫特－朗贡男爵修饰后的故事。即使以小说的标准来看，故事里也仍然存在难以解释、前后不一的地方，或许这恰好说明了故事的真实性。而毕神父所总结的故事寓意（复仇者为仇恨所噬）却不太符合阿鲁特在忏悔书中的描述：皮科脸上那“恶魔般的笑容”分明显示了对自认已是活死人的他而言，这个世界上确实存在既完全又痛快的复仇。而对于阿鲁特是如何得知皮科在费内斯特雷莱堡的经历、宝藏的确切内容、皮科在巴黎的藏身处和他具体的犯罪计划等等一系列疑问，恐怕永远也找不到解答了。像阿鲁特这样曾经被蒙在鼓里的人是怎么变得消息如此灵通的？如果他当真无所不知，又为什么始终找不到宝藏的下落？

拉莫特－朗贡男爵（也或许是毕神父）注意到了这种矛盾，并且想出了能令人满意的解决办法。男爵表示：阿鲁特之所以消息特别灵

---

① 特指波旁复辟后的君主制法国（1814—1830）。

通，是因为弗朗索瓦·皮科的灵魂曾经拜访过他。在男爵的笔下，阿鲁特如此说道："没有人像我一样信心坚固，因为我已亲耳听到、亲眼看到脱离了肉身的灵魂的指引。"波旁复辟后，宣扬敬虔和神秘主义的幻想小说曾风靡一时，《回忆录》的读者很愿意接受诸如"灵魂指引"这样的解释，并不会因为这貌似离奇的小说手法而感觉受骗上当。

或许在将来的某一天，我们会因为偶然发现了一封未被档案处的大火吞噬的信件或警方的报告而得以证实忏悔书的部分内容，但想要弄懂"阿鲁特为何忽然无所不知"这一特定的细节，"会有新证据出现"这样的希望实在太过渺茫。"脱离了肉体的灵魂"所提供的信息对 [90]
历史学家而言并没有多大的用处。而从理性的角度来看，只有一个人可能了解全部的真相，但这个人要么已被开膛破肚，要么单纯被遗弃在了地狱路下方六米的地下室。

我们有充分的理由相信：皮科的死确实和阿鲁特的忏悔书以及后来巴黎警方的记录相符。被刺瞎双眼又残忍肢解等细节很可能只是拉莫特-朗贡男爵的艺术加工。事实上，阿鲁特多半就那样离开了地下室，留下饥肠辘辘的弗朗索瓦·皮科悲惨地等死。当然，整个故事还有太多解释不通的留白，我们已无法得出确切的结论——在 1871 年的那一天，伴随警局档案处的大火，巴黎人五百年来的出生、受洗、结婚和死亡证明被统统付之一炬。颇具讽刺意味的是，一个由发誓对真相追查到底的档案员千辛万苦保存下来、加以梳理的故事却包含了那么多再也无法被证实的谜团。更具有讽刺意味的是，出于某种原因，向巴黎警方提供了所有这些信息、引导阿鲁特认罪、记录下他的忏悔、为他行了祝福礼、令他带着盼望走完人生最后一程的毕神父却是这个故事里我们唯一不知道其全名的人。

第五站 /

安保队档案

1.“小龙虾”案

1813年元旦，格雷西永路[1]

夜里的某个时候，雪下得正紧，离格雷西永路13号不远的街上堆着不少生活垃圾。而如果没有看错的话，那垃圾堆不久前还在马路的另一边。这个阴惨惨又脏兮兮的街区叫作“小波兰”，格雷西永路恰好位于它的边缘，后来让扩建了的圣拉扎尔火车站兼并了。不过此时的格雷西永仍然是个垃圾遍地却不会有人多看一眼的地方，哪怕偶尔有变了形的人头从垃圾堆里冒出来，滴溜溜地打着转又重新消失了一样。

格雷西永路上住着一群终日奔忙且神出鬼没的人。他们觉得能在这里安家是件幸事，因为从来没有房东或是法警敢涉足此地。这里确实是巴黎，却没有任何能让人联想到巴黎的东西。格雷西永路上遍布违章搭建，街道的一侧是曾经的旧城边界，满是空旷的废铁场、肮脏不堪的洗衣房、没有窗户的妓院以及叫不上名来的小旅馆。住在这里的人多半来自遥远的法国山区，一些摇摇欲坠的“群租房”里甚至

① 得名自当地的格雷西永平原，是从中世纪起便有记载的重要狩猎场所，建有狩猎棚。

容纳了整个阿尔卑斯小村的成年男性。街道的另一侧相对远离巴黎，放眼望去皆是荒凉的小山和纵横的沟壑，正好拿来做市北的垃圾填埋场。

在巴黎的其他街道，持证上岗的环卫工或市政清洁工只要见到垃
[94] 圾，就会迅速进行清理。即或不然，如影随形、动作如风的拾荒者也会及时赶到，一边翻捡垃圾堆，一边把只有他们自己才清楚用途的各种零碎装进皮口袋。所以等“精心筛选”过的生活垃圾终于抵达格雷西永路时，通常连能给老鼠果腹的残渣都不会剩下——寻常人家丢弃的每一片菜叶、每一块骨头、每一枚铁钉、每一粒木屑、每一缕丝线、医院拆下的每一根绷带、撕开的每一张膏药……都要么被流浪的动物所吞吃，要么被辛勤的拾荒者取走。巴黎七十万人口所产生的垃圾来到格雷西永路时，不过是淤泥、煤灰、头发、干涸的粪便，以及其他晚上九点以前让环卫工人的大扫帚归拢在了街上的集合物。不过可别小看这集合物，它们是很不错的堆肥，一旦聚集便开始发酵——这是好事，因为今夜如此寒冷，而伪装成一堆生活垃圾、正蹲伏在距离格雷西永路 13 号不远处的那个人只穿着薄薄的毛毡外套。

作邮差打扮的这个人藏身垃圾堆，环绕着他的暖意却并非来自垃圾发酵时略微上升的温度，而是来自他坚信抓捕行动必然又会取得成功的那种满足。几小时前，与他同行的警员禁不住通宵营业的酒庄的诱惑，擅离职守了。但他没有，他知道不管要花多长时间，等待都是值得的。他的外号就叫“难不住”，他每次服刑都能骗过狱警、凿穿墙壁、锯开栏杆、砍断铁链，然后逃之夭夭——既然法国没有一座监狱能关住他，那么今晚的只是暂时和垃圾为伍，可能会抽筋、受点冻的情况，那又算得了什么？众所周知，欧仁－弗朗索瓦·维多克绝不会让肉体的疼痛阻止前行的脚步。他身怀缩骨绝技，能轻轻松松让自己矮上十公分，一边行走自如不说，甚至能毫不受影响地跳跃腾挪。他也能嘴里含着锉刀，同时神色自若地与人交谈。他还会毫不犹豫地用核桃汁涂抹面部，又用经咖啡染色的阿拉伯树胶堵住鼻孔，只为模

仿绰号“甜瓜头”的嫌疑人那特有的肤色以及鼻音。他相信他的勤勉和毅力一定会获得回报，让他甘愿在元旦夜蹲守格雷西永路的这个案子，必然能叫他在警察总署的敌人哑口无言。

多亏了他，那个盗窃团伙已有二十二名成员落网了，其中包括皮萨尔孪生兄弟以及江湖人称“药剂师”的恶徒——直到经受了严刑拷打，“药剂师”才吐露自己的真实身份。这伙猖狂的窃贼手段狡猾、对犯罪现场的了解细致入微（甚至包括第八分局局长家楼上的那间公 [95]
寓），因此维多克认定他们必是内贼。而为了将这些人绳之以法，他不得不做各种伪装，几乎单枪匹马毁掉了萨伏依[1]移民向来诚实可靠的好名声——从此以后，没有巴黎人会再相信上门清扫烟囱、抛光地板或单纯替他们跑腿的外来打工者了。在这座人们习惯了把钥匙留在门上、邀请陌生人进自己家的城市，欧仁－弗朗索瓦·维多克所间接宣扬的“世风日下，人心不古”也算是一种公益广告吧。

上述犯罪团伙仅剩一名成员依然逍遥法外，那便是臭名昭著的“小龙虾”。“小龙虾”的下落和他的绰号一样神秘。（或许是因为他像小龙虾一样抓住了猎物就再也不愿松手，或许是因为他像小龙虾一样有着红彤彤的肤色，也或许是因为他能像小龙虾一样麻溜地倒着走。）尽管“小龙虾”不曾落网，但他的女友——一个洗衣女工在格雷西永路暴露了行踪。维多克便大胆假设：今天是新年的第一天，“小龙虾”一定会到格雷西永路来，亲自向女友送上新年礼物。

寒意在东郊益发蔓延开来，天就快亮了。此时，一道影子经过格雷西永路上的房屋，在 13 号的门前停了下来。门开了，那影子一闪而入，随即探出脑袋，朝街上左右张望了一番，然后迅速关上门，走过小小的庭院。一分钟后，依然伪装成生活垃圾、已经冻成了冰棍的维多克挪到 13 号的门廊处，像萨伏依马车夫那样打了一声呼哨。“小

① 意为“冷杉树林”，位于如今的法国东南部、瑞士和意大利西北部的历史地区。公元 792 年后，法兰西第一共和国侵占萨伏依。1860 年，萨伏依连同尼斯地区一起割让给了法兰西第二帝国。二十世纪至今持续有独立运动。

龙虾”听到暗号，果然出现在了三楼外的楼梯平台上，与维多克一问一答起来：

“是你吗？”

“是。”

“我马上下来。”

“外面太冷了，我们在拐角的酒吧见。你记得穿体面点儿。”

直到让一个浑身散发臭味的男人用枪指住了脑袋，一手提着裤腰，另一手还捏着背带、想要“穿体面点儿”的“小龙虾”才意识到方才在楼下的究竟是谁。一小时后，“小龙虾”坐在蓝色表盘餐厅的私人包厢里，悲惨地看着维多克庆祝他的被捕。他的脚踝被维多克用餐巾绑住，固定在了椅腿上。维多克还告诉他：想重获自由，就乖乖交代犯罪同伙的所有秘密。维多克当然是骗他的。

[96] 那天早上，亨利局长照例拐过金银匠码头，走过从塞纳河直通往圣礼拜堂庭院的玻璃拱廊，来到圣亚纳小路 6 号的办公室。这间为了驱虫而常年熏香、坐落在古老礼拜堂阴影下的房间就是亨利先生多年如一日打击犯罪的战场。

亨利先生在塞纳河上垂钓过无数次了，那一个个星期天给了他智取狡猾生物的无限乐趣。可惜作为巴黎警察总署第二分局的负责人，他却没法在日常工作中享受同样的乐趣。因为本应凭借小聪明讨生活的罪犯实则非常愚蠢。他们用自以为警察无法破解的“黑话”交流，殊不知那就像在袋子上标明“赃物”一样，反而暴露了他们的真身。一个叫作拜伊夫人的小偷得知告密有钱拿，遂向警方提供了她犯下的所有盗窃案的细节，而当警察上门来捉拿她时，拜伊夫人还显得一脸惊讶。

好在亨利局长要能干得多，他有一双火眼金睛。道上的人把亨利的本事传得神乎其神，管他叫“坏天使”，说不论什么人一旦进了亨利的办公室，定然会无意间承认自己的罪行，又或不小心吐露能定罪的关键信息。不幸的是，洞若观火的亨利局长却被迫与懒汉和酒囊饭袋为伍。他手下的警员为了交差，曾躲在某个小偷的橱柜里守株待兔，却让上了锁的橱柜困了整整三天，差一点就饿死了。因此当维多克写信来，毛遂自荐加入抓捕窃贼的行动组，并提议创建一支由像他这样的惯犯和线人组成的安保队时，亨利局长二话不说便同意了。他当即安排维多克越狱离开了拉弗尔斯[1]，让出了自己的办公室，又承诺给维多克一百法郎的月薪，每逮捕一个嫌犯还另有奖金。亨利局长的一众手下见状，无不又气又妒。

而劣迹斑斑的维多克为了回报亨利先生的信任，对他可谓言听计从。维多克当然有既暴戾又冷酷的一面，这就使他对任何赢得他尊敬之人所展现出的柔情更为难得。

局长正向手下做简报时，办公室里忽然涌进来一股浓烈的臭气，接着，明显喝多了的维多克揪着犯人的衣领出现在了门口。“小龙虾” [97]
看到这一大群警察，厌恶地扭动着身体，一边吐出一连串脏话。维多克向同事们鞠了一躬，说道：“我和我的好搭档[2]祝大伙儿新年快乐！”

亨利局长自豪地看着自己的得力干将，然后转向其余的手下，语气冷淡地说：“先生们，这才叫新年礼物！要是你们每人也能拿出一份来就好了。”

“小龙虾”被关进了大牢。从那天起，维多克作为安保队队长的地位就稳如磐石了。

2. 黄窗帘案

1814年元旦，鱼贩路

巴黎有了一支集中打击犯罪的队伍，维多克功不可没。从前的警察总署犹如一盘散沙，四十八个分局彼此较劲不算，还只扫自家门前

---

① 原为第一代拉弗尔斯公爵诺帕·雅克·库蒙（1558—1652）的府邸，后改作监狱。
② 指“小龙虾”。

雪，一旦嫌疑人离开辖区便会放弃追捕。因此维多克不仅以实际行动使得警方的工作开展得更为专业，而且多少挽回了曾被视为“蛇鼠一窝”的执法部门的不良形象。

对于亨利先生来说，维多克是个惯会耍花招的投机分子，也是出入黑白两道依然能全身而退的最佳人选。对罪犯而言，维多克是团飘忽不定的鬼火，拳头硬，脾气怪，又难缠又招人烦。人们对维多克的力量很是惧怕，几乎成了一种迷信，正如市郊的农村人依然认为狼人还有女巫是日常生活的组成部分，普遍得就像门房或者得了狂犬病的狗那样。有一次，一个天真的小女孩（某位警员的女儿）告诉维多克，说“伟大的维多克先生”能把自己变成“一捆干草”。

“一捆干草！怎么可能？”

“是真的，先生。有一天，我爸爸跟着他，他正要把手放到维多克先生的衣领上，却只抓住了一把干草。这可不是瞎编的，他说整个安保队的人都看到了，那捆干草后来还烧着了呢。”

[98] 但其实，维多克的刑侦手法并没有什么神奇之处，我们完全可以从纯理性的角度对它们加以研究。维多克仿佛一条兴奋地循着气味探路、不达目的决不罢休的猎犬，若要挖出巴黎迂回街巷中的秘密，再没有比他更好的向导了。

在维多克破解的一系列谜团（或扫清的一系列障碍）当中，“黄窗帘案”应当最能说明问题。

“小龙虾”被捕已经快一年了，又到了亨利先生为警务部长送上新年大礼的时候。可今年的平安夜，亨利先生有点犯了难：摆在他面前的这个案子似乎会让维多克冒太大的风险。一个叫作福萨德的罪犯从比塞特[①]越狱逃跑了。这个福萨德擅长用蜡模复制钥匙，而且即

---

① 得名自英格兰温彻斯特主教约翰·蓬图瓦兹（?—1304）建于当地的庄园。温彻斯特（Wincheste）后异化成了比塞特（Bicêtre）。

便从高处跳下来也能毫发无伤。比塞特监狱位于巴黎以南三公里处，是个罪犯中转站，戴着脚镣和手铐的犯人从那里被逐一押往布雷斯特[①]、罗什福尔[②]或土伦的囚船。而越狱后的福萨德声称自己"武装到了牙齿"，发誓谁敢来抓他就要干掉谁。

维多克本来是那个当仁不让的捕快，但问题是他和福萨德曾经是狱友，只要一露面就会被福萨德认出来。因此，亨利先生把抓捕工作交给了他手下的"常规军"。这些人在充分考虑了福萨德"武装到牙齿"的威胁后，便成天忙于处理案头的文书、进行无害的询问，四平八稳地读着有关福萨德依然在配制钥匙、四下翻窗作案的报告。"常规军"不单无能，而且懦弱，亨利局长眼看着他们指望不上了，只得把任务移交给了维多克，并向他提供了最新的情报，这情报虽然细致，却语焉不详："……该案犯（福萨德）正在巴黎，目前藏身中央市场和林荫道之间的某个地方——其范围大致包括蒙托格伊路[③]、小方砖路、阿图瓦伯爵夫人路[④]和鱼贩路。嫌疑人所在的楼层尚不明确，但窗口挂有黄色的丝绸窗帘。有一驼背女裁缝与其同住，据悉是福萨德情妇的朋友。"

单凭这些零星的线索，维多克出发寻找逃犯去了。

情报里提到的四条路首尾相连，蜿蜒出老远。因为九曲十八弯得厉害，让人一眼难辨这路究竟通往何方。但实际上，它从中央市场向 [99]

---

① 法国西北部城市，是法国大西洋沿岸的重要港口，因布雷斯特城堡和当地的海军基地而闻名。

② 亦称滨海罗什福尔，曾是法国和英国的天然界线。法国创建海军之后，罗什福尔被选为海军基地，在这里建了造船厂和海军码头。

③ 蒙托格伊为音译，得名自十三世纪时该地区的骄子山（Mont-Orgueilleux），一说骄子意为"千斤顶"。维克多·雨果（1802—1885）曾在《悲惨世界》里有过相关的描述："千斤顶在从前叫作'骄子'，巴黎菜市场附近的那条骄子山街，我们附带说一句，便是以此得名的。"（第二卷第七章）

④ 以玛丽亚－特蕾莎·德·萨伏依（1756—1805）命名，为意大利萨伏依公国的公主，后嫁给阿图瓦伯爵查理－菲利普（1757—1836），即日后的法王查理十世，成为阿图瓦伯爵夫人。

北延伸，把林荫道和环绕巴黎城的“大排水沟”一截为二，其中最主要的路段便是鱼贩路。而鱼贩路之所以得此名称，是因为若要把从加来海峡[①]捕捞上来的鲜鱼运到巴黎，此处乃必经之地。圣诞之后就是新年了，节日期间的鱼贩路较之往常更显忙碌，因此当一个头戴三角帽、拖着辫子、满脸皱纹（细看才会发觉那皱纹是画在脸上）的老人出现在这里时，并没有人多加留意，也没有人停下来问这老人：为何凝视着街边的窗户，然后在小本子上写写画画？

抓捕任务异常艰巨。黄色是很常见的窗帘颜色，而许多原本并非黄色的窗帘经过风吹日晒，也渐渐泛了黄，何况城北的裁缝之多，足以填满一个小镇。假设年轻人能代表全市的人口，那么根据历年的征兵体检报告显示：巴黎共有六千一百三十五名驼背。巴黎的街道总长达四百二十五公里，挂着黄窗帘、有福萨德潜伏着的鱼贩路则长九百米。考虑到巴黎不同地区人口密度的差异，大致估算一下，鱼贩路上的驼背少说也得有十三个。

如果这是一篇以维多克为原型的侦探小说，那么主角多半会去拜访当地的服装经销商，再召来线人加以询问，看有没有管用的线索，抑或在泥泞的街道上细查驼背女裁缝可能留下的特殊脚印。但这是现实生活，绝不会像拼图游戏那样水到渠成，一切看似简单却又无比繁杂，而且十分令人困惑。维多克至少在笔记本上记下了一百五十户挂有黄窗帘的人家，然后不厌其烦地一一登门拜访。他倒是顺便筛选出了一张“美貌动人”的女裁缝的名单，但在查证的过程中既没有看到什么女驼背，也没有发现福萨德。

维多克得出的结论（简而言之）就是：福萨德藏身处的黄窗帘一定是让搞卫生的人收走了，而福萨德本人也已不再躲在鱼贩路。事实上，由于这里的人口极为稠密，邻里间又彼此熟识、知根知底，加上

---

① 又称多佛尔海峡，是英吉利海峡最狭窄的地方，位于其东部地区与北海的接触点，在晴朗的天气下可用肉眼看到对岸。

维多克不知疲倦地来回奔走查访，连皮鞋都穿坏了好几双，所以即使当初的情报有误，称福萨德的藏身处挂着的是一幅绿窗帘、与他同住的是个独臂女裁缝，维多克也依然有办法把福萨德揪出来。

总之，在经过了高强度的走访，又花了一点儿纳税人的钱“疏通 [100]
关节”后，维多克伪装成一个挖炭工，以“迅猛如狮的速度”扑向了福萨德，伏击得手，终于在新年到来以前抓获了狡猾的逃犯。福萨德被送回了比塞特监狱，再从那里让人押往布雷斯特。虽然不出所料，他像那个年代的许多罪犯一样，仍在中途设法逃脱了，但一想到维多克那张抹了煤渣、黑如锅底的脸，福萨德就打心底里充满了畏惧。尽管逃过了牢狱之灾，福萨德却从此安分守己，再也没有找过安保队的麻烦。

看似平淡收场的“黄窗帘案”却是能反映维多克早期的刑侦手段的极好案例。（而维多克的刑侦之所以成功，和他自己便是惯犯大有关系。）从在阿拉斯[1]的少年时代起，维多克就致力于精简他的作案手法。他人生中犯下的第一起盗窃案是在自家的面包店里，其过程可谓既费解释又难操作——他把一根涂了胶水的羽毛塞进收银箱的缝隙，捣啊捣，最终只粘住一些最小面额的零钱。维多克见一计不成，又生一计，设法弄来了收银箱的备用钥匙。后来钥匙被父亲没收了，他便干脆用钳子砸开收银箱的锁头，抢走了里头的现金，然后“飞快地”逃到了隔壁的小镇。

不论是犯罪还是侦查犯罪，维多克所用的简单办法在十九世纪初的巴黎“城中村”非常管用。但城市的发展日新月异，在部分社区，即使是门房或便衣警也已经无法跟上陌生人涌进来的速度。在维多克坐镇安保队的十六年间（1811—1827），巴黎的人口增加了至少十万，排水系统延长了十公里，市郊的垃圾堆变成了垃圾山，从中世纪起就

① 意为“圣殿”，是法国北部城市，自大革命以来一直是加来海峡省的省会。

一成不变的街道进行了大规模的拓建，像巨大的寄生虫的触手一般伸入了郊区。很快，要在罪案重重的大都市布下天罗地网，保证公民的人身和财产安全，单凭维多克一人的毅力与坚忍已经远远不够了。

3. 六千罪犯失踪案

1827年6月20日，圣亚纳小路6号

[101] 在六月的那个星期三，一个五十二岁的男人独自坐在办公室，蔫蔫地弓着背，他面前的大书桌上只放了一张纸——见此情景，恐怕任谁都要对他生出几分同情。在过去的十六年里，这间位于圣礼拜堂的阴影之下、常年萦绕着熏香的套房就是欧仁－弗朗索瓦·维多克的住所。他的二十八人小分队（由文员、间谍和自称洗心革面了的前案犯组成）是他年少离家后唯一有过的亲人。他已经爱上了这里宽敞的文件柜和比文件柜更宽敞的衣橱（足以让化妆和道具间十分狭小的剧院眼红不已）。他也爱这里的小厨房，因为无论白天还是黑夜，总有某个队员的情妇过来做好热腾腾的饭菜，好让他们吃饱了有力气继续干活。

他视为父亲的亨利局长已经退休了，如今一门心思享受起垂钓的乐趣。亨利的离开引发了一系列职位上的调动，警务部长任命了新的局长，那是个井井有条、干脆利落也铁石心肠的年轻人，上任伊始便开始彻查维多克的背景。维多克不愿等待调查结果出来，他决定主动辞职。他在辞呈上签了名，最后一次走出了办公室。他穿过玻璃拱廊，拖着装满文件的行李箱，不太在意地想着会接替他做安保队长的那个人（同样有着案底、外号“可可”的巴塞洛缪·拉库）到底要如何超越他多年来保持的、无比辉煌的逮捕记录。

让维多克绳之以法的罪犯多到足以坐沉一整艘囚船。他的名字家喻户晓，从瑟堡直到马赛，无人不知“变装大师”维多克，以至于他再要乔装侦查时反而得多费一点力。维多克侦破了太多起案件，导致全法国的生意人、马车夫、小职员以及犯罪分子在报上读过他的丰功

伟绩后，再也没法像以前那样单纯地看待这个世界了——那个羸弱的老妇人没准是正在执行任务的秘密特工呢？她提着的长棍面包会不会是改装过的手提箱，里面装着上了膛的火枪和手铐？

破案如神的维多克离开安保队时，拜他的办案效率所赐，所有悬 [102]
而未决的案子基本只和他本人有关。譬如，当前女友弗朗辛身中五刀时，为何维多克的手上也沾满了鲜血？弗朗辛后来在一份声明中表示：刀确实是维多克的，她借来一用是为了自我了断。而曾以嗜赌出名的维多克为什么会被任命为监管赌场的“博彩警”警长？维多克的年薪（照理说）只有五千法郎，他在1827年6月离职时，身家却高达五十万法郎，他的钱又是哪里来的？

还有一桩格外隐秘，也从来不曾引起关注的案件，因为实在缺乏证据，使它成为我们的故事当中最简短的悬案。

案情是这样的：维多克每年下令逮捕的人数远超整个塞纳省因人身伤害或侵犯财产罪而锒铛入狱的囚犯人数。以其中的一年为例，安保队共拘捕了七百七十二名谋杀案犯、窃贼、艺术品造假师、骗子、逃犯等等。即使扣除因下达“特别逮捕令”而无法作出解释的四十六起案件，再减去驱逐出巴黎的二百二十九名“流浪汉和小偷”，并未出现在官方统计中的到案人数依旧相当之可观。哪怕是按照保守估计，在维多克带队的那十六年里，由安保队出面逮捕却未曾计入官方数据的罪犯人数有六千三百五十人。假使当真以这种速度结案，那么要将全法国的犯人统统捉拿归案，只需要十五个维多克就足够了。

如果亨利局长在好不容易退休以后愿意花点时间来写回忆录，而不是醉心于在塞纳河边钓鱼，他可能会指出：让维多克做警探，要比任由他做坑蒙拐骗的混混危险得多。而做了警探的维多克为了有效控制巴黎的累累罪案，不惜创造了这座城市对“维多克们”的需求——他们是一群合法的复仇者，既然要让纳税人觉得他们的钱花得值，就必须卖力扫清罪恶。亨利局长还可能比较中肯地来评价维多克，称他是“为了管控良民而改革治安办法的人”。但是，正如维多克会在那

[103] 个六月的早晨所想的——他在金银匠码头放下手中的行李箱，掏出随身携带的小酒壶，喝一口里面的白兰地，然后感叹一声：真正的天才从来不会被他的时代所认可。

4. 神秘的“让人不快案”

1840年10月17日，维维安拱廊①13号

巴黎有一群典型的“好事者”，他们通常没有比伸长了脖子看热闹更要紧的事可做，就好像如果傻傻地盯着某样活物（或者死物）足够长的时间，事情可能会变得有趣起来似的。维多克离开安保队以后的某一天，好事者们忽然注意到：街上一些房屋的外墙出现了用白色粉笔标记的 × 和○的图案。如果该名好事者特别有耐心，始终留在原地，可能最终会看到某个男人或者女人拿着一截白色的粉笔，在原先标着 × 的外墙上再画一个○，随即便消失在街道的尽头或公厕的廊柱之后。如果好事者一路跟踪这名爱在墙面涂鸦的神秘客，早晚会发现自己来到了巴黎最时髦的街区，而玻璃拱廊下面正挤满了和他本人一样无所事事、爱干站着东张西望的人。

维维安拱廊始建于1823年，起初只是一项投机生意，后来迅速发展成了塞纳河右岸最繁华的商业区。夏日的傍晚，漫步在林荫道上的巴黎人会避开略嫌刺眼的阳光，躲进熠熠生辉的拱廊享受片刻的阴凉，同时也一饱眼福：玻璃橱窗里品种繁多的巧克力、果仁糖和小蛋糕令人垂涎欲滴，各类制作精美的摆件和饰品则犹如供奉在女神脚下的圣物，把橱窗装点得美轮美奂。男人可以在下雨天来拱廊避雨，点燃一支香烟的同时欣赏大理石长廊的曲线和它那别具风味的景致，也欣赏前来购买内衣和最新款服饰的漂亮女人。维维安拱廊就仿佛一位优雅的侯爵夫人，散发着刻在骨子里的活泼和轻快。它是巴黎的时尚
[104] 中心，且向来声名远播。在外省的女士看来，丈夫远赴巴黎能带回的

---

① 以1599年的巴黎市议员、圣马克领主路易·维维安命名。

最好礼物莫过于递到她们手中的精美纸盒——纸盒上印有“维维安拱廊”五个大字，好像圣符一样教人心折。简而言之，维维安拱廊是女性可以放胆独自拜访而又不致引人怀疑的地方。

那个星期六的下午，一位姓名不详的年轻女子来到维维安拱廊，走进了 13 号那极为气派的大门。她自华丽的螺旋楼梯拾级而上，一边的大理石墙面上设了一排气窗，可以在不被察觉的情况下俯瞰楼梯。年轻女子敲了敲门，随即被带到了一间布置得很是舒适的办公室。办公室的主人正如金属铭牌、带有抬头的便笺和无数广告中所描述的，是“叱咤风云二十载、无可争议、功勋卓著的前安保队特别行动负责人”欧仁 – 弗朗索瓦·维多克。

维多克开设在维维安拱廊 13 号的“通用情报局”是世界上第一家私人侦讯社，比有“西方维多克”之称的艾伦·平克顿在芝加哥成立侦探事务所还早了二十年。通用情报局提供一系列保密服务，如“检举揭发、追债清账、监视盯梢、搜集情报、为企业和家族的相关利益进行各类调查取证等”。其他侦讯机构自然也纷纷仿效，但没有一家像通用情报局那样大获成功。维多克在替情报局打的广告里语带欢欣地表示：“所有试图模仿我的人都注定惨败、追悔莫及。‘警钟情报局’的创办人在梅济耶尔[①]监狱收了声；‘商业灯塔’的总负责在比塞特的牢房里再没有了一丝光彩；‘光明使者’弄巧成拙，暴露了自家侦探社如此多的阴暗交易，反令社长锒铛入狱。上述机构若由继任人接手，也必定以失败告终。”

在一些人看来，通用情报局的广告甚至带着一丝威胁。维多克就仿佛一个敲诈勒索犯，企图把他的业务范围扩展到巴黎的整个商圈：“前些年订购了我局服务的生意人如果以为一切已太平无事，不再需要仰仗我所提供的建议和经验，则必然发现一旦终止与我合作，他很快就会沦为地痞流氓的猎物。”

---

① 意为“牢固的城堡”。

通用情报局虽然“蛮不讲理”，但它所提供的服务十分重要，且由于新一届政府实行相对宽松的政策，不赞成警方干涉民事纠纷，情报[105]局因此获得了强有力的庇护。它拥有极为庞大、记录了每位已知罪犯（和成千上万守法公民）信息的数据库。它也组建起了一支专门的团队，其中就有绰号“独眼巨人”、“半人羊[1]”和“花花公子”的奇人异士，还有一位身高惊人的侦探，据说此人不用梯子便能看到二楼窗户里的情形。即便情报局后来遭到搜查，两千多份安保队的旧档案被人查封，它也威力犹存。所谓百足之虫，死而不僵——政府官员对情报局的归档系统始终心存戒惧，就好像犯罪分子害怕维多克的铁拳一样。

平心而论，通用情报局那“无可争议”的“卓著功勋”来之不易。维多克在办公室最显眼的地方张贴了《从业守则》，揭示了要管理在监狱以及贫民窟习得绝技傍身（乃至歪风邪气）的员工，绝非易事：

- 员工须穿戴得体、衣冠端正，尤其要记得刷亮皮鞋。
- 员工须随时配备必要的工具，如刀、尺、钢笔等，且须随时保持办公桌的整洁。
- 严禁醉酒和赌博的恶习。办公室内禁止饮食、吸烟或咀嚼烟草，不得从事任何与工作无关的活动。
- 任何在墙面、公告栏、窗户等上涂写的员工将被处以罚款，金额以其损坏物品价值的三倍计算。
- 办公室内各类文件、便笺等应正面朝下放置，以防窥视。凡能证明同事泄露案件细节者可获对方当日的薪水作为报酬。

……

① 源自希腊神话，是半人半羊的精灵，一般被视为牧神潘和酒神狄俄尼索斯的复合体。

而《从业守则》的最后一条应当是“好事者”尤其感兴趣的，因为它与“出外勤”有关：当奉命监视某座房屋时，“须随身携带白粉笔”的侦探会在最近的街角墙面上标记一个 ×。当他（或她）需要离开房屋、跟踪特定的对象，或不得不“满足特定需求”（即如厕）时，会在 × 边上再画一个○。这样一来，维多克便能随时掌握手下的动向，并在必要时采取惩罚措施。

从某种意义上来说，通用情报局在 1843 年时被迫关闭、其档案就此散佚，倒并非什么坏事。部分文书流入了政府部门，并几经辗转，最终为二手书店和档案收藏馆所有。流落民间的其中一份记录是一封书信的副本，收信人正是 1840 年的那个星期六来到维维安拱廊 [106]
的年轻女子。（当时，巴黎邮政会在一天内进行六次派送，因此如果是早上九点前发出的同城信件，对方在午时就能收到。）

这封信写在通用情报局惯用的便笺纸上，抬头下面是情报局的地址，地址下面则是口号：“一年二十法郎，免受无赖侵扰。”信的内容则足以使一位年轻女子感到不安，不得不前往维维安拱廊 13 号——

小姐：

现有一事相商，可能需您破费且让您不快。收到此信后，烦请您移步我局。

此致

祝好

维多克

在将近两个世纪后的今天，指望能完全参透这桩需要搞得如此神秘兮兮的案件，显然是痴人说梦。当时的信封已经不在了，收信人的地址无从得知，想要确定维多克的这名客户究竟是谁，就像等着看维多克本人从（如今位于维维安拱廊 13 号的）古建筑保护协会走出来一样荒谬。但我们也不是一无所获，至少通用情报局的这份信件副本让我们得以跟踪案件在接下来一周里的进展。

副本上有着好几处批注，应当是两个人留下的。第一个人的字迹粗重而笨拙，像是用拳头握住鹅毛笔写的："她一个月不会支付超过二法郎。"另一个人则写道："记于 1841 年 2 月 19 日，（请她）付款。"第一个人又写道："备注：找出该女士的住止（此处为别字）。"最后一处笔记显示："记于 2 月 23 日。"

[107] 此外便没有更多的信息了。这名年轻女子所面临的"不快"到底是什么，大约永远会是个谜。我们无法知晓她每月支付的那二法郎是否已经足够，也无法知晓通用情报局打算以什么样的方式保护她"免受无赖侵扰"。

5. 假革命案

1832 年 6 月 6 日，西岱岛—1857 年 5 月 11 日，圣伯多禄－波品库路[①]

只有像维多克那样愿意藏身垃圾堆、连续几天蹲守在同一扇门外或同一条小巷里的人才了解：拆迁和改造工程究竟抹去了巴黎多少鲜为人知的掌故。巴黎的街角和十字路口就仿佛巨人那迂回复杂的脑神经，当朗布托[②]省长在1838年下令拓建以他的名字命名的街道、无视古老的小巷而代之以整洁宽阔的大路时，便等同于割断了巴黎的脑神经、擦除了这座城市的一大段记忆。

由于维多克仍不时受雇执行特殊任务，因此即便在通用情报局关张后，他也肯定能写出比"体面人的口袋书"——《论窃贼：关于偷盗之言行的生理学》（1837）更具启发性的东西。譬如说，他可以为陆军军官和未来的国家元首编写一本实用手册。他可以在手册中这样说：

① 以法王查理七世（1403—1461）时期的巴黎高等法院院长让·德·波品库（1420—1480）命名。

② 克劳德－斐理伯·巴赫特洛·德·朗布托伯爵（1781—1869），塞纳省省长，在其任内为巴黎的大规模改建奠定了基础。

任何想要征服法国的人都应当首先控制住首都巴黎；而为了控制住巴黎，就需要在城市的几个关键位置把下列物品组装到一起：几辆手推车、一些桌椅、门板、床架子、床垫、没让拾荒者翻捡过的建筑垃圾等。巴黎的街道宽度基本不超过七米，所以如果把上述物品堆叠起来，很快就能达到二层甚至三层楼的高度，足以暂时挡住一个营的兵力了。

在手册接下来的章节里，维多克还可以写道：为了巩固新政权，也顺带扑灭为了夺权而不惜任其燃烧的革命火焰，国家元首应当制造出另外一场革命，随即加以镇压，从而有效地转移公众的视线。

1832 年 6 月 5 日，霍乱疫情最后的受害者——著名的共和党演 [108]
说家拉马克将军①让巴黎有史以来最大的送葬队伍抬到了他最后的栖身之地。谣言一大早就传开了，说葬礼上会有保皇派前来捣乱。1830 年 7 月的三日革命②建起了风雨飘摇的君主立宪制王朝，保皇派对此大为不满，共和党也表示万分不快。③但奇怪的是，尽管担心共和党人闹起义，也不愿见到主张复辟的保皇派卷土重来，新政府却没有采取任何行动，而是任由群众聚集了起来。当某个高大的身影坐上马背，挥舞着象征革命的红旗和代表自由的弗里吉亚无边帽④时，警方并未介入，反而袖手旁观，直到恐慌的情绪开始在百姓当中蔓延。

---

① 让 - 马克西米利安·拉马克（1770—1832），骁勇善战的法军将领，具有雄辩口才，因关心百姓疾苦而在民间威望极高，深受法国人民的爱戴，他的离世引发了“六月暴动”。

② 即本书开头提及、巴士底广场青铜柱所纪念的“法国七月革命”，是 1830 年欧洲革命浪潮的序曲。因波旁王室的专制统治令经历过大革命的法国人民难以忍受，以致群起反抗，标志着法国日益上扬的民族主义及自由主义浪潮。

③ 保皇派不承认“七月革命”后上台的摄政王路易 - 菲利普一世的合法性，希望再次复辟波旁王朝；共和党人则对王权易主而没有更多的社会变革感到失望，要求实行推崇自由平等的共和制。

④ 本为古代小亚细亚的弗里吉亚人所戴，是一种与头部紧密贴合的软帽，其帽尖向前弯曲，典型的颜色是红色。在十八世纪的美国革命和法国大革命中，弗里吉亚帽成为自由和解放的标志而广为传播。例如在名画《自由引导人民》中，自由女神就佩戴着弗里吉亚帽。

三小时后，共和党起义军在塞纳河的右岸竖起了一座座街垒，数名青年身穿代表革命的红衣，正以大无畏的姿态呼吁巴黎市民“抵制保皇派、推翻君主制”。

愤世嫉俗的人可能会说：这场“鹬蚌相争，渔翁得利”的起义是新政府意外交上的好运。到6月6日上午，已有许多共和党人被杀或被俘，起义军的力量被迫集中在了圣梅里教堂附近的狭窄街道上。正如《悲惨世界》的读者所熟知的，在那里，这部血腥戏剧的最后一幕上演了[1]。政府派出军队，为“恢复社会秩序”之故，用大炮轰掉了以床垫搭建起来的街垒。政府军又一路推进，砸碎了沿街的隔墙，自二楼窗户向街垒后的人群扫射。恐怕任何一位将军都心知肚明：在如此狭小的区域内进行战斗，不可能永绝后患——还是有不少起义军趁乱溜走，或干脆从屋顶上逃跑。但有一点毫无疑问，那就是1832年6月5日至6日的流血冲突发生后，建立不久的君主立宪制政权变得前所未有地牢固。几年后，仿佛是为了重申政府对人民的绝对胜利，朗布托省长下令在此修建一条十二米宽的大道，斩断了原本遍布贫民窟的街区，也碾碎了街区之上曾回荡着的无望的梦想。

1832年6月6日这天早晨，如果一个敏锐的观察者自西岱岛环视巴黎，多半会看到城北那密密麻麻的屋顶上方笼罩着的硝烟，以及房屋被击穿时产生的碎石粉末；他也应当能听到激烈的交火声，甚至比他想象中的发生得更快。当对岸的圣梅里教堂附近正沦为一片血海
[109] 时，金银匠码头后面的狭窄小巷里悄然竖起了街垒。人们首度发现这些街垒的存在是当天上午的十点左右，当时，所有的抵抗力量还都局限在塞纳河的右岸，对此，历史上的记载高度统一。

① 即1832年巴黎共和党人起义，又称六月暴动，是法国七月王朝期间一次失败的反君主制起义。雨果在《悲惨世界》中详细描绘了起义的过程，并讴歌了参与起义、为自由和理想献身的贵族青年学生。

因不敌而自圣梅里教堂且战且退、过河来到了左岸的部分起义军惊觉西岱岛上设有街垒，就好像布局之人对战斗的情势了如指掌似的。由于街垒恰好卡在中间，明显占据要隘，由忍饥挨饿的工人和群情激愤的学生组成的起义军既不能退回拉丁区，又无法前进到政府大楼的所在地，便只得在此背水一战。很快，一场暴动在旧城区的中心地带被重新点燃。

如果不愿街垒失守、己方处境将越发不利的青年男女曾停下脚步略作检视，可能会注意到这些街垒相当不同寻常。它们那由手推车奠定的基础格外牢固，就好像工人是参照着什么独门的防御工事修筑手册，将它们依样画葫芦建起来的一样。街垒所用的桌子和文件柜都巧妙地相互支撑、彼此衔接，一排排叠得整整齐齐，形成了难得一见的防御优势。街垒的最顶部则牢牢卡着椅子和手推车的车轮，分别用作射击的垛口和压顶石。如果当天的战斗迟迟没有发生，起义军或许还有时间思考对策，意识到他们可以把小巷迷宫中的一座座街垒单独包围起来，随后各个击破；又或者多管齐下，同时从多角度发起猛攻，令敌人应接不暇。他们也可以潜入可俯瞰街垒的沿街住房，命房客不得出声，然后一一干掉蹲守在烟囱后或屋顶斜坡处的敌方狙击手。不过，如果试图守住街垒的起义军当中竟混入了乔装的政府军或雇佣兵，那么上述所有的战略手段自然不会有机会施展出来了。

由于缺乏详细的记录，因此很难确切描述6月6日那天早晨，圣礼拜堂的阴影之下到底发生了什么。和事件有直接关联的一份文件由无名氏起草，附近街道（利科恩[①]路、卡兰德[②]路、犹太人路）的二百五十位居民都在上面签了名。维多克后来在向政府申请退休金时，曾出示过这份文件。它盛赞了“维多克先生的热情和勇气”，说 [110]
尽管维多克不再受安保队的正式雇用，却还是设法抓住了“破坏分

① 意为“独角兽”。

② 可能得名自当地工人使用的辊筒印花机（calender）。

子”“扫除了乌合之众”，从而“净化”了巴黎的街区。

事件发生很久以后，在这一天被俘、随后遭受酷刑与监禁的起义军纷纷表达了这样的看法，即西岱岛上的街垒是在维多克的指导下修建起来、当天的起义行动也是由维多克的爪牙暗中操纵的。但鉴于幸存下来的革命分子曾企图刺杀维多克，他们的这一证词始终未被采信。

维多克的大名与那么多晦涩难明的故事扯上了关系，以至于他像无处不在的鬼影一样徘徊在十九世纪的巴黎上空。彼时，政府对公众舆论愈发敏感，也十分倾向于“借力打力”，即雇用从前的罪犯来维持巴黎市的治安。这就注定了维多克会染指政坛，且成为推动政局的不可或缺的一环。1846年，因政变失败而遭囚禁的路易－拿破仑（未来的拿破仑三世）[①] 听从维多克的“劝告”，自阿姆堡越狱逃往伦敦。维多克受法国政府委派，前去监视路易－拿破仑的一举一动，却也借机献言，建议对方再度发起政变。而自1848年革命[②]后到1851年路易－拿破仑二次政变成功以前，维多克秘密效力的对象则是路易－拿破仑的对头拉马丁[③]。拉马丁本人对维多克赞许有加，声称“若得维多克一人襄助，足以掌控大局”。

这种种传说真假参半，有些甚至只是谣言。在偌大的巴黎城，时局动荡，官员更替之频繁一如走马灯；寒来暑往，今年还在的街区明年便已消失无踪。历史学家不得不像拾荒者一样在大量未必可靠的

---

① 即夏尔－路易－拿破仑·波拿巴（1808—1873），拿破仑的侄子和继承人、法兰西第二共和国总统及法兰西第二帝国皇帝，他是法国第一个民选产生的总统和最后一位君主。

② 即法国二月革命，是1848年欧洲革命浪潮的重要组成部分。法国人民面对七月王朝的失政，成功推翻了国王路易－菲利普一世的统治。

③ 阿尔丰斯·德·拉马丁（1790—1869），法国十九世纪第一位浪漫派抒情诗人、临时政府实际上的首脑，在1848年12月10日的总统选举中败于路易－拿破仑。

资料中层层筛选，还有太多的文件或被销毁、或已遗失。维多克于1857年去世，警方获悉后，第一时间闯进他在玛莱区的家，搬空了所有档案，没有留下丝毫能解决“最后的谜团”的线索：维多克的死 [111]
讯见报后，曾有十一名妇女相继出现在他的家中，每人都拿着一份签了字的遗嘱，口口声声地表示自己才是维多克遗产的唯一继承人。

身为罪犯也和罪犯打了一辈子交道的维多克至死都如此狡猾。他的葬礼十分低调，前往玛莱区的圣但尼圣体教堂参加葬礼的人却不免要犯嘀咕：这棺材里躺着的当真是维多克吗？也难怪人们心存疑惑，因为圣芒代公墓的墓碑上刻字模糊，显示有“维多克，18 □□”字样的墓穴中安放着的是一位女性的遗体。我们大约永远不会知道维多克真正的安息之地了，也永远不会有纪念碑或街道名来表彰他为巴黎的长治久安做出过的特殊贡献。

第六站 /

波希米亚[1]公寓

I

综艺剧院，1849年11月22日，星期四

灯光愈发暗了，直到舞台上只看得见她洁白的双手和毫无血色的脸。身穿黑衣的人们围住了她，仿佛阴间来的送葬者，正等待把她纤弱的身躯一路抬往墓地。四下里落针可闻，唯一的动静是煤气灯燃烧时发出的嘶嘶声和一千名屏住了呼吸的观众偶尔的窃窃私语。随后一个声音高喊道："啊，我的青春！他们这就要把你埋葬！"

黑暗彻底笼罩了舞台，热烈的掌声自楼厅和池座纷纷响起。一部分观众已经站了起来（他们的座位相对不那么好），挥舞着手中的帽子和食品包装袋，一股浓郁而陈腐的气息于是在礼堂里扩散开来。外面才下过雨，所以剧院里有着泥泞街道上雾水的味道，也混合着另一种烟火气——像是旧公共浴室和劣质烟草的味道，也像当铺的衣帽架和书架的味道，还像让尿液和广藿香[2]浸透了的草席的味道——这是真正属于拉丁区的气味，就好像舞台布景师所追求的、带讽刺意味的

---

① 本书所涉及的"波希米亚（人）"的概念无关地理，而是指十九世纪在法国艺术家当中流行起来的不受一般社会习俗约束、自我放逐的生活习惯与处世态度。

② 原产印度或非洲的草本植物，含挥发油，可用作强刺激药与芳香料，是香水的常见成分。

终章这才在戏外上演了一样。

该谢幕了，他在全场观众高呼“作者！作者！”的时候步伐僵硬地走上了舞台，站到可爱的女主角（她像从洗衣房刚取回来的雪白床单一样“死里复活”了）和他理想中的自我（优雅又落拓的男主角鲁道
[116] 夫）中间。正厅前排的一些观众笑出了声，仍然对他把“蜗居在拉丁区阁楼的革命分子”刻画成心思细腻的文艺青年感到不可思议。“现实和艺术其实差得远呐……”他一边这样想，一边别扭地扯了扯合身的黑色礼服，又动了动闷在皮鞋里的脚趾。他的朋友保管认不出他来了——他生平第一次做了新衣新鞋，紧攥着的手帕洁白无瑕，他的秃头（他戏称它为“膝盖骨”）看上去也很体面。终于有理发师斗胆修剪了他那乱糟糟的大胡子，把茂密的原始森林打理成了整齐美观的树篱。他那双阴郁的大眼睛堪堪挡住了讥讽或者害怕的情绪，不过脚灯依然捕捉到了从他脸上无休止淌下的泪水——擅长感伤主义文学的大师有着泪腺脱垂的毛病，常不由自主地泪流满面。

在脚灯的映射下，他可以看到台下即将加冕他为“波希米亚国王”的著名评论家的面孔。演出开始以前，他们便向他吐露了对《波希米亚人的生活情景》[①]的看法，齐声赞美道：“此剧诙谐幽默，堪称妙语连珠。”“大众从未如此深受感动……那些身无分文的‘波希米亚’青年赢得了我们的心。”“毫无疑问，这部作品源自真实的生活经历。”

他也看到新任总统路易-拿破仑在包厢面带赞许——总统的微笑是1848年的大革命已然翻篇的明证（无怪他心虚，谁让他在革命时期扮演过虽然可耻但微不足道的小角色）。圆形大厅之下，镀金的小天使雕像已被煤气灯熏得乌黑，而在枝形吊灯和红色天鹅绒幕布的掩映下，谁又能说楼厅里黑压压一片的观众不是舞台上放纵不羁

① 后由意大利作曲家普契尼（1858—1923）改编成了歌剧《波希米亚人》，广为流传，被认为是历史上最富传奇性的歌剧之一。

的“波希米亚人”的原型呢？此刻他虽然看不清他们，但他足够了解他们：戴着礼帽、头发枯黄、牙齿稀疏，有着自以为无伤大雅实则异常顽固的恶习——所有看过了《波希米亚人的生活情景》的观众都应当明白：这样的一群“名流绅士”就是现实生活里的“波希米亚人”的写照。

扮演“咪咪”的女主演任他轻轻握住了手，正对台下的评论家一一行礼。剧本的合著者蒂奥多·巴里埃也走上了舞台，观众的掌声愈发响亮起来。他曾一千次设想过获得成功的那一刻会是怎样的情形，却惊讶地发觉眼下的自己正琢磨着配家具的事情：成双成对的椅子、带弹簧的床垫、一面全身镜。他想要气派的大门和不会让一阵风就打碎的窗玻璃。他想要一间摆在综艺剧院的舞台上也毫不逊色的 [117] 公寓，有可以用来金屋藏娇的后厢房，也有可以用来留住旧相好的前厅。

他的心不在焉或许情有可原。谁能想到他——亨利·穆杰，裁缝的儿子、不名一文的三流作家就要离开那片光有凌云壮志却一穷二白的土地了，他也曾在那片土地上“夙夜不怠，勇敢冒险，只为猎到人称‘五法郎’的野兽”。《波希米亚人的生活情景》一炮而红，是他从此去往塞纳河右岸[1]的通行证。朋友们大多原谅了他对“波希米亚”的感性描写，其中一些人甚至求他删掉最后那句自私的台词：“啊，我的青春！他们这就要把你埋葬！”但既然蒂奥多·巴里埃决意把他的小故事改编成甜蜜蜜的幻想曲，他便坚持要在作品里保留那么一丝痛苦、那么一段蹉跎了的时光。他想，即便“他们”不曾埋葬他的青春，他也会亲自动手杀死他的过往，然后在它的坟头起舞。

他们走下舞台时，他握住了咪咪的小手，已经期待起接下来会发生的故事。

---

① 相比文化和学术气息浓厚的塞纳河左岸，右岸遍布银行、金融集团、高级百货商店、精品店等，是奢华繁荣的商业街，象征着地位与财富。

II

拉丁区，1843—1846 年

在那些日子里，能俯瞰巴黎的屋顶是种莫大的奢侈。亨利·穆杰和来自拉昂[1]的青年作家尚弗勒里[2]合租了一间公寓，据说可以欣赏到卢森堡花园的风景，所谓“欣赏”的意思是——如果你把头尽量伸出窗外，然后用力向左扭，余光便能瞥到花园的一抹绿。迄今为止，这是亨利住过的最好的公寓了。他们用 1830 年代流行的“波希米亚风格”装饰它，在房间里摆上几卷莎士比亚和维克多·雨果的作品、一顶弗里吉亚无边帽、一管阿尔及利亚水烟、一只安在扫帚柄上的骷髅头（是他们的朋友夏尔·图宾的哥哥送的，他在一家大医院做实习生），当然还有一盆放在窗口的天竺葵，不单漂亮，而且是违法的。（花盆落下砸死行人始终位居官方统计的死因前列。）而为了真正欣赏到巴黎的风景，他们会拜访亨利的画家朋友，这些人住在地狱路税关附近的贫民窟阁楼里，因为吃不起饭，光靠喝水度日，自称“饮
[118] 水者”。每当天气晴朗而饮水者的阁楼变得臭不可闻时，他们就会爬上屋顶，坐在排水槽或者屋脊上，为城市里的一座座烟囱画速写。他们边画边抽烟斗，喷出来的一团团白烟比他们脚下的烟囱排放的煤烟更甚。

自那以后，已经有三个饮水者病故了，他们得的这病统称为“缺钱”。1844 年春天，最后一个饮水者也过世了的时候，亨利和他的朋友们站在墓边，却连一个苏尔[3]也拿不出来。掘墓人反倒安慰他们：

---

① 旧译琅城或朗城，是法国北部城市，上法兰西大区埃纳省的省会。

② 原名儒勒·弗朗索瓦·菲利克斯·弗勒里 - 于颂（1821—1889），“尚弗勒里”为其笔名，是法国艺术评论家、小说家、现实主义运动的重要支持者，推崇格列柯的画作，是波德莱尔、巴尔扎克等人的好友，也是《波希米亚人的生活情景》中马塞尔（马尔切洛）一角的原型。代表作有《莫兰沙尔的资产阶级》《猫》等。

③ 原法国辅币，相当于英国的先令或德国的马克。

“没关系，下次再付。”然后转身对一道来的同伴说：“没事，这些先生是老主顾了。”

每季度的房屋租约到期时，巴黎一半的人口会走上街头，进行大规模、短距离的迁徙。很少有人自带的家具能装满一辆手推车，也很少有人对住所太过留恋，以至于不想搬走。亨利的住宿条件越搬越差，他一度住到了圣叙尔比斯教堂附近的默西欧旅馆，在又小又脏的四楼度日（“因为旅馆没有更便宜的五楼了。”）

默西欧旅馆破旧不堪，人员复杂（躲债的、借宿的、只要朋友允许就喝得烂醉赖着不走的），很难称之为“家”。想碰碰运气、寻找更可心工作的卖花女有时会来，摆出良家妇女的模样叽叽喳喳地聊天，为这地方带来了一丝生气，直到警察以“有伤风化”的名义进行临检，把卖花女送去体检，并就此登记为妓女。

尽管生活乏味、条件艰苦、内心焦虑，亨利还是决定靠笔杆子生活。自从母亲去世，以给人当裁缝和看门为生的父亲倒像典型的资产阶级那样，对儿子横挑鼻子竖挑眼起来，这让亨利分外恼怒。他立志成为法国未来最伟大的诗人，父亲不单拒绝资助，反而嘲笑他衣冠不整，建议他不妨找份佣人的活干。用亨利的话说，他因此不得不“贱卖了自己的缪斯女神（艺术灵感）”。他为某家公共浴室的期刊写过稿（期刊是印在防水纸上的），也为两本儿童杂志写过故事——他那伤春
悲秋的风格倒异常合乎小读者的口味。他为专门探讨棋局并用对联给 [119]
出解法的《帕拉墨得斯》[1]写过对子，还用“贾子爵夫人”的笔名为《时尚导报》撰写过专栏文章。（他身穿鼠灰色的大衣，面无表情地写道：“这个秋冬季，所有人都穿起了长春花色[2]的衣裳。”）管不了身为裁缝的父亲会怎么想，他甚至为机关报《剪裁者》写过讽刺性社论：“裁缝的艺术——多么可悲的表达！改进了缝合技术的人是否因此有权自豪

① 希腊神话中的英雄、智者、发明家，后喻指足智多谋的人。

② 介于蓝和紫之间的一种颜色。

地站在大师的身边，在听到达维特、吉罗代或韦尔内[①]的名字时得意洋洋地宣称：'我也是艺术家！？'不，绝不。他不应当说这种话，以免每一张嘴唇都要来笑话他。"

二十三岁那年，亨利眼看着自己成为诗人的梦想被碾作了尘土。他倒是替一位罗杰先生写过"浪漫诗"——这个罗杰喜欢在全巴黎的建筑外墙和公交车上为自家的产品打广告。亨利每写出一个对句，罗杰就付他一法郎。亨利于是假托某位伯爵夫人的口吻，为罗杰写了这首"颂歌"，说多亏了罗杰牌假牙（原料为河马牙），"她"总算能一展笑颜、重新面对世人了。到那时为止，这首"颂歌"是亨利写过最长的，也最为人熟知的诗作：

吾之牙齿已脱落，
堪称无比之灾祸。
幸有罗杰伸援手，
丑妇摇身化女神。
重获夫君爱慕意，
家庭和睦胜往昔。
君之圣手可回春，
无线无钩无绳结；
镶牙细白似编贝，
下颌柔嫩复圆润。
吾之青春本已逝，
罗杰拯之以义齿。
君之大名永难忘，

① 指雅克-路易·达维特（1748—1825）、安-路易·吉罗代-特里奥松（1767—1824）、霍勒斯·韦尔内（1789—1863），此三人皆为十八至十九世纪法国杰出的（新）古典主义及浪漫主义画家。

君之大恩无以报。
若非得君妙手治，
吾必自愧羞见人。
盖因无牙守活寡，
虽未身死心已死！

虽然就连亨利自己也渐渐无法忍受专写这类低俗的打油诗，他倒没有完全断了收入——一个叫作托尔斯泰伯爵[1]的人雇他做了“秘书”，薪酬不多，但很稳定。在伯爵看来，尽管亨利弱不禁风、常干 [120]
躺在病床上无所事事，但因着结交饮水者的缘故，对拉丁区的政治俱乐部和地下报业了解颇多，会是替沙皇效力的出色情报员。

在亨利的生活即将发生重大转折的时刻，他“人生中的另一半”同样过得很不如意。“穿天鹅绒裙子的丹麦仙女”在亨利的椅子上睡了两晚，气呼呼地走了，她向他们共同的朋友抱怨说亨利此人“在身体方面毫无野心”（“这只会把我衬托得像个傻瓜。”）胖女仆倒是愿意留下（“可她足有一百八十斤重，这还不包括衬裙的分量。”）亨利却不敢在她面前流露出想结婚生子的念头。他早就渴望在“第十三区”（巴黎统共只有十二个区）寻找“合法的情妇”，与她成家，但总也难觅佳偶。连他自以为绝妙的计划都泡了汤：圣斯德望堂的孤儿院院长收到他“申领”孤女为妻的信后，满心不悦，此事自然没有了下文。

因此，当上天把那个人间尤物派来圣但尼市郊的时候，亨利·穆杰在 1846 年的春天既大大松了口气，又感到一种狂喜——他的可人儿注定要让他的心间充满喜悦，也让他的口袋装满金钱。

① 有别于文学巨匠列夫·托尔斯泰（1828—1910），指阿列克赛·康斯坦丁诺维奇·托尔斯泰伯爵（1817—1875），为托尔斯泰家族成员，俄国小说家、诗人、戏剧家。

III

报社办公室，1846 年

5 月 5 日（星期二），亨利 · 穆杰来到塞纳河右岸，走上了全景廊街和证券交易所之间的繁忙街道。他比预想中的稍微晚到了一点。在维维安路 36 号，一个手形指示牌指向一座楼梯，通往《海盗 – 撒旦》报社的所在地。

还没爬上楼，亨利的心已经怦怦跳得飞快。两天前，明明和同伴一样乘坐 9 路公交车回到了巴黎，他却觉得回程的这一路有如腾云驾雾，几乎像登上了极乐世界。那个星期天，他们在塞纳河边的布吉瓦
[121] 尔[①]郊游，看成日待在室内的女售货员和工人出来晒久违的太阳，也看前来写生的画家在河岸边支起一个个画架。

与亨利合租的青年作家——贼眉鼠眼、长着猫胡须的尚弗勒里带来了女友玛丽埃特。他们的“波希米亚”伙伴亚历山大 · 尚内带来了情妇路易丝。尚内谱写过交响乐曲《论蓝色对艺术的影响》，知道他的同行寥寥，同一街区的几百号邻居让他吵得日夜不得安宁，倒是一提起他来就恨得牙痒痒的。按照亨利的说法，尚内的情妇路易丝是个典型的“灰姑娘”（因为穿着廉价的灰色工作服）。她没钱坐车，出门便偷偷吊在马车背后，能捎她一程是一程，平常靠做卖花女贴补家用。她会傍上性格开朗的男青年，直到把他们的荷包榨干。她曾勾引已婚的房东，让他免了她一个月的房租，又以此勒索对方，再免掉了一个月的房租。像大多数在花厂上班的女工一样，路易丝的手被用作花瓣染料的砷化物染成了绿色。花厂的工作很单调，钱又挣得少。每个女工只负责一道工序，从没能见过装饰有钱人的餐桌或晚礼服的完整花朵，而身穿晚礼服的贵妇管不住她们的丈夫，后者总要借机和卖花女半真不假地调情。

---

① 法兰西岛大区伊夫林省的一个市政，位于巴黎西郊，距巴黎市中心十五公里。

亨利和朋友们正躺在草地上，讨论那种不花一分钱便能还清债务的精妙艺术。就在这时，路易丝在工厂的朋友挽着建筑师克拉彭先生的胳膊出现了。亨利取出嘴里的烟斗，扭头看去。

他像是在做梦。眼前的姑娘穿着蓝色带波点的细布连衣裙，腰间系着一条与她的蓝眼睛极为相称的缎带。她的靴子紧紧绑在白色的丝袜上；裙子的蓬蓬袖和白翻领显然是她借着烛光、在下班后剩余不多的几小时里精心缝制的。像所有卖花女一样，她的面孔没有一丝血色，但这种苍白不足以掩盖她因为得过天花而在脸上留下的密密麻麻的疤痕。亨利的一个朋友后来把她比作一块蜂蜜蛋糕，说她像蛋糕一样甜，也像遍布气孔的蛋糕似的，脸上满是凹坑。

据青年建筑师克拉彭先生的说辞（至少他是这么以为的），他在街上偶遇了正试图找到自家公寓钥匙的露西尔·路维，遂把她带到了他们的聚会上。可当时的露西尔·路维其实并没有固定的住址。五年前，她离开父亲开在圣但尼路上的牛杂店，嫁给了同一个街区的鞋匠
波盖尔。她的丈夫动辄打骂她，此外便是个无趣到极点的男人。她抛 [122]
下他，就此住到拉丁区的贫民窟阁楼，也住过妇女收容所或后巷里的小屋——那里的客人从不挑嘴，哪怕是相貌最平庸的卖花女也不愁没生意上门。

露西尔从来不笑——即便她有过幽默感，恐怕也早已把它弄丢了，或者就像亨利会说的那样，她把幽默感放错了地方，要么干脆寄放在了当铺，指望有朝一日能赎回它。但是在布吉瓦尔，树荫和浓烈的阳光在露西尔的脸上描绘出一种能让艺术家着迷的表情。亨利的眼睛则比他身体的其余部分更大胆，他从头到脚细细打量着露西尔，想象松开她腰间的缎带、探寻她的私处的旖旎画面……露西尔虽然一言不发，但显然给了亨利这样的讯号——她并不反感他的意淫。

那天晚上，在返回巴黎的途中，克拉彭先生不知怎的和其余人走散了，亨利发现自己终于有了和露西尔独处的机会。

现在，两天以后，当他握着稿纸、爬上维维安路 36 号的阶梯时，

仍然处于他所谓的“疯狂陶醉的状态”。亨利走过楼梯平台，充当门卫的老兵正驱赶着愤愤不平的读者，再转头满脸堆笑地欢迎女演员和政客前来报社送礼。亨利又经过走廊，穿着工装裤的排字工人正一边阅读校样，一边吃着炸土豆。他最后跨进了一间大办公室，这里就像个刚发生学生集体造反的乱糟糟的教室，大约二十个神情颓废又玩世不恭的青年或坐或俯在桌边，桌上铺着厚厚的绿色羊毛毡。远处的书架上没有一本书，墙上挂着一张世界历史图鉴，上面但凡标有名称和日期的涡卷装饰都让人用蜡仔细封住了。一个戴着眼镜（镜片呈绿色）的高个儿老头正在几人一组的青年身边踱来踱去，不时抢过他们手中的稿纸，瞄一眼，随即像舞台剧演员那样大喊大叫起来：“让我瞧瞧……‘我的老天！’人们听到那位与部长关系密切的女演员曾经说……垃圾！给我扔进废纸篓！这又是什么见鬼的说法？我瞧瞧——‘债主就像娘们一样’？”

“——你总也爱不够他们。”

“这句不错，写下来。现在已经两点了，印刷机里还什么都没有！……哦，我差点忘了……我们的波德莱尔先生是个天才，当然不能指望他的手沾上墨水……”

[123] 《海盗－撒旦》的主编奥古斯特·勒皮特温·圣阿尔梅是那个在1821年“发掘”了巴尔扎克的才能，并指导对方靠写色情小说（匿名）赚钱的“伯乐”（正如他本人不厌其烦一遍遍重复的那样）。自那以后，圣阿尔梅至少亲手办砸了六份报纸，但仍然怀揣着一统巴黎新闻业的梦想。他不久前才兼并了不入流的八卦小报《撒旦》和老牌艺术日报《海盗》，创立了《海盗－撒旦》报社。他解雇了原本拿薪水的记者，代之以一帮从事自由职业、眼高手低的“天才”——这些人每天早晨从拉丁区来到报社上班，期望看见自己的名字变成铅字印在报纸上，顺便能在有暖气的办公室度过一天。他们每写一行字，圣阿尔梅才付给他们六生丁（“这样他们就不会偷懒了。”）而一旦“天才”们炮制出十篇文章，对不论哪个公众人物的声誉造成了不可挽回的影响，他们

就有“特权”在下一篇文评里互相吹捧，并对他们碰巧看上眼的女演员大肆夸奖一番——圣阿尔梅管他们叫“小白痴”。（“这就是文学的未来，先生们！”他如此告诉他的对手道。）

直到那天以前，亨利为《海盗－撒旦》所写的大部分文章都是关于拉丁区的生活轶事的。这是一个令人难以置信的世界，在那里，略带疯癫气质的年轻人彻夜讨论“超然的哲学问题”，调侃自己的穷困和饥饿，靠给房东画肖像画来抵房租。圣阿尔梅从亨利的手中接过稿纸，对着围桌而坐的“小白痴”大声朗读起来。

这是亨利对初见露西尔的一系列回忆。只不过在故事里，他把露西尔叫作路易丝[1]，而称呼他自己为鲁道夫，然后把他们相遇的地点搬到了西岱岛上的草地舞厅。此外，他没有更改任何细节，详述了他们在周日晚上从布吉瓦尔返回巴黎时的情形：

他们在圣但尼路的一家商店门前停了下来。

她说：“这就是我住的地方了。”

“我什么时候能再见到你呢，路易丝，我们在哪儿见？”

“在你那儿吧，明晚八点。”

“当真吗？”

她说：“我保证。”随即把鲜嫩的脸颊凑到鲁道夫的面前，他尝了一口那青春健美的饱满果实。

他回到家，还处于那种他的朋友们所调侃的“疯狂陶醉的状态”。

“天哪！”他大步在房间走，边走边说，“我可不能再这样下去了，我必须得写出几首诗来。”

圣阿尔梅大笑着表示赞许：亨利的故事正是人到中年的读者最爱 [124]
看的那种。“小白痴”只听圣阿尔梅继续念道：

在整理过即将迎接女神的圣殿后，鲁道夫郑重其事地打扮起来，

① 此“路易丝”并非尚内的情妇、露西尔的朋友路易丝，亨利可能只是借用了对方的名字。

他这才后悔自己竟没有买过一件白色的衣服。

“圣时”终于到了，门让人轻轻敲了两下。他打开门，是路易丝。

“你看，我说到做到。”

鲁道夫拉上窗帘，点燃了一支新的蜡烛。

路易丝脱下帽子，解下披肩，把它们放在床上。她见床单白得刺眼，不由笑起来。事实上，她都快脸红了。

她抱怨自己把靴子系得太紧，鲁道夫便跪下来，努力为她解开鞋带。

突然，房间陷入了一片黑暗。

“哎呀！”鲁道夫说，“是谁吹熄了蜡烛？”

那个晚上剩余的场景就留待“小白痴”自行想象了。他们纷纷祝贺亨利，恭喜他有了新的作品，也找到了新的文学风格。

IV

拉丁区，1846—1847 年

第二天早上，亨利把他的女主人公留在床上，到咖啡馆的报架上找最新一期的《海盗－撒旦》去了。他的故事有幸刊登在了“底楼”（也就是报纸头版的下半部分，通常留给连载小说的版块。）更重要的是，他的故事足有二百七十四行，以每行六生丁的价格算，这笔稿费够付两个星期的房租了。如果他能保持这种“新的文学风格”（既语带讽刺又不失欢乐），再接再厉多赶一些稿，他和露西尔甚至每天都能吃上一顿饭。

这段短暂的幸福生活（就像后来亨利明白的那样）仅仅留下了两
[125] 封信为证，都是露西尔写的。它们当然不能算作十九世纪的伟大情书，但至少很有生活气息：

你还没回来，我先去一趟姑妈家。我带了钱坐车。——路易丝

（“姑妈家”是对当铺的委婉称呼。）

我要做双靴子。你得设法弄点钱，这样我后天才能把靴子取回来。

（做一双靴子要花二十法郎，对亨利来说，也就是要写三百三十三行文章。）

他太喜欢露西尔的这些“信”了，甚至在《波希米亚人的生活情景》里还引用过它们：在最新的一章里，男主人公鲁道夫的朋友见他家门口放着一双簇新的女靴，一度以为自己走错了地方。之后，这三个“波希米亚人”吃了一只龙虾、喝了好几瓶酒，庆祝鲁道夫和咪咪欢度“蜜月”。（亨利重新替露西尔的角色起了名字，她现在不叫“路易丝”，改叫“咪咪”了。）鲁道夫和咪咪的那个朋友说起咖啡豆的起源（“最初是阿拉伯的山羊发现的。”），而咪咪则去给他们拿烟斗，替他们倒咖啡，她一边暗想：“天哪！这位先生知道得可真多！”

那一个月的幸福时光留下了不少宝贵的回忆：当亨利买回时装杂志上的同款蓝围巾时，露西尔的唇边会隐隐现出笑意；抑或当亨利醒来，会千百次地亲吻还在睡梦中的露西尔的秀发……但好景不长，亨利开始注意到露西尔那不同寻常的举动。譬如她说要去市场买菜，却花费很长的时间梳妆打扮，她会和坐在街角的妓女攀谈，她会不时在桌上摊开二手的塔罗牌①，像研究古语的学者那样一张张仔细翻看。如果塔罗牌算出了“黄道吉日”，她会在那一天一走就是好几小时。当亨利问她做什么去了，她会轻飘飘地回答：“结识左邻右舍去啦。”

亨利坐在书桌前，试图让自己变得乐观一点。露西尔作为家庭主妇显然是不合格的，她也不再到花厂上班，所以亨利的稿费很难满足她对熟食和偶尔上舞厅跳舞的奢侈需求。但至少露西尔还是他的情妇，他就总也不会缺少写作的素材。在没有刻意盯梢她的情况下，亨

① 是一套从十五世纪中期于欧洲各地流传开来的占卜卡片。

[126] 利依然发现了来自布列塔尼的某某绅士的存在，还有某个答应送给露西尔羊绒披肩以及柚木家具的早熟少年。他甚至从露西尔本人那里听说，心怀嫉妒的亚历山大·尚内称呼她为“小荡妇”。他们的另一个“波西米亚”同伴在看到亨利时躲躲闪闪的，毫无疑问也做了露西尔的“入幕之宾”。露西尔结识的“左邻右舍”到底有几个，亨利既想知道，又不想弄明白。有时，当露西尔把头靠在亨利的肩上时，他觉得能在她的衣服上闻到别的男人的味道。这一点也不奇怪，《海盗－撒旦》的读者肯定明白，这在“波希米亚”再平常不过了。亨利因此写道：“那些轻浮的鸟儿心血来潮，也可能是出于一时之需，便在拉丁区的阁楼筑一天（确切说是一晚）的巢。如果让花言巧语或者好看的衣裳吸引住了，她们也会同意多留几天。”

可他们的小家庭必须得活下去，何况圣阿尔梅先生总是催他的稿。亨利开始拿还淌着血泪、新鲜出炉的真实生活当作素材。他把露西尔的一次次不忠写进故事，卖给《海盗－撒旦》。简而言之，他成了露西尔·路维在文学世界里的皮条客。假使“咪咪”乖乖待在家给他补袜子，他们的故事就会干涸。他们会一贫如洗（哪怕很快乐），或更有可能——他们会躺在医院，等待死亡降临。这种撕裂对亨利的写作产生了奇特的影响。在描绘貌似欢快的阁楼生活之余，他开始勾画一个从未化成过铅字的世界：那个世界里有失意的“波希米亚”艺术家，他们忍饥挨饿，维系着脆弱的梦想；那个世界里也有独坐舞厅的外省商人，有依靠父母资助来巴黎求学的青年，碌碌无为的同时不忘找个集主妇、妓女和玩伴于一身的女人厮混，等毕业回到老家后，再与父母为他选中的处女结婚生子。亨利借用露西尔的一场场“冒险”，定义了一个更为黑暗的拉丁区。在那里，不时有人分发非法的小册子（诸如《有家私的单身汉生活》），好为廉价的人流手术打广告——宣称他们有经验老到的产婆坐镇，喝“堕胎药”也可，穿“机械紧身衣”也罢，总之保管有效，花不了几个钱就能让“烦恼”去无踪。

当然，对这一部分细节，亨利只能在故事里略微暗示，或以浪漫小说的名义加以美化。在其中的一个场景里，咪咪因为厌倦了饱受饥饿困扰的阁楼生活，和一个子爵私奔了。大约也是在同一时间，亨利给他的朋友写信道：“我的妻子离我而去，说要嫁给一个想割开我 [127]
喉咙的大兵，我当然很是反对。”亨利或许不曾想到，他笔下病恹恹的女主人公会当真变成一个有血有肉的人：“她的五官不是不精巧的，她高兴的时候，清澈的蓝眼睛散发着柔光，仿佛能照亮她的整张面庞。但要是无聊或者不痛快了，她也会显出一种近乎野蛮的表情，如果让生理学家看到了，会说她这个人不是极端自负就是极端冷酷。”亨利笔下的鲁道夫也正变得惊人地忠于现实：咪咪离开他的时候，他打她，咪咪像流浪猫一样回来找他、发出咕噜咕噜的声响或摆出张牙舞爪的姿态时，他也打她。没有鸦片，暴力就是最好的毒品，暴力过后是一次又一次泪汪汪的和解，是一晚又一晚漫长而贪婪的求欢，床上的露西尔就像纸上的亨利一样鲜活，一样情感丰沛。他用无声的语言记录他们的争吵，记录他因为嫉妒所遭受的锥心之痛。他写下她令人心碎的残忍，他想知道为什么咪咪一再回到鲁道夫的身边，为什么他还允许露西尔回来。

在经历了八个月仿如炼狱的生活后，亨利草拟了一张资产负债表：他写出了六章《波希米亚人的生活情景》，总共收到一百法郎的稿费，他打碎了家里的一部分装饰，砸坏了一把椅子，当掉了他曾用来摆放诗集的书架（他还留着当铺的收据），深感他充满激情的青春只剩下了妒忌和愤怒。

他们已经说过太多次再见了，以至于亨利不记得是谁决定要一劳永逸地结束这段关系。他们在异乎寻常的平静中讨论了半天——亨利会留下破损了的装饰和椅子，露西尔则会带走她某一天买来、为了证明她对文学并非一窍不通的“古董”荷马①小雕像。

---

① 相传为古希腊的吟游诗人，生于小亚细亚，失明，创作了《伊利亚特》和《奥德赛》，此二者统称为《荷马史诗》。

他们躺在同一张床上，度过了在一起的最后一晚。亨利背对着露西尔，咬住了枕头。她听到他在睡梦中依然发出啜泣声。早上，她一直等到他醒来，告诉他说她并没有别的打算，他不信。他们分开时，亨利吻了吻露西尔的手，他的眼泪打湿了那一小块皮肤。如果他要求，露西尔会与他好好吻别的，但他并没有。所以她打开门，走下了楼梯。

那天晚上，尚夫勒里带亨利去了一家餐厅，他喝了一瓶露西尔最
[128] 喜欢的葡萄酒。当他透过泪水注视那甜美的红色液体时，惊讶地发觉露西尔的脸已经和所有他爱过的女人的脸融到一起，让他再也分辨不清了。

十一月末的一天，露西尔坐在阅读室的木桌旁，左手边是个满身跳蚤的学者，右手边是个专心致志读小说的门房。她翻到《海盗－撒旦》的头版，在最新一期《波希米亚人的生活情景》里读到了那首诗，她以为那是亨利在他们分手的那天写的。(但实际上，这首诗作于三年以前，是亨利写给另一个女人的，此时用在他和露西尔的身上却再合适不过了。) 等离开阅读室的时候，露西尔已经牢牢记住了诗的内容：

我已身无分文了，亲爱的，倒不如
我们就此相忘于江湖。
我的确**老派**，而你向来洒脱，
咪咪，你不会流泪，你会忘记
我们曾经、曾经遇见。
是啊，我们也有过幸福的日子
更不消说那些快活的夜晚。我亲爱的，它们确实
稍纵即逝，但现实不正是如此：
最美的时光往往也最短暂。
即便是天作之合，分道扬镳也无妨吧；
谁让属于我们的帷幕已经落下。

可你很快就会重新登台，
好揭开另一部罗曼史的序幕。

不会有“另一部罗曼史”的。露西尔就快二十五岁了——到了这个年纪的女人常被看作青春不再。她只好徘徊在没有暖气的工作室，给需要那么一对乳房或下半身的画家当人体模特。她和她从前的妓女朋友坐在街角，分享她们的葡萄酒，有时也分享她们的客人。她回到昔日的街区，闻到空气里煮牛杂的味道，听到鞋匠用锤子钉鞋掌的声音，心中充满了绝望。她重新当起了花厂女工，用被染绿的手推着一张张橡胶垫，试图让假花瓣变得柔软一点、逼真一点。她喝下一整瓶清洁剂，等待时间流逝，但生活就像拿着逾期未缴的账单讨上门来的房东，拒绝让她离开。

有时她会想到他们曾共享最后一点儿面包片和沙丁鱼的阁楼。她 [129]
还记得亨利嫉妒的追问和他挥在她脸上的手。她想到她故意留在他抽屉里的手套。有一次，她在街上遇见了亚历山大·尚内，他告诉她亨利有了新女友，名叫茱丽叶。尚内说亨利喜欢亲吻茱丽叶的头发，一次亲一绺，直到他把每一绺秀发都吻遍。她想如果她回到那间阁楼，在那里看到茱丽叶，她一定会躺到床上，松开自己的长发。她用一只手穿过浓密的栗色发丝，自言自语道：“他倒是走运，没试过这样对我。要把我的头发亲个遍的话，我们就得花一辈子的时间在一起啦。”

V

阁楼和医院，1848 年

即便是在夏天，马萨林路[1]也依旧显得阴湿。到冬天的时候，它几乎就像冰冷的墓穴了。周围的居民楼和（有出口通往塞纳河的）法

---

① 得名自法国外交家、政治家、路易十四时期的枢密院首席大臣及枢机、四国学院（法兰西学会前身）的创始人儒勒·马萨林（1602—1661）。

兰西学术院的圆顶挡住了所有的日光。亨利在马萨林路 70 号的招待所临时安了家。新居的藤椅已经磨秃了，镜子旧得照不出人影来，床比书架宽不了多少，倒是和亨利日渐老成的外表相得益彰。

茱丽叶已经离开他，去寻找下一个罗密欧了。面包的价格不断上涨，饥饿的农民涌进城市。和往常一样，当人们在当铺外面排起长队时，革命的风声就传遍了大街小巷。亨利在招待所的邻居普鲁东[①]先生随时都有访客，那些人面目严肃，留着长须，身穿式样高雅却快要磨破了的大衣。

亨利躺在床上，或者说是尽量在床上保持平衡，正思考要如何花掉他意外从法兰西学会基金获得的五百法郎，有人在这时敲响了门。

门外站着露西尔，却不是亨利所熟悉的露西尔。他移到一边，让她进门。就一个自杀未遂的人而言，露西尔看起来倒是格外迷人，就
[130] 好像那瓶清洁剂把她从里到外洗过了一遍似的。她的肤质平滑，像上了一层蜡，脸上的疤痕几乎快看不到了。结核病让她的蓝眼睛显得更大，给了她一种孩童般的坦率表情。

她说："我打扰到你了。"

她告诉亨利该怎么铺床，然后打发他出去买点吃的。当亨利带着一条面包、一瓶葡萄酒和一捆刚从塞纳河上运来、仍旧湿漉漉的柴火回到招待所时，露西尔已经睡着了，轻轻地打着鼾。

这一次他们没有争吵。因为死神是这房间里的第三个人，在他的面前，他们都得按捺下脾气，摆出彬彬有礼的样子来。露西尔躺在床上，对着水盆咳个不停；亨利忙于为时尚杂志撰稿，并在这片土地上的工人和"波希米亚人"以自由、虚荣和懒惰为名发起大革命时，替托尔斯泰伯爵及时送上线报。他给伯爵寄去了他的朋友波德莱尔、图

---

① 皮埃尔－约瑟夫·普鲁东（1809—1865），法国政论家、经济学家、无政府主义奠基人。提出"第三种社会形式"之设想，认为无政府状态是高度完善的政治形式，以契约规范维护的公平是最高法律。

宾和尚弗勒里在附近的圣安德肋艺术广场售卖的无政府主义小报。他为伯爵提供独家的“小道消息”，说那些自称无产阶级的人士（“自以为是的蛮族”）认为挨饿是种美德，其他人的财富则是种罪过。与此同时，露西尔正一天天变得更加虚弱。

夏尔·图宾的实习医生哥哥替露西尔办好了住院手续。图宾来敲门的时候，亨利正好不在。露西尔看到他手里的入院许可，什么都明白了。后来，亨利在《鲁道夫和咪咪小姐的爱情收场诗》里写过那场颠簸的旅程，说他们坐出租马车走了六里地，沿码头一路来到了皮提耶医院。亨利这样写道：“在咪咪忍受病痛的时刻，她对漂亮服饰的热爱（女人身上最后死去的部分）依然活着。她中途让马车停了好几次，就为了看一眼商店橱窗里的衣服。”

医院的入住登记表显示：“露西尔·路维，花厂女工，弗朗索瓦·波盖尔之妻，巴黎本地人，年约二十四岁”于 1848 年 3 月 6 日（星期一）由皮提耶医院收治。那一天是咪咪在《海盗 - 撒旦》首次亮相的二周年纪念日。那一天，巴黎的公交车司机和出租马车夫也集体进行了罢工。所以亨利作为历史学家肯定是不合格的：3 月 6 日的时候，“忍受着病痛”的露西尔没可能坐马车前往医院，她一定是步行的。

亨利也并没有和露西尔一块儿去。尽管图宾向露西尔保证，说她 [131]
的爱人下周日（通常探望病人的日子）一定会来，但露西尔没有等到他。同为老病号的亨利对麻风病人的隔离区、面色铁青的护士，以及每晚在病房上演的“咳嗽和呻吟协奏曲”一点也不陌生。不久，他也会住进医院。他对自己说：看在往日的情份上，他要待在家里，用文字留下他和露西尔曾有过的宝贵爱情。

图宾每天都往医院跑，他发觉露西尔已经神志不清、极度痛苦。他敦促他的朋友去看她。

亨利告诉图宾说：“我甚至没钱给她买束花。不过我知道往沃吉哈[①]去的那个地方有些灌木丛，马上就要开满紫罗兰了。”

图宾说：“只要心意到就行了，你得快。”

图宾医生派人送信来的时候，亨利正在咖啡馆看报。图宾医生一早查房，发现露西尔的床位空了，护士告诉他说“八号床的病人已经死了”。亨利起身，站到咖啡馆的窗边，擦了擦眼睛。奇怪的是，他的心里空荡荡的，就仿佛他的爱情和曾点燃了它的那个女人一起死了。当天晚些时候，他走出门去，买了一顶葬礼上要戴的黑色毡帽。

在皮提耶那样大而繁忙的医院，搞错病人总也难免。露西尔不是死了，而是因为不停唤着亨利的名字，打扰了其他的病患，所以被移到了另一个房间。找到并且通知亨利又花了一点时间，这一次，他没有再等紫罗兰花开，径直去了医院。

图宾医生在大门口等他，握了握他的手。露西尔在 4 月 8 日那天去世了，没有人前来认领她的遗体。亨利提出要见她最后一面，但图宾医生指着一辆停在“圆形剧场”（那是皮提耶医学院）外的大马车，摇了摇头。

亨利动用身为作家的想象力，仿佛看到了医学生在圆形剧场排排就座，要么给女友写纸条，要么不时互相打趣，偶尔低头看一眼躺在解剖台上的卖花女那死气沉沉的身体；而做着解说的外科医生剥除了遗体的肌肉神经，又或切开一截手臂，划破胸腔，在灯下暴露出露西尔的心脏……一个男人爬上马车座位，把走神的亨利拽回了现实——满载着尸体的大马车驶离医学院，朝市郊的公墓出发了。不会有葬礼的，黑毡帽只好等下次再戴了。

[132] 图宾医生提出和他一块儿散散步，但忽然之间，亨利只想独处。他转过身，沿着河边通往圣热纳维耶芙山的小路往回走。远处是林立的烟囱，而他的心中五味杂陈。《鲁道夫和咪咪小姐的爱情收场诗》写

① 指巴黎人口最密集的第十五区，又称沃吉哈区，位于塞纳河左岸，1860 年奉拿破仑三世（1808—1873）之令并入巴黎市。

了一半，如今咪咪已死，谁会是他下一部作品的女主角呢……一辆运煤船正缓缓驶向西岱岛，河左岸先贤祠的灰色圆顶隐约可见。亨利竖起衣领，好稍微抵挡冰冷的水雾。他沿着河边继续走，泛滥过后的塞纳河和马恩河会在码头留下淤泥，而他的胸中也正涌动着什么情绪，只等沉淀下来，由他拾取。

VI

综艺剧院，1849 年 11 月 22 日，星期四

观众涌出大理石门厅，自综艺剧院的铁门鱼贯而出，来到等待着他们的马车旁和雨伞下。已经晚上九点了，尽管天下着雨，街上依旧人头攒动，咖啡馆的生意也红火起来。在马车的灯笼和街灯的映照下，细密的雨水仿佛一串串珠帘，正沿着林荫路让人轻轻拨动。

“波希米亚国王”同挽着他手臂的女主演离开了剧院。亨利想象中的“咪咪”穿着深色的斗篷，已经卸了妆，尽管她看起来仍旧像一尊上了釉的彩雕。她貌似孱弱，实则充满了生命力，像是久病后头一回离家的少女。她爬上出租马车时，衬裙发出了沙沙的声响。亨利在胡须之下咧开一个笑，一只眼睛还在不受控制地流泪。他想知道他是否可以称呼她为“咪咪”——这并非没有可能，剧作者在公演的第一晚享受与女主演的温存已是不成文的老传统了。

马车拐过杜鲁特路①，明显颠了一下，“咪咪”那温暖的身体有一瞬间紧贴住了亨利，随即便不着痕迹地移到了座位的另一边。亨利不无遗憾地想：要在这个全新的世界得偿所愿，看来他还需要更多的时间。玛格丽特 · 图里耶小姐的心是一座要塞，不经过旷日持久、代价 [133]
高昂的围攻，不可能被征服。亨利点燃一支雪茄，回味着方才的那一刻——他已经在为新的故事搜集素材了。他放下车窗，吐出一口烟，看到街边有卖栗子的小贩，他面前的火盆烧得旺旺的，一对恋人站在

① 以法兰西第一帝国时期的元帅安托万 · 杜鲁特伯爵（1774—1847）命名。

火盆的旁边，而伺机作案的扒手正绕着人群打转。

亨利付钱给马车夫的时候，图里耶小姐向他道了晚安。他又按原路返回，经过综艺剧院和《海盗－撒旦》报社，然后过了河，来到漏雨的圣日耳曼图赖讷[①]路9号的小房间。亲吻图里耶小姐那戴着手套的手时，他的嘴唇感到一种微微的酥麻，如今那感觉还在。他坐在让虫蛀得厉害的书桌边（他就是在这里让“咪咪”永垂不朽的），写信给一位朋友道：“你恐怕无法想象，生平第一次坐在一个闻起来香喷喷的女人身边是什么滋味。”

几天后，当《波希米亚人的生活情景》仍在综艺剧院上演，且座无虚席的时候，亨利·穆杰收拾起自己的爱情故事，“顺水行舟”（就像他曾满心渴望的那样）搬进了洛雷托圣母院路48号的豪华公寓。这是一条还来不及书写历史的崭新街道，铺着沥青，路面平整，相当安静，就建在塞纳河右岸通往蒙马特的荒地上。送葬的队伍喜欢这里，因为可以抄近路前去墓地。气度高雅、绝看不出是妓女的“暗娼”热爱这里，不时可见她们的马车出出进进。富有的艺术家钟情这里，他们或许自以为落拓，也或许当真经历过在左岸拉丁区的、波希米亚式的生活。

① 图赖讷（Touraine）一词源自罗马统治时期以前生活在高卢地区的凯尔特人分支——图龙人（Turones）。

第七站 /

马维尔

I

这张照片显示了巴黎某广场的一角。那是一个夏日的清晨，都市 [137]
的喧嚣还不曾响起，市井的气息也尚在积聚。我们可以从光线照射过来的角度（由东向西）、镜头前那被阴影遮蔽了一半的广场以及鹅卵石路近乎一尘不染的状况来推断摄影的时间。太阳已经升起来了，但是除了摄影师和他的助手以外，附近空无一人。

鉴于照片的明净画质（像素极高），得知它其实拍摄于 1865 年， [138]
一般人大概会觉得难以置信。然而偏偏就是在过去的那个清晨，我们眼前这些蒙着煤灰的建筑在初升的朝阳下显得光彩照人，就好像它们还没学会如何在相机前刻意摆姿势一样。

这是一个实打实的社区，一砖一瓦都书写着市井百姓代代相传的癖好和梦想。鹅卵石路上有那么几处马粪，在粪便因被踩踏而四散以前，摄影师大可以拉近镜头，把它们拍成独一无二的艺术品，或者像形状特殊的雕塑，或者像帆布上随意挥洒开来的油画颜料。动物学家若研究过这些马粪，或许可以辨别出马匹的饮食习惯、它们在广场行进的速度，甚至能猜到马的品种和颜色。如果这些粪便是照片下方的那群小白马留下的，当然也很合理。白马拉着搬运车，停在门檐低矮的建筑物前。它们耐心地原地等待，只是偶尔晃一下头，以至于照片拍摄到的它们除头部略微模糊以外，总体上十分清晰。撇开马粪不谈，广场上仍旧干干净净，环卫工人可能刚刚离开。四年以前（1861年），波德莱尔曾写过一首诗，说他当时正走过空旷的广场，看见“……灰云腾起，让清洁工人 / 送入寒冷岑静的空气。”（《天鹅》）

广场有两条向西延伸出去的狭窄街道，在其中的一个拐角可见一团模糊的灰影（正如波德莱尔的诗歌所描述的那样），可能是让清洁工人的大扫帚扬起来的尘埃，也可能是有人正步履匆匆地走进圣安德肋艺术路。

这个广场的形状之所以有些奇怪，是因为已然不存在了的圣安德肋教堂的缘故。这座教堂是巴黎仅有的两座与周围建筑完全分离的教堂之一，大革命期间被转手卖了人，革命结束后则让人毫不容情地移走，像是切除疤痕的增生似的，只留下六百年来它占领过的地基。离摄影师架起三脚架的地方不远处，曾经摆放着教堂的受洗盆，一个哭泣的婴儿让神父抱在受洗盆上，给他起名叫弗朗索瓦 - 马里 · 阿鲁埃（这个婴儿长大后替自己改名为了伏尔泰）。照片正中的这幢建筑像古时的火山喷发后形成的熔岩，其外表较软的部分已被风雨侵蚀。如今，它曾空无一物的外墙上布满了排字工人的样册里能找到的每一种字体——附近商家所打的广告之多，堪比埃及法老墓中的象形茧①。一幅大海报张贴在离地十五米的石墙上，海报上的残疾大高个所躺的“机械正骨床”能从塞赫彭特②路 28 号买到（当然租赁也行）。墙面上的其余广告还告诉我们：拉雷路③拐角处收费四十生丁的浴场和亲王先生路④27 号（更远处也更高档）的蒸汽浴场是竞争对手。

[139] 我们已经知道这张照片拍摄于 1865 年，但即便我们不清楚它的

---

① 指用椭圆或长方形圈围起来的一组埃及象形文字，表明某位法老的称呼或名字。
② 意为“曲折”。
③ 以法兰西第一帝国时期的随军外科医生、多米尼 - 让 · 拉雷男爵（1766—1842）命名。
④ 得名自附近的孔代亲王（波旁王朝时期的贵族封号）的府邸。

拍摄日期，也可以从照片（建筑外墙）所显示的广告地址大致做出推断：打广告的商家如果离照片的拍摄地点越远，则说明该照片拍摄的年份越靠后。1865年时，还没有人会特地到河对岸购物。一个家庭主妇如果站在摄影师所在的地方，可以轻松列出一份完整的购物清单。她可以在附近为打碎了的窗户配好玻璃，买到墙纸、家具、扶手椅上的皮子，并从蒙代先生的店里租一辆搬运车，把其他被大雨浇坏了的家什一道搬走。吉勒古尔路[①]5号的罗贝先生专门替人修理窗框；24号的热利奥先生会上门来检查遮雨板和镀锌的屋顶是否损坏。此外，这位能干的主妇可以在德斯维涅先生的店里买到崭新的瓷器、水晶器皿和印刷雕版画（就像商店橱窗里展示的那幅巴黎圣母院的版画一样）。她还可以从同一位蒙代先生那儿订购煤炭和葡萄酒，在乳制品商店购买奶酪，在书店挑一本闲来坐在火炉边阅读的小说……总之，她根本无须离开自己的街区。

曝光后的玻璃底片包含了太多的要素，如果它们让人藏在皮包里、埋藏在废墟之下、躲过了此后无数个世纪的动荡和战乱，那么等巴黎已不复存在，而我们的后人重新把它们取出来时，或许能借此编纂出一部巴黎十九世纪的百科全书。玻璃底片甚至可能透露连当时的学者都忽略了的重要信息。譬如说，假使罗贝先生的柴火广告（中间的部分）没有打褶，我们可能永远不会意识到当时的部分广告词不是画在建筑外墙上，而是印在防雨布上，像舞台布景那样悬挂起来的。

在那个时代，也几乎没有作家提到“广告泛滥”的问题。波德莱尔在手记中一笔带过的短语（“巨大且令人作呕的海报”）可能是十九世纪末的商家倾向过度宣传的唯一证明。年少的诗人走在故乡的街道上，一边在脑海中推敲着词句，一边用脚点地、丈量着诗歌的韵律[②]，

---

① 得名自西法兰克国王厄德（860—898）的御厨。

② 法语诗歌的韵律是依据音步包含的母音长短及开口大小区分的，通常要求每一诗节能押尾韵（元音吻合），阴阳性及单复数也需一致。

待抬眼看去，却只见建筑外墙上密密麻麻、不含动词[①]的广告语。难怪波德莱尔曾这样写道：“……（我）绊在字眼上，像绊在石子路上，有时也撞见[②]长久梦想的诗行。”（《太阳》）

可是从照片上看——正如寄存水晶器皿的商店门前那样，广场上
[140] 已经铺设了人行道，有了平整的路牙石和排水沟，行人不会再轻易地绊跤。此时的波德莱尔也已经开始了对散文诗的创作。这个闻着父亲的油画颜料味[③]长大的艺术爱好者会不时逛一逛照片展，甚至逐渐懂得品味那一张张“残酷而又格外有魅力”的摄影作品。波德莱尔或许认识这位摄影师，也当然熟悉他的作品，但是夏尔·马维尔通常只派助手参展，他对自己的摄影技术十分保密，还特别不爱结交朋友。在阳光只为他和他的助理普照的时刻，在貌似空无一人的巴黎，马维尔才真正自在、快活起来。

等小白马拉着的搬运车摇摇晃晃地离开，蒙代酒庄外的露天座位上也有了客人的时候，马维尔便和助手回到圣日耳曼市郊，在圣道明路 27 号的露台上拍摄大朵大朵的云。壮观的云海比这座城市还要宽好几倍，仿佛一队队天兵正朝郊区以外的目的地庄严地行进。

不等翻滚的云海自视网膜上完全消散，马维尔便离开了露台，回到工作室，那里头的灯光不是紫色就是琥珀色的。房间里安着花窗玻璃，摆着深色的橡木橱柜，浮雕墙纸上印着阴郁的各色植物。他的助手正从木框上小心地取下涂有火棉胶（也浸过硝酸银）的玻璃底片——这时的干板看上去还是一片空白的，然后用焦棓酸和硫酸亚铁
[141] 溶液进行水洗，待经过某种神奇的化学变化，那个早晨所拍摄的广场就会从底片上乳白色一片的卤化银还原为肉眼可见的金属银图像。

---

① 法语动词需要根据不同的语式、时态、体、人称或数来改变词尾的后缀与辅助形式，是成句的必要条件，因此没有动词的法语严格说起来是犯了语法错误。

② 法语中的“遇见”（rencontrer）也有“撞到（障碍物）”的意思。

③ 约瑟夫·弗朗索瓦·波德莱尔（1759—1827）在诗歌和绘画方面颇有才能，在波德莱尔幼年时代就给予了他良好的艺术熏陶。

这种逆向的炼金术总是令马维尔惊叹不已。他所拍到的街区像一座一尘不染的微型城市，有人类生活过的痕迹，但已空无一人，就好像居民在瘟疫爆发或敌人用热气球投放了化学炸弹以后统统逃离了。助手又将底片浸入氯化金溶液，调暗了色调。他弯腰在瓷盆边忙碌着，几缕黑发滑到了他的颧骨上。冲洗过一遍的负片[①]要用硫代硫酸钠定影，而那些建筑外墙上的广告仿佛是在底片曝光以前就印在了上面似的：**拉雷路浴场**、*床和扶手椅专卖*、蒙代酒庄……

马维尔终于看到了这个街区不经意被抓拍到的模样。照片上的这座广场像个穿着睡衣在自家后院闲逛的人，它所在的时空仿佛已消失在了历史之中，可其间的一草一木依然完好：有着歪歪倒倒、斑斑驳驳、被雨水冲刷出一道道痕迹的墙壁，有垮塌了的前门，有高低不平的鹅卵石路……这混乱不堪的场景却让马维尔十分满意。街上没有人，唯一的车是那辆搬运车：或许在某扇窗户之后，正有一个女人在打包行李。

这幅影像会和其他四百二十四张照片一起被装进相框，然后在展览上亮相，展览的主题便是名为"马维尔"[②]的空旷之城、神奇的大都市巴黎。皇帝陛下会在这些照片里看到脏兮兮的列柱廊和摇摇欲坠的双塔门[③]，然后回想起他的叔叔曾远征埃及的日子[④]，回想起漫天黄沙里千年不朽的古迹，而它们所供奉的神灵早已不在。皇帝陛下可能不禁会想：他真正见识过的巴黎有多少呢？面对这样一座充满秘密的城市，谁又能真正称得上是它的统治者？

阳光越发强烈了，工作室里的灯光于是相应地越变越暗。助手合

① 是经曝光和显影加工后得到的底片影像，其明暗与被摄体相反，其色彩则为被摄体的补色，需经印放在照片上才还原为正像。

② 马维尔（Marville）是"奇迹城"（merveille）的双关语。

③ 列柱廊和双塔门是古埃及神庙的标志性元素。

④ 指1798—1801年间拿破仑率领的东方远征军攻打奥斯曼帝国辖下的埃及一事。

上了护窗板，拴好插销，又仔细拉好了窗帘。

当摄影技术还被看作是街头杂耍的时候，马维尔就在枫丹白露的森林里竖起了画架。他为杂志和故事书（譬如《保罗和维珍妮》[①]《塞纳河畔》《一千零一夜》等）绘制好空荡荡的风景，随后请同事在其中添上人物。他自己总也画不好人像，他笔下的人物要么显得笨手笨脚，要么身体比例很不协调。现如今，他和助手来到巴黎，靠摄影为生，
[142] 总算称心如意了。当然，一天之中会有相对更合适的拍照时间，但一天当中的时间也可以被无限延长，连一秒都能细分为好多个几分之一秒。

现磨咖啡的香气有助于中和工作室里的氨水和上光油散发的气味，也能使人集中注意力。如今，只有最老派的、常弄得满身颜料的画家才会用酒精来刺激大脑，并试图稳定自己颤动的双手。助手在负片上密贴好了蛋白相纸，放入印相框进行曝光，再显影、冲洗，很快，哪怕是最轻微的瑕疵——空气中的微尘、斑斑点点的硅藻土、一缕若有似无的阳光……也在相纸上清晰可见。

图像在处理完毕以前是略微发红的。只有经过反复的冲洗、晾干、压制、涂上一层薄薄的蜡和乳胶剂才算大功告成。助手将成品放到桌上，像落下了最后一笔的画家从画架前起身一般，往后一站。

马维尔拿过放大镜，他的视线从照片上的一扇窗户移到另一扇，寻找那些他已铭记于心的"污渍"——即便照片已达到如此的精度，它们依然可能被误认为是浮尘或底片本身的瑕疵（何况马维尔也无法百分百确定它们是或不是"污渍"）。检视一遍照片需要花很长的时间，最终，马维尔捕捉到了那些小细节：他在照片上看到一个穿着灰色长大衣、微微弓着背的人正走进乳制品商店。而在彼此较劲的"拉雷路浴场"和"亲王先生路蒸汽浴场"的海报之间有一扇窗户，窗上

① 十九世纪著名的儿童读物，作者为法国作家雅克－昂利·贝尔纳丹·德·圣皮埃尔（1737—1814）。

的栏杆把一个浅浅的圆圈和底下的一小片光线一截为二，很可能是因为当时有人正站在窗前，手中拿着一杯还冒热气的咖啡，一边看着楼下广场上的马维尔和他的助手——眼前的场景着实有些杂乱，就连马维尔也差点遗漏了这条光与影形成的细小线索。

于是他又坐直身体，重新检视整个画面。这一次，他意识到这张照片有个让他意想不到的焦点：在蒙代酒庄的楼上、与“机械正骨床”的海报齐平的地方有个搭在木架子上的小阳台。阳台上有个窝棚，上面开了六扇小窗，架着烟囱，正靠在一堵粉刷成白色的墙上。这窝棚极富乡村风味，而白墙是还算体面的小平房的一部分。铺着瓦片的平房顶上有一扇开启着的天窗，一根长杆的一头支着天窗，另一头抵住了阳台的铁栏杆。阳台上还摆着一列六个花盆，里面种着小小的灌木，最左边的那盆植物旁边似乎有个弯着腰的人——虽然那也可能只是一块搭在那儿、看上去像一头白发的破抹布，但确实有种让人心头一震的凄美。

如果用蘸了墨汁和树胶溶液的画笔在照片上细细涂抹，就能将多余的细节一一去除。这便是一些摄影师消除画面中人物的面部色斑或 [143]
袖管污渍的办法。但是马维尔喜欢原汁原味的相片，他乐于看到摄影技术把人的形态变得渺小且短促，就像鹅卵石路上的积水或窗玻璃上的反光那样。

涂了上光油的照片还没有完全晾干。马维尔和助手在工作室度过了那个下午。他仔细研究过一张张成片，又在助手背对着他的时候给他照相。他拍摄助手那一头浓密的乌发，拍他斜倚在露台上懒洋洋的模样（背景是烟囱的管帽），就好像努比亚狮[①]或者巴黎的野猫。他也为他拍下精妙的特写，助手的脸仿佛一排建筑，他的前额是大理石门廊，眉毛是狭窄的阳台，黑发是风雨欲来的昏暗的天。在马维尔的镜头下，那就是一幅诗人的肖像，有着一双杏仁眼，两片薄情唇，好像

---

① 北非狮的亚种。

那一天晨曦中的广场一样，等待被旭日照亮。

II

在塞纳河畔的办公室里，现代巴黎的模范市民正坐在一张大书桌前。这里不是他卧室旁边的私人书房，而是带有三扇大窗户、俯瞰着巴黎市政厅广场的气派包间；种有地中海灌木和亚热带花朵的庭院把他的办公室和塞纳河分隔了开来。毫无疑问，这是一个相当美好的早晨。他的皮鞋一尘不染，他的心情怡然自得：没有人上班迟到，秘书很快就能把统计数据送到他的面前。

尽管大书桌立在房间的中央，气势十足，但只要他往桌前那么一坐，就把桌子衬得矮了半截。他今天也在胸前别好了奖章，这让他宽阔的胸膛看上去像一座昂贵的公寓楼，而他的前额是由女像柱[①]支撑起来的房顶。他见多了这样的讽刺漫画，它们把他描绘成“拆迁大王”、挥舞着抹泥刀的海狸[②]、拿破仑三世的应声虫……人们有一点倒没说错——等一会儿皇帝陛下过来时，他必须稍稍弯腰，以弥补他和皇帝的身高差。

他的身后有一幅 1 ∶ 5 000 的巴黎精雕地图（市面上没有销售）。地图挂在移动板架上，可以随时让人推到光线下，容他细细品咂。他坐在书桌前时，这幅地图就成了背景板的一部分。他经常转过身去，全神贯注地凝视：地图上的巴黎圣母院和他的拇指指节一般大，如今
[144] 自河对岸便能看到（圣母院的周围已无遮无挡，和巴黎其他建筑的关系也明显和谐了）。卢浮宫和杜伊勒里宫在地图上是一个矩形，两者之间的距离和他的食指到小指的间距一样长。

他来到窗边，低头望着市政厅广场，见一辆辆马车加速驶过。他了解这座城市的交通流量、安装在十字路口的烟道和路槽，以及由他

---

① 取代圆柱或顶梁柱、以女性形象雕刻出的建筑支撑结构。

② 啮齿动物中最大的一种，体型肥壮，擅长筑坝、垒巢、改造栖息环境。

下令修建的广场的排水阀门——这二十一个广场呈星状分布，已在全市范围内辐射开来。

多亏有他，这座城市的部分区域（从前的泥沼地）自中古时期以来首次见到了蓝天。如今，道路和休憩用地已占到全市面积的五分之一，如果算上布洛涅[①]森林和万塞讷森林的话，则是三分之一。在巴黎，每平方米土地上便有六平方米的建筑面积。远郊地区也逐一并入了城市，巴黎的市郊因而比1860年以前扩大了一倍。

最近，有人出面请他重新规划罗马。身为阿尔萨斯新教徒的儿子，乔治-欧仁·奥斯曼把这种讽刺看在了眼里[②]。巴黎总主教对他的褒奖令他印象深刻，他倒情愿主教大人把这段话刻在纪念碑上，以供后世景仰："您的工作也助了我一臂之力。走在笔直、宽阔、光照充足的大道上，人们的行为举止与他们在曲折、狭窄、阴暗的小巷中所表现出来的大不一样。为贫民窟送去流通的空气、直射的阳光和清洁的用水，不仅可以令市民恢复身体上的健康，而且可以敦促他们勤做家务、注重个人和社区的卫生，进而提高一个人的道德水平。"

在巴黎建起"笔直、宽阔、光照充足的大道"，还能允许像奥斯曼男爵这样的大忙人花不到一小时便衣冠整洁地横跨巴黎。这意味着他可以兼顾家庭与工作，在扮演父亲、丈夫和城市规划师的三重角色之余，也能抽出时间前往歌剧院，捧塞利埃小姐（芭蕾舞演员）和女高音歌唱家玛丽·罗兹[③]的场。简而言之，奥斯曼男爵为想鱼与熊掌兼得、家庭事业婚外情几不误的恋人们创建了一座全新的巴黎。

男爵阅历丰富、干劲十足，像一台所向披靡的蒸汽压路机（这是

---

① 位于巴黎城西，早年是皇家林苑，和东南方向的万塞讷森林一起被视为巴黎的两扇肺叶。

② 阿尔萨斯是法国东部一地区、哈布斯堡家族的发源地。在十六世纪的宗教改革时期，信奉新教的居民曾遭信奉罗马天主教的哈布斯堡家族的迫害。

③ 原名玛丽亚·希波吕·庞森（1846—1926），法国女高音歌唱家，巴黎喜歌剧院、巴黎（加尼叶）歌剧院常驻歌手，因演绎比才的歌剧《卡门》而名声大噪。

皇帝之所以重用他的原因）。男爵也知道靠闹革命稳不住江山，但有像他这样杀伐决断的臣子或许可以。所以皇帝宁愿留着麻烦多多的市议会，只要议员向奥斯曼看齐，一切以皇帝本人的意志为转移就行。
[145] 奥斯曼却无意像抠抠搜搜的小资产阶级那样，要把一分一厘的建设经费都算个清楚明白。在他看来，大家长式的、前怕狼后怕虎的官僚时代早该结束了，像巴黎这样的大都市就该拥有尽可能多的时髦与奢华。巴黎是值得百万人供奉的名妓，需要配得上她万种风情的名邸，所以城市里要有花坛、凉亭、广告柱、垃圾箱乃至一应俱全的建筑物和街道设施——小打小闹的改建可不会叫巴黎满意。

这个月的晚些时候，男爵童年时的家就要在他的授意下被拆除了。

经常有人问他（尽管不如他所希望的那么频繁）：他如何能在管理这座城市的同时还大刀阔斧地进行重建？十三年前他出任塞纳省省长时，就对手下的会计和工程师说过同样的话，如今他要再说一遍："一天有二十四小时，其实比大多数人以为的要长。如果你身强体健、头脑机灵、思想开明、记忆力一流，还不怎么需要长时间的睡眠的话，那么从早上六点一直到午夜，你可以见缝插针做成许多事情。别忘了我们还有星期天[①]，每年足有五十二个。"

自从他 1853 年上台以来，已经有三任会计主管在他的任内过劳死了。

他低头俯瞰广场，见一排出租马车和一小队骑兵正好经过。马维尔派人送来的照片已经摆在了桌上，只等皇帝前来检阅。不过陛下的马车会遇到一段还没修好的柏油碎石路，就在维多利亚大街和圣马丁大道交汇的地方，所以会比预计时间迟到大概三分钟。十七年前，路易－拿破仑来巴黎北站视察，口袋里揣着一张巴黎地图，上面根据重

① 在过去，大部分西方国家都守"主日"（即礼拜天、周日），这一天商店不开门，鼓励人们停工休息。

要程度，分别用蓝色、绿色、黄色和红色的铅笔标出了一条条还不存在的大路。十七年后，这些彩色的线条要么已经变成了现实，要么即将变成现实，男爵本人的许多设想也让皇帝最初的建设计划益发宏大起来。从前的西岱岛上，两万居民只得像老鼠一样度日，而现在的西岱岛上盖起了一幢幢行政大楼，最北面还建好了停尸房。在男爵的规划下，引水渠把迪斯河的水从百公里之外带到了这里，巴黎人再也不用喝从塞纳河里泵上来、混着粪便污物和腐烂尸液的脏水了。

男爵曾向皇帝转述过某次会议结束后他与其他议员的对话，只因 [146]
皇帝喜欢听到“蒸汽压路机”又一次占了上风的消息：

“早知道应该封你个公爵[1]什么的。”皇帝说。

“什么公爵呢？”男爵问。

“我也说不好，迪斯河公爵？”

“真要这样说的话，光是‘公爵’可不够。”

“是嘛，那应该封你个什么？亲王？”

“不，我要当就当‘引水渠公爵’[2]，这在贵族头衔里可是独此一家、别无分号的！”

有人说皇帝从来不笑，但是听到“引水渠公爵”的时候，他分明开怀大笑了。

凡是把男爵和皇帝紧密联系起来的人、事、物都对巴黎有利。那一年，男爵的女儿在出嫁前三天生下了皇帝的孩子[3]。默许了此事的皇帝陛下甚至提出要给他们一笔嫁妆，但男爵婉言谢绝了，他不想有人戳他的脊梁骨，说他贪污受贿。

---

① 大革命以后，法国已不再分封新的贵族头衔，所以拿破仑三世是在说笑。

② 所谓的“引水渠公爵”（aque-duc）兼具“引水渠”（aqueduc）和“公爵”（duc）的意思，奥斯曼（1809—1891）在这里玩了个文字游戏。

③ 有不少学者认为范妮·瓦伦汀·奥斯曼（1843—1901）在婚前便是拿破仑三世的情妇，两人曾育有一子。

男爵站在全身镜前端详着自己：他有着光秃秃的脑门，脚上穿着和脑门一样锃亮的皮靴。陛下会晚到三分钟，所以他有三分钟的宝贵时间回忆往事。他还记得自己从小就人高马大，却有着和健壮的身胚不成正比的脆弱气管，不时就要哮喘发作。他还记得（依照下列顺序）他在安静的博容街区①的家，每天早晨立在门边、等待他穿上的靴子，步行到拉丁区上课的那段路，路上会经过的拱门低垂、年久失修的圣米迦勒桥，以及走过广场之后（似乎整个拉丁区排放出来的泥浆水都在那儿汇集）他的靴子惨不忍睹的模样。

等最新一版地图问世，所有这些丑陋的场景都会消失。新的圣安德肋大道将抹去圣安德肋艺术广场的痕迹，圣米迦勒大道会破开密密麻麻的幽暗小巷——终于暴露在了日光下的转角楼一侧已经让人加盖
[147] 了喷泉，喷泉上雕着大天使长圣米迦勒（他的翅膀像张开的防水斗篷一样漂亮）踩住撒旦的景象。钟爱大排场的男爵也像圣米迦勒那样，把过去狠狠踩在了脚下——虽然在他看来，雕塑家还是把咆哮着的撒旦刻画得太小了。

之前他带皇帝参观这通往拉丁区的新门户（圣米迦勒大道），皇帝顺着道路两侧并列的房屋向远处眺望，他的视线正如男爵预料的，落在了河对岸圣礼拜堂的尖顶上。然后他转过身，微笑着对男爵说："我总算明白你为什么一门心思追求'对称'了，你就是为了创造出这样的景观！"

市政厅广场上传来了哒哒哒的马蹄声和卫兵佩着的军刀发出的锵锵声响。皇帝陛下这就要到了，他会看到马维尔拍摄的一系列照片，兴许这次不会再嘲笑男爵对"对称布局"的偏执。皇帝总是谈起他流亡时待过一阵的伦敦，说那里的交通和皇家卫队的换防让他印象深刻。但是，正如奥斯曼男爵提醒皇帝的那样："巴黎人可比伦敦人

---

① 以路易十五时期的富有银行家、博容医院的创立人、埃维赫伯爵府邸（即后来的爱丽舍宫）的所有者尼古拉·博容（1718—1786）命名。

挑剔得多。”天晓得，为了达到震撼人心的视觉效果，也为了弥补皇帝最宝贝的建筑师希托夫①那小家子气的设计，男爵已经把始于协和广场的里沃利路足足拓宽了三倍。他可能是台冷血又铁腕的蒸汽压路机，但他深谙美的原理——一幅好画必须有重点、有筋骨，这就是为什么当他们站到新建起来的塞瓦斯托波尔大道②上时，可以在一头看到巴黎东站，在另一头看到好似一个完满句点的商事法院的圆顶。他们的视野再不会受到阻碍，除非有雾从塞纳河上升起来，笼罩住了大街，让马车和行人变作了一队队灰色的幽灵。

拿破仑三世皇帝陛下自敞着的双开门里走了进来。

遭到囚禁的那段日子还是在皇帝的身上留下了一点痕迹——他如今住在宽广的宫殿，但看起来好像随时都能躲进小小的密室。皇帝矮小归矮小，却自有一种值得人尊敬的威严。奥斯曼男爵倒还不至于为了皇帝抛头颅、洒热血，不过他确实做好了为追随皇帝而名誉扫地的准备。也因为他的政治立场，男爵几乎每天都遭人唾骂——倡导共和的反对派和革命分子抨击他，因为他们忘了这个国家的穷人还没有更好的医疗和更体面的死亡；怀旧的“波希米亚”艺术家痛批他，因为他们显然忘了一切。甚至是与男爵的社会地位相当的人也指责他，说他为了把巴黎建成世界上最美丽的城市，不断征收土地、强拆建筑，害得他们只好劳心费力地搬家。

马维尔的照片装在相框里，按地区分门别类地摆好，一一排列在 [148]
了书桌上。

和通常为了施工方案与建筑师争得面红耳赤的经历相比，这样的“说一不二”真是种难得的体验。(何况皇帝也喜欢“说一不二”，他用

① 雅克－伊格纳斯·希托夫(1792—1867)，协和广场的重新规划者。

② 原名中央大道。1855 年 9 月 8 日，拿破仑三世的军队在克里米亚的塞瓦斯托波尔获胜，为作纪念，遂改名。

词简短，说话就像下达神谕。）此前有好些摄影师为皇帝拍过照，但马维尔不在其列，皇帝也从没听说过他的大名。

男爵向皇帝解释说（也不知这是他的想法，还是历史作品委员会的想法）：夏尔·马维尔是卢浮宫的官方摄影师。他负责为皇帝、法老的木乃伊、伊特鲁里亚[①]花瓶和被拆除又重建的中世纪大教堂照相，记录各种被挖掘出来、得到挽救的文物。马维尔因此受了委托，拍摄即将因为大规模改造而被埋葬和遗忘的巴黎。这是一种反其道而行之的考古：先有废墟，后有掩盖了废墟的城市。据男爵说，马维尔先生已经收到了委托书的副本，会在每一个指定地点竖起他的三脚架。

就在这时，皇帝扭过头，带着一抹略嫌古怪的笑意看着男爵：对“指定地点”的了解（正如反对这个拍摄计划也反对大规模改建的人所指出的那样）意味着投机分子一旦掌握内情，就大可以在拆迁以前先低价买进土地，再从政府那里获得高额的补偿金。但好在马维尔是个艺术家，不是贪利的投机分子，这一点从他拍摄的照片上显而易见。

皇帝和男爵站在桌边，望着即将消失不见的这一部分巴黎。他们看到没有充分利用起来的空间，缺乏规划，犹如一团乱麻。他们看到垃圾堆积如山、小偷随时潜伏着的犄角旮旯，没有了巴黎的繁华与喧嚣，只余亘古不变的生活的艰辛。有时，照片上的墙面斑斑点点，像是布满弹孔，也有时照片像被刮花了似的，也仿佛是蒙着一层硝烟，但马维尔的绝大多数照片都图像清晰、画面干净。

尽管不带什么特殊的目的，男爵与皇帝还是在某一张照片前停留了许久。它拍摄的是某个广场的一角，看起来既像是人满为患，又像是空无人烟。男爵认出画面右侧的居民楼乃是他的前任之一——朗布托省长的手笔，不由发出了既自得又不满的啧啧声。这幢居民楼像楔子一样插在广场的拐角和圣安德肋艺术路之间，在拉丁区特有的苍白

---

① 今意大利半岛及科西嘉岛于公元前十二世纪至前一世纪所发展出来的古代文明。

日光下教摄影师马维尔收进了镜头。而打在圣安德肋艺术路 22 号外 [149]
墙上的阳光加剧了建筑本身的阴郁，它掩上了的窗户暗示着：那背后或许有什么见不得光的秘密。

这栋建筑的窗栏上悬着木质的百叶窗，却没有安装护窗板，意味着当时的气候比较温暖，且当天基本无风。这是 1840 年代主张“开源节流”的朗布托省长一贯的风格，譬如鼓励在外墙的灰泥上开槽以模仿昂贵的砂岩石料，还譬如在每家每户的窗下安上铁栏杆和比路牙石还窄的铁架以代替阳台等等。奥斯曼男爵回忆起他在学生时代常看到的情景：圣米迦勒广场一侧奇形怪状的小广场、圣安德肋艺术路 22 号的书店前常年不消的污水坑，如果啪嗒一脚踩进去……那画面是如此鲜活，以至于男爵有一瞬间仿佛回到了当年，不由下意识地瞥了一眼自己的靴子。

只有十分熟悉那里的人才会知道：那个街区有很多书。仅 22 号的书店就号称有“杂书”十万卷——之所以称为“杂书”，是因为它们都不成套。这是一家虽有些虚张声势，但毕竟很传奇的书店；《大众图书馆》系列丛书的出版商也曾在同一幢楼里办公。该系列专讲文物古董，出版有夏尔丹[1]的《东印度史》和夏努[2]的《波拿巴之埃及和叙利亚战事》等。成功破解了象形文字的商博良[3]有个哥哥雅克-约瑟夫，他便在那里出版了著名的《考古基础论》。

这么多年过去了，这个街区却几乎毫无变化。1828 年时，波德莱尔从 22 号的窗户向外看去，第一次欣赏到了巴黎的风景。他当时才七岁，父亲去世了，母亲仍沉浸在悲痛中。他在 1861 年写给母亲的信里回忆了他们在圣安德肋艺术广场共度的时光：“（我们有过）多

---

① 让-巴蒂斯特·夏尔丹（1643—1713），法国珠宝商、旅行家，著有《夏尔丹爵士游记》十卷本，是早期西方学者对波斯（伊朗）和近东地区历史研究的最好著作之一。

② 作者的真实身份不详，署名为“（法国外籍兵团）第三十二步兵团军官夏努”。

③ 让-弗朗索瓦·商博良（1790—1832），法国历史学家、语言学家、埃及学创始人。

少次长时间的漫步，那是永不消逝的温柔！我想起了塞纳河岸，它们在夜晚是如此凄清。请原谅，我所谓的美好时光，于你可能是艰难时日。但是我一直在你心里；你对我来说则是唯一。”

沿书桌摆放的这一排照片里，还有一张也和22号有关——某条被捕捉入镜的厨灶和庭院家具的广告下面有这样一行文字：“广告张贴及招牌制作公司仍在圣安德肋艺术路22号。”显然，那些后来扰乱过诗人波德莱尔思绪的广告，竟有相当一部分出自他童年时的旧居。
[150] 而在四百二十五张照片当中，这样的巧合并不显眼。即便奥斯曼男爵注意到了墙上的广告，也仅仅因为它们能为这座城市创收，何况其中的一些标语（“家具专卖”、“停业征用”、“拆迁办公室”）还是他手握权力的外在象征。

他们本不打算在一张照片上耗那么久的。皇帝也无意检视全部的四百二十五张照片，他的视线只在圣安德肋艺术广场的图像上流连，仿佛要把它看出花儿来似的。男爵为了配合皇帝的身高，调整了好几次姿势。他在脑海中勾勒着：如果把广场上遮挡视线的建筑推倒，会打开一片怎样的空间？他飞快地设想了一下自己正身处拆迁现场的画面，他多半一眼就会认出画面中央的阳台上扭曲变形的金属栏杆——如果那样的凌乱场面还有所谓的“画面中央”的话。他想象着皇帝如果亲临现场，能一眼看到坐落在（即将建起的）圣安德肋大道尽头、有着雄浑立柱的奥德翁剧院，一定会对他大加赞扬。

男爵把手指从照片底下抽出来，预备移步看下一张。皇帝却在此时举起了手，显然他想到了什么。他有时会提一些奇怪的问题，很难说是因为真的关切还是出于一时的胡思乱想。他想知道：圣安德肋艺术广场上的人都去了哪里？为什么阳光照耀下的街道如此空旷？这个街区已经荒废了吗？（派信使送照片来的马维尔不在，无法亲自给出解释。）

但答案很明显。街道上空无一人，因为任何会移动的物体都在长久的曝光过程中消失了，譬如烟斗中的烟、拐过街角的马车车轮、落在鹅卵石路上觅食的鸟儿。历史总是在不断吸取经验教训的过程中才可能前进的（而人类的摄影技术已经取得了长足的进步）。就在不久之前，摄影师拍摄人像时还必须请对方忍住不要挠痒痒，顾客得长时间梗着脖子保持僵硬的笑容，因为曝光成像需要至少半小时。

世界上第一张“露天人像”是达盖尔①在1838年从他的工作室屋顶拍摄到的。画面中的这位孤胆英雄似乎是走到了巴黎圣殿路②的拐角，停在那里的最后一棵行道树前，抬起脚，请擦鞋匠替他擦鞋。而他之所以显得像个“孤胆英雄”，是因为在长达十五分钟的曝光时间里（或者确切说，达盖尔在1838年发明的银版摄影法已经把曝光时间缩短到了十五分钟），街上的所有行人以及车马都消失了。除非这 [151] 擦鞋匠把糊口的生意当作了一门耗时费力的艺术，不把客人的皮鞋擦到光可鉴人决不罢休，不然擦两只鞋怎么也用不了一刻钟。由此可见，我们的“孤胆英雄”多半是达盖尔派下楼去的模特，请他尽可能在来来往往的人群中保持静止，权当自己是个稻草人，以便给这张划时代的照片增添一点鲜活气。

十二年后，曝光时间进一步缩短，勒·格雷③拍摄巴黎的夏日风景仅用时四十秒。又过了两年，皇帝的御用摄影师迪德立④像巫师挥舞魔杖那样，飞速取下又盖上了相机镜头前的棉垫，对此，迪德立解释说：“如果我数到二，照片就曝光过度了。”迪德立拍摄的相片极为清晰，内容包括儿童、马匹、鸭子和开屏的孔雀等等，但不知为什

---

① 路易－雅克－曼德·达盖尔（1787—1851），法国发明家、艺术家、化学家。

② 得名自附近的圣殿塔。十二世纪时，圣殿骑士团（全称基督和所罗门圣殿的贫苦骑士团，是中世纪最强大和富有的天主教军事修士会）在玛莱区兴建旧圣殿塔作为其欧洲总部，十三世纪又另建一座新塔，后在法国大革命期间临时关押过包括路易十六、玛丽－安托瓦内特、伊丽莎白夫人等在内的王室成员。

③ 让－巴蒂斯特·古斯塔夫·勒·格雷（1820—1884），十九世纪最具影响力的法国摄影师。

④ 安德烈－阿道夫－欧仁·迪德立（1819—1889），双反相机的发明者。

么，他总也没法让皇帝的眼睛对上焦。而到1865年时（又一个十二年过去了），曝光时间已经缩短到了一眨眼。在马维尔拍摄的照片里，可见在街上遛达的狗四腿坚实地踩在人行道上，画面不曾因为狗在上一秒钟的移动而显出丝毫的模糊。

[152] 皇帝提出的问题还有一个更确切的解答：街上空荡荡的，是因为当时还是大清早——虽然照片上的小白马踩着自己的影子，所以马维尔拍照的实际时间可能比看起来的要晚一些。而即使是在有着三万二千盏煤气灯（由奥斯曼男爵下令安装）的巴黎市中心，人们也依然遵循着“日出而作，日落而休”的古老习俗。彼时的巴黎还只有一个“商业区”（在新歌剧院[①]附近），和男爵的女婿[②]往来密切的达官贵人投资建造了那里昂贵的新公寓，也唯有银行经理和高级妓女才负担得起这些公寓的房租。到市中心工作的其他人多半来自有着广袤森林的城西地区。不过多数巴黎人上下班只需拐过街角即可，他们常常是从公寓的一个房间走到另一个房间，或者从住着的半楼来到下面的商店干活。

因此，十九世纪的巴黎固然人口密集，但算不上人（车）流如织。奥斯曼男爵的秘书可以立即报上一大串数字：在巴黎最宽广也最繁忙的街道上（譬如嘉布遣大道[③]、意大利人大道、鱼贩大道[④]、圣但尼大道等），哪怕是在高峰时段，每分钟双向通过的马车也不会超过七辆。在里沃利路和香榭丽舍大街，每分钟仅有三辆马车驶过。在圣安德肋艺术广场拍照的马维尔身后（略微靠右的地方）就是新造起来的圣米迦勒桥，即便不是大清早，也只有盲人、聋哑人、腿脚不利索的、注

---

① 即巴黎歌剧院，又称加尼叶歌剧院，建于1861—1875年间，由法国建筑大师夏尔·加尼叶（1825—1898）设计，被认为是新巴洛克式建筑的典范之一。

② 多指范妮·瓦伦汀·奥斯曼的第一任丈夫莫里斯·佩内蒂子爵（1844—1920），法国作家、政治家、奥斯曼男爵的幕僚长。

③ 得名自大道南侧的嘉布遣会修道院。

④ 有别于附近的鱼贩街。

意力不集中的、犹豫着到底是要前进还是后退的行人才可能发生交通意外。波德莱尔在1860年写下那首《给一位交臂而过的妇女》时，已然受到早衰症的折磨："大街在我的周围发出震耳欲聋的喧嚷……"而在街道上与他视线交汇的妇人既"高贵"又"轻捷"——她"戴重孝，显出严峻的哀愁"，但仍然能在"撩起她那饰着花边的裙裳轻摇"之余姿态庄重地过马路。所以波德莱尔写道：

> 如电光石火般一闪……随即便是黑暗！——用你那一瞥
> 忽然叫我如获重生的、转瞬即逝的丽人啊，
> 难道除了来世，我就再不得见你？

无需等到来世——如果波德莱尔和这位妇人生活在一个世纪以后，便可以在等待绿灯的间歇聊上几句，可以在大道上的露天咖啡馆相对而坐，可以在拥挤的人潮中站定不动，短促地交换一个高速相机才能抓拍到的吻。

最终，奥斯曼男爵没有回答皇帝的提问。皇帝陛下可能又想到了伦敦，男爵略有些不悦地腹诽着：若当真要谈论市井生活（陛下也并不真正关心市井生活），伦敦可不是最好的参考对象。陛下对伦敦的广场和柏油马路情有独钟，想一一照搬到巴黎来，却不知这两样东西 [153]
造价高昂，还很难养护。

"再给我一年的时间。"男爵说，"我能把照片上的那个广场变成皮卡迪利圆环[1]。"

皇帝必须出发前往贡比涅[2]了，皇后正在贡比涅遍布指路牌的森林里骑马。在离开以前，皇帝提到了维多利亚大街上没来得及修复的

---

① 伦敦最有名的圆形广场，兴建于1819年，为市中心购物街的圆心，有五条主要道路交错于此。

② 意为"岔路"，位于上法兰西大区瓦兹河畔，距离巴黎东北郊八十公里。

柏油碎石路面。男爵则借机说起了替代方案：沥青涂层、木头垫块、斑岩砖、花岗岩铺路石；他还说他近来正研究一种新型的用胶水和皮革打造的马蹄掌（大约是为了哄即将前往森林骑猎的皇帝高兴）……皇帝一如既往地欣赏男爵的幽默感，他表示很期待看到巴黎最新的照片：届时，牛皮癣似的贫民窟想必已被清理干净，一条条宽阔的街道能彻底沐浴在阳光之下。

III

在一座瞬息万变的城市，规划师和摄影师都必须接受这样一个现实：即他们的一部分心血定然会错付，他们的一部分努力终究只是徒劳。

设计了圣米迦勒喷泉的建筑师（加布里埃尔·达维乌）为 1878 年在巴黎举行的第三届世界博览会打造了特罗卡德罗[①]宫。在宫殿那对高耸的宣礼塔下，世博会的其中三间展室为巴黎市所有。此次展览被命名为了“街道整修——巴黎新、旧道路照片展”，一千个装有照片的木制框架让人铰接在了一根根木桩上，可以像翻阅报纸那样一幅幅进行观看。马维尔所拍摄的老照片与皇帝所期待的“新作品”摆在了一起。两相比较之下，老照片尤显生动，参展的观众透过一帧帧完美的镜头，仿佛身临其境、回到了过去；而新作品则展现了巴黎宽阔的大道、整齐划一的铁艺阳台和退隐雾中、遗世而独立的纪念碑。

夏尔·马维尔本人并未出现在照片展上，展览的官方报道中也没有提到他的名字，仅含糊其辞地表示：“巴黎市始终凭借其庞大行政
[154] 部门的各分支机构不断寻求摄影手段的帮助。”报道还认为用硝酸银加洗“早晚会和所拍景物一起消失”的老照片（且用金色调做了复古处理）并不妥当，并指出这些照片更好的用途倒是在“政府的征地问

① 为纪念法军在以西班牙国王斐迪南七世（1784—1833）之名开战的特罗卡德罗战役（1823）中获胜，故名。

题上”作为相关的凭证。

圣安德肋艺术广场的那张照片并没有在世博会上展出。当时，奥斯曼男爵已经下台（他于 1870 年被迫辞职，以安抚反对派日益激烈的对抗情绪），皇帝本人则重返英格兰，继续流亡生涯——他曾在地图上用彩色铅笔描绘的市政项目已永久停摆，圣安德肋大道再也不会竣工。马维尔也卖掉了工作室，就此销声匿迹了。世人最后一次得知他的行踪，是因为一张他寄给历史作品委员会的发票（马维尔拍摄了取代旧街道的新大街的照片）。人们后来得知：与马维尔的助手同名的摄影师于 1878 年去世了；据信，马维尔也在同一时期撒手人寰，他究竟死在了何处则至今不明。

尽管我们可以从尚存的摄影作品里推断出马维尔所用的某些技巧，但他自己的观点会是什么，我们永远也无法弄懂了。马维尔的照片多做了复古的处理，显出一种不屈不挠的、怀旧的古铜色，而在没有书信和其他文字记录的情况下，没有人知道马维尔本人对巴黎的现代化进程抱有怎样的看法。他的照片既像迷恋着巴黎的情人为它画的肖像画，又像冷静克制的市政府档案，唯一表露出来的热情便是摄影师对明暗对比和庞杂细节的偏好。

继马维尔之后把三脚架设在了同一地点、拍下圣安德肋艺术广场的摄影师出现在 1898 年。尤金·阿杰特[①]在船上当过服务生，后来做过演员，如今他带着笨重的波纹管相机和玻璃底片在巴黎行走，拍摄照片，再卖给画家——阿杰特称之为“留给艺术家的档案”。

离马维尔涉足圣安德肋艺术广场至今，已经过去了三十三年。寄存水晶器皿的商店为建造圣安德肋大道的缘故被拆除了（尽管大道始终没能建起来），不过当年卖葡萄酒（和煤炭）的蒙代酒庄仍然是这个

---

① 尤金·阿杰特（1857—1927），法国摄影家，尤擅长拍摄巴黎人的生活场景，风格独特，被誉为“摄影界的梵高”。

街区响当当的名字。蒙代先生一家的祖籍在上普罗旺斯阿尔卑斯，现在的蒙代酒庄于是换了一个风景如画的名字：阿尔卑斯咖啡馆。在阿杰特拍摄的这张照片里，咖啡馆前正巧停着搬运车和一辆满载葡萄酒桶的大马车——顾客在恰好被马屁股挡住了的露天卡座可以品尝到
[155] “今日特饮”。单以目测来看，阿杰特照片中的马匹比马维尔拍到的小白马高了至少十五公分。咖啡馆楼上“机械正骨床”的海报已被某钢琴门市部的新广告所取代，该门市部位于三公里外（河对岸）的鱼贩大道。当年的阳台倒是还在，仍然紧紧贴住石墙，甚至看起来还装着同样的铁栏杆，但阳台上有着六扇小窗的窝棚已不见了影踪。或许是因为当天的天气如此，也或许是因为照片有色差的缘故，落在建筑物上的光线（比起三十三年以前）显得更为昏暗，而且自阳台上也看不出有人居住的迹象。

随着时间的流逝，要解析照片上的某些细节反而变得益发困难。在一张1907年发售的明信片上，圣安德肋艺术广场的这个角落已几乎完全被黑色的纵梁所遮盖。纵梁连接着的圆形沉箱位于广场的地下，那里即将建成圣米迦勒地铁站的其中一个入口。透过纵梁，我们仍然可以瞥见阿尔卑斯咖啡馆上方的墙面，在那里打广告的不再是某钢琴门市部，而是“拥有七百多家连锁店”的杜法耶尔①百货公司，杜法耶尔宣称其商品乃“全国统一售价”，用现金支付或信用卡购买皆可。1910年1月的巴黎特大洪灾之后，一张明信片上则印有这样的照片：当时的圣安德肋艺术广场被淹没在了十五公分深的河水之下，而阿尔卑斯咖啡馆也改了名字，虽然不算清晰，但足以辨认出咖啡馆的遮阳篷上是“相约在地铁”这五个字。

1949年，咖啡馆楼上的小阳台曾在梅迪斯②执导并出演的电影中

---

① 得名自其创始人、法国零售商乔治·杜法耶尔（1855—1916）。
② 奥列弗·布吉斯·梅迪斯（1907—1997），美国演员、导演、编剧。

一晃而过。电影改编自西默农[①]的小说《埃菲尔铁塔上的男人》，在其中的一幕里，梅格雷探长的搭档为追捕疯狂的反派（由弗朗霍特·托恩[②]饰演）——此二人始终神奇地在屋顶的烟囱之间跳跃，从蒙马特 [156]
一路来到了圣安德肋艺术广场。随后，反派跳进咖啡馆楼上的那个小阳台，打开门，消失了。

1967年时，一本介绍波德莱尔故居的书里配了一张黑白相片，恰好显示小阳台下方的"小宫堡"（原"相约在地铁"咖啡馆）被一辆雪铁龙DS挡住了一半，可凡是看过一个世纪以前马维尔那幅摄影作品的人，准能一眼把它认出来。这张最新的照片一定摄于杰克·凯鲁亚克[③]常光顾小宫堡的时期。凯鲁亚克前来巴黎，是为了寻找先祖、爱情和伴随酒精而生的灵感。在照片里，小宫堡咖啡馆上方的墙壁还是纯白色的，但它很快就会被各种涂鸦所覆盖：那些涂鸦最早出现在1970年代初，更替的速度比昔日外墙上不断易主的广告还要快。

如果现在上网搜索，仍然可以找到有关这个小阳台的照片，虽然像素通常不高，但它似乎就是有种魔力，能激发偶然发现它的人那种短暂的、想要一探究竟的渴望。网上的一部分照片还拍到了咖啡馆右侧的那栋建筑，就位于圣安德肋艺术路的拐角。在奥斯曼男爵身处的那个年代，巴黎的贫民窟整个儿沦为了废墟，轰隆隆工作着的拆迁车把房屋都震得抖三抖，当时的人们又怎会猜到：波德莱尔的童年小屋经一个半世纪仍然屹立不倒。它也仍然装着木质的百叶窗而不是护窗

---

① 乔治·西默农（1903—1989），二十世纪最多产的法语推理小说家，成功塑造了儒勒·梅格雷探长这位名侦探。

② 斯坦尼斯劳斯·帕斯卡尔·弗朗霍特·托恩（1905—1968），美国舞台剧、电视剧及电影演员。

③ 杰克·凯鲁亚克（1922—1969），美国小说家、艺术家、诗人，父母为法裔美国人。凯鲁亚克是"垮掉的一代"中最有名的作家之一，代表作有《在路上》《达摩流浪者》《地下人》等。

板，或许是因为先于奥斯曼打造这座城市的人（譬如朗布托省长）把建筑的一扇扇窗户设计得太过靠近，所以即便安装了护窗板也无法完全打开；又或许是因为建筑也像人一样，有着根深蒂固的习惯，眼看着拆迁已势在必行，就不再费力做那无用的改变。

第八站 /

倒退

7

人们都说那只头颅最后一次出现，是在巴黎医科大学的阁楼上。它太不寻常了，所以不大会被人放错地方，或者和别的东西搞混淆。和与它并排的“邻居”不一样（它们大部分是史前两足动物、黑猩猩、杀人犯或者精神病人的头骨标本），这只头颅的皮肉尚且完好。它可不是从古墓里被挖掘出来的，也没有自然界的天敌来把它吃掉。这只头颅的主人曾是了不起的领袖，带领各个小部落结成强大的“正义联盟”，对法兰西人的民族自豪感和国家利益造成过巨大的打击。

我们只知道头颅一开始是让人运到法国海军部的，然后才跨过塞纳河，送到了对岸布罗卡[①]先生建在巴黎医科大学的小博物馆。医科大学的教授相信：通过研究头颅，或许能让他们对人类的进化以及偶尔产生的退化现象有更好的理解。

我们不知道的是——当头颅最终腐烂或不再用于科学研究后，科学家到底要怎么处理它。因此，当罗卡尔总理[②]同意法属海外领地

① 皮埃尔·保罗·布罗卡（1824—1880），法国解剖学家、人类学家、法兰西科学院院士、巴黎医科大学临床外科教授。

② 米歇尔·罗卡尔（1930—2016），法国政治家，曾任法国社会党第一书记（1993—1994）和法国总理（1988—1991）。

（新喀里多尼亚）在独立运动中的要求，允许他们把昔日伟大领袖的头颅带回故乡时，法国的政府官员忽然多出了一堆文书要填写，学者则跑到旧仓库里哗啦啦地翻箱倒柜。

那是1988年，距离头颅运抵巴黎以来已经过去了一百一十年，而依靠人类头骨来了解其自身文明程度的“伪科学”早就让现代学者
[160] 抛到了一边。在一百一十年以前的第二和第三届巴黎世博会上，与这只头颅相关的物品曾做过展出，譬如已然木乃伊化的部分遗骸、新喀里多尼亚土著使用过的工具、乐器、武器（石斧、长矛和从西方殖民者那儿偷来的步枪）以及一尊粗制滥造的雨果半身像等。但头颅本身因为太过娇贵，经不得展会从布置到开放的一系列折腾，没有出现在公众的面前。法国地理学会把这一系列展品描述为“注定要灭亡的种族所做的垂死挣扎，（工具和武器）非但没能解放他们，反而加快了他们作茧自缚、彻底覆灭的速度”。（《简报》）一百一十年后，法属新喀里多尼亚的代表团来到巴黎，却不料法国人在一通忙乱后既没找到头颅，也没找到与头颅相关的记录。代表团只好带着一叠外交文书和法国政府的承诺打道回府。对前殖民地①的政治诉求丝毫不敏感的巴黎某报还开起了玩笑，说以罗卡尔总理为首的法国政府又一次“没了头脑”。

6

叛乱的消息辗转传到巴黎的时候，已然比平常晚了。电报线让岛上的土著切断了，所以自新喀里多尼亚到悉尼的邮政服务（天气晴好的话也要五天）被迫中止。而在法国政府收到叛乱的消息以前，第一份详尽的受害人名单已经登在了《费加罗报》上。该报的某位读者在叛乱伊始就从新喀里多尼亚的首都努美阿出发，坐船到了桑

① 根据《马提尼翁协议》，新喀里多尼亚享有自治权，但其在2018年的公投结果显示该海外集体暂不脱离法国独立。

威奇群岛[①]，借用英国人的邮船发出了那份名单。名单上总共罗列了一百三十六个人名，分门别类，有定居岛上的殖民者、公务员、宪兵、获释的囚犯、被驱逐出法国国境的流亡人士以及“家养”的原住民。这份附有简短描述的名单给巴黎《费加罗报》的读者留下了这样的印象，即向来和平的法属殖民地正被可怕的人祸所摧毁。你看——因原住民发起的暴乱而遇难、被那些野蛮人杀害的不仅有白人的士兵和警察，还有电报员、园丁、道路工程师、酒店工作人员（前政治犯），甚至是两名儿童。

尽管《费加罗报》从头到尾都不承认法属领地的安定曾岌岌可危一事，但努美阿确实受到了威胁。同样作为首都的努美阿和巴黎的面积基本等大，然而 1878 年时，努美阿岛上的居民还不足四千，且几 [161]
乎全部是欧洲人。按照正常的标准来看，努美阿的防御工事又极其原始，是由四年前流放至此的法国和法属阿尔及利亚的囚犯所建。努美阿本身是个海港，它的最北边是杜科半岛，岛上有炮台，银白色的珊瑚礁环岛而生，近海处则是堪称水手噩梦的礁石湾和溪沼，易守难攻。但是如果这进攻来自内陆，那就另当别论了。自北面登岛后，可见努美阿岛的中央是树木葱茏的小镇，周围是光秃秃的山丘，最外沿（南部）则是茂密的森林，也是卡纳克土著世代以来的家园。所以当山丘瞭望塔上的放哨人被突袭至此的卡纳克人杀害并吃掉后，曾在殖民过程中对卡纳克族痛下杀手的欧洲定居者眼见逃跑无望，只得向干霾[②]笼罩的洪堡山林撤退。叛乱刚开始那会儿，南部的洪堡山林还是全副武装的士兵和赶着两百头羊的巴斯克牧民方能安全穿越的荒蛮之地。尽管部分探险家曾报告说：那里的卡纳克土著其实乐于助人，且天性好奇，也大抵无害，只在特殊场合才放纵他们食人的本性。

欧洲殖民者愿意誓死捍卫他们在岛上的农庄不受土著侵犯，但光

---

① 大西洋群岛，属英国海外领土南乔治亚岛与南桑威奇群岛的一部分。

② 有别于湿霾，是空气相对湿度较低（<80%）的气象条件下出现的霾。

凭赤手空拳无法解决问题。因此虽然心存顾虑，努美阿的总督还是做出了武装集合流放到岛上的全体人犯的决定。当时是 1878 年 6 月 19 日，一个叫作谢讷的白人居民拒绝放一名土著妇女回部落，于是遭到了报复性杀害——岛上原本“各自为政”的欧洲人惊觉卡纳克土著预备造反的苗头已然出现，方才打起精神一致对外。曾被铁链捆锁着（坐船）来到努美阿的冷酷罪犯、策划法兰西帝国陷落的无政府主义者，以及试图击退法国侵略者的阿尔及利亚自由战士有志一同加入了战斗，并且表现得可圈可点。尽管少数无政府主义者坚持“胳膊肘向外拐”，譬如人称“红色圣女”的路易丝·米歇尔[①]就教会了卡纳克土著如何切断电报线。当洪堡山林渐为殖民者放火烧毁时，一部分卡纳克族人打算弃岛而逃，他们在乘坐独木舟越过太平洋以前来同米歇尔道别，后者把她标志性的、参与巴黎公社巷战时戴过的红围巾送给了他们。

除了米歇尔等人在预料之中的“投敌行为”以外，总体而言，流放到岛上的人犯充分运用起他们从前和法国军方斗智斗勇的本事，展
[162] 现出了令人称道的纪律性与豪胆。努美阿的白人居民看到自森林上空升起的浓烟离他们越来越远，这才稍稍放下心来——政府派来镇压叛乱的援军和岛上的人犯结成同盟，向卡纳克部族所在的密林深处杀去。他们无视土著挥舞着的长矛，跨过摇摇晃晃的吊索，像猎捕野猪一样追杀卡纳克人，所到之处还撒下食盐，好对土地进行“消毒”。一些部落最终投降了，随后被驱逐到杜科半岛以外的岛屿上，他们的妻女则被献给了与之敌对的其他部落。在 1878 年 6 月至 9 月间，先后有一千五百名卡纳克人被枪杀、焚烧或挨饿致死。相比之下，白人至少从这次惨烈的叛乱当中获得了一点好处——同年 11 月 17 日

---

① 路易丝·米歇尔（1830—1905），不愿效忠路易－拿破仑建立的法兰西第二帝国，是巴黎公社时期最早的女战士，在血腥一周里拿枪参加了保卫公社的巷战，起义失败后被流放新喀里多尼亚岛近十年。

的《费加罗报》发表了努美阿总督写给法国海军参谋长的信(副本)：“……流亡人士积极配合，凭借他们的丰富经验，为前来增援的法国远征军提供了宝贵的帮助。鉴于他们的特殊贡献，我在此要求赦免部分人犯的罪名。(后附三名充军者的姓名)”

从客观的角度来看，这场叛乱对殖民地的前景而言倒是个好兆头。经过这样一番“振荡”和“沉淀”，殖民地的人们很快便会着眼于国际市场上黄金和镍铁[1]的价格，而不再关心黑暗腹地里又有什么蠢动。在流亡的头四年里幸存下来的人犯终归会被岛上的居民同化。也因此，法国人把努美阿的新城区称为“拉丁区”，在某种程度上，这个“拉丁区”会比巴黎与之同名的社区更加太平。

不过即便如此，岛上最初会发生叛乱一事还是令法国人十分震惊。此前，科学家已经对努美阿的土著人口进行了细致的研究，对当地人的了解也堪称与日俱增。大自然为岛上的每个族群分配了颜色，依据地理位置的不同而有所变化，譬如深山里的原始部落肤色最黑，山谷和平原上的土著有着接近古铜的肤色，中原地区的人皮肤相对偏黄，沿海地区偏红褐色，居住在岛上的则多数是混血。科学家还设法把一个卡纳克人带到了巴黎，却发现此人智力低下，仅仅会用十个手指头数数，这无疑对历来的相关人种学研究造成了冲击。但有一点毫无疑问，那就是科学家认定：卡纳克人属于低等、落后的种族。因此，当新喀里多尼亚有多地同时发生暴乱，且黑皮肤的阿塔伊振臂一呼，竟让向来水火不容的各部落联合了起来，当真令言之凿凿的法国精英感到了不安。阿塔伊发起的民族解放运动来势凶猛，而据报道 [163]
看，他的一些言论和法国无套裤汉自以为是的嘲弄有着惊人的相似。阿塔伊曾说绝不会把自己的土地用篱笆圈起来，也绝不承认白人居民对土地的使用权，除非太阳从西边出来，到了他亲眼看见“自家地里的山药一蹦三尺高，冲出去把那些白人的牛吃掉的那一天”。

---

① 新喀里多尼亚是世界上最主要的镍产地之一，镍在当时多用于铸造钱币。

法国方面派人运到努美阿的断头台刀片和一个世纪以前斩首了路易十六和玛丽－安托瓦内特王后的是同一把，但此举有些多余。政府既然愿意花两百法郎悬赏阿塔伊的项上人头，重赏之下，必有勇夫，阿塔伊到底还是被邻近的某个部落出卖了。对方派人包围了他的领地，尽管阿塔伊在激烈的交战中表现出了野兽般的蛮勇，可终究让人用长矛夺去了性命，然后被大刀砍下了脑袋。这就是叛乱带来的残酷结果，却很少有人对阿塔伊的悲惨结局感到遗憾，岛上的白人居民甚至要求彻底消灭当地土著。在那样一种近乎狂热的气氛下，很难说阿塔伊的头颅被运到法国海军部的时候，是作为人类学的标本多一点，还是作为战利品多一点。

5

《费加罗报》在内页报道了“新喀里多尼亚大屠杀”事件，不过排在了国内政治、社会八卦、“世博[1]新闻”、连载小说、常用易错词清单以及天气预报之后。巴黎人并不关心远在世界另一头的暴行，即便关心，他们的焦点也多半落在努美阿岛的犯人身上。《泰晤士报》曾刊登文章，指责法国政府对殖民地的居民不仁不义。也曾有政治犯从岛上划船逃逸，他们穿越珊瑚礁，向附近的英国双桅纵帆船求救，并向英国方面披露了他们在岛上遭受囚禁和酷刑的血泪史。然而法国政府一口咬定：和政治犯（以及英国人）的论调正相反，对卡纳克叛乱的成功镇压恰恰表明这种“殖民实验”正当而且必要。

在法国政府看来，把罪犯大规模驱逐出境的想法虽然简单粗暴，但实在很有吸引力：把素有“光之城”美誉的巴黎变成“野蛮灯塔”的
[164] 恐怖分子就应该让人送到新殖民地去，从此远离风景秀雅的巴黎，到热带雨林里弯腰流汗、辛苦种地。或许这些人终究会因为和大自然的亲密接触而稍稍收敛戾气，然后带动当地的蛮族一起走向文明进步。

---

① 指 1878 年在巴黎举行的第三届世界博览会。

这是一个漫长而艰巨的过程。对于流亡者而言，他们被迫前往不毛之地，不曾消解戾气，反倒助长了戾气。他们在布雷斯特或者奥莱龙岛[①]的囚船上让人一关就是好几个月，大伙轮流吃装在食槽里的豆子，只能手抓，没有餐具。随后，他们乘坐不再服役的老旧护卫舰前往努美阿岛，像动物一样被锁在铁笼子里、码在装炮甲板上，每个犯人加上吊床所占的空间不足一立方米。他们每天只有半小时放风的时间，吃的是最劣等的猪肉，喝的是发酸的葡萄酒，这对阿拉伯人来说可谓雪上加霜[②]，无法适应海上生活的他们很快连路都不怎么会走了。在挥别欧洲海岸四个月后，犯人们终于看到了新喀里多尼亚暗绿色的山脉——从远处看，它更像是灰色的。

一千五百名被驱逐出法国国境的犯人踏上了杜科半岛和努维尔半岛的流放地，在那里，仍心怀贪婪和幻想的虐待狂总算意识到：他们的生活里除了无聊还是无聊。其余三千名被判终生流放的犯人则每人分配到一间茅草屋和一小块自留地。他们不得向人索要工具或自制工具，只得徒手刨挖比灯丝粗不了多少的小红萝卜果腹。如果他们胆敢唱歌、砍柴或彼此传授务农的经验，他们的茅草屋就会让人推倒，自留地也会让人踏平。他们实在无所事事，不得不把怀揣着的社会主义理想换成一些更切合实际的愿望。如果某个囚犯愿意举报他人的“阴谋诡计”或脱口而出的不当言论，他的生活便能得到些微改善。他或许会有苦艾酒喝，好在熏熏然里无视头顶毒辣的阳光，就此度过“美好”的一天，最后在黯淡的星空下、伴着自己的呕吐物安详地睡去。

这就是为什么法国政府要强调：1878 年的卡纳克族叛乱对这片年轻的殖民地而言有着相当重要的意义。尽管确有欧洲人在此次叛乱中丧生，但从大局来看，殖民地的“和谐统一”也就此有了新的希望。

---

① 位于法国西南部滨海夏朗德省，为法国第二大岛（不包括海外领地）。

② 多为穆斯林，因宗教信仰的缘故不吃猪肉也不喝酒。

4

在叛乱发生七年以前，巴黎就掀起过一场暴动——《费加罗报》的办公室在巴黎公社起义期间遭到了后来流放新喀里多尼亚的部分囚犯的破坏（“因为是大中午，所以冲进报社来的暴民还没有完全喝
[165] 醉。”）《费加罗报》对待这场起义的态度始终不变，报社编辑则不得不在蓝色海岸[①]避风头，一边呼吁要“彻底消除社会主义的威胁”、动用科学手段来对付“近二十年里腐蚀巴黎的坏疽”。

和阿塔伊的头颅不同，巴黎公社起义为人类的返祖现象提供了无可辩驳的明证。在冲向凡尔赛宫的野蛮男女当中，颇有几个驼背和跛足的人，他们的眉骨扁平，下颌突出，刻满了厌恶的脸庞与野兽如出一辙。一部分女性就那样站在人群里，裸露着上半身，皮肤黝黑不说，还散发出一阵阵难闻的气味。由此可见，酒精中毒和对政治歇斯底里的狂热已然唤醒了人类身上沉睡千万年的原始特征，令现代男女在现代世界里明白无误出现了“倒退”。

因参与公社暴动而最终被驱逐到新喀里多尼亚的人或许还算走运，因为在对巴黎公社进行公开审判以前，已经有许许多多人为正义之名丢掉了性命。巴黎蒙索公园[②]的梧桐树曾经密密遮挡住了阳光，是推着婴儿车的保姆最喜欢光顾的地方；那一段时间，蒙索公园却不再对外开放，终日只闻公园里传来刺耳的枪声。此外，卢森堡公园的灌木丛和观赏湖也是政府军钟爱的行刑场。各大火车站和营房外排着长长的队伍，队列里全是等待被枪决的俘虏。市民若俯身从协和桥往下看，可见第二道桥拱下汇入河水的涓涓血流。当风从东北方吹来时，也一并带来了肖蒙山丘公园[③]的硝烟味。

---

① 地处地中海沿岸，属法国普罗旺斯－阿尔卑斯－蓝色海岸大区的一部分。

② 得名自其原址上的塞纳省巴蒂诺尔－蒙索市镇。

③ 位于巴黎东北部的一座公园，肖蒙意为“秃山”，由奥斯曼男爵下令修建，历史上曾是一座采石场。

熙来攘往的大道上，一个两手脏兮兮的男人让士兵挑在了刀尖上。一旁穿着考究的妇人催促大兵“砍掉那个鼠辈的脑袋”。每六个巴黎市民当中就有一个坐下来给政府写信，提供“革命党人”的姓名、住址和详细信息。这场所谓的“大筛查”让巴黎的人口减少了约二万五千人，虽然当资产阶级从乡村“度假”回来后，巴黎的人口又回到了从前的数量。

《泰晤士报》指责法国人行为野蛮，当然无可厚非。但既然发生了一系列暴乱，本也不能指望法国人依旧谦冲有礼。1871年春末的 [166]
巴黎就是一个疯狂的大舞台：商人既想避难又想发财，竟把百货商店开到了塞瓦斯托波尔大道上有着巨大木梁的哥特式大教堂里。被公社成员烧毁的杜伊勒里宫无比荒凉，屋瓦尚且紧贴在椽子上，像鱼在绝望挣扎时翕张的片片鱼鳞。杜伊勒里钟阁上的大钟永远定格在了八点五十分；一只陶瓷花瓶站在三楼的壁炉架上，壁炉上方悬挂着一面镜子，在离地三十米处孤零零地反射着鸟儿一闪而过的影子。

暴乱过后的巴黎依旧会受到游客的青睐，为此巴黎人专门出版了旅游指南、印刷了全新的明信片，包含游客必看的景点：财政部外墙上七零八落的锻铁藤蔓浮雕、已然被公社拆除的旺多姆青铜圆柱①、掉了脑袋的里尔女神②残像等等。在市政厅广场，无政府主义者用一场场大火为他们手中的调色板添入了更多烟熏过后、金属熔融的焦黑色。整个广场被烧得只余残垣断壁，就像是一艘即将沉没的船，舷窗大张，桅杆破碎，临河的一侧在夕照下蒙上了从淡紫到灰色不等的阴影，仿佛一幅最新流行起来的印象派画作。

---

① 1871年4月12日，巴黎公社委员会通过法令，5月8日拆除旺多姆圆柱。巴黎公社被推翻后，旺多姆圆柱被重新竖起。

② 是环绕协和广场的八座雕像之一，代表了里尔市。里尔意为“岛屿”，是上法兰西大区北部省的一个市镇，距离比利时边境大约十公里，多条高速公路和铁路在此交汇，是法国、英国和比利时三国之间的陆上交通枢纽，亦是法国境内巴黎以北最大的城市。

同年出版的《穿越废墟指南》（1871年6月）还特别推荐游客前往拉雪兹神父公墓。公社起义的最后几天，无政府主义者占领了公墓所在的山丘，以抵挡政府军从东面推进的态势。这些“革命党人”在公墓席地而坐，吃肉喝酒，扔掉的鸡骨头和喝干了的葡萄酒瓶在墓地堆成了一座小小的金字塔。一份名为《巴黎自由报》的无政府主义晚报就那样躺在地上，仿佛是野餐过后的人们忘了把它收走似的。没来得及投出去的汽油炸弹四处散落。同样落满地的还有子弹壳和炮弹片，那是政府军从蒙马特的山顶朝这儿发射的，也因此对拉雪兹神父公墓造成了严重的破坏。

尽管公墓的地形有如迷宫一般，而小径两边的一座座墓碑可以充当临时的盾牌，但退守公墓的起义军很少有人逃脱。他们先是让政府军围困，然后不咸不淡地被晾在那儿，等政府军重掌巴黎大权后再一个接着一个地被捕、枪决。拉雪兹神父公墓里有一段斜坡，通往僻静处，那里有一堵长长的、黄褐色的矮墙，上面布满弹孔。矮墙前面的松软土堆有新近翻动过的痕迹，里头胡乱堆叠着数百具“革命党人”的尸体，一只只胳膊和大腿从土里直伸出来。“坟包”的最上头摆着一颗被子弹打烂了的脑袋，要么是恰好被顶到这个位置的，要么是心怀不忿之人为纪念的缘故，刻意把它安在那儿的。

3

[167] 法国军方在“血腥一周”里从无政府主义者手中夺回了巴黎，彼时，普鲁士军队正从高空注视着这一切。而那段早春的动荡岁月刚落幕就已经变得遥远又模糊，正如那时候的巴黎也不再是任何政权的首都，它只是巴黎而已。

一度为公社成员掌控的巴黎没有了《费加罗报》报道起义的经过并传达政府的观点，倒是冒出了数十家专用污言秽语骂骂咧咧的小报。一时之间，巴黎似乎被记者占领了，他们罔顾文法，在专栏里拣最下流的词句用，只为报复实行了二十年的帝国新闻审查制度。

不过奇怪的是，在这两个月病态的“民主”统治下，巴黎却波澜不惊，没有冒出什么了不得的新闻。公交车再次开上了街头，街道有人定时清扫，狗儿一如往常追逐着鸽子，行人像从前一样，在新桥偶遇失联已久的朋友。在这块曾是法国首都的自治领地上，1871 年已经不复存在了，取而代之的是共和历[①]79 年，时钟正朝着新的曙光倒退着走。在打了败仗、又在普鲁士人的手上吃了被围困的苦头后[②]，在巴黎，能正常生活忽然成了天大的新鲜事。而忽然有那么一天，彻头彻尾的小老百姓发觉自己竟变成了万众瞩目的焦点。

这其中的一个小老百姓叫作莱昂·比格。共和历 79 年花月 10 日（即 1871 年 4 月 29 日）是个星期六，当街道看上去很安全时，比格先生离开了他位于博马舍大道[③]的公寓，朝巴士底广场走去。他没有理由不怀抱希望：他没有让普鲁士人的炮弹炸成碎片，也没有在普鲁士围困巴黎城时被活活饿死。他活下来了，而且在卢浮宫大酒店还有一份口译员的差事等着他。卢浮宫大酒店十分奢华，有自己的电报室、两部蒸汽驱动的升降机，提供的酒菜品质之高也闻名遐迩，所以让巴黎公社的“城防主管”征用了，比格先生暂时无法回去上班。但眼下的不便用不了多久就会过去，比格先生坚信他还能重回口译员的岗位。到时候，游客会争相前来，一睹这座曾被炸弹摧毁的城市，亲手在速写本上画下它的废墟，也要亲耳听一听疯狂的无政府主义者的故事，所以比格先生紧跟时事，格外关心公社起义的进展。

---

① 或称法国大革命历法，规定法兰西第一共和国诞生之日（即 1792 年 9 月 22 日）为“共和国元年元月元日”。

② 指 1870—1871 年间的普法战争，是普鲁士为统一德国并与法国争夺欧洲大陆霸权而引发的战争。由法国发动，以法兰西第二帝国垮台、普鲁士大获全胜（建德意志帝国）告终。

③ 以法国喜剧作家皮埃尔－奥古斯坦·卡隆·德·博马舍（1732—1799）命名，其代表作有《费加罗三部曲》。

[168] 他在报摊买了一份《巴黎自由报》，报纸是单张的，上有两个版面，各六栏，印在长六十公分、宽四十五公分的纸上。这一天，比格先生站在人行道上，照例读着报，却不由自主尿湿了裤子：原来他在报上按字母顺序排列的清单里找到了自己的名字，就介于某木匠和某老师之间，白纸黑字印着他的大名（莱昂·比格）、他的工作（“卢浮宫大酒店翻译员”）、他申请这份工作的日期（1868 年 6 月）和他家的地址（博马舍大道 89 号）。

这份清单出现的时间还不长，但已然威力十足。《巴黎自由报》的编辑是个矮小的驼背，曾经当过连环小说家欧仁·苏[①]的秘书，现在则是巴黎公社“公共服务委员会”的一员。他根据公社从警察总署强行弄来的档案，炮制出了这样一份清单，满心盘算着自己的“文学创作”能和欧仁·苏的连载小说《巴黎的秘密》一样让人拍手称好：“我们会公布所有为帝国效力、从事间谍活动之人的姓名和住址。”

每天刊登的“间谍清单”当然没有欧仁·苏笔下的故事那么引人入胜、迂回曲折，但它自有分量，也制造了“且待明日”的悬念，偶尔还会为增添多样性的缘故插入一部分“间谍”的求职申请：“本人交游广阔，擅长耳听六路、眼观八方，既英勇果敢又唯命是从。——受雇于北部铁路公司的某警卫，家住蒙马特民族路 8 号。”

根据《巴黎自由报》的说法，志愿从事间谍服务的“叛徒”来自各行各业，不单有杂货店老板、面包师、办公室文员、退伍老兵、前海员、学生、文艺工作者，还有油漆工、摄影助手、律师、马戏团小丑，甚至是保险推销员、女裁缝和利摩日[②]附近的沙桑翁[③]镇的前任

---

① 约瑟夫·马利·欧仁·苏（1804—1857），法国作家，凭借连载小说《巴黎的秘密》声名鹊起，各大报刊高价争购他的作品，在当时常与大仲马（1802—1870）相提并论。

② 利摩日（Limoges）得名自高卢时期在此地活动的莱莫维斯人（Lémovices），是法国中南部城市，历史上因陶瓷工业而闻名，被称为“法国瓷器之都”。

③ 夏朗德省的一个市镇，属孔福朗区沙巴奈县。

镇长。《巴黎自由报》表示：这些“帝国的走狗”受了饥饿和仇恨的驱使，倒行逆施，既狡猾又残忍，所以“丝毫不值得同情”。

而清单见报的结果会是什么，只能留给当时的读者以及我们自行想象了。莱昂·比格有没有回到他位于博马舍大道 89 号的家呢？他是想办法逃离了这座城市，还是花大代价买下了附近每一个报摊上 [169]
的《巴黎自由报》？他会不会像其他（尤其是姓氏排在字母表靠后的，还不曾遭遇登报公示的）读者那样，揣着一大笔贿赂造访了《巴黎自由报》？

“那些无赖以为他们不会被曝光……我们必定要把这项事业进行到底，直到登完字母 Z 为止。”自始至终，《巴黎自由报》似乎只对一位访客心生同情：“这个人当真表现得懊悔莫及，我们愿意相信他的确是想好好改造、重新做人——他叫富什，家住圣芒代大路 20 号。”

《巴黎自由报》的最后一期（1871 年 5 月 24 日）刊登了名为《拿起武器》的文章，呼吁每一位读者不计一切代价捍卫巴黎公社的革命成果，阻止法兰西民族重新陷入帝国主义独裁统治的黑暗当中。

2

要设法从各个侧面回顾历史，以期了解暴乱在过往岁月中的根源之所在，已经变得越发困难。公社的大火烧毁了太多的文件，而当巴黎向普鲁士举起白旗、围城之困随即解除后，有能耐也有学识留下可靠记载的人大多不在了，要么是离开了巴黎，要么是离开了人世。即使可以凭借《巴黎自由报》上的“清单”推算出他们大致的死亡时间，也无法弄清这部分人是在公社的大火中丧生、被普鲁士人开枪打死还是让“检举揭发”的邻居送上了法外行刑的不归路。

在那个年代，两百万巴黎人一直做着同一场怪梦。他们涌到投票箱边，亲手选出了那一届崇尚理想主义的政府（即后来的巴黎公社），为的是能继续闭眼沉睡、不要从梦中醒来。与此同时，普鲁士人在巴

黎的大门之外，在环绕着魔法之城巴黎的山丘上评估面前的这片新领
[170] 土。普鲁士制图师做出来的浮雕地图比任何巴黎人生平仅见的都要精确。普鲁士人多管齐下，利用热气球拍摄了航空照片，并汇总多方搜集来的数据，逐项梳理出了巴黎居民（尤其是富豪）的不动产清单。

相比之下，巴黎公社起义从一开始就注定了失败。如果能有更牢固的街垒，也更走运一点，它没准还能再捍卫迷宫一般的巴黎街道一段时间，直到和政府达成某种外交上的和解为止。但巴黎公社不比普鲁士人，它四肢发达、头脑简单，怀揣着终究徒劳的希望陷自己于困境，最重要也最致命的是——它在巴黎人还没来得及重新做梦以前，就粗鲁地把他们唤醒了。

所以巴黎公社不支倒下后，普鲁士人接踵而至，并且最终征服了这座城市。巴黎人眼睁睁看着普鲁士官兵沿最初便为凯旋仪式而设计的香榭丽舍大街游行。尽管《费加罗报》宣称巴黎市民带着“受伤的爱国心”和“普遍的怨恨之情”，但他们到底还是允许普鲁士人在巴黎“观光”了两天，期间没有发生任何交火。一贯精明审慎的普鲁士人也早早采取了预防措施。他们极为明智地装扮起来，拿出银光闪闪的小号和鲜亮的蓝白旗，又把马具和配枪擦得光可鉴人，用他们的优雅和对巴黎的奉承不费吹灰之力赢得了这场没有硝烟的战争。巴黎人看到年轻的普鲁士军官穿着浆洗过的制服，骑着毛色油亮的骏马，高大挺拔，英姿勃发，就连巴黎的阳光也仿佛在他们锃亮的配枪上起舞，不禁深深为之折服。

照这样来看，普法之间的决定性战役不是在 1870 年 9 月 4 日的色当战场[①]上打响，而是在 1871 年 3 月 1 日的协和广场上进行的。

普鲁士人的游行队伍从香榭丽舍大街南下，到达了协和广场。围

---

① 是普法战争中最具决定性的一场战役，结果为法军惨败，连皇帝拿破仑三世亦沦为了阶下囚。

绕广场的八座雕像之一——象征斯特拉斯堡的女神像上蒙着黑纱①。广场上已人满为患，普鲁士人的马破开人群，游行的队伍渐渐分散成了几段。一群面目冷峻的男人聚集在俾斯麦周围，他们正是从东部（斯特拉斯堡）赶来的，或许只是为了观望，也或许曾决心行事。俾斯麦自马背往下看，这位德意志帝国的首相似乎在胡子的遮掩下露出了一抹笑。围着他的其中一个男人打了一声呼哨，有那么一会儿，人群沉默了下来。俾斯麦用戴着手套的手向那个男人示意，又弯腰（他的腰间别着枪，插在枪套里）用法语问“这位先生”愿不愿意发发善心，为他点一支雪茄。于是火柴让人不情不愿地擦亮了，雪茄的烟气
飘散到空中，游行的队伍继续向前，走上了里沃利路。不久，憋着一 [171]
股气的暴民洗劫了里沃利路上的一家咖啡馆，理由是这咖啡馆不爱国，在这种应当举国同哀的日子里还开门营业。

1

围城时期无疑耗尽了巴黎人的勇气和创造力。一百三十二天只能以猫狗为食的生活缩小了他们的胃，也缩小了他们的大脑（有医学研究为证），让他们无法理智地进行思考，只求能吃到东西、能活下去。所以每当有什么建筑物突然在一片烟尘里倒塌、消失时，他们甚至都懒得瞥上一眼。在从前的地狱路酒馆买醉的男人、经过卢森堡公园放学回家的女孩和格勒纳勒火车站的马匹一样，对发生在他们周围的灾难几乎一无所知，空中传来炮弹的尖啸，间或有房顶垮塌，他们对此却漠不关心。普鲁士人的火力只集中在塞纳河左岸，但凡还活着的市民则一边收集弹壳，一边冷眼旁观石雕建筑为炸弹所毁。

面对自身的饥饿和敌人的先进技术，一种名为“以讹传讹”的流行病在这座城市蔓延开来：听说了吗？俾斯麦夫人在外出购物时让人

① 普法战争后，战败的法国把与普鲁士接壤的阿尔萨斯－洛林割让给了德意志帝国，于是其首府斯特拉斯堡的雕像被法国人民蒙上了黑纱。

绑架了，现在还扣在人家手里当人质哩。听说了吗？普鲁士人要回家过圣诞节啦。听说了吗？原来巴黎和外省之间有秘密隧道，成千上万头羊可以这样进城来，我们有吃的了！

头戴大礼帽的男人做起了白日梦，幻想着要如何消灭敌人（一次性大规模地杀伤）：譬如派遣一支妓女组成的队伍，终日游荡在圣但尼平原，用梅毒和天花作为武器，让普鲁士人都染上病；也或许可以让科学家坐着热气球，从空中撒下装在大锅里的化学药品，让底下行进着的普鲁士军队统统死于中毒；或者把一按机关就能演奏瓦格纳[1]作品的音乐盒献给普鲁士人，作为缔结两国和平的象征，但这音乐盒其实是改装过的机枪；又或许能造出一把直径五公里的大锤，再设法把它从高空砸下去……

法军在色当大败的消息传回国内后不久，《费加罗报》立即做出了回应："法兰西人民，我们的祖国正遭遇巨大的不幸！经过三天的英勇奋战，我军仍然不敌，目前已有四万人被俘，巴黎正处于紧急防御状态！"而这所谓的"防御状态"使得定居在巴黎的六万名普鲁士人遭
[172] 到搜捕。巴黎政府宣布市民可随时迁入地下墓穴，为长期抗战做好准备，同时传唤全国上下的科学家："蛮族普鲁士向我方发起进攻，奸诈异常，请务必以科学文明为武器，捍卫我们的民族到底！"

紧接着，卢浮宫的画作被纷纷撤走，珍贵的考古标本从克吕尼[2]博物馆被运往先贤祠的地下室。巴黎人擦亮了眼睛，发觉燃气公司的某雇员竟然是普鲁士军官，他们又在蒙马特的采石场仔细搜寻，唯恐"深入内部"的敌人在那里安装了爆炸物。而据报道，普鲁士军队已

---

[1] 威廉·理查德·瓦格纳（1813—1883），德国作曲家、剧作家，以其歌剧闻名，代表作有《纽伦堡的名歌手》《尼伯龙根的指环》等。

[2] 意为"草场"。克吕尼博物馆的前身为古罗马时期的巴黎浴场。

经一路南下，先后经过了兰斯[①]、埃佩尔奈[②]和特鲁瓦[③]。巴黎人一边斥责危言耸听之人“长他人志气”，一边在报上刊登消息，称普鲁士军队所过之处，皮卡第和阿登[④]的城镇已经从地图上消失了。

时间终于倒退回了1870年，人们都说普鲁士人向南疾行，很快便要来攻打巴黎了。《费加罗报》呼吁巴黎人莫忘1793年的布列塔尼游击队[⑤]，说当时的游击队员驻扎在植被丰富的茂密森林，用斧头和长矛攻击政府军。“值此国难，随时可能遭受敌人入侵的村镇务要警惕！”政府已下令火烧巴黎周围的大小森林，“以防敌人在掩护下潜入防御工事”。这个“防御工事”包括一条土路、一排树木和一段通往城墙的缓坡；城墙之上，每隔开一段距离就设有岗哨。再往前是护墙遮挡下的胸墙以及垒道，底下是四十米宽的壕沟，以小路和上方的缓坡相连，供部队在小路上秘密行军而不被敌我双方发现。壕沟之外便是无人区，是一大片通往河岸、略有坡度的草地。

1870年9月15日，城墙上的哨兵首度发出了敌军即将来袭的警报。于是从德朗西[⑥]、勒布尔歇[⑦]直到邦迪森林的上空升起了滚滚浓烟：巴黎郊外的农民听到警报后，第一时间点燃了庄稼地里的干草

---

① 法国东北部城市，历史上共有三十一位法兰西国王在兰斯主教座堂加冕，兰斯也由此被称为“王者之城”。

② 位于马恩河左岸，是法国东北部城市，因出产香槟酒而闻名，雨果曾在其著作《莱茵河》中将埃佩尔奈记载为“香槟酒之城”。

③ 特鲁瓦（Troyes）得名自历史上在此活动的高卢族特里卡斯人（Tricasses），是法国中北部城市，工商业发达，被称为“欧洲的奥特莱斯（特卖场）”。

④ 皆为法国北部地区。皮卡第意为“掘地者”，当时，巴黎人将所有在北方林区生活的农民称为掘地者。阿登（Ardenne）则得名自凯尔特传说中的森林女神阿尔度纳（Arduinna）。

⑤ 又称舒昂党人起义，是法国大革命期间西部十二省（特别是在布列塔尼和曼恩地区）由保皇派发动的反对法兰西第一共和国的起义。可参见巴尔扎克的第一部署名小说《舒昂党人》。

⑥ 位于巴黎郊区，距离巴黎市中心约十一公里。二战期间，德朗西曾设有纳粹德国的拘留营，用来中转从法国其他地方逮捕的犹太人。

⑦ 位于巴黎东北郊近十一公里处，后建有勒布尔歇机场。

堆，以防今年的收成落入来犯的敌人之手。但是，数量惊人的白菜、甜菜、土豆还有萝卜——这些原本可以养活全力备战的巴黎的农作物没那么容易被火苗摧毁，所以便有人生出了向偏远的农村地区报信的
[173] 想法。那里的农民还生活在仿佛中世纪的贫困之中，就好像明明咫尺之隔的巴黎却远在千里之外似的。而每当危急存亡之时，紧贴着巴黎也特供巴黎的“补给区”总是首当其冲受苦受难的。因为距离首都太近，反而阻碍了它们的发展。最近，人类学家在巴黎市郊以外、终年让人忽视的土地进行了考查，结果从当地人的某些面部特征上发觉了“另一个不同种族残存着的、活生生的证据，这个种族早在辛梅里亚人[①]入侵以前便在此扎根，那时，属于巴黎的历史甚至还没有开始”。（《巴黎人类学学会公报》）

尽管乡间的小路很不好走，也缺乏现代化的通讯设备，但“巴黎有粮食”的消息还是以惊人的速度传遍了农村地区。人们从巴黎人从未听说或早已遗忘了的小村庄赶来，推着独轮车，挎着篮子，扛着鹤嘴锄和稻草叉，抱着他们的孩子，牵着自家的老人，推着坐在老式板车上、行动不便的残疾村民来到了巴黎。这些皮肤被晒得黝黑的农人在肥沃的土地上迅速散开，常年忍受饥荒之苦的农民大军在一天里就收割了够巴黎人吃上一个季度的粮食。根据《费加罗报》的报道，有目击者看到农民埋头苦干，直到夕阳把他们瘦骨伶仃的影子投在田野之上，他们仍旧欢欢喜喜地低语着，“充满一种难以形容的狂热……这些可怜又无知的人哪，他们哪里明白——这大难当头的一天对他们而言，却是久违的、值得欢庆和宴乐的一天！”

---

① 一支古老的印欧游牧民族，在公元前八世纪左右栖居高加索和黑海北岸。

第九站 /

左拉夫人

第一部分

1

他们乘电梯一路往上行，毕竟大家都不算年轻了，而今天晚上的活动才刚刚开始。这部奥的斯电梯更像是穿山越岭的矿车，把他们带到了第一平台。在那里，他们又每人各付了一法郎，随后踏进了液压升降机的轿厢。一瞬间的失重感过后，亚历山德琳看到底下人流密集的广场渐渐变成了蚁丘似的，就像她的丈夫在小说里描写的那样。很快，连“蚁丘”也看不清了，他们脚下的景色只剩一团灰黑，而天空中正翻滚着浓云。亚历山德琳不由想到了那些让她的丈夫深感不安的报道，说埃菲尔铁塔的建成会改变气象，把雷暴引到巴黎来。

他们从高空俯瞰北面和东面的街区，那里是他们居住和工作的地方。三公里之外的某扇窗户反射着冲破云层而出的阳光，仿佛在向埃菲尔铁塔打着什么暗号。那扇窗户的左侧是圣拉扎尔火车站，不过从他们的角度看过去，火车站倒更像一个巨大的温室，它前面那抹鲜活的绿一定就是玛德莲教堂的青铜顶了。在场的男士——亚历山德琳的丈夫埃米尔、埃米尔的出版商乔治·夏彭蒂耶、夏彭蒂耶的女婿龚古尔①，以及另外一个艺术评论家正试着找出别的什么地标性建筑，也顺便找一找自己的家在哪儿。最让大伙儿惊喜的是巴黎的东北角竟然有座山，山上竖着佛像②。半山腰里则是蒙马特和古得多③的居民楼，
[178] 虽然从远处看是一个个明亮的白色立方体，但亚历山德琳清楚那地方其实脏乱差俱全。一栋栋居民楼像伊斯兰城④的小屋一般顺着山坡蜿蜒而立，仿佛它们最终会在山脚下和博斯普鲁斯海峡⑤汇合一样。

除此以外，他们目力所及便是密密麻麻的屋顶，很难沿着屋顶之间杂乱无章的缝隙描画出某条特定的路线。这座城市似乎是由一群仅仅关注二维平面的建筑师建成的。从这个高度往下看，建筑物的格局显然发生了改变，就好像高度每上升一米，时间就倏忽过去了数年。此刻，巴黎圣母院像是被丢在了荒地上的小玩具，圣叙尔比斯教堂那对胡椒罐一样的塔楼反而成了重要的地标。太阳又躲进了云层，埃菲尔铁塔的巨大阴影笼罩着大地，让巴蒂诺尔街区⑥陷入了一片昏暗，塞纳河成了隐隐波动着的一道细纹。当他们终于升高到可以远眺巴黎之外的乡村时，男士们第一次沉默了下来，带着一种在亚历山德琳看来既失望又着迷的表情。他们眼前的奇观散发出一股莫名的悲伤——巴黎的远郊就好像是湖水泛滥又退去后留下的灰色泥沼。

---

① 爱德蒙·胡·德·龚古尔（1822—1896），法国小说家，与古斯塔夫·福楼拜（1821—1880）、阿尔丰斯·都德（1840—1897）、埃米尔·左拉（1840—1902）等保持着良好的友谊。多在作品中用心（病）理学的观点分析人物的精神状态。

② 应指巴黎以东八十公里处的巴黎道场（后改名为巴黎佛光山法华禅寺），其原址为建于十四世纪的洛努瓦雷诺古堡。

③ 意为“白葡萄酒的色彩”，位于巴黎第十八区，有着大批阿拉伯和北非移民。

④ 即伊斯坦布尔，土耳其最大城市，十五世纪后成为了伊斯兰教的中心，旧称“拜占庭”，曾先后是东罗马帝国（拜占庭改名为君士坦丁堡）和奥斯曼帝国（君士坦丁堡又改名为伊斯坦布尔）的首都。

⑤ 博斯普鲁斯意为“牛涉水之地”。因伊斯坦布尔位于海峡中南段的两岸（分隔成了亚洲和欧洲两个部分），故该海峡又作伊斯坦布尔海峡，北连黑海，南通马尔马拉海和地中海。

⑥ 得名自曾经的塞纳省巴蒂诺尔 - 蒙索市镇，位于巴黎第十七区。

观光电梯颤抖着停了下来，第二平台到了。他们跨出电梯，走到栏杆边上，探头往下看，见底下毫无生气可言，既没有动静，也听不到声音。亚历山德琳原本还期待看一看自己出生和居住了五十年的城市，她以为巴黎的全貌会像她熟悉的房屋平面图一样在她的脚下展开。可现如今她忽然觉得，没准她一直以来都生活在一个完全陌生的地方。

他们一行人又坐升降机回到了第一平台，这个高度的巴黎已经比一刻钟以前让他们觉得熟悉了。他们原本就在沙俄餐厅订好了座——自从埃菲尔铁塔对外开放以来，这家餐厅便因为在铁塔脚下（东北方向）的酒窖而名声大噪。众人浏览过菜单，点了菜，环顾起窗外的景色来。亚历山德琳点了不少菜，为的是鼓励丈夫埃米尔至少也要多吃一点儿。埃米尔这一年又是节食又是戒酒的（他骑自行车以后除外），三个月里就减掉了十四公斤，当真让亚历山德琳惊讶。她自己却不知为什么，倒是又长胖了十多斤。今天晚上她要了鱼子酱、什锦菜、烤乳猪，可能还会和男士们一道喝点伏特加和香贝丹红酒，之后不管再上什么菜，她都会来一杯滴金甜白酒。

他们在饭桌上谈到了不久前看过的爪哇舞表演，荣军院广场前的 [179]
草坪上搭起了小棚子，几个爪哇女人就在那里头翩翩起舞。龚古尔觉得胖胖的爪哇舞女“抖着一身褐黄色的肥肉，让人反感”。（“反感”是龚古尔最常挂在嘴边的词。）九年以前，亚历山德琳嘲笑过龚古尔，说他在《女郎爱里沙》里描绘的妓院场景跟现实生活相差十万八千里（其余男士都觉得亚历山德琳的见解相当之有趣），从那以后，龚古尔只要一有机会便向大家证明：他阅女无数，经验老到，全然不是亚历山德琳说的那样。当然了，龚古尔对亚历山德琳是有点犯怵的，因为这个女人做过洗衣工，性格直率，行事泼辣。他对亚历山德琳的丈夫则心怀嫉妒，因为埃米尔·左拉的才华远在他之上，他这辈子也休想企及。亚历山德琳若有所指地瞥一眼埃米尔，好像是在暗示他接话。“爪哇人的脂肪确实更加柔软。”埃米尔果然接过了话头，“这是欧洲人所没有的。”然后，他捏住自己的鼻子（仿佛要示范似的）扭了几下，就好像他的鼻子是印度橡胶做的——所以你看，埃米尔对待这类事情总是要比龚古尔更加科学。

菜都端上来的时候，天色已经黑透了。众人向窗外看去，却只能看见自己的投影。他们吃过了松鸡（亚历山德琳自己也做这道菜，所以想和这里的俄国厨子比比手艺）、熊掌（点这个纯粹是出于好奇）、波兰华夫饼、拿破仑蛋糕，喝了装在俄国茶炊里的茶水（单是埃米尔一个人就能喝干），享用了镶着金滤嘴的香烟，结束了这一餐。一行人沿着三百四十五级已经略微磨损的木台阶走下了埃菲尔铁塔。龚古尔说他就像一只正爬下铁甲舰缆绳的蚂蚁，亚历山德琳则依稀想起了埃米尔小说里的某个场景。

他们随后来到了战神广场，夜里的广场比白天时更为喧闹，人群的体味似乎也更重。观光客像潮水一样淹没了街道和商店的入口。他们总算没被人流冲散，顺利找到了开罗路。有着宣礼塔和阿拉伯风格花窗的开罗路是法国建筑师特地为此次世博会[1]打造的，据说比现代开罗的任何一条街道都来得正宗。他们凝视着来来往往的非洲人，后者也凝视着他们。不一会儿，一行人走进了一家埃及咖啡馆，观看据说令成千上万的巴黎人都大惊失色的肚皮舞。

亚历山德琳坐在出版商夏彭蒂耶的妻子[2]身旁，和她讨论着舞者的装束：淡紫色的紧身胸衣、系得很靠下的腰带、紧身裙、凸显肚脐灵活动作的那一抹黄色薄纱……她身边的这位玛格丽特·夏彭蒂耶夫人有过一段不如意的时光。玛格丽特自小养尊处优，在旺多姆广场附
[180] 近长大，一向仪态优雅，会三门语言，也从没有工作养家的必要，但偏偏嫁了个风流成性的男人——关于这一点，亚历山德琳比玛格丽特

① 第四届巴黎世界博览会（1889）。

② 玛格丽特·夏彭蒂耶（1848—1904），法国沙龙举办人、艺术收藏家，是印象派最早的拥护者之一。

知道得更早，也是因为这件事，让两个女人私下亲近了起来。在亚历山德琳的眼中，埃米尔向来很安分，但是对其他几个她所认识的太太来说，丈夫的忠诚只意味着他们没有正大光明地包养情妇。亚历山德琳甚至无意中听到朱莉娅·都德[①]的丈夫放话，说如果朱莉娅在卧房里能像殉道人酒馆的女招待一样放得开，那他甘愿做她脚边“最忠心耿耿的一条狗”。

“我没法理解的是——”龚古尔又发话了，他们此时正看着叙利亚舞者头顶水壶跳舞，“跟摩尔[②]女人睡觉不能搞出动静，只能用最小的幅度摇摆身体，如果要求她们用欧洲女人的方式颠鸾倒凤，增添一点情趣，她们马上会抱怨，怪你要她们像狗一样做爱！”男士们都表示赞同，说眼前的叙利亚舞者如果全裸，让他们可以观察到她身体各部位的摆动，那么这支舞显然会更有趣。

在又看过了马刀舞和胡旋舞之后，一行人走到为世博会临时建起的大街上，买了往来的游客似乎人手一袋的、黏糊糊的蜜饯品尝。他们也和沿途的咖啡馆老板交谈，随性而至，到一家突尼斯[③]咖啡馆里喝了红枣白兰地。夜已经深了，但街上依旧人山人海。赶着驴车的埃及司机兴高采烈，人们的脸庞被一盏盏红灯笼照亮，似乎所有人都面带醉意。一群游客凝视着某幢楼房精巧的轩窗；而在街道的尽头，女人们正排着长队等候上公厕，一边大声地彼此交谈着。世博会就像一间巨型的百货公司，世界各地的人们来到这里，发掘并放纵自己的欲望，尽情享受五花八门的服务，购买琳琅满目的商品。

---

① 朱莉娅·阿拉尔－都德（1844—1940），法国作家、诗人、新闻工作者，写实派小说家阿尔丰斯·都德的妻子。

② 亦称毛利人，主要指埃塞俄比亚人、撒哈拉人、阿拉伯人和伊比利亚半岛的土著穆斯林等。

③ 位于北非，其古称阿非利加（Africa）是非洲现代名称的源头。突尼斯曾是迦太基文明的发源地和国家中枢，历史上先后为罗马共和国及奥斯曼帝国统治。随着法国对殖民地的开拓，转而成为法国的（被）保护国，后由法国全面接管，并于1956年独立。

为世博会打造的巴黎市内铁路在机械博物馆旁边设有一个小小的车站。众人预备搭内铁到荣军院站，因为在那里更有可能拦到出租马车。他们在木棚底下等待火车进站。埃米尔掏出笔记本，正在上面记着什么。乔治·夏彭蒂耶于是问亚历山德琳：巴黎内铁是不是会出现在埃米尔有关铁路的新小说《人面兽心》[1]里？但亚历山德琳并不知道答案，因为这些日子以来，她比往常要更少参与埃米尔的“文学调研”。

[181] 列车进站了，火车头喷出一团团蒸汽。在登上火车以前，他们回头看了一眼战神广场，从距离广场这么远的地方他们才发现：在镂空金属结构的埃菲尔铁塔顶端、不对外开放的第三平台上，有两台探照灯正以强大的光束扫过整座城市。塞纳河畔世博会的象征——埃菲尔铁塔仿佛一个巨人，正在底下那片屋顶的海洋里搜寻只有小说家才能发现的秘密。

2

从巴黎到勒阿弗尔[2]的铁路正巧从他们的花园脚下经过。梅塘[3]距离巴黎市中心不算远，坐火车用不了两小时——到圣拉扎尔站下车，再沿塞纳河步行一小段路便能抵达。他们在1878年花九千法郎买下了埃米尔称之为“兔窝”的梅塘小屋。当时，同一地区只有另外一个巴黎人拥有属于自己的房产。由于埃米尔的工作性质以及亚历山德琳习惯了都市生活的缘故，他们没有卖掉原本在巴黎的公寓。在花了二十万法郎对新家做了大改造以后，“兔窝”就此成了配得上埃米尔天才的理想住所。改造以前的“兔窝”还是有着小小护窗板的平房，

---

① 埃米尔·左拉的《卢贡－马卡尔家族》长篇系列小说第十七部。

② 意为“海港”，是法国西北部城市，距离巴黎约二百公里，通常被认作“巴黎外港”，是法国大西洋沿岸最大的港口城市。

③ 意为“农贸市场”，位于巴黎西北郊区，距离巴黎二十五公里。

夹在两座高塔之间，像是不知怎的被弄错了身份、让两名高大宪兵架起来押往警局的无辜青年。

这两座高塔原本是不存在的。埃米尔写《娜娜》[1]的时候（一个沦为烟花女的洗衣工之女的故事），右侧的方塔建了起来。为了纪念，埃米尔便称它为“娜娜塔”。小屋左侧的六角塔于1886年完工，彼时，埃米尔也正好写完了《萌芽》[2]，所以六角塔在埃米尔的口中又叫作“萌芽塔”。他们在小屋的底楼辟出了台球室，台球室上方宽敞的房间则是亚历山德琳的制衣间。她时常坐在一堆亚麻布中间，要么缝纫，要么刺绣，间或望着窗外河岸边笼罩在薄雾里的树林，脑袋里计算着要发给佣人和装修师傅的工钱，而埃米尔正在房子的另一头专心写作。

搬到新家以后的头两年，他们接埃米尔的母亲过来同住。有老太太在，种种不便可不止晚上玩不了多米诺骨牌。老太太在1880年的秋天去世了，他们则比以往更加忙碌起来。先是买下了毗邻铁路的地块和河中间的小岛，改建了上面用作1878年世博会展馆的挪威小木屋。紧接着，他们为梅塘的新家添置了儿时不曾拥有，也从未梦想过 [182]
会拥有的家什。在平房不曾改动过的部分有一个厨房，亚历山德琳让人在里面贴上了蓝色的瓷砖，备齐了各种尺寸的铜锅，还在厨房中央摆了一张白色的木桌，上面装有精巧的移门。埃米尔则在书房里安了特制的玫瑰花窗，购得了一系列会让维克多·雨果也歆羡的古董[3]，其中包括一具石棺、一张可能令好友福楼拜狂喜不已的中世纪床[4]、一盏制成蜡烛模样的煤气灯，以及一台最新款式的管风琴，带有脚踏风箱和一推下去就能让琴发出“天籁之音”的音栓。埃米尔会在黄昏的时候演奏一段段和弦，亚历山德琳不确定这是减轻了他的臆想呢，还是加剧了他一直宣称患有的“神经官能症”。此外，他们养着

---

① 《卢贡－马卡尔家族》系列第九部。

② 《卢贡－马卡尔家族》系列第十三部。

③ 据传雨果热爱并喜收集古董，尤其是中式古董。

④ 福楼拜为写作追求绝对的“自闭”，几乎从不离开他房间里的沙发床。

一匹马、一头牛、兔子、鸽子、鸡、猫和狗，给所有的动物都起好了名字。等终于能在新家接待朋友的时候，所有到访的客人都发出了惊叹。

亚历山德琳真心希望客人们（尤其是玛格丽特·夏彭蒂耶和朱莉娅·都德）不再替她可惜，仅仅因为她没有自己的儿女。她和埃米尔早就放弃了对享受天伦之乐的盼头。就像埃米尔说的那样，他的小说便是他们的孩子，而他已经把所有的心力都投入了创作《卢贡－马卡尔家族》当中，如今这部长篇系列小说离完成只差最后四本了。有时，亚历山德琳也会想起地狱路上的那间育婴堂，那是很久以前的事了。刚满二十岁的她也几乎是个孤儿，在巴黎做着卖花女的营生，养着一个婴儿，却已经记不起孩子生父的模样了。那天她抱着女儿来到育婴堂的外面，看着那些人在婴儿的小帽子上别好了白纸（白色代表女孩子），纸上写着名字（“卡洛琳”）、入院编号和出生日期。她又看着他们把卡洛琳抱进了育婴堂的大门，门上刻着这样一行字：“父母撇下我，上帝看顾我。”在卡洛琳快满十八岁那年，亚历山德琳把这件事告诉了埃米尔，说她有个失散多年的女儿。他们后来去了育婴堂，找来登记册一看：卡洛琳在 1859 年就死了，当时离她被抱进育婴堂才十二天。

最初搬到梅塘的时候，亚历山德琳以为自己会想念巴黎。她也确实想念他们在巴黎为“文学调研”展开的探险之旅：北郊的血汗工厂[①]啊，剧院的更衣室啊，中央市场的夜市小摊啊，还有黎明时分在街角品尝到的美味卷心菜汤（她至今留着那菜汤的食谱）。她也想念他们在奥德翁剧院旁沃吉哈路上的小房子，想念那些漫长的、无休止探讨文学话题的夜晚，想念她和埃米尔在探讨结束后总是好得出奇的胃
[183] 口。她本来还期待为他们在布鲁塞尔路上的新公寓添置家具的，那里

① 泛指条件恶劣的工作场所，工人在危险和困苦的环境里工作，与有害物质、高热、低温、辐射等为伍，兼且工时长、工资低。

距离圣拉扎尔火车站仅几步之遥。但是最后，他们还是放下了巴黎的一切，来到了梅塘。尽管常常懊悔，常常不满，亚历山德琳依然告诉自己：梅塘是健康生活的新开始。她在这里重新发现了自己的组织才能、对乡村生活的热爱以及泛舟河上的乐趣。相反，埃米尔在巴黎时的老朋友每次到梅塘来，总归显得格外不自在，尤其是一位塞尚[①]先生——这个人有着一事无成的天赋，即使一周不下雨也有本事让靴子沾满泥巴。老朋友的不自在倒是给了亚历山德琳一种隐隐的优越感。

她还一肩担起了管理佣人的职责，并且乐在其中。亚历山德琳自己早早入了社会，辛苦卖力气，既当过卖花姑娘，又做过洗衣女工，知道合主人心意的佣人该是什么样的，也知道如何调教佣人、何时遣退他们。她的贴身女佣兼裁缝让娜·罗兹罗就是相当成功的案例。亚历山德琳一见到身材高挑的让娜便觉得她合眼缘，会是块做帮佣的好料子。让娜性格羞怯，但举止文雅，穿着既时髦又实在的高领衫和裙子。她自小便没有了母亲，是在修道院学校长大的，几乎就像是亚历山德琳的女儿卡洛琳。尽管看上去柔柔弱弱的，但让娜干起活来精神头十足，又开朗又活泼，哪怕她的女主人很是专横。

亚历山德琳在埃米尔面前把让娜好好夸了一通，又说她预备带让娜一起到鲁瓦扬[②]过暑假，埃米尔没有反对（去鲁瓦扬本来就是埃米尔的主意，他也没有立场反对）。在鲁瓦扬的那个夏天，年轻的让娜·罗兹罗很好地适应了雇主提出的一切要求。那是在他们一行人到埃菲尔铁塔上吃晚饭前九个月的事了。让亚历山德琳无比失望的是，等回到梅塘以后，让娜基于“私人理由”向她递交了辞呈——她自认很知趣，没有追问让娜到底是什么样的“私人理由”让她不能或者不

---

① 保罗·塞尚（1839—1906），法国画家，风格介于印象派到立体主义画派之间，他的作品为十九世纪的艺术观念转换到二十世纪的新艺术风格奠定了基础，对野兽派创始人亨利·马蒂斯（1869—1954）和西班牙现代艺术大师巴勃罗·毕加索（1881—1973）产生了极大的影响。

② 法国西南部滨海夏朗德省的一个市镇，是举世闻名的海滨度假胜地。

愿再干下去。或许是因为到访的客人都大有来头，而两位雇主的情绪又起伏不定，导致让娜觉得在梅塘的生活格外有压力吧。但那是她花了这么多时间精心调教出来的女佣，到头来还是为他人做了嫁衣，怎么说都让亚历山德琳很不痛快。

3

她和埃米尔在1891年9月9日出发前往比利牛斯山[①]，这个时候
[184] 过暑假已经有点晚了。但埃米尔执意要去，说他在熬心费力写完《崩溃》[②]以后需要给自己放个假。行李收拾了一半，亚历山德琳停下来给堂姐写信："我们要去哪儿？你应当猜得到，当然是我最不想去的地方。我这一生都重复着这样的故事——从来也得不到我想要的，或者等我不再想要的时候才终于得到。"

夫妇二人乘火车到了卢尔德[③]，看到了寒风中参差不齐的比利牛斯山峰，也看到了残疾人在泡过泉水后扔掉拐杖，试图行走，随即摔倒在人堆里；患了肺痨病的人则甘愿把自己浸到即使是最偷懒的洗衣女工也不会再用的脏水里。他们越过法国的边界，到达西班牙的圣塞瓦斯蒂安[④]时，忽然天降大雨。而这一路上，他们俩都觉得自己应当待在别的什么地方。

入住比亚里茨[⑤]海滩上的大酒店时，亚历山德琳猛地意识到她和

---

① 位于欧洲西南部的山脉，东起地中海，西止大西洋，分隔欧洲大陆与伊比利亚半岛，也是法国与西班牙的天然国界。

② 《卢贡－马卡尔家族》系列第十九部。

③ 位于法国南部接近西班牙边界的波河岸边，也是法国最大的天主教朝圣地。据说那里的天然圣水可治疑难杂症，尤其是瘫痪。

④ 西班牙吉普斯夸省的省会，属于巴斯克自治区。

⑤ 位于法国西南部比利牛斯－大西洋省、比斯开湾沿岸的一个市镇，早期以捕鲸业为经济支柱。十八世纪以后，其海滩吸引了英国维多利亚女王（1819—1901）、英王爱德华七世（1841—1910）、西班牙国王阿方索十三世（1886—1941）等欧洲王室成员度假疗养。

埃米尔看上去很不般配。虽然这在他们这把年纪的夫妻当中很正常，但她到底有些难过，也有些不安，不过主要还是难过。相比之下，埃米尔是越活越年轻了，一如马奈[1]二十年前为他画的那张肖像画：他嘴角带着近乎顽皮的笑，身穿白色的法兰绒西装，显得朝气蓬勃。凭借这么久以来摄影以及冲洗照片的经验（这是一门亚历山德琳从来没能掌握的技术），埃米尔表现得好像时刻准备好了让人为他照相。即使是在寒风阵阵的九月下旬，他看起来也仿佛能充分享受假期。他已经算得上清瘦了，这当然和他骑车锻炼大有关系，但主要还是归功于他自觉抵制了他们俩曾共有的暴饮暴食的习惯。

埃米尔折好报纸，一骨碌从躺椅上站了起来，说他要去散散步。亚历山德琳见他的脸颊微微发红，如果她稍后问埃米尔，他多半会怪罪到“神经官能症”的头上，说那是因为他常年写作不怠留下的老毛病。

埃米尔散步去了，亚历山德琳拿过他折好的报纸，重新翻开。那篇关于犹太人的社论实在很长，今年是大革命“解放”犹太人的一百周年[2]，但评论员在文章里表示，眼下的“情况有些矫枉过正了”，暗示法国社会对待犹太人过于宽容。报上还有几篇文章专门论述了德法之间的“未来之战”，又说法国公民已无需护照便能进入割让给了德意志的阿尔萨斯－洛林地区：“对所有法兰西人而言，足够幸运的是——”每天都有三万八千公升德国啤酒越过阿尔萨斯－洛林的边界，进入法国。与此同时，社会主义运动如火如荼地开展着，男招待和印
刷工人举行了大罢工，工会宣称咖啡馆侍应生有权利留胡子，于是巴 [185]
黎每一个跑堂的和听差的都留起了胡子，以示团结。某个身无分文的奥地利裁缝躲在板条箱里，在两年前设法来到了巴黎，一时之间成了

---

① 爱德华·马奈（1832—1883），法国画家，写实派与印象派之父。

② 1791年9月，法国国民立法议会授予宣誓效忠国家的犹太人以与本国其他公民同等的权利。

类似“咖啡馆表演”[①]的热门文化现象，后来干脆借着世博会的东风，作为“人体包裹”巡遍了欧洲。

在亚历山德琳看来，这一条条新闻和往常节假日里的新闻一样平淡无奇。记者时时追踪着女大公和亲王的举动。某位高级妓女登报公示，否认八卦专栏说她已然成婚的消息，称那是来自同行的“恶意报复”。法国各省罪案频发，大军团大街上的新电车酿成了多起事故。加来海峡的上空飘雨，而巴黎则是多云天气。

照理说，这些琐碎的消息不足以改变埃米尔的情绪，更不会让他脸红。何况报纸上既没有关于埃米尔·左拉的报道，也没有关于埃米尔·左拉的文学对头的只言片语。

报纸的第三版和末版总是一成不变的。即使此刻坐在躺椅上，有海鸥在头顶盘旋，往来船只上的信号旗在大西洋的微风中招展，读着第三版内容的亚历山德琳也觉得自己正身处巴黎：加尼叶歌剧院要上演《罗恩格林》[②]啦，在夏特雷剧院可以观看《灰姑娘》，女神游乐厅[③]里有“怪诞小丑”的表演，《接线员小姐》会在新剧院闪亮登台。从11月2日起，埃菲尔铁塔就进入冬季关闭期了，不过第一平台的餐厅仍然每晚都会举办音乐会。

亚历山德琳继续读着报，看到了一则则假牙、生发剂和肥皂的广告。对肥皂的宣传真是无处不在，严肃新闻里都有伪装成社论的广告语：“伊索拉香皂——留香持久，香味细腻，令肌肤白皙柔嫩、丝般光滑。”银行路3号的巴尔蒂尼夫人开辟了专栏，每天为读者传授永葆青春的秘诀。即使这些秘诀同样适用于男士，驻颜有术的埃米尔也不会需要。那么或许是“私人来信”板块里的某些内容给了他写下一

① 起源于十八世纪的巴黎和伦敦，最初是指在户外咖啡馆由少数表演者为大众带来的流行音乐演出。

② 瓦格纳创作的一部三幕浪漫歌剧。

③ 巴黎的一家咖啡馆兼音乐厅，位于第九区，在1890至1920年代达到鼎盛，与黑猫夜总会齐名。其演出以华丽的服装、堂皇的排场以及异域风情著称。

部小说的灵感？

亚历山德琳不擅长讲故事，她自认永远不可能拼凑起写小说所需的上百万条细节，但她发现“私人来信”里那些仿佛加密电报的信息就像头版的连载小说一样让人回味：有人建议把平淡是真的幸福继续下去；有人显得很是沮丧，尽管旁人并不清楚是为了什么。亚历山德琳有些好奇，她不知道应当收到消息的那个人会不会真的看到其中 [186]
的某一条“私人来信”，而与此同时，必须匿名发表以防他人（譬如配偶）察觉的“私人来信”又印在了所有人都能读到的报纸上，也实在非常讽刺：

> “如果你恰好能看到这段话，请记得我爱你，并将永远爱你。”
>
> “杜瓦尔：味美香浓的野鸡已于25日送达。”

亚历山德琳想象着杜瓦尔一家要怎么才不辜负“味美香浓”的野鸡，大约会配着牡蛎和鲜甜的肉汤一道食用吧。这是她和埃米尔每一次回到梅塘以后都会吃的菜，只不过没有野鸡，他们就用鹌鹑代替。想到这儿她便稍稍振奋起来：他们很快就能回家了。她随手翻到报纸的末版，扫了一眼那里的广告，除了某荷兰出版商宣传的“引人入胜的奇异照片”以外，所有广告针对的都是女性消费者：卢浮宫百货的地毯促销啦，莎玛丽丹百货[1]即将隆重推出的今冬新装啦等等。

曾几何时，那也是他们的共同乐趣——在大型百货商店流连忘返、体验生活，为埃米尔的《妇女乐园》[2]做“文学调研”，积累丰富的素材，了解闺阁中可能发生的一切。她还记得那时的埃米尔像个青春

---

① “莎玛丽丹”（Samaritaine）之名源自新桥附近建于十七世纪早期的一座液压泵，泵前有《圣经·约翰福音》第四章中前来打水的撒玛利亚妇人（Samaritan）在井前与耶稣说话的镀金浅浮雕。

② 《卢贡－马卡尔家族》系列第十一部。

期的小男孩，让女性内衣挑逗得浮想联翩，对着柜台里丰满的假人一脸害臊，一如他笔下的角色那样“兴奋得双颊绯红”。亚历山德琳通常会自己做外套和连衣裙，但她还是愿意逛一逛百货公司，给新来的女佣挑一些她本人不会穿的衣服。

那一天，埃米尔在散步回来后写了一封信，随后他们便退了房，离开了大酒店，仿佛是有什么突发的事件让埃米尔必须提前结束休假似的。他表现得很是高兴，但同时又显得不太情愿。毕竟这是他俩
[187] 第一次出国度假，也许他正为探险之旅这么快就宣告终结而感到遗憾。不过只要再坚持一阵子，等完成整部系列的小说以后，埃米尔自然会有大把的时间休假，也自然能够好好享受他们花了大价钱装修的新家。

4

那封信是在 11 月 10 日（星期二）寄到的，当时他们返回梅塘已经四十天了。亚历山德琳收到的信通常极为普通：家里人寄来的、个人或者机构请她捐款的、衣食住行产生的账单等等。此外，她也负责给埃米尔收信，读过一遍后告诉埃米尔要怎么回复想约稿或者要翻译版权的人。她会亲自写信给那些拖欠埃米尔稿费、号称穷得叮当响的杂志社。有时候，她真心觉得最没有能耐捍卫埃米尔·左拉的财富以及声誉的人就是埃米尔·左拉本人。譬如有一次，他竟然把《娜娜》的手稿随便交给了什么记者，后者一转身向美国的收藏家开价一万二千法郎，轻松把手稿卖了个好价钱。

不过 11 月 10 日那天寄来的信确实是给“左拉夫人”的。亚历山德琳认不出信上的笔迹，信的末尾也没有署名，只像开发票那样简短、有序地写着（她立即就读完了）：“……让娜·罗兹罗小姐……圣拉扎尔路 66 号……已经为你的丈夫生了两个孩子。”

当天晚些时候，电报局的工作人员嚼起了舌根，他们平素代为传达的消息不是简单的问候就是平淡的哀悼，很少会出现这样耸动的丑闻。埃米尔·左拉先生慌里慌张地冲到柜台，请工作人员发一条加急电报，收信人是他在巴黎的朋友亨利·塞阿尔[1]先生，发信人（显然是为了保密的缘故）用了化名“杜瓦尔”[2]。“杜瓦尔”先生在电报里说：“我的妻子彻底气疯了。恐怕事情不好收场。你能去一趟圣拉扎尔路，采取必要措施吗？原谅我。”

在他们共同生活的二十六年里，亚历山德琳自信能弄懂丈夫的所思所想，能跟随他的思绪猜到情节的发展。她也知道，故事可能发生在任何地方。如果让埃米尔来写，它或许始于一段短途旅行，那个女人[3]坐在火车厢里，紧攥住手上的小包裹。她的面孔投射在玻璃窗 [188]
上，窗外像走马灯一般闪过远远近近的景象：他们在铁路边的小房子、塞纳河上的船帆、快速从眼前掠过的电报杆、自北郊升起的煤烟……画面一转，窗外的景色仿佛已是巴黎深灰色的夜。那是一个秋天，天下着牛毛细雨，人们在从火车站到鲜鱼餐厅之间的圣拉扎尔路上瑟缩着肩膀，送葬的队伍黑压压一片，既看得到黑色的西装，也看得到黑色的雨伞。

很久以后，一个穿着深色裙子的女人站到圣拉扎尔路的人行道上，凝视着某一扇布满烟灰的窗户，仿佛能从窗户后面看到卡萨特[4]

---

① 亨利·塞阿尔（1851—1924），法国作家、文学评论家、博物学家，左拉的密友。

② “杜瓦尔：味美香浓的野鸡已于 25 日送达。”应为亨利·塞阿尔向化名“杜瓦尔”的左拉报喜：他的第二个孩子在 1891 年 9 月 25 日出生了。据此推断，让娜从左拉家辞职大约是在同左拉确立了恋爱关系之后，并很快（于 1889 年 9 月 20 日）生下了左拉的第一个孩子，就在亚历山德琳和左拉等人第一次登上埃菲尔铁塔后不久。

③ 由于作者的指代过于模糊，依据上下文推断，此处的“那个女人”多指从左拉家辞职的让娜·罗兹罗，但也有可能指年轻时的亚历山德琳。

④ 玛丽·斯蒂万塞讷·卡萨特（1844—1926），美国印象派画家，一生中大部分时间定居法国，善于在作品中描绘女人，尤其是母子关系。

画作中的情景：年轻的母亲正在哄她年幼的孩子和更年幼的婴儿睡觉。人行道上的女人昂起头，迈着堪比收租人的坚定步伐走进大楼，爬上了楼梯。大楼外面，夕阳把火车站上方的天空染成了红色，在晚霞的映照下，整条街道也变得红彤彤的。调车[1]引擎像被关在铁笼后的野兽那样嘶吼起来，盖过了火车发出的寻常轰鸣。

圣拉扎尔路和布朗什[2]路在距离车站东南角几米远的地方交汇在了一起。这正是《人面兽心》的开场画面：如果从六楼的房间俯视，恰好能看到铁轨消失在巴蒂诺尔隧道中的场景，有人在楼下砰砰砰地弹奏着钢琴……亚历山德琳清楚地记得这部分描写，更让她觉得诡异的是，这段时日以来，她的内心独白竟和《人面兽心》里的某个男性角色完美重合了：

“你就承认你和她睡过了吧，不然、不然我要把你一刀切开！”

他真的会杀了她的。她从他的眼神里看得明明白白。她跌倒的时候注意到了那把刀子，它就那样躺在桌上……胆小怯懦、自暴自弃、一了百了的念头交织在一起，要把她压垮了……

“是，我承认。现在可以放开我了吗？”

接下来发生的事情十分可怖。他强逼她认罪，她也当真认了，他却万万不能接受，好像被人一巴掌掴在了脸上：这太可怕了，这不可能是真的——他从没有想过有一天会背负这种污名。他一把抓住她的头发，她的脑袋磕到了桌脚。他不顾她的挣扎，拽着她的头发把她从地板的这一头拖到另一头，撞倒了一张又一张椅子。每一次她试图爬起来的时候，他都挥拳把她打倒在地。桌子被他推得差点碰翻了炉子，她的一绺头发和斑斑血迹粘在了梳妆台的一角……

[189] 楼下的钢琴声仍然在继续，间或夹杂着年轻人的高声谈笑。

① 一种小型铁路机车，专门用于在车站执行列车到达、解体、编组、出发等作业。
② 意为“白色”，得名自附近的石膏采石场。

那封信寄到后不久，装修师傅又一次造访了梅塘。他按照要求在卧室的门和墙壁上铺了隔音棉——男女主人的大吵大闹肯定会吓到家里的佣人，而这年头，合意又老实的佣人实在难找。

5

她到底还是去了圣拉扎尔路 66 号，砸坏了锁，破门而入，却发现公寓里已经空了。她闯入的是遍布他人生活痕迹的房间：自制的窗帘、插着鲜花的花瓶、盘子、餐具，空气里残留着香甜的母乳的味道，还有两张肯定是从莎玛丽丹百货买来的婴儿床。墙上的相框里是在布洛涅森林骑自行车的埃米尔、站在某地海滩上的埃米尔……她不知道照片是谁拍的。房间的一侧有一张写字台，她很轻易就撬了开来，里面的书信之多足以写成一部小说，她一封封读过，又一封封烧毁。

她可能只在房间里待了几分钟，也可能待了几小时。然后她沿圣拉扎尔路走到 16 号，那里是她出生的地方。由于建起了火车站的缘故，这个地区总是人来人往，也是购买海鲜的最佳地点。她经过车站对面的鱼摊，鲜鱼的气味却赶不走萦绕在她鼻端的奶香味。

她已经和埃米尔约法三章了：直到她决定好要做什么，他们俩都得老老实实待在家里，哪儿也不准去。她走进厨房，摊开食谱（这几年她很少下厨了），照食谱上写的把火烧旺，足以在几分钟内烤熟羊肉，尽管她面前的食材只是一条鲜鱼。她备好佐料，一瓶油、一个西红柿、大蒜、一小撮胡椒……嗐！所有的人肯定都知道了。那些男人自然不用说，还有玛格丽特·夏彭蒂耶和朱莉娅·都德，难怪……她们各自有三个亲生的孩子。亲生的！

四点是下午茶时间，配了糕点的茶水每天都会端到埃米尔面前，必……须……全……部……吃……完。

[190] 九个月后，1892年，她和埃米尔一起到普罗旺斯和意大利度了七个星期的假——只有他们俩。埃米尔刚刚出版了长篇系列小说的最后一部《巴斯卡医生》，为二十五年来的笔耕不辍暂时画上了句号。小说的书名即是主人公的名字——一个叫作巴斯卡的医生，他已然“忘了该怎么活”，所以企图通过对侄女的爱来找回失落的青春。埃米尔在书中写道：“满腔寂寥的热情终究空付，到头来只写出了这些书。”他把《巴斯卡医生》献给了他“已故的母亲和亲爱的妻子”。而由于亚历山德琳不再在晚宴上与新闻记者同席，告诉他们该怎样写评论，埃米尔的这最后一部小说反响平平。

不过亚历山德琳还是出席了在布洛涅森林的小岛上举行的庆祝午餐会。当时有二百名宾客划船过湖，坐到帐篷底下，品尝烤三文鱼、芦笋炖牛肉、鹧鸪肉冻和各色甜点，热烈庆贺《卢贡－马卡尔家族》圆满完成，也见证埃米尔被授予法国荣誉军团勋章的光荣时刻。据报道，当出版商乔治·夏彭蒂耶在演讲中提到左拉夫人的时候，亚历山德琳的“眼中闪动着泪光”。

六个星期后，他们又到奥特伊[1]参加了一次小范围的聚会，这种聚会的根本目的是让大家看看：在座的每个人比起上次见面时又苍老了多少。亚历山德琳和埃米尔、都德夫妇以及另一些朋友一起在龚古尔家相聚。男人们谈论着靠笔杆子讨生活当真不易，互相探听各家报社给出的稿费有多少。亚历山德琳和朱莉娅·都德坐在房间的一角，她向朱莉娅讲述了在梅塘的点滴生活。房间另一头的埃米尔看上去很紧张，试图听清亚历山德琳到底在说些什么。他时不时就要提高嗓门问一声：“我的小宝贝，一切都还好吗？”

亚历山德琳后来写道：“……然后，埃米尔便在花园里走来走去，

---

① 全称奥特伊－讷伊－帕西，路易十五统治时期成为法国精英的乡村疗养地，也是莫里哀（1622—1673）、雨果、普鲁斯特（1871—1922）等人的出生地，1859年并入巴黎，成了最富裕的住宅区。

等着下午两点的钟声敲响，那是日报送达的时间。除了我‘回去以后应该看看那头母牛’，他几乎没再说什么。但我对帮忙照管母牛一窍不通，何况有工人在，那也不是我的工作。两点过后，埃米尔上楼看报去了，接着会打一会儿盹……”

他们在窗边吃晚饭的时候，看见天空乌云密布。肯定要下雨了。亚历山德琳为了稍稍活跃气氛，告诉了在场的人埃米尔小时候很怕闪电的事。她说每当电闪雷鸣的时候，埃米尔的母亲就不得不把小埃米
尔带到地下室，用毯子裹住他。而即便是现在，每到雷雨天，他们 [191]
俩也必定要坐在她制衣间底下的台球室里，拉上窗帘，打开每一盏灯——灯光太刺眼了，亚历山德琳不得不在室内戴上墨镜，埃米尔则会掏出手帕蒙住眼睛。他在作品里宣扬的科学理性主义是一回事，他在现实生活中表现出的恐惧又是另一回事：埃米尔·左拉竟然会像《圣经》里描绘的罪人一样，在天公大怒之际瑟瑟发抖，这种反差显得特别有趣。

亚历山德琳知道，她和埃米尔一走，龚古尔便会把这一切都记下来。等后人来研究伟大小说家埃米尔·左拉的生平和作品的时候，他的生活里恐怕就半点秘密也不剩了。

第二部分

6

巴黎 1895 年的秋天着实让人难受。小雨最终停下来的时候，大道两旁的树木依然挂满了水珠。人行道又湿又滑，埃菲尔铁塔的尖顶也笼罩在云雾里，根本看不到了。

在意大利，情况却完全相反——太阳迟迟不肯下山，天空碧蓝碧蓝的，像是让回忆过度美化了的童年里才有的样子。每一天，亚历山德琳都穿着夏装，在有清凉饮料喝的树荫下消磨午后的时光。

她住那不勒斯皇家饭店或者罗马大饭店的时候，每天都给埃米尔

写信——他因为她的离开，始终惴惴难安。在他们三十年的婚姻生活中，还从没有分开超过一两天。亚历山德琳告诉外甥女叶琳娜，说她爱上了意大利："从历史书上能读到的东西自然不少，但是当你可以漫步在历史名胜中时，一切会变得有趣得多！"亚历山德琳学会了简单的日常会话，足以应付在意大利的购物，她甚至用意大利语写了一些感谢信。不过意大利人实在很热情，也愿意迁就她，她想说法语随时都可以。十一月中旬的一个晚上，她清楚感受到了发生在罗马的地震。

[192] 除此以外，一切都很愉快。亚历山德琳受到法国驻梵蒂冈大使的接待，头一回和亲王还有女大公一样，成了《费加罗报》的社会专栏追踪报道的人物。在《论坛报》上刊登过埃米尔小说的爱德华多·贝托雷利伯爵坚持每天来见她。她要比伯爵大上十四岁，但风度翩翩的伯爵仍然称呼她为"我的小暖阳"。亚历山德琳难得精心装扮起来，在参加晚宴时把一束紫罗兰系在了腰带上。贝托雷利伯爵带她去猎狐，也带她参观西斯廷礼拜堂、波格赛公园、美第奇别墅、古罗马广场和殉道人墓窟。伯爵当真周到又殷勤，还请来画家为亚历山德琳作肖像画，为此她穿上了丝绸连衣裙，在头发上别好羽毛，一只手拿着伯爵送给她的花束。

可是有时候，当她独自一人在旅馆的时候，不免要想起巴黎的育婴堂和帽子上别着白纸的卡洛琳。她不免要想起让娜——带着两个年幼孩子的年轻母亲，孩子的生父却几乎从不出现，只因他害怕发妻会离他而去。亚历山德琳下定了决心，她一如往常，直面生活给她的痛击。她允许埃米尔每天和孩子们一起喝下午茶，虽然这种突然的改变对于六岁的丹妮丝和四岁的雅克来说十分奇怪。亚历山德琳只是偶尔去探望他们，乍一看倒像是孩子们的外婆（埃米尔比让娜大了二十七岁）。但即便是这样，她也比埃米尔更了解那两个孩子，甚至要指导埃米尔如何与他的儿女相处、如何对待丹妮丝和雅克之间的不同。亚历山德琳在罗马买好了送给两个孩子的礼物，她也期待下一次同他们在杜伊勒里花园散步。她告诉埃米尔：如果丹妮丝问起“大太太”的消息，他就说“大太太”十分想念她和雅克，要给他们每人两下贴面吻。

亚历山德琳给埃米尔写信道：“你得用心对待身边亲近的人。”“尽可能多地摆出笑脸来。”（有些事在信里解释起来比当面说更容易。）她接着写道：“你说你想看到我快乐。你原是比其他人都更了解我的，但如果你说你‘希望我开心’，那显然你对我还了解得不够。我很清楚我梦寐以求的幸福晚年已经一去不复返了。如今我唯一的安慰就是对你、对我爱的人有所帮助。这是我给自己定下的目标，只要我活着一天，就会坚持做下去。”

7

亚历山德琳在次年回到了意大利，1897 年的时候又去过一次，[193]
但是那一年，她的假期被迫缩短了。埃米尔需要她立即回到巴黎，回到他的身边——没有亚历山德琳在，他又怎能独自面对暴风雨呢？人们把厨余和粪便从围墙倾倒进他们的花园，有士兵向他们在梅塘的房子投掷石块（他们当时搬回了在巴黎布鲁塞尔路的公寓）。丹妮丝和雅克骑自行车外出时，会有人把脏水泼到他们的身上。在埃米尔为德雷福斯事件[1]发表致法兰西第三共和国总统的公开信（《我控诉！》）后，不到半年的时间，巴黎的每一堵外墙都涂上了“我控诉！”的字样，埃米尔因犯诽谤罪被判入狱，后多次经历重审，期间不得不逃往英格兰避难。

亚历山德琳送他去了巴黎北站，他的睡衣还裹在一份报纸里。埃米尔的情绪相当激动，但亚历山德琳狠一狠心，留在了巴黎。她说必

---

① 因法国犹太裔军官阿尔弗雷德·德雷福斯（1859—1935）被误判为“叛国”，左拉不顾事业乃至生命可能经受的风险，在《极光报》上发表了写给法国总统菲利·福尔（1841—1899）的《我控诉！》一文，申明德雷福斯遭受的冤屈。整个法国社会随之因反犹太主义浪潮爆发了严重的冲突。

须得有人应付记者、律师还有政客，她也总要给报纸留一点谈资，或许能转移人们的视线。埃米尔走后，亚历山德琳给她的朋友布律诺夫人写信（布律诺夫人的丈夫[1]曾每天陪同埃米尔前往法院）：“我家门口有秘密警察，马路对面的酒店里还有更多，梅塘那里也有——那些无耻小报的记者帮着他们进行所谓的侦查工作，如果我擤鼻涕或者咳嗽，第二天报上就会登出来。这些人知道我家的佣人何时上床，也知道我何时上床。他们在墙上写下流话，给我和佣人寄威胁信。但我这人吃软不吃硬，第一眼看到我的人保管猜不到我正经受着怎样的打击。”

亚历山德琳照例拆开了所有寄给埃米尔的信，她把声援的信归拢在一起，到时候一并交给埃米尔；恐吓的信另外收好，这些埃米尔不需要知道。在英格兰流亡的生活已经如此艰辛，她不想埃米尔还为不必要的麻烦伤神。当然，还有一些匿名信是寄给她本人的——

> 夫人：
>
> 如果你一周内还不滚蛋，我们有的是办法避开你家的佣
> [194] 人，找到你，取你的狗命。谁让你那混蛋丈夫躲了起来，那么他的家人就是我们的目标，而且绝不会手下留情。
>
> 犹太人和所有支持犹太人的都不得好死！”
>
> 每读完一封信，亚历山德琳就记下收信的日期，把信存档，以备日后查看。
>
> 她为埃米尔忧心——他待在上诺伍德[2]的皇后饭店，一句英语也不会说。她给埃米尔写信，鼓励他要勇敢，说既然抗争了就要坚持到底。她在给布律诺夫人的信中则坦承：

---

① 路易·夏尔·博纳旺蒂尔·阿尔弗勒·布律诺（1857—1934），法国作曲家、评论家，左拉的终身好友，曾根据左拉的同名小说创作出歌剧《梦》《磨坊之役》等。

② 伦敦的一个区。

> “埃米尔最近的来信让我很难过……不是因为他的健康状况，而是因为他的精神面貌——他似乎一蹶不振了。所以我骑上战马，要为我的英雄打气，替他狠狠鼓一把劲儿，这对他大有好处——至少从他今天的信里可以看出，他已经明显振作起来了。”

亚历山德琳总算在1898年的秋天动身，到英格兰陪伴了埃米尔五周，但也只有五周而已。她觉得一旦离开巴黎，她能帮得上忙的地方就所剩无几了。德雷福斯上尉仍然被关押在魔鬼岛[①]，埃米尔也仍然是自诩正义的政府眼中不可饶恕的逃犯。

更糟糕的是，上诺伍德远远替代不了罗马。在那里，不管吃什么都只能配土豆，鱼不抹黄油或者盐巴就直接放进锅里煮，湿答答的让人味同嚼蜡；面包房出售的糕点又太过油腻，透过橱窗看一眼就叫人毫无胃口。亚历山德琳在圣诞节前回到了巴黎，给丹妮丝和雅克捎去了礼物，到诊所做了复查（她有肺气肿），也尽量赶上她不在的时候（为出版埃米尔的作品）落下的进度。她有太多的信要写，有太多的人要拜访。她告诉埃米尔说：“我得同时做你还有我自己。”

终于，当舆论的风向发生改变，洗刷了冤屈的英雄得以重返故土后[②]，她和埃米尔名存实亡的婚姻又继续了下去。亚历山德琳安顿好了自己的悲伤，就好像要把他俩共有的财产装进一个又小又暗无天日的房间那样。彻夜探讨、做“文学调研”的日子再也不会有了，不过埃米尔沉迷于另外一项爱好，倒也显得比从前快乐。他常说只有把某样东西拍下来，才算是真正看到了那样东西，因为照片会揭露原本并不引人注目的细节。为此他发明了一种延时装置，亚历山德琳则看到

---

① 法属圭亚那外海的小岛，曾一度作为法国流放重刑犯的监狱。

② 经过重审以及政治环境的变化，德雷福斯事件在1906年7月12日终于获得平反。

了成果——一系列自拍照以及生活照。埃米尔已经把让娜和两个孩子安顿在了梅塘附近一栋租来的房子里，照片上的他们正坐在一起，在
[195] 花园里喝下午茶：埃米尔负责倒茶，孩子们的母亲——曾经如此美丽的让娜看上去却那样沮丧，仿佛正苦苦思索着她为何不能拥有她所渴望的生活。

但埃米尔乐此不疲，他至少有八部相机和其他各种设备，都装在笨重的盒子里，外出拍照时需要亚历山德琳帮忙携带。第五届世博会开始了（1900 年），他们日复一日地跑到战神广场，埃米尔想用相机记录下一切。时隔十一年，他们又一次爬上了埃菲尔铁塔的第二平台，从那里俯瞰着整座城市。新的世纪已经到来，明媚阳光下的巴黎也正为这崭新的开端绽放出光彩。

埃米尔站在第二平台上，自右向左移动着相机，从东侧的工业区拍到西侧的大街以及花园，直到把整个巴黎的屋顶都纳入了镜头。照片洗出来以后，亚历山德琳看着拼接形成的巴黎全景图，仿佛看到了一个和埃米尔的小说系列一样宏大而连贯的世界。那已经不是她第一次登上埃菲尔铁塔时望见的隐隐绰绰的房顶了——那是迈向二十世纪的巴黎人集体创造出的广阔海洋，而她的丈夫是那片人造大海上最为闪耀的灯塔。

8

他们半夜在门窗紧闭的卧室醒来，头疼，肚子也疼，却以为只是饮食不当，埃米尔还对亚历山德琳说："早上就会好的。"然后又睡了过去。亚历山德琳记得她恍惚中看到埃米尔倒在那里，她却动弹不得，完全无能为力。

她是在塞纳河畔讷伊[1]的诊所真正清醒过来的。三天后才有了足

---

① 讷伊意为"林地"，是巴黎西北郊的市镇，属于巴黎以西的上塞纳省，在此地签订有《讷伊条约》（一战后协约国同保加利亚王国之间签订的和约）。

够的体力，让人搀扶进了家门。她径直走到二楼的房间，跪下来，抽泣着抱住了埃米尔已经冰冷的身体，和他单独待了一小时。即便还十分虚弱，她在诊所的时候就想到了让娜，便请乔治·夏彭蒂耶带信给“罗兹罗小姐”，为的是让孩子们和让娜能见埃米尔最后一面。

埃米尔·左拉的死被认定为一场不幸的事故，罪魁祸首自然逍遥法外了。但亚历山德琳和让娜的心里如明镜一般，她们知道一定是之 [196]
前发出过死亡威胁的某个人爬上了他们家的屋顶，在掠过城市的探照灯照不到的角落悄悄堵住了烟囱，然后又在清晨返回现场，在埃米尔死于一氧化碳中毒后取走了犯罪的证据。

法国文坛的巨星虽已陨落，敌人的毒计却没能完全得逞。从布鲁塞尔路自发前往蒙马特公墓的数千群众沉默地跟随着灵车；送葬的队伍经过时，沿途的官兵皆举枪示意。亚历山德琳打点好了丧事的每一项细节——这是继维克多·雨果的葬礼以来巴黎最大规模的公祭。可遗憾的是，她本人因为仍旧体虚，无法出席埃米尔的落葬礼。但是她知道，让娜（她可能会被误认作是别家年轻的寡妇）和孩子们会站在人群当中，就在墓碑旁边的某个地方，而埃米尔生前所拍的他们的照片会和亚历山德琳的肖像一起，陪伴着他进入永眠。

亚历山德琳卖掉了一部分古董和油画，也卖掉了他们在梅塘的其余地产（位于铁路沿线和塞纳河之间的那些），只保留了他们在梅塘的家。埃米尔生前不曾（也或许没来得及）就财产分割做出安排，如今他不在了，亚历山德琳得确保让娜和孩子们生活无虞，也要确保丹妮丝和雅克长大以后会努力工作、自食其力，不因为他们的母亲可以继承遗产就心安理得地啃老。她和让娜讨论了哪些衣服和家具留在她这儿，哪些由他们娘仨拿走，还讨论了给埃米尔扫墓时要献什么花。

她仍旧每年都会去意大利，但她真正的家在巴黎，在梅塘的那间房子里。这里已经成了文人墨客的朝圣地。每年十月的第一个星期日，文学界的领军人物会坐火车到圣拉扎尔站，然后步行前往埃米尔·左拉的故居，向这位文学大师致敬。埃米尔去世两年后（1904年），有数百人参加了当年的纪念活动。孩子们无法亲眼目睹父亲的哀荣，亚历山德琳深以为可惜。十三岁的小雅克患有结核病，正在诺曼底的一家诊所接受治疗，亚历山德琳自己也在那里看过病，所以对诊所很是放心。她提醒让娜，要尽可能多地为雅克增加营养，两餐之间应该让他多喝牛奶、多吃鸡蛋。几天后，前来祭奠的人们陆续回家了，亚历山德琳便再次给让娜写信：

人们纷纷来向我们亲爱的英雄致敬，声势浩大，让人惊叹。可以想见，尽管孩子们的父亲溘然长逝，但他一定会名垂千古。将来有一天，孩子们或许会想尽办法了解他们的父亲为之奉献了一生的那些作
[197] 品。而我希望他们能够懂得，他们的身体力行同样维护着‘埃米尔-左拉’这个名字的荣耀。① 你在孩子们的身边，可以教导他们许多事情；遗憾的是，比我能够教给他们的终归要少许多——毕竟你不像我那样了解埃米尔，毕竟我和他曾共同生活了三十八年。

埃米尔的突然离世对你我来说都是个沉重的打击，而在痛苦之中，他的孩子给予我的情感让我感受到了莫大的幸福。我觉得那样的情感就好像来自埃米尔本人，这让我愈发珍爱那两个孩子，比我原先想象中的还要多得多。

---

① 丹妮丝和雅克因是私生子，原本随母姓罗兹罗，后经亚历山德琳同意，在1906年时改姓埃米尔-左拉。

第十站 /

地铁里的普鲁斯特

* 了不起的大都会地铁 *

1900 年 7 月 19 日（星期四），刚过中午，天就热得让人透不过气来了。老老少少、高矮胖瘦不等的百来个人站在一个小亭子面前——这个亭子是最近才出现在大军团大街上的。他们当中的一些人敏锐地意识到自己即将见证历史，所以不时要看一看表；其他人则因为碰巧经过，于是随大流排起了队，或者仅仅是因为好奇：为什么会有这么多人等着上同一间公厕？

一点整的时候，亭子间的玻璃门突然敞开了，一股浓烈的松脂芳香飘散到空气中。人群从玻璃顶棚下面经过，沿着木制的台阶往下，咔哒咔哒走到了亮着灯的柜台前。他们可以在柜面上兑换零钱，脸蛋标致的售票员小姐拿着车票，正微笑着静候在一旁。人们不无高兴地发觉这地下的世界是如此凉爽，有人高喊道：“让我在这儿过暑假也行啊！”在场的人纷纷表示了赞同。

他们换好零钱，从售票员的手中接过了票：那是一张张或是粉色或是奶白色的长方形卡片，背景上印着的可能是某座大教堂，也像一间发电站。人们没有逗留，赶紧又走下另外一段台阶，一阵仿佛从北极吹来的寒风像一只手，紧紧攥住了他们的喉咙。尽管气温相当低，但用来消毒和防腐的木馏油的气味仍旧相当强烈。人们的瞳孔在黑暗里放大了，很快在水族馆一般的幽暗照明下分辨出了通往远处的沥青路——他们的脚下是站台，站台两侧各有一个水泥浇铸出来的凹槽，
[202] 每个凹槽的底部架设着闪闪发光的金属轨道。身穿带有红色滚边的黑毛衣、衣领上绣着字母 M① 的工作人员走到昏暗的灯光下，警告大伙儿说一碰铁轨就会触电身亡。人们果然吓了一跳，直向后退了好几步。不一会儿，三节木制车厢便停在了大伙儿的面前，车厢的外部仿佛贴着瓷砖，在灯下闪着微光。

第一节车厢是二等厢，用的是美国西屋公司生产的电动马达。第二节车厢是头等厢，内有红色的真皮座椅。最后一节车厢则并无区分，乘客可以混着坐。车上的一切看起来都那样整洁，车厢面板上装饰着涂有红蓝二色清漆的巴黎市徽。车厢的最前部是驾驶室，站在玻璃挡板后面的两位司机仿佛博物馆里会动的雕塑：一人握着操纵杆，另外一人掌握制动器。用不了五分钟就会有下一班列车进站，但人们可没有那个耐心再等待，一股脑儿涌进了车厢。女士欣赏着开了槽的板式座椅和车厢里抛过光的木地板。男士飞快占好了座位，再一一殷勤地让给女乘客。

第一节车厢里的工作人员正试图盖过人群的喧哗做简介：“一百二十五马力——乘以二，等于二百五十马力！连续电流——六百伏！三相电流——五千伏！由拉佩码头②的工厂供电！”他话音刚落，列车便启动开进了隧道，乘客见铁轨上激起了巨大的蓝色火花，像一条条海豚精灵正为他们保驾护航。

“诸位感受到的寒冷是相对地面上的酷暑而言的。”工作人员继续说道，“所以穿了低胸连衣裙的小姐不用担心会着凉！”十几双眼睛立即盯牢了“低胸连衣裙”的主人。“我们不久就要拐一个大弯，然后进入香榭丽舍大街了！”工作人员说完，打开了通往下一节车厢的门，

---

① 大都会地铁（Métropolitain）的首字母。

② 得名自十八世纪曾驻留于此的法国海军部参谋长拉佩先生。

跨出了二等厢。

乘客不知道列车行驶的速度到底有多快，只能通过沿途忽然出现又迅速消失的昏暗隧道来判断。一位乘客捏着一张叠起来的纸，像念经一样读着一个个地铁站名：“马约门[①]站—奥布利加多站[②]—星形站—阿尔马站[③]—香榭丽舍圆环站……第一站应该是奥布利加多站……”大约两分钟后，又一段被灯光照亮的隧道从车窗外一闪而过，列车似乎加快了速度。在座的一名男青年说他在牌匾上看到了应当是站名的某个单词，但那块牌匾太短太小了，所以不大可能写着“奥布利加多站”，倒没准是“阿尔马站”或者“星形站”。这时又有人说：“奥布利加多站哪能那么快就到啊，还得有一会儿呢。” [203]

对面驶来了一辆列车，人们只见彩色的车身疾驰而过。他们所乘坐的列车反而减速了，停在一个灯火通明的中殿，站台上已经挤满了人。一个声音在车厢外面喊着车站的名字，穿着低胸连衣裙的女乘客尖叫起来：“是香榭丽舍大街！”她邻座的女青年则说：“从马约门站开过来只要八分钟。”“根本是一眨眼的工夫呀！真的太快了！”“低胸连衣裙”附和道。坐在她另一侧的男人却凑过来，神秘兮兮地说：“小姐，人只会嫌时间过得还不够快哩。”

没有一个人下车，倒是又有二十名乘客挤进了已经满满当当的车厢，列车上的温度于是升高了，终于令人舒适起来。先前的工作人员再一次出现在了二等厢。“我们错过了所有那些车站呀！”方才捏着纸条读站名的乘客不满道。工作人员带着笑：“总共十八个车站，八个

---

① 马约意为“槌球”，是旧时法国的一项体育运动。马约门是巴黎梯也尔城墙上的其中一道城门，原本是皇家狩猎场的所在地。梯也尔城墙上开有十七道城门，一一对应巴黎环城大道的各出口名称。

② 为纪念1845年英法联合舰队在维尔塔德－奥布里加多海战中重挫阿根廷联邦舰队，故名。

③ 为纪念1854年英、法、奥斯曼土耳其盟军在阿尔马河战役中击退俄军、奠定了克里木战争的局势，故名。

已经通车，其余的十个也会在9月1日以前开放。下一站：皇家宫殿站！”

有了这番说明，乘客可以在脑海中勾勒出大致的路线了：他们从香榭丽舍大街出发，前往协和广场，再穿过杜伊勒里花园——这样一想，大都会地铁仿佛益发神奇了！列车到达皇家宫殿站以后，因为实在拥挤，站台上的乘客只好等待下一趟车。他们随后到了卢浮宫（真是难以想象），经过了夏特雷广场和市政厅，在那里停了有半分钟。黑黢黢的圣保罗站在他们的眼前一晃而过，没多久，车轮发出刺耳的刮擦声，阳光重新洒进了车厢。回到了地面的乘客略有些不适应地眨眨眼——巴士底广场上蜗牛一样慢吞吞的车流倒成了西洋镜似的新奇景象。

列车一个震动，“哐啷哐啷”进了站。一位容貌端庄的女士情不自禁地咯咯笑起来。他们在途经里昂站、勒伊站[①]、民族站和万塞讷门站之后来到了终点。“请诸位下车！”

人们心满意足，呼啦啦涌出车厢，个个显得容光焕发。他们把印有“请在出口处统一投放”字样的车票塞进了一个小小的木箱，而空了的列车正沿着圆形大厅缓缓向后开走。乘客爬上台阶，经过另一座玻璃顶棚，发现自己已身处市郊——这里的小屋脏兮兮的，树木灰扑
[204] 扑的，让大风刮得东倒西歪。人们在人行道上停下脚步，你看看我，我看看你，异口同声地说：“我们还是回地铁站吧！”

当他们从笑眯眯的售票员手中拿过返程的车票时，载他们前来市郊的列车也已经完成了又一次越城之旅，正在另一侧的站台上等待他们——只需二十七分钟，他们便能重新回到巴黎的市中心了。所有的人都表示：从现在起，他们要尽可能多地坐大都会地铁。

---

① 得名自法兰克国王达戈贝尔特一世（602—639）废黜王后贡马图德的勒伊宫。达戈贝尔特一世是最后一位拥有实权的墨洛温王朝君主，亦是第一位葬于巴黎圣但尼圣殿的法国君主。

* 令人惊叹的便利 *

马塞尔·普鲁斯特曾是贵妇沙龙上出手阔绰的常客，是偶尔在报纸上发表优美文章的作家，也是拥有奇特审美观的收藏家。他常常像一尊狮身人面像那样，在散发着鸢尾花香气的洗手间里一坐就是很久。洗手间的门敞开着（因为普鲁斯特怕听不到电话铃声），窗也敞开着，楼下洗衣房的味道和沿街七叶树的花粉便从窗口飘进来，照理说对呼吸道不好，普鲁斯特却顾不了那么多了。他坐在那里，回忆起他从别的卫生间里看到的场景：从前住在伊利耶-贡布雷[①]的姑妈家时，从卫生间可以望见外面已然变作废墟的教堂塔楼。他童年时的卫生间[②]可以俯瞰香榭丽舍大街上的小亭子，亭子的墙壁泛着雪白的光泽。还有他亲爱的妈妈——妈妈的卫生间[③]里有一扇天窗，从镜子里看天窗，朵朵白云映在洗手池之上，一时分不清哪个是窗，哪个是镜。那时还没有抽水马桶，他们必须从厨房接水，再一路端到卫生间，可能被绊倒，连带着打翻水盆——如今这样的危险自然早已成了历史。哪一间设备齐全的公寓没有抽水马桶呢？只要拉下镀了镍又镶了象牙的青铜把手，就能瞬间把马桶冲干净，装在墙上的水箱也会很快又蓄满两公升新鲜的自来水。

卫生间是普鲁斯特的公寓里唯一可以听到外界声音的房间。在其他任何地方，噪音都会让他分心，但是在这里，噪音使他陷入了一种

---

① 伊利耶是普鲁斯特父亲的家乡，普鲁斯特在《追忆似水年华卷一·在斯万家那边》中以伊利耶为原型，称他笔下的小城为“贡布雷”。1971年，法国政府为纪念普鲁斯特，将伊利耶改名为伊利耶-贡布雷。

② 普鲁斯特的童年、少年和青年时代都在马勒泽布大道9号的寓所度过。这条大道紧邻着玛德莲教堂，再往前就是香榭丽舍大街。大道得名自法国政治家、助理法庭长官兼皇家总审查官、路易十六受审时的辩护律师纪尧姆-克雷蒂安·德·拉穆瓦尼翁·德·马勒泽布（1721—1794）。

③ 卫生间在十九世纪末到二十世纪初的法国刚刚普及，是干湿分离的，通常与主卧相连；而当时的人还没有养成在浴室洗澡的习惯。

愉快的半冥想状态。汽车的喇叭声好像简单的旋律，普鲁斯特的脑海中自动浮现起了这样的文字："起来吧！去乡间吧！让我们到郊外去野餐！"[①]街上传来的阵阵汽油味让他想起了杨柳荫，想起了为潘哈德汽车[②]的轻柔引擎声伴唱的淙淙小溪。

他的卫生间就像他在丽晶酒店的固定餐桌一样，是为他与众不同的日常生活设计的。普鲁斯特每二十四小时进食一次，如果可能的话，每次都吃同样的东西：一副烤鸡翅、两只奶油蛋[③]、三个牛角包
[205] （永远来自同一家面包房）、一盘炸土豆、一小串葡萄、一杯咖啡、一瓶啤酒。大约十小时后，他会再喝一大杯维琪矿泉水。他很少因为其他的缘故（譬如盥洗）到卫生间来。等食物在体内完成了迂回的旅程，善后的工作则要交给英国出产的马桶。如今，几乎所有的家务神器都说英语（不管是英式英语还是美式英语）：歌剧院广场上的梅普尔公司[④]和嘉布遣大道上的利宝百货公司[⑤]卖现代风格的家具、法国吸尘器公司（"真空清洁"）顺带出售覆盖整个楼面的地毯、美国雷明登父子公司专营打字机、美国风神公司销售风靡一时的自动演奏钢琴……

巴黎地铁通车的那天，普鲁斯特恰好在威尼斯，躺在穿过大运河的贡多拉[⑥]上，看到母亲站在达涅利饭店的窗前，他便向她挥手致意。他已经搬回了父母亲在库尔塞勒路[⑦]45号的新公寓。不久，安特卫普[⑧]-星形站也通车了，但在普鲁斯特看来，前往巴黎市中心的地

① 普鲁斯特后来在他的作品中写下过这样的话："巴黎人，起来吧！起来吧！到郊外去野餐；到河里去划桨！和漂亮姑娘去到那树荫下！起来吧！起来吧！"（《追忆似水年华卷五·女囚》）

② 指潘哈德-勒瓦索机械公司生产的汽车，是法国乃至世界汽车工业的开山鼻祖。

③ 又称法式小盅蛋，由整只鸡蛋、奶油、黄油、盐和胡椒烹制而成。

④ 英国知名的家具零售商，也是复制古董家具的专业公司。

⑤ 伦敦老牌百货公司。

⑥ 威尼斯特有的黑色平底小船，装饰华美，两头高翘呈月牙形。

⑦ 因该路段通往附近的库尔塞勒村而得名，现位于巴黎市郊西北部的勒瓦卢瓦-佩雷。

⑧ 为纪念1832年法军在安特卫普之围中击败荷兰军队，故名。

铁站还是离家太远。大约一年以后（1903 年 8 月），因为列车在隧道突然起火，八十四名乘客被困皇冠车站。但是他们拒绝离开，除非地铁方面同意退还他们每人十五生丁的车资，车站内因此发生了踩踏，另有部分市民窒息而死，成了第一批因地铁事故遇难的乘客。事故发生时，普鲁斯特正准备到埃维昂[1]和母亲汇合，并要冒险（对他来说）搭乘缆车前往蒙特维冰海[2]。三年以后，他的父亲和母亲相继去世了，他于是搬到了奥斯曼大道 102 号的公寓，那里很是嘈杂、尘土飞扬，却是新造好的，也是母亲生前唯一替他看过的一处公寓。“要搬到妈妈连听都没听说过的房子里——我哪能狠得下心呢？”普鲁斯特如此说，他的这间新公寓距离两年前通车的圣拉扎尔地铁站还不到三百米。

要不是邻居家的电工、水管工和地毯安装工人实在太吵，他本来是能听到奥斯曼大道底下地铁一、二号线的挖掘工作的，施工方是一家叫作“北南地下电气铁路”的独立公司。

北南公司对于巴黎大都会地铁而言，就像高档的梅普尔公司之于巴黎本地的乐蓬马歇百货[3]，又或者像丽晶酒店之于流浪汉收容所。北南公司用的是美国制造的汤姆森马达，通过不断轻触架空线的导电弓来供电。列车的一等厢被涂成了柠檬黄色以及正红色，二等厢则采用了海蓝和亮蓝色的组合。在圣拉扎尔站的转乘通道，巴黎大都会地 [206]
铁的乘客走进的是一个迷人的世界。在那个世界里，“交通运输”仅仅是托词，所有的装修细节都展现了极为良好的品位：车站的名称用马赛克拼贴而成，盥洗室的入口饰以了精美的锻铁和瓷砖。圣拉扎尔站的售票厅也相当出名，它那彩色的圆柱和彩砖砌成的拱顶与丰特夫罗

① 全称埃维昂莱班，意为“浴场水城”。埃维昂又译作“依云”，是著名的依云矿泉水的产地，也是法国东部上萨瓦省著名的旅游胜地。后在此地签订有《埃维昂协议》（法国承认阿尔及利亚独立）。

② 位于法国阿尔卑斯山勃朗峰北坡。

③ 巴黎的一家百货公司，意为“好市集”。

修道院[①]的极为相似，使人不由暗自联想：阿基坦的埃莉诺[②]、“狮心王”理查一世和其他安葬在了丰特夫罗的人没准又活了过来，正装扮成现代巴黎人的模样，预备搭乘地铁前往巴黎另一头的修道院香草园，或者是对抗萨拉森人的要塞[③]。

1906年时，三十五岁的普鲁斯特还没有获得了不起的文学成就，却已经对现代生活的规律再熟悉不过了：一个人可能对每天生活在其中的环境感到陌生，对旅行指南和画册所描绘的“远方”却像无需见面也能维持友谊的老朋友一样熟稔。在普鲁斯特看来，大都会地铁仿佛威尔斯[④]描绘的幻想世界，列车经过时那巨大的动静就连家里天花板上的蜘蛛也感受得到。而巴黎地铁之于普鲁斯特，正如吉萨大金字塔之于开罗人——只闻其名，未见其形。普鲁斯特通常是没法离开公寓的[⑤]，所以在几乎所有人都坐过了巴黎地铁（其单日行驶的公里数超过法国铁路线的总长）以后，马塞尔·普鲁斯特却依旧连地铁站的大门都没靠近过。据我们所知，他甚至从没写下过“地铁”这个词，他的朋友也从来不提地铁这回事。八月份的时候，普鲁斯特曾试图到拉雪兹神父公墓，为的是参加舅舅的葬礼，但他在圣拉扎尔火车站坐了两小时，也喘了两小时，不得不靠喝咖啡（咖啡因）来刺激他那又犯了病的肺，然后一步一挪回到了公寓。九月份的时候，他被听上去就

---

① 坐落在法国中西部的曼恩－卢瓦尔省，历史上受安茹伯爵保护，后来金雀花王朝把此处变为了皇家陵墓。法国大革命后，建筑主体被改建为监狱。2000年起列入联合国世界遗产。

② 阿基坦的埃莉诺（1122—1204），法国及英格兰王后，先嫁给法王路易七世（1120—1180），婚姻被宣判无效后和英格兰国王亨利二世（1133—1189）结婚，亦是“狮心王”理查一世（1157—1199）的母亲。

③ 应指地铁贝尔西站。

④ 赫伯特·乔治·威尔斯（1866—1946），英国小说家、政治家、历史学家，被称为“科幻小说界的莎士比亚”。

⑤ 普鲁斯特自幼体弱多病，患有严重的气喘，自称不能接触屋外的空气，所以常年足不出户。

很有异国情调的地名“佩罗斯–吉雷克①”和“普洛埃梅勒②”吸引，满怀壮志，宣布要去布列塔尼游历一番。结果他刚到巴黎西南郊的凡尔赛就结束了旅程，在水库大饭店登记入住，直到十二月给一位老朋友写信时还住在那里：“我在凡尔赛待了四个月，但我真的在凡尔赛吗？我常想，我住着的房间门窗紧闭，依靠电灯照明，它是不是在凡尔赛以外的其他地方？四个月了，我没有看到一座孤零零的喷泉，也没有看到哪怕一片飘在泉水上的枯叶。”

后来他计划到诺曼底旅行。他仔细研读了各类指南和地名词典，[207]
在信里缠着朋友索取租房的相关信息。他曾经向自己保证：如果能觅到理想的房子，可以在滨海特鲁维尔③附近的某个地方度过一段安静的假期，那么他一定要设法找来各种消遣，偶尔坐封闭的小汽车四下游览。但是特鲁维尔也没能去成，只留下一段因为不曾发生所以近乎完美的回忆：

> 要舒适、干燥，不能在树林里……如果可能的话，要通电，要新，不蒙灰也不潮湿（现代风格的房间才能保证我呼吸畅通）。我只需要主卧、两间佣人房、饭厅外加厨房。浴室有的话当然好，没有也不要紧。客厅毫无意义。但卫生间多多益善。

神奇的电话

第二年夏天（1907年），普鲁斯特终于来到了诺曼底的卡堡度假

① 布列塔尼大区阿摩尔滨海省的一个市镇。佩罗斯意为“山坡尽头”，吉雷克则是为纪念跨越英吉利海峡前来宣教的威尔士神父吉雷克（？—547），他在当地建起多所修道院、广施善行，后被公认为是天主教圣人。

② 意为“教区土地”，是布列塔尼大区莫尔比昂省的一个市镇，相传由威尔士修道院院长圣阿梅勒（482—552）所设。

③ 法国诺曼底大区卡尔瓦多斯省的一个市镇，濒临大西洋。

村，这让他自己和佣人都吃了一惊——毕竟管家[1]和男佣已经习惯了普鲁斯特颠倒的作息，也跟着日落而作、日出而休。普鲁斯特之所以选择卡堡，是因为他曾和母亲在那里度过了漫长而难忘的假期，何况卡堡大酒店也能够满足他的各项需求。他在酒店顶层的套房里给朋友写信道："我在床上整整躺了一年了。"经过一番简短的计算后，他又纠正了这个说法："今年我下了五次床。"

这个数字稍稍有点夸张。三月份的时候，他探望了食物中毒（吃了不新鲜的牡蛎）的朋友。四月份的时候，因为邻居家安装马桶，丁零当啷吵个不停（"那位夫人一直在换坐便器，大概是始终都不够宽。"）他便在丁零当啷的间歇走上阳台，呼吸新鲜空气。此外，他还参加了三个晚宴，为商讨某篇文章到报社去了一趟，算上他的卡堡之旅，今年他总共下了七次床，可喜可贺。

如果要在巴黎"出远门"，只需一通电话，司机就会奉命等在楼下，普鲁斯特要做的仅仅是走到街上而已。但即便如此，他也可能在
[208] 出门或者进门的时候迷路。他的母亲还健在的时候，总要留心听门外的地板是不是嘎吱作响——如果是，那说明儿子平安到家了。两年前的某一晚，普鲁斯特下了出租车，走进公寓里的"电锑"（他总是拼错这个词），却险些犯了非法侵入住宅罪："我心不在焉，按错了楼层，坐电梯到了五楼。我试着坐回三楼，但怎么也办不到，只好又跟着电梯回到五楼，从那儿走楼梯下来，可是走错了人家，差点硬闯图沙先生家的门。"图沙先生是不动产信贷银行的秘书长，就住在普鲁斯特家的楼上。

还有一次，普鲁斯特坐"电锑"来到街上，右转，朝有着拜占庭式圆顶的圣奥斯定堂迈步，然后右转、再右转，往巴黎春天百货公司

① 塞莱丝特·吉内斯特-阿尔巴赫（1891—1984），因丈夫奥迪隆是普鲁斯特"御用"的出租车司机，塞莱丝特在机缘巧合下成了普鲁斯特的管家兼秘书，忠心耿耿，十分称职，在普鲁斯特去世半个世纪后协助出版了传记《普鲁斯特先生》（1973）。

的圆顶阁走，在兜了一个一公里长的三角形后发现自己又回到了起点，却认不出哪一扇才是自家公寓的大门了，摸索到第三次才找对。

相比之下，打电话和接电话要简单得多。普鲁斯特还在卡堡的时候，和朋友的联系自然时断时续，因为省际的交换机晚上九点就关了。但如果他在巴黎，朋友想找他，只需请接线员输入那串神奇的数字 29205，便能接通普鲁斯特的门房，而门房会派人往三楼送信。只要电话线是连着的，只要普鲁斯特在床上或卫生间听到了好似抽陀螺一般的电话铃声（他不喜欢寻常的那种叮铃铃的电话铃），朋友们就能在第一时间和普鲁斯特说上话，仿佛见到了他本人一样。在电话里与人交谈不啻一幕幕小型的戏剧。普鲁斯特为了逗朋友高兴，还专门记下过一部分对话内容：

> 送信的人跑上楼，说你想和我通话。我冲到电话机边上。“喂？喂？”（没人接听。）我让接线员拨回去……打不通。我请她拨 56565，她照做了，电话占线。我让她再拨一次，还是占线。就在这时，你的电话来了，秘书替你传话：“德·克鲁瓦塞[①]先生想知道您今晚是否……”我猜在那一刻，你向秘书打了个手势——某个更令你愉快的邀约出现了，所以你改变了主意。电话的那一头随即沉默下来，然后挂断了。我让接线员继续拨，她说号码不对。我坚持让她拨，一遍不行就再试一遍。

把身处异地的人们联结起来的接线员通常是隐形的，她们的话语也总是简明扼要（因为她们的报酬与接通的电话数量直接挂钩）。然而那一天的接线员一反常态，对普鲁斯特说了这样一长串颇有见地的话：“我个人认为，德·克鲁瓦塞先生已经断开了电话线，以免您打扰到 [209]

① 弗朗西斯·德·克鲁瓦塞（1877—1937），法国剧作家。

他。您当然可以接着试，但哪怕打到凌晨两点也不过是在浪费时间。”

尽管还没有坐过巴黎的地铁，但普鲁斯特打了那么多通电话，携带他话语的铜线和地铁一样穿梭在巴黎的地下。他还写了那么多封信，他的文字早已传遍了巴黎长达四百五十公里的气动邮政网[①]。能用科学原理加以阐释的电话在普鲁斯特看来始终是那样神奇。如果让他以此为背景创作一部小说的话，他肯定要花很长的篇幅对电话大写特写：因为打电话引起的各种误会、在电话里假扮成他人的损友、忽然串线所以莫名加入对谈的陌生人等等。在无法看到外表的情况下，电话对一个人的音调乃至某方面个性的凸显会变得难以忽略——普鲁斯特就曾经在电话里被误认为是女人[②]。也由于打电话聊完了所有无关紧要的事，普鲁斯特写给朋友的信虽然更长、更频繁了，却不再显得鸡毛蒜皮。他还向朋友抱怨说：“你信里的内容太琐碎了，大可以在电话里就告诉我。”

因为普鲁斯特对打电话和写信留言的无比热爱，就连他的管家也被迫练就了“短话长说”的本领：“普鲁斯特先生请我致电亲王夫人，但由于始终无人接听，我还未能成功拨通电话，所以谨记下这条信息，因为普鲁斯特先生实在急于知道——那口蛋奶酥是否让亲王夫人身体不适？”

怒气冲冲的读者给报社写信，指责电话效率低下。与这些读者不同，普鲁斯特对电话这项神奇的发明报以了尊重，对凡是打错或暂时接不通的电话也保持了相当的耐心。他在《费加罗报》上写道：“我们用埋怨填满报纸的专栏，觉得被称为‘电话’的魔术变得还不够快，

---

① 是通过压缩空气或部分抽成真空来推动圆柱形容器通过管网的系统，在十九和二十世纪早期被用来在相对较短的距离内传送小型、紧急的包裹，如邮件和现金等。

② 普鲁斯特家学深厚，气质内向而敏感，对母亲让娜·克莱门斯·韦伊－普鲁斯特（1849—1905）十分依恋，学界普遍认同他有男同性恋倾向的这一说法。

因为往往好几分钟过去了，我们却依然没有看（听）到希望与之交谈的、仿佛无形但确实存在的朋友来到身边。……我们就像童话故事里的人物，巫婆已经答应实现我们的愿望，我们在被魔法点亮的水晶球 [210]
里看到了自己的心上人，她的模样是如此生动，或者正在翻看书籍，或者正在暗暗垂泪，也或者正在采摘鲜花——我们以为她就在触手可及的地方，但魔法消失以后才发现，她距离我们其实那样远。”

在普鲁斯特的心中，每一次和没有实体的声音对话都可能预示着永远的分离。已然成为日常表达的客套话“很高兴听到你的声音”却让他充满了忧愁和焦虑。好多年以前，因为他不肯用电话，母亲还为此责备过他。他到现在都记得母亲的声音，又嘶哑又独特，保存在他的记忆里，就好像是通过地底的电话线传到他的耳边似的：“你欠被你抹黑的电话一个道歉！明明是样好东西——你却鄙视它、嘲讽它、拒绝它，将来一定会后悔的！哎，我想透过电话听听我可怜的小狼的声音，也想让我的小狼听见我呀！”

* 不可或缺的药剂师 *

每一种现代便利设施如果做到极致，就会是它最理想的样子（不管这在现实中是否可能发生）：随时可及的开关、永不抛锚的汽车、从不断线的电话等等。但也只有当这些便利设施出现了故障，其他的发明才可能应运而生——如果一切便利设施都像广告里宣传的那样完美无缺，别的出人意料的发明也就不会存在了。

> 私人剧院不是梦！
>
> 加尼叶歌剧院、巴黎喜歌剧院、综艺剧院、新剧院……每月仅需六十法郎，可随时畅听各项演出（供三人同享）。欢迎咨询电话歌剧公司。地址：路易大帝路23号。电话：10103。
>
> 可按需试听。

起初，所谓的“电话歌剧”令普鲁斯特很是失望。《佩利亚斯与梅丽桑德》① 的现场表演经过传声筒的扭曲，就仿佛贵重的包裹让邮差弄脏乃至砸坏了一样。《田园交响曲》② 也太轻了，听在普鲁斯特的耳中和听在失聪的贝多芬的耳中大概是一个音量。《纽伦堡的名歌手》断断续续的，就仿佛录音的人纯粹是从字面意义上理解了波德莱尔对瓦格纳作品的评价：“如同在文字中一样，音乐中也总要留一点空白，
[211] 待听众自行用想象力加以填补。”可矛盾的是，如果没有这种断断续续的空白，“电话歌剧”所播放的演出又会失去让人全神贯注的魅力：普鲁斯特不会想象自己正在乐队席里奔忙，在乐师“缺席”的时候替他们演奏每一种乐器，直等到收音的人又打起精神（就仿佛表演者不知从什么地方返回了乐队席），重新续上之前的空白。

和“电话歌剧”一样，人的头脑也可能出现故障和空白。巴黎第九区的药店常常开到深夜，彩色的玻璃罐在煤气灯下闪闪发光，动作优雅的魔术师穿着白大褂，借助科学的手段配比出只有经过精确测量才起作用的药剂。这些药剂为普鲁斯特带去了慰藉，它们帮助他进入睡眠（巴比妥类药物“佛罗拿”、缬草、三乙眠砜，乃至是他曾向母亲推荐过的海洛因），也帮助他保持清醒（咖啡因、硝酸戊酯、纯肾上腺素）。在某些由药剂引发的半睡眠状态下，当窗外的电车声和街头的叫喊声盖过了百货商店的喧嚣、进而传到普鲁斯特的耳中时，他的大脑已然改写了这些噪音。在药物的作用下，普鲁斯特的大脑仿佛一个自作主张的接线员，她开始随意地接通电话，唤醒从前的记忆，为嘎吱嘎吱响的地板和滴答滴答走的钟表配音，又好像召集了一场几十个人同时发言的聚会，这些人不断重复自己说过的话，抑或低声喃喃着没人能听清的事。

---

① 法国作曲家阿希尔 – 克洛德 · 德彪西（1862—1918）的一部五幕十二场的歌剧。

② 即《F 大调第六交响曲》，是德国作曲家路德维希 · 范 · 贝多芬（1770—1827）的代表作之一。

即便如此，有些药能不用最好还是不用，譬如可卡因。注射可卡因难免令人形容枯槁，合理饮食和仪容打理则可能让人焕发青春。普鲁斯特因此打了个比方，说“（可卡因）是驶向早衰的特快列车，而回程的列车（注重健康）与之并行，速度同样很快，方向正好相反。”可是药剂师配的药，其效果远没有这么简单，它们常让普鲁斯特在精神世界里浮浮沉沉，体会着生生死死，一次又一次做着往返时空的旅行。当药性褪去，门和家具不再看似扭曲晃动的时候，普鲁斯特总要惊讶地发现：他依然躺在三楼的那张床上，依然在巴黎第九区的公寓里。

在做好了隔音（墙壁上加装了软木贴面）又十分昏暗的寓所，普鲁斯特感受着岁月的流逝。他坐在用枕头和套头衫堆成的小窝中央，给朋友写长长的信，给管家留长长的言。在他写文章以及发表评论的同时，巴黎的地铁已经越发完善起来。

1908 年，普鲁斯特开始创作他的“巴黎小说”（他有些担心自己动笔得太晚了），而巴黎已然有了近六十公里的地下隧道和九十六座 [212]
地铁站。新地铁线路的开通成了正常生活的一部分，报纸甚至不再费心报道。最初的大都会地铁成了昨日的记忆，可能造成乘客呼吸困难的山毛榉枕木被实心橡木所替代。1909 年，拉雪兹神父站的自动扶梯每秒可前进三十公分，这使得原地不动的旧楼梯变得让人难以忍受。所以数百座自动扶梯在地铁站建了起来，自从有了它们，回到地面甚至要比下到地底更容易。照明设施也得到了改善，在地铁里阅读书报已经不成问题。受不了其他人体味的乘客可以往一个小仪器里投币（每次十生丁），再把手帕凑到龙头底下，转动手柄，便能接到好闻的没药[①]或者依兰油。地铁站里还设有体重秤，上面刻着“知道体重——了解自己”。墙上的漫画则时常更新，譬如直接为巧克力制造

① 又称末药，产自古代阿拉伯及东非一带，萃取自没药树，常被制成芳香剂、防腐剂和止痛剂。

商提供牛奶的奶牛、把肝脏捐给贫血之人的鳕鱼、收听留声机节目的混种狗等等。

事实证明，对巴黎人从此只追求速度而不再动脑的担忧是多余的。地铁为人们更好地开展社交提供了便利，并以毋庸置疑的效率满足了他们的出行需求。所以音乐厅才会上演朗德里的《地铁里的小女人》，又或者德哈南[1]的《我码头上的窟窿》[2]。普鲁斯特偶尔也会前往音乐厅，在劳动人民歌颂地铁的时候坐在包厢里——烟气从底下的池座袅袅地升上来，哪儿的烟草味最重，他就待在哪儿。地铁确实缩短了人们通勤的时间，巴黎的工人和生意人为每天早上能在床上多躺几分钟而格外高兴。一号线开通不到十年，人们就已经无法想象没有地铁的巴黎会是什么模样了。对于各地的游客和重返巴黎的居民来说（他们当时还不知道），在不久的将来，巴黎的地铁里会日复一日地上演“普鲁斯特时间”。

不厌其烦的药剂师配好了魔药：旧的汗水蒸干，又淌下新的汗水。用作溶剂的那一点点水静置得够久了，不再新鲜。除了工业用的润滑油和清洁剂，空气里飘散着乙醚的廉价气味，还有碳氢化合物、羧基以及（最主要的）天然戊酸的味道。这种戊酸可自缬草中提取，类似羊齿蕨和温暖的人体的气息。注射了缬草药剂的普鲁斯特会在昏
[213] 睡后陷入异想的世界，缬草也让他的公寓里充斥着异味，会令一部分访客掉头离开，冲回巴黎的地铁站——倘若普鲁斯特知道了，应当会感到惊讶吧。

* 天空中的飞行器 *

又过了十年，普鲁斯特的“巴黎小说”终于快写完了——《追忆

① 原名阿尔芒·梅纳（1869—1935），法国喜剧歌手、音乐剧及舞台剧演员。
② 指地铁隧道。

似水年华》[1]里所描述的那个世界正连同法国北部坑坑洼洼的田野一道逐渐消失，但小说本身那让人惊叹的晦涩、迂回而完美的句法，以及令人困惑的文学效果和民航飞机还有相对论一样，属于崭新的二十世纪。

作者普鲁斯特好像生活在了另一个维度。在那个维度里，秒针的转动和时针一样缓慢。所以到丽晶酒店就餐的时候，普鲁斯特依旧穿着衣领挺括的白衬衫，他的皮鞋依旧是在“老英格兰”商店定做的，晚礼服则出自“威尼斯嘉年华”的裁缝之手。曾替他的父亲理发的师傅专门为他打理仪容，替他那薄薄的胡须上了一层蜡，虽然过于老派，却显出一种无可挑剔的尊贵，让酒店的侍应生益发殷勤起来。他的司机还是开着那辆老雷诺（普鲁斯特拒绝更换现代车型），等在酒店的外面。除了几名穿着军装的客人和饭桌上偶尔谈到的缺煤的问题，战争[2]对丽晶酒店似乎没有造成任何影响。

一年以前，空袭警报响起的时候，普鲁斯特曾和其他客人来到酒店的阳台，看见了自 1916 年 1 月以来第一架从巴黎上空掠过的德国飞机[3]。勒布尔歇机场的探照灯把那场空中的混战照得格外分明：天上的星宿和飞机一块儿闪烁着又爆裂开，仿佛以苍穹为画布，分毫不差地还原了格列柯[4]在《奥尔加斯伯爵的葬礼》中描绘的世界末日。哥达式轰炸机投下炸弹的那一天，普鲁斯特走在黑暗的街头，正快快乐乐地往家里赶。管家在他的帽沿上发现了一些金属碎片，大喊一声：“哎呀，先生，您没有坐车回家啊！”他反问道：“今晚的夜色太美了，

---

① 全书以其长度及意识流手法而著称。在普鲁斯特的笔下，时间可以做无限的铺陈，也可以随意被压缩，过去、现在、未来颠倒交叠、相互渗透。

② 指第一次世界大战（1914—1918）。

③ 1916 年 1 月 29 日，德国齐柏林飞艇首次轰炸巴黎。

④ 埃尔·格列柯（1541—1614）意为“希腊人”，原名多米尼克斯·希奥托科普罗斯，西班牙文艺复兴时期画家、雕塑家与建筑家，其画作以弯曲瘦长的人物身形为特色，用色怪诞而变幻无常，融合了拜占庭传统与西方绘画风格。其中，《奥尔加斯伯爵的葬礼》被公认为是格列柯最杰出的作品。

为什么要坐车呢？”

1918年1月30日，因为渴望听到不是由“剧院电话”播放的真
[214] 正的音乐，普鲁斯特接受了侯什富科伯爵夫人的邀请，到她位于穆里罗路①的家中欣赏鲍罗丁②《D大调第二号弦乐四重奏》的私人表演。当晚，客人要离开时，防空警报呜呜呜地响了起来。已经十一点半了，德国人的轰炸机中队利用异常明朗的夜色，高高飞过贡比涅以北的法国防御工事，把炸弹投到了巴黎的东北郊。普鲁斯特的专职司机那天正好告假，临时顶替他的司机师傅一时半会儿发动不了那辆老雷诺。鲍罗丁凄美而庄严的《夜曲》仿佛还在耳边回荡，也因为不愿再和侯什富科伯爵夫人进行一次告别，普鲁斯特便在司机摆弄发动机的时候站在路边。不时有人从他的面前跑过，冲往四百米开外的地铁站避难。

哥达式轰炸机执行完了任务，再度越过巴黎的上空。一次次爆炸声清晰可闻，甚至可以分辨出炸弹落在了哪一个街区。老雷诺的引擎吭哧作响，车总算发动起来了。普鲁斯特爬上座位，和司机一道沿着穆里罗路缓缓向前。

他们穿过蒙索路，正朝着墨西拿大街③行驶，发动机发出不详的声响，很快停止了转动，雷诺又熄了火。此时他们离地铁站仍然很近，可以到库尔塞勒站或者米罗梅尼尔站④躲避空袭。但异常执著的司机忙着对付引擎，普鲁斯特本人则对空袭素来没有半点恐惧。他所住公寓楼的底下有防空洞，但想必布满了灰尘又十分潮湿，所以他一

---

① 以巴洛克时期的西班牙画家巴托洛梅·埃斯特班·穆里罗（1618—1682）命名。

② 亚历山大·波菲里耶维奇·鲍罗丁（1833—1887），十九世纪末俄国主要的民族音乐作曲家之一。他的《D大调第二号弦乐四重奏》的第三乐章（《夜曲》）被改编成了管弦乐曲单独演奏，曲调柔婉抒情。

③ 得名自意大利的同名城市，是巴黎欧洲区的一部分，其中的街道均以欧洲各主要城市命名。

④ 以当时的司法部长、米罗梅尼尔侯爵阿赫曼·托马·伊（1723—1796）命名。

次都没有去过，自然也不会知道该怎么去那里。

一辆辆消防车沿着大道疾驰而过。普鲁斯特想到在黑暗中挤挤挨挨躲在地道里的巴黎人，就和罗马殉道人墓窟里的基督徒一样。他也想到某些朋友的话，说当炸弹落下来的时候，巴黎的男男女女藏身一片漆黑的地铁站，为了满足最原始的欲望而抛掉了小心翼翼的礼节。他曾在小说(《索多玛和蛾摩拉》①)里做过相关的描述："当从天上来的怒火降临这座二十世纪的庞贝城②时，一些人躲进了地下的回廊，知道他们在那里不会孤单。黑暗像一种全新的元素，它辐射万物，消灭了为享受愉悦而需遵守的初步礼节——人们单刀直入，闯进通常要花更多时间才能抵达的爱抚的领地。" [215]

普鲁斯特对自己说：总有一天(或者总有一晚)，他要亲眼看一看那些地铁里的"秘密仪式"。

在离圣拉扎尔路还有六、七条街的地方，他听到了好似小提琴滑奏的刺耳声响，随即便是窗玻璃被炸碎的声音和某栋建筑轰然倒塌的巨大动静。他依然在老雷诺的旁边等候。司机也依然徒劳地转动着手中的曲柄，那吱吱作响的金属音色模仿着从E大调到升A小调之间的音程，让普鲁斯特仿佛又听见了优美的《夜曲》。也或许，鲍罗丁的《夜曲》从未停止演奏，只需他保持静默就可以听到。鲍罗丁写下《第二号弦乐四重奏》的时候，似乎已经预见了电话的发明，所以这首作品才像打电话一样，充满意料之中的间断和停顿——听，大提琴独奏像远处的爆炸声一样渐弱，但在片刻的等待后又推进到了下一个乐段。这演奏既带着遗憾，又像是对遗憾的补救，它难免一丝动摇，可同时显得异常平静，仿佛一个人在封闭且危险的地方却意外能顺畅地呼吸一样。接连而至的轰炸声是交响乐的伴奏，提醒着人们困难终

---

① 指《追忆似水年华卷四》。索多玛和蛾摩拉是《圣经》所记载的两座城市，据信位于约旦河东岸、死海以北，因城中之人干犯淫乱，被耶和华降下天火毁灭。

② 古罗马城市，于公元79年被维苏威火山爆发时的火山灰一夜覆盖。庞贝的词根意为"五"，可能是因为此地最初有五个村落。

究会被克服，也鼓舞着普鲁斯特：他今生的事业必将按时达成。

老雷诺的引擎轰隆隆响了起来。片刻之后，他们就回到了奥斯曼大道 102 号。普鲁斯特下了车，一颗炸弹在五百米开外的雅典路上轰然引爆。普鲁斯特请司机一道上楼，说他可以在客厅里将就一晚。但是上了年纪的司机师傅似乎耳背得厉害，他说：“我得回格勒纳勒了。刚刚那都是假警报，根本就没有炸弹落在巴黎。”

第二天，普鲁斯特躺在床上，读着报，报上说昨天的空袭警报响起之后，上千巴黎市民曾赶往地铁站避难，却发现那里大门紧闭。因此警察总署有令，即日起每逢空袭，巴黎所有的地铁站必须彻夜开放。

1922 年春天，普鲁斯特生前的最后一部小说《索多玛和蛾摩拉》出版了。[1] 读者当然要花一点时间才能习惯普鲁斯特的写作手法：一
[216] 开始，他那貌似散乱的文体难免让人迷失方向。普鲁斯特曾经放话说，他的作品可不是“坐在车上就能随便读完”的。不过他的读者显然要比他与时俱进，他们对在现代交通工具上阅读用现代手法写成的小说情有独钟。当普鲁斯特得知自出版之日起，巴黎人就在公共汽车、有轨电车乃至地铁上读《追忆似水年华》时（所谓的“普鲁斯特时间”），倒是有些受宠若惊了。巴黎人太过于专注《追忆似水年华》里的内容，完全无视了邻座的存在不说，等他们读完一句抬起头来，才发现自己竟然坐过了站，不得不下车走到对面的月台，等待下一趟列车把他们带回原本的目的地。

① 《追忆似水年华》共分七卷，后三卷在普鲁斯特逝世后得以出版。

第十一站 /

圣母院方程式

对于少数热衷于探秘的人来说，他们在巴黎的户外冒险便是带着使命穿过圣母院广场，而他们的室内活动（尽管有传到走廊上的烟气和从门缝里透出的奇异灯光为证）则完全让他们的邻居摸不着头脑。正值一战期间，这群热衷于探秘的人发现了这个世界那既微妙又深刻的变化。 [219]

他们所崇尚的赫尔墨斯[①]古学仅仅用人类能够理解的语言定下了最基本的守则，因此即便他们要发表更具体的见解，也很难拿出什么实际的证据。如果他们愿意（或者能够）在日常生活中应用他们所掌握的学识，或许会指出一些看似微不足道的现象：譬如一天当中的某些时刻，落在特定建筑物上的光线会发生改变，譬如鸟类筑巢的习惯也会随之产生变化，又譬如当巴黎人漫步街头或举目观测天象时，他们的身体结构会出现常人难以察觉的异变。这些崇尚赫尔墨斯古学的人也大可以暗示：比生灵涂炭更可怕的危机已近在眼前，只不过没有人会相信他们就是了。所以也只有当现代科学发展到能和赫尔墨斯古学相互理解的地步时，热衷于探秘之人（我们这个故事的主人公）才

① 古希腊神话中的智慧和工艺之神（对应古罗马神话中的墨丘利），与埃及神透特一起被奉为伟大的贤者。据称赫尔墨斯掌握三种神秘学知识：炼金术、占星术、魔法。

试图警告世人。因为到那时，我们的世界已再度处于会被灾难吞噬的边缘，而尽管赫尔墨斯古学以意想不到的方式证明了它的价值，却很少有人懂得如何正确利用它的智慧。

[220] 对这所谓的古学，绝大多数人是漠不关心的；也只有惨烈战争的幸存者才明白：这门古学对现代世界意义重大。经历了一战的巴黎像一座在大火中幸免于难的中世纪城堡，不过是炮塔略有破损，吊桥微微变形而已。正因为巴黎受到战火的波及却几乎毫发无伤，使得一些人开始意识到：法国的首都已和昨日的世界一道永远消失了，取而代之的是一个也叫作“巴黎”的完美复制品。

如果说有什么大事件能够把这种改变显明给世人的话，非巴黎和会莫属。从 1919 年 1 月到 1920 年 1 月，巴黎变成了外国贵宾济济一堂的华丽市场。东西两方的代表在此聚集，重绘世界地图之余也瓜分着战利品。穿着定制皮靴的大国外交官只顾眼下，把无力发声的小国人民的希望碾碎在了大理石地面上。克列孟梭①、威尔逊②、乔治③以及奥兰多④在豪华的酒店进行会晤，“日落后的酒店灯火通明，白天则充斥着闲谈声、鞋跟敲击地面的声音、笃笃笃的敲门声和不时响起的钟声。”(《巴黎和会内幕》)小国的使节如此羡慕能为大国元首端茶倒水又或整理床铺的侍应生和女招待，因为这些使节让人晾在一旁，他们祖国的名称除了部分学者以外恐怕鲜有人知晓。这些人在廉价旅馆脱下身上闪着光的礼宾服，轻放在落满灰尘的床罩上，知道自己所代表的国家不过是欧洲历史上被挤到了最边缘的一段脚注。

巴黎和会甚至没有为维持世界和平的假象做出什么努力。刚上台

① 乔治·邦雅曼·克列孟梭(1841—1929)，法国总理，人称“法兰西之虎”、“胜利之父”。

② 托马斯·伍德罗·威尔逊(1856—1924)，美国第二十八任总统。

③ 大卫·劳合·乔治(1863—1945)，英国自由党党魁，在 1916—1922 年间领导战时内阁。

④ 维托里奥·埃曼努尔·奥兰多(1860—1952)，意大利内阁总理。

的独裁者曾对邻国痛下杀手，如今要进一步巩固自己从中获得的优势。时运不济的其他领导人一边大声鼓噪着野心，一边静思要如何执行暗杀任务并下达愚民政策。战败了的德国使团明摆着受到了羞辱，他们不得不入住阴郁的水库大饭店，还要自个儿提行李。德国人在巴黎目睹了罗斯柴尔德家族[1]的巨大影响力，他们满怀怨恨，深以为这场战争是犹太人和共济会[2]一手操纵的阴谋，而美利坚合众国一直以来都打算扮演救世主的角色。

尽管其命运千差万别，也不论他们意识到与否，和会的所谓胜利方和战败者都是同谋。他们企望复兴一个光辉的旧世界，也试图表现 [221]
得好像“欧洲的首都”巴黎从未跌下过神坛一样。人行道上结起的冰雪锋利如刃，而在美琪大酒店[3]的宴会厅里，英国代表团正举办奢华的晚宴，一众使节“可以在此欣赏到最时兴的舞蹈，包括爵士舞和摇摆华尔兹”。也正是在这样的宴会上，决定千百万人命运的政策一一通过了讨论。需缜密思考、理性批判的政客像推敲《凡尔赛条约》那样钻研着长长的菜单。他们拉住不知名的外国舞伴的手，在光可鉴人的地板上转了一圈又一圈，沉浸在一种集体性的疯狂里而不自觉。从街上走过的百姓衣不蔽体，食难果腹，他们注视着酒店玻璃窗后那荒诞的景象，不由要像西塞罗[4]一样感叹一声：“这世间的真智慧何其少啊！”

然而即便是在沉溺于狂喜的时刻，洋洋自得的征服者也保持了静

---

[1] 即由罗斯柴尔德家族控制的国际金融集团，系犹太人血宗，一战中支持协约国，反对以德国为首的同盟国。罗斯柴尔德家族一直是阴谋论围绕滋生的对象，其中许多涉及反犹太主义，大多由新纳粹主义者传播。

[2] 早期为石匠工会，共济会的理论继承了十三世纪兴起的犹太密教卡巴拉、中世纪炼金术的诸多元素，后来发展成世界组织，成为权贵交流的俱乐部。阴谋论观点则认为，共济会和罗斯柴尔德家族有隐藏的政治议程，正共谋实现“新世界秩序”。

[3] 现巴黎半岛酒店。

[4] 马库斯·图利乌斯·西塞罗（前 106—前 43），罗马共和国晚期的哲学家、政治家、雄辩家。

默。正如巴黎和会的目击者以及参与者狄龙[①]博士所观察到的那样："人们脸上那美丽的微笑、他们飞扬的青春却好似冬日的冰雪一般毫无热度。各种文明、不同时代在同一个大熔炉里经受煎熬，它们的发展乃至生存每时每刻都笼罩在死亡的阴影之下。"距离巴黎市中心不到两小时车程的郊外，冻得硬邦邦的耕地里葬着黑压压一片尸体，死者的四肢胡乱地伸出地表，俨然一幅从中世纪的塔罗牌上方能看到的恐怖画面。出于好奇前来郊外的人如果目睹此情此景，恐怕这时才会明白过来：不管和会召开与否，也不管由谁执掌大权，这个世界都不会改变——它繁荣有时、衰落有时，人类苦难的总和却永远不会减少。

和会结束后，代表们或者回国，或者重返流放地，他们留在了巴黎的是一种半虚不实的氛围，似乎不管发生什么怪事都算得上合理。这种氛围像塞纳河上的瘴气一样飘过波旁宫[②]刻着阴痕的廊柱，
[222] 沿着象征权力的走道弥漫开来。国民议会席上的激辩一如往常，但如今，人们为之激辩的真相披上了纱衣，令人难辨其真容。据说波尔达维亚的人民饱受暴政之苦，恳求法国方面伸出援手——被打动了的共和党议员代表正欲向外交部提出干涉申请，好联合波尔达维亚人民共同反抗资本主义的压迫，却猝然得知了"波尔达维亚"的真面目。由该国国防委员会的利涅茨·斯当托夫和拉米达夫二人共同签署的请愿书竟是极右翼组织"法兰西行动"[③]一手炮制的。直到那时，议员们才恍然大悟：原来"拉米达夫"(Lamidaëff) 是"法兰西行动之友"的变体 (L'Ami d'A.F)，而貌似带着异国情调的"利涅茨·斯当托夫"

① 埃米尔·约瑟夫·狄龙(1854—1933)，英国作家、记者、语言学家。巴黎和会举行期间，狄龙是《每日电讯报》派驻巴黎的记者。

② 法国下议院(国民议会)的所在地，又称众议院。

③ 以 1894 年的德雷福斯事件为契机成立的法国君主主义右翼组织，其名称来自 1899 年创刊的同名机关报。

(Lineczi Stantoff) 正好与法语里的“不存在”(l'inexistant) 谐音。

如此看来，人类智慧的光芒总难免被无知的愁云所遮蔽。所以也只有一小部分人意识到了这样一件事，那就是世界大战及随之而来的政治倾轧是一种疯狂的错乱；或者更确切地说，在欧洲大陆上进行的烧杀抢掠始终师出无名，不过是人脑思维混乱下的产物。而我们这个故事的神秘主角很快意识到了这一点，他因此决定踏出至关重要的那一步：介入战争。在他看来，“以战止战”[①]不过是“最新一轮的狂风暴雨，使易挥发和不可燃的、万能溶剂和无生命体哗啦啦碰撞在了一起”。用稍微不那么拗口的话来说，就是以为一场世界大战能就此终结所有战争的虚妄，反而使得现实脱离了既定的轨道，朝着越发不受文明控制的方向前行。

而世界格局的这样一种变化首先出现在了巴黎，自有其严酷的意义。自黑暗的中世纪以来，巴黎就是智者的避难所。在一战爆发以前，巴黎的实验室和教室更是神奇的宝地，人们纷至沓来，要在知识的圣殿里寻找哪怕并不存在的宝藏。当拒绝理性的无套裤汉发起愚蠢的暴动时，巴黎的圣礼拜堂被他们打砸，堂中供奉的神圣海绒[②]也消失不见了——那是路易九世在 1241 年自君士坦丁堡皇帝鲍德温二世处高价购得的[③]。大革命的阴影消散后，神圣海绒据说又重现世间。那是一段真正的“黄金年代”，怀旧的巴黎市民会说那时候的法国首都依然是个宝库，人们可以在跳蚤市场以极为低廉的价格淘到不知名的旧手稿、古代地图(其上标注的大陆已经消失)和货真价实的圣物。那也是一个凡事令人信服又凡事都让人难以置信的时代。在 [223]

① 第一次世界大战的衍生词汇，由英国作家及政治家赫伯特·乔治·威尔斯提出。

② 天主教圣物之一，根据《圣经》“新约”的记载，耶稣受难时，曾有人“拿海绒蘸满了醋(亦作酸酒，可能是罗马士兵喜爱的饮料)，绑在苇子上，送给他(被钉在十字架上的耶稣)喝。”

③ 路易九世在购买圣物(如耶稣受难时所戴的荆冠、所钉十字架的碎片等)上花的钱比建礼拜堂的钱更多。

荣军院，装着木头假肢的退伍老兵每天都要劝说访客多待片刻（他们所说的“片刻”往往是好几小时），这样才能看到那个顶着木头脑袋的病患——他刚刚还在呢，这会儿可能是刮胡子去了，很快便要回来的。巴黎国立图书馆的管理员则为了驱赶装成是读者的好奇市民，常常累得够呛——这些巴黎人在图书馆的花坛里四下寻摸，只为找到埃及艳后克利奥帕特拉的木乃伊。这具木乃伊是曾经远征埃及的拿破仑·波拿巴寄放在图书馆的，据说当书堆也掩盖不住木乃伊散发出的香气时，人们把克利奥帕特拉的遗体从地窖的档案室里移了出来，在1870年的某个下雨天葬在了图书馆的内庭。

在这一系列真真假假的传说里，最令人不安的还属被视作美丽化身的艺术杰作受到质疑一事，昔日对永恒之美的定义也不再令世人信服。1911年8月，达·芬奇的不朽画作《蒙娜丽莎》（又称《乔孔达夫人》）[①] 从卢浮宫消失了。人们在一番仔细的搜查后只找到了画框，没能找到画作本身。他们哪里能够想到：《蒙娜丽莎》竟和一名意大利工匠一起坐公交车回了家。这名工匠本是受雇为《蒙娜丽莎》打造一面玻璃罩的，结果卢浮宫防住了可能破坏画作的无政府主义者，没能防住做罩子的小偷。《蒙娜丽莎》就那样在工匠的阁楼里待了两年多，始终朝她的绑架者露出神秘的微笑，也分享着对方的炉火那融融的暖意。等工匠试图把《蒙娜丽莎》卖给乌菲兹美术馆[②] 的时候，这幅传世名画才终于让人找到。但是与此同时，又有传言说一位美国收藏家雇用了作伪大师，完美复制了一系列被盗的名画，然后再把所谓的“真迹”还给感激不尽的博物馆。鉴定专家应用最新的指纹学技术，通过照片一一比对了画作上的每一道裂缝和每一处褶皱，可即便如此，依然没有人能百分百地确定失而复得的《蒙娜丽莎》就是真迹。似乎能

① 意大利文艺复兴时期画家乔尔乔·瓦萨里（1511—1574）认为画中的模特是佛罗伦萨富商弗朗西斯科·戴尔·乔孔达的夫人丽莎·乔孔达，“蒙娜”一词在意大利语里就是“夫人”的意思。

② 佛罗伦萨最古老和著名的艺术博物馆。

用来鉴别其真实性的手段越多，对它是赝品的怀疑也就越多。而即使这幅《蒙娜丽莎》是真的，我们又要如何判断它的“永恒之美”客观存在呢？哪怕是经验丰富的业内人士也栽了跟头不是吗？他们在独立艺术家协会举办的沙龙上，对一幅名为《亚得里亚日落》的画赞不绝口，事后才得知这幅画竟是蒙马特“狡兔酒吧”的驴子洛洛画的。[1]

现实已然堕落扭曲，在那样一种黑暗中，像居里夫人和亨利·庞加莱[2]这样的发光体似乎单凭己力就能了解混沌宇宙运转的模式，因而成了一部分人崇拜的对象。数学方程式在普通百姓看来，或许有如 [224]
毫无意义的象形文字——也正是这样的人才益发渴望有神迹发生，好获得最传统意义上的慰藉与安心。所以每一天，成百上千名朝圣者在渡轮路上排队，因为大家都说那里的教堂是圣母玛利亚向凯瑟琳修女显灵、嘱咐她为信徒制作圣牌的地方。[3]照着圣母的吩咐，许多枚刻有圣母像的圣牌被制作了出来，每一枚自然都一模一样。眼看有大好的商机，伪造圣牌的市场便也空前繁荣起来，反倒让那些在历史长河中熠熠生辉的、无限接近宇宙真理的科学伟人受到了质疑。

愤世嫉俗之人大可嘲笑市井百姓的“迷信”，但是当在众目睽睽、光天化日之下发生的事也难保其真实的时候，我们又如何指望普通人能区分幻想和现实呢？环法自行车赛始于巴黎，也终于巴黎，是应用了基本力学的了不起的体育赛事，既象征了民族团结，又代表了人类坚强意志力的比拼，理应免受任何怀疑的侵蚀。然而即使是比赛的见证者也无法再相信自己的眼睛——部分车手之所以能拔得头筹，是因

---

① 洛洛是酒吧老板养的驴子，当时的周刊小说家罗兰·道热雷将蘸了油彩的画笔拴在洛洛的尾巴上，创作出了《亚得里亚日落》。评论家纷纷赞扬画作具有“不为人知的深意”，等真相曝光后，巴黎的艺术评论界一度受到极大的冲击。

② 朱尔·亨利·庞加莱（1854—1912），法国最伟大的数学家之一，提出有庞加莱猜想，为现代混沌理论打下了基础，并先于爱因斯坦起草了狭义相对论。

③ 据传 1830 年时，圣母玛利亚曾向修女凯瑟琳·拉伯尔（1806—1876）显灵，请她制出圣母恩典圣牌，以保佑佩戴之人平安。

为他们在白天悄悄登上了火车，再在夜里溜出安静的车站，自以为神不知鬼不觉地回到了大部队中间；也有人拉着双胞胎兄弟一起参赛，两人交替上阵，好分担艰苦的赛程。1904 年，前四名骑完了“全程”的车手（他们都宣称自己是无辜的）皆因作弊被取消了资格，于是冠军头衔落到了绰号“小丑”（原因已不详）的年仅二十岁的亨利·科内头上。一些目睹了车手“奋力”骑着轮胎没气的自行车，乃至脖子上套着自行车钢架、步行前往终点的人坚信环法自行车赛就是报社为了牟利虚构出来的赛事。每年的七月份，《汽车与自行车报》[①] 的记者都一边在蒙热龙[②] 的咖啡馆优哉游哉地喝酒，一边洋洋洒洒写着荷马史诗一般“车手如何如何征服阿尔卑斯山”的奇幻报道。

在那个谎言泛滥的年代，蒙马特和蒙帕纳斯[③] 那些神经兮兮的超现实主义[④] 者是仅存的还忠于“现实”的编年史作家。人们于是难免要
[225] 认为：研究赫尔墨斯古学、彻夜不眠追求真理之人正遭受前所未有的信心危机。然而，即使是照最保守的估计来看，一战后巴黎的炼金师也一度多达一万余人。由于贸易和制造业大规模转移到了市郊，炼金术反而成了两次世界大战之间巴黎最主要的产业之一。

这些炼金师往往是到大学参加研讨会，或在实验室担任助手的科研人员，又或者是空间狭小、用埃及神话做店名的书店店主，他们性格腼腆，戒心重，总是佝偻着背，手边放着巨大的铜制烟灰缸。这

---

① 即《队报》，是法国知名的体育性报纸，为增加发行量，于 1903 年创立了环法自行车赛，而赛事中著名的黄色领骑衫据说与该报特有的黄色纸张有关。

② 法兰西岛大区埃松省的一个市镇。

③ 当时法国文艺青年的聚集地。十七世纪爱好诗歌的法国学生借帕纳塞斯山（Mount Parnassus）之名，将此地命名为了蒙帕纳斯（Mont-Parnasse）。在希腊神话中，帕纳塞斯山是文艺女神们（缪斯）的灵地和家乡。

④ 是在法国开始的文化运动，于 1920—1930 年间盛行于欧洲文学及艺术界，强调直觉和潜意识，作品大多包含惊讶元素，以具有强烈反差的物体的并列以及反逻辑为特征。

群人大多瘦弱而焦虑，蓄着胡须，说话极慢。老派的炼金师仍然会在国立图书馆或圣热纳维耶芙图书馆度过长夜，一边对照着袖珍本的法语-拉丁语词典，一边尝试破解并不可靠的中世纪炼金术文本。他们有着近似精神病人的眼神，目光呆滞，眼珠雾蒙蒙的。要不是在实验的过程中偶尔会造成气体爆炸或有毒化学物质的泄漏，他们完全算得上是“人畜无害”。就有这么一个从业多年、在后辈中颇有名望却不怎么走运的炼金师，他偶然发现了帕拉塞尔苏斯[1]的大作，版本虽旧，却颇有可信度。但其中的一篇有关制作万能药（又称长生不老药）的文章出现了谬误，把用“四十天”加热并提炼贱金属[2]误译成了“四十年”。所以当这位炼金师注视着眼前熔融的金属块，回顾这项从少年时期就成为他人生的渴望与焦点的事业，头一回仿佛真正的哲学家那样既清醒又苦涩地意识到：要获得永生的过程实在太漫长了，在人类能够长生不老以前就会耗尽他们短暂的生命。

像这样老派的炼金师当然越来越少了。炼金术已经迈进了令人兴奋的新时代，如今，新老炼金师的不同与小店主和数学家之间的差异一样大——前者还扳着手指结算当日的盈余，而后者会用精妙的公式来证明某一项定理。对于不熟悉炼金术的人来说，一定会觉得这种甚至称不上是“科学”的技术竟然在尤其崇尚科学的二十世纪获得了复兴，当真充满了讽刺。但对于那些对炼金术抱有学术兴趣的人而言，他们清楚这门学科至今所取得的成就是显而易见且极为可观的。好几个世纪以来，炼金术的发展一直建立在大量实验的基础上，而直到最近，人们才把这类实验命名为“化学”。炼金师很早就对各类元素进行过描述，是他们首先发现了锑、锌、硫酸、苛性钠、医药中会用到的各种化合物、制作白兰地以及瓷器的秘密。炼金师企图在人类的

---

① 原名德奥弗拉斯特·冯·霍恩海姆（1493—1541），是中世纪德国文艺复兴时期的瑞士医生、炼金师和占星师。

② 指除了金、银、白金等贵金属之外的其他所有金属。在炼金术中，贱金属较为常见，也很容易冶炼和提纯，而贵金属则相反。

尿液中寻找魔法石[1]的线索时，意外找到了会在黑暗里发光的磷，因此“磷”在拉丁语中的意思便是“冷光”（Phosphorum）。但凡受过良好
[226] 教育的科学家都知道，也是炼金师最早确定了气体的存在，并由此发展出了物质的分子动力论。只是由于他们用作记录的文字对今人来说过于难懂，才导致相当一部分炼金术的发现不幸湮没在了历史的烟尘中。

这个故事始于1937年夏初的晚上，一位我们只知其化名的炼金师（这名字可能是出版商起的）正紧盯着巴黎圣母院的大门。此人身材高大，已经上了年纪，看上去颇有贵族的派头，他就那样静静地站在圣母院的正门前，三座巨大门拱[2]上的雕像正用空洞的眼神平静而又不乏神秘地俯视着他。那些雕像在常人的眼中不过是古老的装饰，在这名炼金师的眼中却是亟待解读的文本。要不是身上带着若有所思的学究气，他可能会被误认为是睡不着觉所以癫癫地跑出来的半疯子。中世纪的时候，炼金师总会在土曜日[3]的下午聚集在巴黎圣母主教座堂[4]前的广场上。这个广场在圣母院建成以前就是圣地。相传公元464年，尤瑟·潘德拉贡的儿子亚瑟王[5]在此祈求圣母玛利亚开恩，圣母便送给了亚瑟王一件白鼬斗篷，从而令他获得了击败罗马护

① 又称点金石，炼金师认为人体的代谢本身就是一种炼金术，因此用尿液做实验，想从中提炼出矿物质，用来反应并生成“贤者之石”（魔法石），以此制作长生不老药，并将贱金属变成贵金属。

② 巴黎圣母院的正面（西侧外立面）有三扇大门，从左往右依次为圣母门、末日审判门和圣安娜门。

③ 即星期六，得名自古罗马神话中的农业之神萨图尔（Saturn），星象学家认为以萨图尔的镰刀（♄）为天文符号的土星是星期六的主星，故名。

④ 巴黎圣母院的正式名称。

⑤ 传说中的古不列颠国王，也是凯尔特英雄谱中最受欢迎的圆桌骑士团首领。石中剑、圣杯传奇、大魔法师梅林等均与亚瑟王的传说相关。法国诗人克雷蒂安·德·特罗亚（约1140—1190）撷取凯尔特传说中的幻想成分，创作了五部亚瑟王传奇。

民官[①]弗罗洛的神力。这还是发生在广场的相对“近期”的事件，考古学家在广场底下发掘出了异教徒的祭坛遗迹；而早在西岱岛上竖起高卢－罗马时期的神庙以前，这里便是为上古神祇摆上献祭的场所。但如果我们告诉周日前往圣母院做礼拜的人，说这座大教堂其实承载着比基督教还要古老得多的异教信仰和学识，恐怕多数人都不会相信。

广场上的游客越发稀少了，夕阳在圣母院正门的雕塑上投下了浓重的阴影。那些肉眼通常难辨的细节让耀眼的金光照着，可以想象当年[②]工人们第一次拆除圣母院外墙的木制脚手架时，有如天宫一般壮美的大教堂曾折射出中世纪的炼金师萃取自各样金属的迷人色彩——那会是何等摄人心魄的景象！

而在许多个世纪以后注视着这一辉煌场景的炼金师与普通的游客不同，他知道自己要寻找的是什么。这个人不仅明白构成这座伟大建筑的既对立又统一的概念，而且清楚大教堂的现代史——自称热爱历 [227]
史之人却以为这“现代史”太新，往往提不起兴趣。和我们的炼金师一样，九十年前，奉命修复大教堂的法国建筑师维奥莱－勒迪克[③]也曾沉浸在圣母院的神秘氛围当中。他为此咨询了考古学家，又派图书馆员深入挖掘档案，好找出圣母院最原始的、早期哥特式的设计图纸。此外，勒迪克还设法追查了大革命期间从圣母院被盗或被送往凡尔赛宫保存的雕塑。法兰西学会的常任秘书长嘲笑他，说他试图修复的是比文艺复兴本身更古老的艺术。但是对勒迪克而言，十三世纪可不是艺术尚且蹒跚学步的年代；相反，那是一个被人遗忘了的广大世界，那个世界尤其独特的智慧也早已消失在了人间。

---

① 应指军事护民官，由罗马皇帝指派，可指挥罗马禁卫军和辅助部队。

② 巴黎圣母院经历改建与重修的次数极少（2019 年的大火应是继十八世纪的法国大革命之后对圣母院造成最严重破坏的事故），其第一次完工约在 1220 年代，后在 1345 年完全建成。

③ 欧仁－埃马纽埃尔·维奥莱－勒迪克（1814—1879），法国建筑师和理论家，最有名的成就是修复了包括巴黎圣母院在内的法国诸多中世纪建筑。

同那一晚的炼金师一样，勒迪克也注意到了宏伟的圣母院塔楼和正门其实并不对称，并且恰恰是因为这种微妙的力学上的不平衡使其结构异常坚固。勒迪克没有把这种“反常”视为中世纪蒙昧不开的标志，而是意识到了自己所面对的是一种陌生的、难以用语言解释清楚的文明。他认为这样的哥特式建筑有着自成体系的词汇和语法。出于鲜少和讲求精准的科学相结合的信仰，勒迪克“谦卑地拜倒”在了这位美神的脚下，哪怕他所看到的这种美是一个已经逝去的时代所留下的，并且始终令人费解。勒迪克兴致不减、满怀热爱，常任秘书长的嘲笑于他更像是一种鞭策。他以真正的信徒才会有的喜乐调侃了秘书长的无知，在《从哥特式风格到十九世纪建筑》一文中写道：“我们不妨假设一下，常任秘书长大人唯一欣赏过的玫瑰花窗是人们在巴黎的售票亭和公共厕所里也能看到的那些。”

作为哥特式至宝的鉴赏专家，勒迪克拒绝修复最早期的圣母院遗留下的文物。他宁愿保留那些雕塑残缺的模样，也不愿看到“整修一新”后的伪古董。尽管有许多谜团可能永远也无法解开，但勒迪克至少拼凑出了一些碎片。他的工作成果却因为看上去过于古怪和简陋，以至于任何习惯了重叠抄本[①]式的改建、只顾往圣母院添加流行元素的人都不敢苟同。勒迪克允许巴黎圣母院回到过去，并就此停留在了十三世纪。而对于那个晚上站在圣母院大门外的炼金师来说，注视门拱上的雕像就仿佛阅读一本古书：当年的勒迪克恰似在修理一台被远
[228] 古文明遗弃了的机器，或许是偶然，也或许是天意，他竟最终找到了能让逝去的文明复活的零部件。

为了了解这位炼金师和其他慕名前来巴黎圣母院的人有何不同，以及为什么他本人会受到盯梢，有必要先来说说一般人对圣母院的旺盛好奇心。巴黎和会召开十多年以来，巴黎仍然是世界关注的中心。

---

① 指擦去（或刮去）原来的内容、另誊写上其他文字的羊皮卷抄本。

尽管经历了经济大萧条，但是单单美国一地，每年就有超过十万名游客来到巴黎观光——人们或许是觉得不可思议，想知道一个恣意妄为的民族何以能建造出这样美丽的城市。而如果只能在巴黎待上一天，几乎所有的游客都会选择去参观巴黎圣母院。

这些世俗男女并不信教，却是畅销小说《巴黎圣母院》的拥趸。他们在书中跟随驼背卡西莫多、吉普赛女郎埃斯梅拉达和疯狂的副主教孚罗洛进行过仿佛身临其境的探险后，如今终于来到了现实中的圣母院，钻研这里刻着符文的石头，寻找玫瑰花窗上有没有可疑的线索。游客在用拉丁语写成的墓志铭中读到了异教徒留下的谜语，甚至发现教堂的部分陈设比他们大不了几岁。他们爬上塔楼，为亲眼见到《巴黎圣母院》的序言中提及的、谜一般的石刻（ANAΓKH[1]）激动不已，随后又不无失望地察觉：爱捣乱的其他游客早已在角角落落都刻上了相同的字符。

对圣母院进行过专门研究的人恐怕会暗觉优越，因为一般的游客还不曾意识到：若从空中俯瞰，巴黎圣母院的中殿和双塔恰好形成了古埃及的生命之符☥（“安可”）[2]。而由于维克多·雨果笔下的恶神父孚罗洛沉迷炼金术，误打误撞地肯定了巴黎圣母院乃是“炼金科学之宝地”，因此便有游客效仿神父，也要在圣母院左侧的门拱上寻找那只石雕的乌鸦，“只为计算出乌鸦的视线究竟落在了教堂里的哪一点上——那里肯定就藏着魔法石。”（《巴黎圣母院》第四卷第五章）这个 [229]
传说在埃斯佩·戈比诺·德·蒙吕颂[3]出版于1640年的《大教堂门拱神秘石雕之谜与炼金术符号详解》一书中得到了佐证。如果前来朝圣的游客更深入地研究过相关资料的话，可能已经发现了炼金术中的乌鸦象征着“死之腐坏”——这是提纯金属、同时也净化炼金师灵魂的

① 希腊语单词，意为“命运”。

② 埃及象形文字字母，拉丁文称之为“有柄的十字”。

③ 意为“路易山的土精灵”，应为化名。

必经阶段[1]，而圣母院大门上石雕的乌鸦其实是一只骷髅。（至于该骷髅的具体方位和它的视线到底落在了何处，最好还是留给好奇心重的人来探索吧。普通游客请勿尝试，因为骷髅的视线正对的地方另有居民[2]，它们不欢迎人类的关注，也有的是办法表达被打扰了的不悦。）

不过奇怪的是，比起艰难地找寻那只石雕乌鸦，似乎鲜少有人（除了一小部分炼金师以外）追踪过那条最为明显的线索。在距离地面六十米的圣母院南塔的廊台上，有一座石雕的人像。他立在滴水嘴兽[3]和石像怪[4]之间，正凭栏远眺，或许是注视着中殿那片朝向玛莱区的屋顶，也或许和视野宽广的鸟类一样（因为石像不会有可以聚焦的“眼神”），正斜睨着底下被刨得乱糟糟的花坛一角。这尊石像有着长长的须发，戴着弗里吉亚无边帽，穿着实验室最常见的大褂，更为重要的是，他紧紧蹙着眉头，脸上露出与其说是诧异倒不如说是惊恐和震慑的表情，仿佛他快要被坩埚[5]里炼出的东西吞噬了一样——这一切无不表明此人就是“驻守”巴黎圣母院的炼金师。

这尊石像那看似漫无目的的注视显然具有误导性。1831 年，就在《巴黎圣母院》即将出版以前，曾位于圣母院和塞纳河之间的大主教宫在革命的暴风雨中被摧毁了，宫殿内庭的中世纪教堂也一并为人推倒，教堂里的宝藏则让暴民扔进了塞纳河。这座教堂比大主教宫要古老得多，甚至比圣母院的主体建起得更早。等教堂的废墟被清理干净后，就留下了后来的花坛所占据的那块空地。如果已然被毁的教堂
[230] 里确实藏有魔法石，那么它现在一定躺在大主教桥下的塞纳河底，又

① 精馏和提纯贱金属也象征了从事炼金之人的灵魂经由死亡、复活而臻于完善。炼金师相信炼金术能使他们获得高超的智慧和高尚的道德，改变他们的精神面貌，最终使他们达到与造物主沟通（“天启”）的境界。

② 可能是指蝙蝠。

③ 即雨漏，一般雕刻成动物或鬼怪的模样，作用是把从屋顶流下来的雨水通过嘴上的孔洞排出，以免侵蚀墙壁石块之间的砂浆。

④ 常见于教堂建筑上的石刻，纯作装饰之用，多为直立的动物造型。

⑤ 最早用于炼金术实验的杯状器皿，是熔化和精炼金属液体的容器。

或者（也更有可能）掩埋在了河流以北的田间或垃圾场。与此同时，巴黎圣母院的炼金师仍然紧蹙着眉头，思考那价值连城却消失了踪影的宝藏会在何方。

对这些事情（以及其他许多秘辛），那一晚站在圣母院门外的炼金师都了如指掌。他知道设计了圣母院的匿名建筑师以及建起了圣母院的共济会石匠早已把炼金的过程镌刻在了“最危险也最安全”的地方——换言之，正因为那个地方光明正大，反而不会有人多加留意。为了守住与圣母院理应不相干的、属于异教徒的秘密，石匠把他们所掌握的炼金知识变成了一串串密码，刻写在了远比挂毯和手稿能留存得更久的建筑外墙上。如果一个迂腐又较真的学者反对勒迪克修复圣母院的做法，质问他怎么能够听凭天马行空的想象力，命手下“复原”出奇形怪状的石像（或任由本来就有的石像毫无章法地被摆在那里），那么勒迪克大可以反驳说，没有任何一个现代建筑师能够仅仅靠着想象力便创造出那些神奇的作品，因为它们既体现了科学的精准，又饱含着纯粹的信仰。

尽管当晚在圣母院门外的神秘客按捺住了内心的激动，但是，任何在离开时不经意间注意到他的游人都能从他的脸上看到那种惊恐与震慑兼备的表情，和南塔廊台上石雕的炼金师可谓一模一样。可如果要进一步探寻令这位神秘客心头大震的原因，旁人又不会有什么特别的发现，于是便假定此人是游荡在大教堂外的、忧郁而失落的凡夫俗子。还留在广场的少数游客正浏览着圣母院正门上方的“国王画廊”（雕刻有以色列和犹大的二十八位国王像），又对照着手中的旅游指南，试图辨认左侧门拱下方刻在柱子上的黄道十二宫符号和月份劳作图。我们的神秘客却不曾左顾右盼，而是直视着正门底部的一块块方形浮雕。这些浮雕被小小的龛门遮挡，不免晦暗难辨，在龛门上方大型的圣徒和天使雕像的映衬下益发显得渺小，因此几乎从没有人想过要对它们“另眼相看”。

夕阳沉入了地平线，警察总署大楼成了一片黯淡的剪影。圣母院灰白色的外墙愈发为阴影所笼罩，那位长久静默着的炼金师转过身，缓缓走过了广场。北塔敲响了整点的钟声，鸽子拍打着翅膀，扑棱棱飞向天际。圣母院的双塔仿佛一双眼睛，塔上那黑而狭长的百叶窗片
[231] 就像睫毛一样。钟声响起的时刻，炼金师头也不回地朝塞纳河走去。他过了河，很快消失在了右岸。

不一会儿，一个一直等在不远处的男人走了过来，占据了炼金师方才的位置。这个人握着做工上乘的手提箱，另一只手上端着柯达相机，身上穿着昂贵的旅行披风，乍一看像个会被乞丐纠缠以求施舍的有钱游客。只见此人将手提箱放到地上，支好了三脚架，转动着旋钮，把相机镜头调整到和方形浮雕齐平的高度，然后一次拍一面浮雕，逐一按动着快门。还逗留着的游客受到吸引，不由驻足观看。他们跟随相机的镜头移动视线，在闪光灯泡一次又一次亮起时，惊讶地发现浮雕上那些他们从未留意过的细节是如此之清晰。

和正门的所有雕塑都不同，被闪光灯照亮的浮雕内容与《圣经》没有明显的关联。在“末日审判门”（圣母院正中的门洞）左侧有这样一块方形浮雕，显示了一个一手持盾、一手举矛的人正守护一座城堡，使其免受自浮雕左上角蔓延开的凶猛火势的侵袭。与之相邻的浮雕则刻画着身穿长袍的男子正冲进内有一佝偻身影的避难所的景象。“末日审判门”右侧的浮雕更令人费解，它刻着一群四肢健全的人正对某个席地而坐的男人表示哀悼的画面。那个坐着的人表情哀恸，仿佛是提前经历了岁月的无情洗礼，又像是才经受过什么野蛮的酷刑，他的一只手上仅余三根手指，身上的皮肉也已片片剥落。

最受瞩目的浮雕位于“圣母门”（圣母院左侧门洞）的左下角，它的内容过于奇特，令人很难相信它是最初的圣母院雕塑的一部分。可这面浮雕又显然保存完好，而且丝毫没有后来进行过修补的痕迹。浮雕上刻着一个长翅膀的人，他高举起右臂，摆出一种侵略的姿态。浮雕的最底部是一只漏斗（又像是形状怪异的葫芦），大片的浓云自漏斗中升起，几乎布满了整个画面。一只长着人类的躯干却有着蝾螈头

部的生物正从云朵里倒栽下来。一颗颗六芒星在云雾缭绕下依然可见，仿佛其间包含了整个宇宙——尽管单从六芒星的分布上判断，还无法辨别出任何星座。

拍摄完最后一面浮雕后，摄影师收起三脚架，把相机装进了手提箱，然后和炼金师一样，朝着同一个方向穿过了广场。比夕阳更璀璨的路灯已经沿着码头一一亮起，把广场远处的建筑物照得一片通明，也映亮了西岱岛上方的天空。圣母院大门上的浮雕复归于黑暗，几颗星子在天上眨着眼睛。 [232]

正如导游喜欢说的那样，巴黎圣母院的确切起源可能已经“迷失在了万古长夜”，再不可寻，但是它的大部分历史还是要比某些执著于圣母院的秘密、行踪飘忽的人更容易追溯一些。

1937 年时的巴黎已不再是欧洲最大的城市，它的面积甚至还不到伦敦的一半。巴黎的八十个分区就像一个个鸡犬相闻的小村庄，其中的居民彼此熟悉，而但凡空置的房屋（包括蒙帕纳斯地区在内）几乎都被改造成了热闹的美国酒吧。巴黎每一所公寓的入口均清楚标出了住户的姓名，电话黄页所涵盖的信息也越来越全面。客人如果要入住旅店，需要填写各种表格，警局会派一脸不痛快的“宿早[1]中队”定期对这上万张表格加以核验——这种富有活力又开放进取的办事作风应当会让拿破仑感到高兴。尽管如此，不希望暴露行踪的人还是有办法躲过层层筛查，就像能穿过枪林弹雨而依旧毫发无伤的鬼魂一样。

因此我们虽然并不意外，但无法确定外国特工是什么时候开始盯上巴黎圣母院外的那位炼金师的，也不知道他们的跟踪调查持续了多长的时间。总之，1937 年时，纳粹的秘密情报机构阿勃维尔[2]除始终

① 住宿加早餐旅馆的简称，可能因巴黎警队调查旅客名单是始于这类旅馆而得名。

② 存在于 1921—1944 年间的德国军事情报机构，“阿勃维尔”（Abwehr）在德语中意为“防御”。

未能查明对方的真实身份以外，已经摸清了那位炼金师的住址和惯常出没的地点。不过伴随着欧洲大国加紧备战的脚步，要在巴黎开展间谍活动变得愈发困难，这条线索也就不得不中断了。二战后，正当纳粹军队撤出巴黎时，美国战略情报局[1]曾试图恢复这项秘密搜查行
[233] 动，且显得十万火急似的。也大约是在同一时间，巴黎的书商和拍卖商注意到了市场上对炼金术手稿的需求激增，还有传言说匿名收藏家正以“和黄金同等的价格”用美元购入这些手稿。

鉴于纳粹分子从事某些间谍活动的荒谬性质，再考虑到1925年时他们对用炼金术制成黄金以填充党库所做的疯狂尝试，我们有理由相信阿勃维尔特工在巴黎的大本营是位于蒙莫朗西路[2]51号的艾尔维希娅酒店。这家酒店是推荐给德国游客的首选，酒店所在的建筑是巴黎最古老的石屋，又被称为“弗拉梅尔[3]之屋”。这个弗拉梅尔是位专做手稿买卖的富商，在1407年的时候为容留贫穷的过往旅客而盖了这间石屋。他本人从未在那里住过，不管外界怎么传，他也从来都不是炼金师。可这并不能阻止人们前来此处，徒劳地寻找可以炼出黄金的魔法石，为此把整间房子掀了个底朝天。那些人被贪婪蒙蔽了双眼，已然看不到炼金术最基本的守则，即炼金之人必须拥有纯洁的心灵。他们也忽略了刻在小屋墙上的铭文：“已有的就当以为满足。贪心之辈终将一无所得。”

我们可以想象，带着相机跟踪炼金师的阿勃维尔特工也一定到过曾经的弗拉梅尔之屋——如今的艾尔维希娅酒店，并且在酒店的房间里拼凑起了他所能获得的信息碎片。下面的这张清单未必完整，但可以让我们对纳粹特工的调查范围有一个大致的了解：

---

① 由小罗斯福总统（1882—1945）在二战期间下令成立的美国情报组织。

② 以文艺复兴时期玛莱区最具影响力的家族蒙莫朗西命名。

③ 尼古拉·弗拉梅尔（1330—1418），据传是法国瓦卢瓦王朝时期的炼金师，对魔法石的研究使他闻名于世。

- 一些未及冲洗、包括拍摄有巴黎圣母院方形浮雕在内的胶卷。
- 1926[1]年出版的《大教堂之谜和炼金术符号奥义》；曾被误认为是弗拉梅尔著作的《炼金术符号集》(重印本)。
- 带有插图和展开式地图的巴黎圣母院《朝圣者指南》。
- 记录有一系列地址的笔记本，包括“圣心堂”(罗什舒阿尔路[2]59号)、巴黎燃气公司办公室(圣乔治广场28号)，以及位于塞纳河两岸的学术机构和制药实验室。
- 《贝德克尔[3]指南》，标注了法国西南部“从卢瓦尔河直到 [234]
西班牙边境”的旅游路线。

还有一本旧剪报，摘自颇具知名度、可在码头书摊淘到整年份期刊的《我什么都知道》，上面的一部分内容让人用铅笔做了记号，表明了纳粹特工的兴趣之所在，哪怕这种兴趣只是基于对事实的推断，而事实未见得如此。

剪报上的某篇文章刊登在1905年9月版的《我什么都知道》上，虽然粗看之下与我们的故事关联不大，但实际很值得一读。文章是对炼金师阿尔丰斯·乔白博士（自称）的采访，并配有“乔白博士不断进行新实验”“化学家观察金属嬗变过程”的图文，另有一幅显示“世界黄金流通总量”的漫画，比起黄金倒更像是一堆巨大的鸟粪，仿佛正要吞没整个巴黎证交所似的。此外，阿尔丰斯·乔白博士的肖像也登在了期刊上：他年近五旬，正坐在一只炉子的边上，和1937年夏初出现在巴黎圣母院外的炼金师无疑有些相像。但由于这张照片上的博士本已不算年轻，何况此时距离1905年又过去了三十二年，一定

---

① 原著中此处为“1925”，与下文不符，疑为笔误。

② 以蒙马特本笃会修道院的院长玛格丽特·德·罗什舒阿尔（1665—1727）命名。

③ 是德国的一家出版社，其旅行指南均邀请专家执笔并频繁修订，设计成携带方便的口袋本，在欧美极受欢迎。

要说这两人实为同一个人，恐怕很有些牵强。

乔白博士不乏幽默感，至少就行文来看确实如此。而记者[1]在采访过他以后，似乎证实了原先有过的怀疑。说是采访博士，但大部分内容讲的都是博士的朋友（文章强烈暗示了博士口中的“朋友”就是他本人），说他用炼金术造出了数量可观的黄金，然后带着它们去了巴黎造币厂。

“造币厂的人问他：你从哪儿弄来这么多黄金的？他就傻兮兮地说是他自己造的……你知道厂子里的人当时回了他一句什么吗？”

“不知道。”

“他们说——我引用的是他们的原话：‘你真不该知道这些的。’”

值得一提的是，假托“朋友”之名的乔白博士并非第一个带着自
[235] 制的黄金样本叩开造币厂大门的炼金师。早在 1854 年（也就是首次有人声明在实验室制出了人造黄金[2]以前的七十年），一个曾当过实验室助手、名叫西奥多·蒂夫霍的人便来到了孔代码头上宏伟如宫殿的巴黎造币厂，说服了负责检测贵金属的列沃先生，让他在厂里做一些实验。前两次实验都没有得出明确的结论，蒂夫霍辩称是因为硝镪水（即硝酸）在到达沸点后把黄金微粒迸射到了地上。第三次实验需要一整晚的时间来加热试管，第二天一早，等蒂夫霍赶到造币厂一看，试管已经破裂，管壁上仅残留着微量的黄金颗粒。列沃先生显然对收益率低下的“奇迹”并不买账，他当即对蒂夫霍说：“你也看到了，这点数量的黄金完全可以忽略不计。”

一转眼就过去了八十年，巴黎造币厂的领导似乎对人造黄金一事有了更为开明的看法。他们在认识到 1930 年代初发生在化学领域（尤

---

① 安德烈·伊贝尔斯（1872—1932），法国自由主义诗人、剧作家、小说家，是纳比派画家亨利－加布里埃尔·伊贝尔斯（1867—1936）的弟弟。

② 日本理论物理学家长冈半太郎（1865—1950）曾于 1924 年在东京大学提出“水银炼金术”的可行性，轰动一时。但长冈本人在十年研究后一无所获，该理论以失败告终。

其是制药以及军工业）的巨大转变后特聘了专家——法国知名的化学和物理学家安德烈·赫伯伦纳[①]做技术顾问。虽然这项任命似乎没有引起阿勃维尔特工的注意，但对人类文明世界的未来具有相当重大的意义。

《我什么都知道》上的采访内容除了讨论乔白博士的“朋友”所从事的炼金活动以外，也提到了炼金术可能产生的不良后果。在被法国当局拒之门外后，西班牙方面向博士伸出了橄榄枝，因为那里对黄金市场的监管不怎么严格。但是博士志不在此（不欲凭借炼金术升官发财），正如他所指出的那样，问题的关键在于如果世人皆可掌握炼金的秘密，只要有炉子和试管便能把贱金属转化成黄金，无疑会“对我们的社会产生负面的影响。社会问题会就此发生质的改变，我们的旧世界也将随之土崩瓦解。”

这足以让采访乔白博士的记者相信：这位博士是个危险的社会主义者。博士本人流露出的对皮埃尔·居里[②]的同情也证实了记者的怀疑。皮埃尔·居里素来以“反动”的立场闻名，所以尽管他和夫人玛丽·居里对磁学和放射性的研究做出了巨大的贡献，科学界却始终没能真正接纳他俩。而一个真正的炼金师不会对这份“不理解”感到惊讶，他也从不会忘记：就像制出长生不老药一样，试图将贱金属转换成黄金只是炼金的其中一个阶段；如果仅受私欲的驱使，则无论如何也不可能成功。 [236]

《我什么都知道》上的采访之所以勾起了纳粹间谍的兴趣，大概是因为它也反映了炼金术越来越现代化的发展。乔白博士的一位同事甚至雇用过一名化学工程师，此人出版了与化学教科书基本无异

① 安德烈·参孙·塞比·赫伯伦纳（1878—1944），法国犹太裔物理学家、化学家、发明家。

② 皮埃尔·居里（1859—1906），法国物理学家、化学家，和玛丽·居里（1867—1934）共同发现了放射性元素镭与钋，后获得诺贝尔物理学奖。

的“炼金师速成手册”[①]。虽然在乔白看来，哪怕炼金师当起了现代化学家的门徒，他们的大科学家老师也仍然可以从赫尔墨斯古学中习得许多东西。为了证明自己的观点，博士引用了十五世纪的炼金师巴西尔·瓦伦丁的话，暗示瓦伦丁对被称为“万用水银”的催化剂的描述与居里夫妇发现的镭具有神秘的共性。因此阿勃维尔特工（也或许是定期与他接头的负责人）用铅笔在边缘处画了一道粗线，标记了瓦伦丁的这段话：“这水银在夜里会发光……它的溶解力如此之强，以至于凡是它接触过的有机物质都无法承受它的力量，必然会遭到破坏。此外，我们的万用水银还具有分解金属结构并致其熟化的特性。”

鉴于如今已有的常识来看，上述这些零散的信息其实相当有用[②]。如果纳粹特工曾对它们进行过切实的分析，很可能会重新燃起寻找魔法石的热望。但纳粹分子毕竟太过狂妄，只把炼金术看作聚宝盆一般的存在，单单想着制造黄金，因此错过了大好的时机，没能掌握那个足以报复一战失利的、会贻害万年的可怕秘密。

1937年夏初，和阿勃维尔特工的调查同时进行的还有一场特殊的会面，发起会面的人正是在圣母院外被盯上了的炼金师，这表明他知道自己正受人监视，并且留给他行动的时间已经不多了。等那场会面结束，炼金师便失踪了。多年以后，据说人们唯一看到过他现身的
[237] 地点是在对“黄金市场的监管不怎么严格”的西班牙——这导致一部分人相信那位年迈的炼金师和当年的乔白博士果真是同一个人。然而在找到进一步的证据之前，这依然只是一种猜测。

那一晚，技术顾问安德烈·赫伯伦纳教授离开造币厂往新桥去，准备回到他位于圣乔治路49号的实验室。当他路过圣母院那俯瞰着

① 指由法国神秘学家弗朗索瓦·若利韦－卡斯特洛（1874—1937）著写的《如何成为炼金师：论赫尔墨斯主义和炼金艺术》（1897）。

② 后世的科学家发现：部分金属元素（如钍、镭）不仅具有放射性，而且能使与它有接触的物质也产生放射性。

西岱岛的中世纪塔楼时，眼前壮丽的景色并不曾让赫伯伦纳联想到这座哥特式大教堂、他在造币厂偶然遇到的炼金师和他自己在原子核物理学方面的研究之间会存在什么有意义的关联。虽然在赫伯伦纳看来，炼金艺术与化学和物理学的最新发现确实有着一些有趣乃至奇妙的相似之处。

一部分炼金师显然是疯子，尽管他们对现代科学有所涉猎（这一点当真出人意料），但他们无法区分什么是实验结果、什么仅仅是幻想。科学家惯用的“试中纠错”到了他们那儿，只剩下极少的“试”和大量的“错”。他们不单认为贱金属中总是含有黄金颗粒，并且执著地相信理论上的分子转化和人类的未来息息相关，而某些不甚明智的实验已然改变了人们所身处的现实——这怎么看都是罔顾相对论的疯狂想法。

让赫伯伦纳吃惊的倒还不是这个想法本身，而是持有这个想法的人远不止一个，可他们对彼此又一无所知。所以这显然不是一群疯子共同炮制出来的阴谋论，赫伯伦纳也因此不得不承认：不管其根基有多不稳，炼金术在二十世纪仍然是一门活生生的学科。

实际上，赫伯伦纳对炼金师的“跨学科妄想”很是容忍，甚而超过了他身为法兰西公学院的教授应当有的程度。他也知道居里夫妇的放射性研究就是从炼金术中获得灵感的，他的一些同事则认为炼金术为他们在原子结构领域的科研工作提供了丰富的素材。赫伯伦纳可 [238]
能还知道（尽管没有证据表明这一点）牛津大学的化学教授弗雷德里克·索迪[①]曾嘲讽炼金术是种“精神病变”，后来却公开称赞炼金术是未及充分开发的实用科学。索迪教授的态度之所以转变得这么彻底，是因为他对炼金术当中的“嬗变”概念进行了专门的研究。通过仔细阅读炼金术文本，索迪开始怀疑在遥远的过去曾有过另一段人类文

① 弗雷德里克·索迪（1877—1956），英国化学家、可持续发展经济学的先驱之一，1901 年首次观测到了核嬗变现象，是 1921 年度的诺贝尔化学奖得主。

明，当时的人基于对分子学说并不彻底的理解，也许是在很偶然的情况下开发出了一种核技术。在索迪看来，这项技术早已在炼金术的神秘文本中留下了重重的一笔。而让人喟叹的是，直到发现了炼金术的这个秘密之后，索迪与他的合作者欧内斯特·卢瑟福[①]才无比惊讶地意识到：原来放射性元素钍会自发衰变成另一种元素镭。据说当时的索迪曾大喊一声："卢瑟福，这就是嬗变啊！"卢瑟福则答道："你行行好吧，索迪，别管那个叫嬗变，不然别人会当我们是炼金师、砍掉我们的脑袋的！"[②]

那天晚上，赫伯伦纳教授回到实验室的时候，门房告诉他说：有一位老先生打电话来找他，得知他不在便留了言。赫伯伦纳认出了那个名字——此人以前在造币厂向赫伯伦纳做过自我介绍，说他是个炼金师，而且对赫伯伦纳在钋元素方面的研究表现出了十分浓厚的兴趣。正是这个人给赫伯伦纳留言，请他到巴黎燃气公司的实验室会面，该实验室离圣乔治广场不过几步之遥。赫伯伦纳通知了年轻的助手雅克·贝尔格[③]，两人便出发了，他们本以为这只是一次猎奇的消遣。

故事接下来的部分缺少了某些细节，主要是因为六年以后，安德烈·赫伯伦纳因为参与法国抵抗运动[④]被捕，后来被押送到了布痕瓦尔德集中营[⑤]，不久（1944年3月）死于肺炎。在他生命的最后几个

---

① 欧内斯特·卢瑟福男爵（1871—1937），新西兰物理学家，提出放射性半衰期概念的第一人，原子核物理学之父。

② 核嬗变理论打破了自古希腊时代以来认为原子"不生不灭"的传统观念，证实了放射性原子可以自发衰变成另一种放射性原子。卢瑟福教授之所以对这一发现感到犹豫，是因为它恰好证明了早已被化学家否定的炼金术的学说。

③ 原名雅科夫·米哈伊洛维奇·贝尔格（1912—1978），犹太裔乌克兰化学工程师、法国抵抗运动成员、间谍、记者和作家。

④ 二战期间为抵抗纳粹德国对法国的占领和统治而组织起来的抵抗运动。

⑤ 布痕瓦尔德意为"山毛榉森林"，是纳粹在德国图林根州魏玛附近建立的集中营，也是德国最大的劳动集中营。

月里，赫伯伦纳把聪明才智用在了书写秘信上：他在允许囚犯寄给家人、由纳粹统一印制的明信片上留下了一段段隐晦的信息。而他本人并没有对 1937 年的夏夜与炼金师的会面做过直接的记录，只除了一些装在密封档案袋里、在 1940 年春天（纳粹进驻巴黎几周前）提交给法国科学院的实验笔记。因此，对此次会面最主要的记载来自赫伯伦 [239]
纳的助手贝尔格在 1960 年与人合著出版的《魔法师的黎明》一书。

根据该书的记载，提出在 1937 年 6 月的傍晚与他们见面的炼金师不是别人，正是那本《大教堂之谜和炼金术符号奥义》的作者。该书出版于 1926 年，作者是伏尔甘赫利（明显是个化名），初版时只印了五百册，现在每一册都价比黄金。当时，这本书在巴黎的炼金界激起了阵阵涟漪。书中对十二到十五世纪的哥特式教堂和民居外墙上的炼金术符号做了阐述，虽称不上完美，但很详尽，作者尤其提到了巴黎圣母院，也引用了巴西尔·瓦伦丁、戈比诺·德·蒙吕颂和维克多·雨果的作品。这本书魅力十足，不单因为它用优雅的散文体写成，也因为作者对圣母院外墙上的“炼金术符号”刻画入微（这得益于作者自身的炼金经验）；更重要的是，伏尔甘赫利在写书时抱持着既坚决怀疑又坚定信仰的学术态度，可谓相当地不同寻常。尽管呼吁某些伪炼金师在阅读本书时“不仅不可尽信，且要时刻怀疑”，伏尔甘赫利还是从根本上捍卫了炼金术的正统性：“我们所从事的这项科学工作和光学、几何学、力学一样具体、一样真实、一样精准，其结果与化学实验一样确凿。热情和信仰是炼金术最宝贵的催化剂，但热情和信仰必须首先服从于逻辑推理，并要经过实践的检验。”

在伏尔甘赫利与赫伯伦纳教授取得联系时，他的著作却已不再代表他当下的全部想法。1926 年时，他轻易就被中世纪之后炼金师的神秘言论分散了注意力。而到 1937 年，他已重新专注于最初获得启示的来源——巴黎圣母院，尤其是他在书中曾描述过的、圣母院正门上那“极为奇特的方形小浮雕”。

与其说人们对伏尔甘赫利的作品热情不减，倒不如说他们是执著于找出伏尔甘赫利的真实身份。在过去的八十年里，数千名神秘学家和阴谋论者对此孜孜以求，却个个无功而返。“伏尔甘赫利”之名显然是捏造的，可能是把罗马神话中的火与工匠之神伏尔甘（Vulcan）和古希腊神话中的太阳神赫利俄斯（Helios）的名字糅在了一起。可如果把“伏尔甘赫利”（Fulcanelli）的字母顺序打乱、重新组成一些单词，譬如吕西安·富尔（Lucien Fall）、原子尘（fil nucléal）、最后的傻瓜（le cul final）等——对揭开作者的神秘面纱也并无实质性的帮助。第二版《大教堂之谜和炼金术符号奥义》的序言是由伏尔甘赫利的年轻徒弟欧仁·坎塞利耶撰写的。这个坎塞利耶是“太阳城骑士团”的一员。据调查，“骑士团”的另外两名成员都住在皮盖尔区的罗什舒阿尔路59号，就在赫伯伦纳教授的实验室附近。其中一人是个喝苦艾酒上瘾的画家，名叫让－朱利安·香槟，是主持开凿苏伊士运河的外交官斐迪南·德·雷赛布的儿子；另一人名叫朱尔·鲍彻，是法国罗纳－普朗克制药公司的员工。而1900年匿名出版的《外国单身汉的巴黎秘密指南》把罗什舒阿尔路59号的“圣心堂”列为了一家男性妓院——从阿勃维尔特工做的笔记上判断，他显然也意识到了这一点，至于他为顺利开展间谍工作而进行过怎样的“实地考察”，我们就不得而知了。

[240] 不过眼下比起猜测伏尔甘赫利的身份，还有更实际的问题有待解决，想必赫伯伦纳教授也问过自己，那就是他们会面的地点很不一般：一个炼金师在巴黎的燃气公司做什么呢？读过《大教堂之谜和炼金术符号奥义》后不难发现，作者伏尔甘赫利常年周游各地，显然并不缺钱，也不需要到薪水并不丰厚的燃气公司谋求工作。但是，当赫伯伦纳和助手贝尔格走到安静的圣乔治广场时，发现宏伟的燃气公司大楼的前身是建于1840年的佩瓦酒店①，就位于北南公司旧地铁站入

① 以酒店的投资者佩瓦夫人（1819—1884）命名。出生于莫斯科的佩瓦夫人（波兰裔）原名埃丝特·拉赫曼，是十九世纪法国最出名的交际花、资助人、珠宝收藏家。

口的正上方，不禁觉得如果炼金师当真要选择执业的地点，那没有比这里更合适的了。一个世纪以前，佩瓦酒店的周围遍布昂贵的古玩店、甘做情妇的高级妓女和自诩隐士的富有艺术家。因刻画动物而出名的某位雕塑家在酒店的外墙上凿刻了大量的人像，其中之一似乎正是手持采石工具的赫尔墨斯。百年的岁月让佩瓦酒店的外墙被煤烟熏得发黑，在黄昏时愈发显得阴森森的，不免令人心生惧怕。而从几扇百叶窗后面透出的黄色灯光又暗示着如今的燃气公司或许隐藏着远比煤气更有趣的东西。

事实上，伏尔甘赫利之所以要到燃气公司上班，可能完全是出于实际的需求。正如美国战略情报局发现的那样：法国曾在战时进口了不少放射性元素钍，虽然并不是为了制造核反应堆，而只是为了加工打火机的火石和汽灯的纱罩。换言之，巴黎的燃气公司是极少数没有学术背景的人依然能暗中获取可裂变核元素的地方，而这种特殊核元素的嬗变现象已经在多年前由索迪教授和卢瑟福教授观察到了。

会面的确切地点是在燃气公司大楼后面的某个实验室。两位科学家——赫伯伦纳和贝尔格穿着便服，提出见面的炼金师穿着实验室的白大褂。他有一个奇特的故事要讲，这个故事如果没有他对赫伯 [241]
伦纳等在原子核物理学领域（尤其是对高压液态氘下铋元素的放射性检测）的详细了解，会显得相当不可思议。但这位炼金师恰恰是皮埃尔·居里的朋友，也因此对核物理颇有见地。他吐字清晰，声音带着金属的质地，像讲师点拨天资聪颖的学生那样用词简洁。他的语气里略有一丝不耐烦，这和他客气又老派的措辞形成了鲜明的对比：“您的实验离成功仅咫尺之遥，就像您的好些同仁一样。不过容我冒昧，向您提一个忠告——您和您的同事着手进行的研究充满危险。这危险之大不仅威胁着您，也威胁着全人类。”

贝尔格的脸上露出了略带讥讽的笑，炼金师要么选择了忽略，要么干脆没有注意到。

“释放核能比您想象的要更容易，由此产生的人工放射性物质只需几年就能令大气布满毒素。请允许我指出，正如炼金师早已知道的那样，用几克金属便能制出原子炸药，从而毁灭整座城市。”

贝尔格曾是居里夫人的学生，对于深奥难测的核物理世界，他当然还有很多需要学习的地方，但或许他自认受人训诫的学徒生涯已经结束，所以正欲打断眼前的炼金师，却见对方举起一根手指，很是肯定地说道：“我完全了解您对我的想法——炼金师对原子结构一无所知，对电力学一窍不通，没有检测放射性的手段……我要听的可不是这个。尽管无法提供证据，但我必须告诉您，无需电，也无需真空技术，最纯净的金属因其特殊的几何构造，完全能够释放出原子能。”

炼金师稍作停顿，似乎是为了让对面的两位科学家更好地消化这一人造核反应堆的概念。他的脸上有种古怪的冷漠，又或者称得上是轻微的神经质的表情。赫伯伦纳和贝尔格一时间都没有开口。贝尔格看着身穿白大褂的炼金师，像是在观察某些不可重复的实验结果，那结果如此美丽，又稍纵即逝。这个人的话在他的脑海中引发了链式反
[242] 应[①]。尽管乍听之下似乎很是离奇，但直到哈恩[②]和施特拉斯曼[③]在翌年的柏林发现了核裂变现象，此前甚少有人郑重思考过核能的潜在破坏性。要不是费米[④]在芝加哥大学弃置不用的橄榄球场[⑤]下建起了人

① 在核物理中，指核反应产物之一又引起同类核反应继续发生，并逐代延续进行下去的过程。

② 奥托·哈恩（1879—1968），德国放射化学家、物理学家，曾获1944年度诺贝尔化学奖。

③ 弗里德里希“弗里茨”·威廉·施特拉斯曼（1902—1980），德国物理学家、化学家，1938年时和奥托·哈恩认证了中子轰击铀核产生的钡，发现了核裂变现象。

④ 恩里科·费米（1901—1954），美籍意大利裔物理学家、原子弹的设计师和缔造者之一，被誉为“原子能之父”。

⑤ 考虑到“football”一词在英式英语和美式英语中的差别，也可译作“足球场”，但“橄榄球场”显然更为合理。根据相关资料，也有说该废弃的球场曾是壁球场或网球场的，在此仅采纳原著的说法。

类第一座核反应堆，又主持将反应堆运转到了临界点①（1942年），人们恐怕依然不会相信炼金师所谓的具有“几何构造”的原子能当真存在。

公司大楼的某个地方，有什么人砰一声关上了门。赫伯伦纳和贝尔格交换了一下眼神，似乎是为了确认他们仍然活在客观现实当中，没有任何无法解释的灵异现象来干扰他们的看法。

“我希望二位能够认识到——”炼金师接着说道，似乎对两位科学家受到的震动浑不在意，“我们的地球上可能有过一个了解原子能，又因为滥用原子能而毁灭了的文明。”他的双眼闪着光，“但是那个文明的一部分科技得以留存了下来。”

贝尔格这下算是被吊起了胃口，他可不愿看到炼金师再度陷入神游。这个人的大脑高速运转又无比疯狂，像是一台未经校准的回旋加速器，或许他当真在机缘巧合下有了什么奇妙的发现。贝尔格于是礼貌地问道：“您自己，先生……您在这个领域已经做过研究了吗？”

炼金师仿佛是对着遥远的回忆微微一笑。“您要我提供的是有超过四千年历史的学说综述和我这辈子的工作总结……何况——”他在贝尔格抱歉地耸耸肩时补充道，“即使能办到，我也得先把用语言无法表达的概念转换成您能够理解的词句。”

贝尔格说：“所以，如果我没猜错的话，我们在讨论的是魔法石……”

“还有如何制造黄金？……这只是炼金术当中比较特殊的应用罢了。”炼金师挥挥手，“问题的关键不在于金属是否会发生嬗变，而在于实验者的心是否会发生嬗变。”他牢牢盯着年轻的贝尔格，“有件事我想请您思考：道德和信仰的因子始终是炼金术不可分割的一部分，而像您这样的现代科学家是十八世纪物理学的孩子，您所从事的科学 [243]

① 一旦达到临界点，核的链式反应便开始自持进行了。核反应堆的成功运行标志着人类就此进入了原子能时代。

已然沦为了少数权贵和富裕的自由主义者的消遣。”

他们的谈话在炼金师一番义正辞严的布道后戛然而止了。毫无疑问，炼金师觉得多说无益，不然只怕会让两位科学家益发困惑，又或者心生疑窦。他把两人领到实验室的门边，请他们慢走。

等贝尔格和赫伯伦纳回头看煤气公司的大楼时，窗户里已经一片漆黑。他们再也没有见过那位炼金师。

包括在巴黎解放后搜寻“伏尔甘赫利”的英美特工在内，没有人能解释一位对哥特式建筑抱有学术兴趣、受雇于燃气公司的巴黎炼金师何以能在那么早的时期就对核物理学有那么精准的了解。就连爱因斯坦都是在 1938 年 8 月才给小罗斯福总统写了那封著名的信，在信中警告说因为“法国的约里奥-居里[①]和美国的费米、西拉德[②]等人的工作”，造出具有大规模杀伤性的原子弹已不再是空谈。

撇开伏尔甘赫利不说，此前唯一向世人发出过警告，说原子能研究存在极大风险的人是“自学成才”的炼金术学徒弗雷德里克·索迪。他曾在公开演讲中谈及当时的人们还难以想象的强大核武器的未来。伏尔甘赫利当然缺乏索迪教授的资源和专业知识，但他的优势在于积累了一辈子的炼金经验。通过亲手试验、亲眼观察，伏尔甘赫利同样了解了核嬗变的过程、氘代水（即中世纪的炼金师所谓的“重水”）的作用，以及只需几十天而非几十年的干、湿炼金法之间的区别。和索迪教授不同，伏尔甘赫利知道：就像数学方程式不可能被翻译成浪漫的散文一样，炼金术的秘密也无法用语言来阐释完全。

人类在过往的历史中描绘了那样多看似迷信、富有象征意义的灾

---

① 让·弗雷德里克·约里奥-居里（1900—1958），法国物理学家，1935 年诺贝尔化学奖获得者、居里夫妇的女婿。爱因斯坦（1879—1955）称他为链式反应的主导科学家之一。

② 利奥·西拉德（1898—1964），匈牙利裔美国核物理学家，协助恩里科·费米等在芝加哥大学建起了人类第一座核反应堆“芝加哥一号”。

难：代表天谴的瘟疫、足以搅乱人心的大屠杀、仿佛能净化一切罪恶的大火……因而要把实验得出的结果和客观现实骤然联系起来，不是一件容易的事。人们花了好些时间才意识到：恰恰因为眼前的证据过于直白，反而令人不愿接受那明摆着的事实。巴黎圣母院正门上的雕像已经幸存了七个世纪，成千上万的人曾经（并且仍然可以）看到它 [244]
们，但是直到雕像所显明的威胁再次成为现实以前，它们只不过是一面古老的背景墙，供无数前来圣母院的旅人拍下“到此一游”的照片。

尽管在重新划定过的郊区，贫富分化已日益明显，但巴黎的大部分人口即便阶层分明，也仍然混居在一起。女裁缝、诗人、银行经理、算命先生、核物理学家可能住在同一幢大楼，每天踩着同一块地毯进出，有时就恶劣的天气、院子里咕咕叫唤的鸽子和地下管道的不明声响①简短地交谈一番。巴黎的公寓楼是不同行业、不同学科碰撞出火花的大学，研究现代核物理的科学家和投身赫尔墨斯古学的炼金师会在这里相遇，压根算不得新鲜，哪怕他们所致力的学科之间相隔了数千年。而巴黎的任何一段历史都没有提及这场意义重大的会面，本身也并不叫人奇怪。

我们无法确定贝尔格和赫伯伦纳是否听取了炼金师对“现代科学须讲求道德操守”的意见；我们可以确定的是：此二人听懂了炼金师给出的技术暗示，并在 1940 年向法国科学院提交了一份笔记。这份装在密封档案袋里的笔记在八年后得以公开，上面列着的计算公式正指向氘和贫铀的自持链式反应。②话虽如此，这份笔记倒未必像一部分人所宣称的那样，一定能证明赫伯伦纳在圣乔治路 49 号的实验室即将组装出世界上第一枚氢弹，但它的确证明了法国在核研究方面具备令人瞩目的领先优势。

---

① 应指新的地铁线路的开通。

② 《法国科学院每周例会报告》（第 227 次，第 1655—1656 页），1948 年 5 月 24 日。

可这只会让伏尔甘赫利的举动更令人迷惑。他一边警告贝尔格和赫伯伦纳，说如果把原子能的可怕力量带到这个世界上，必然后患无穷，一边又向两人描述了原子反应堆的性状，为他们指明了通往核裂变现象的捷径。

[245] 巴黎和会已经表明：想单凭道德来约束国际政治，显然是痴人说梦。为攫取胜利而不择手段的暴君恐怕很难想象，当年曾有化学家向路易十五展示过可以摧毁整座城市的“无法扑灭的大火”，但路易十五反而甘愿出钱，请这位化学家务必销毁这一可怕的发明。政治野心膨胀的人同样难以想象，某位工程师曾向酷爱机械的路易十六献上过一挺足以射杀整个军团的曲柄连杆式机枪，却被路易十六怒斥为“人类之大敌”。

二战结束后，伴随同盟国的军队一齐抵达欧洲的还有美国战略情报局的特工，他们像赏金猎人那样在欧洲大陆上穿梭奔忙。官方给出的说法是：这些特工正寻找失踪了的美国士兵，但特工们真正的目的是追查原子能科学家的行踪，并谨防纳粹遗留下的可裂变物质落到苏联人的手上。一些特工前往即将受法国管辖的德国城市[①]，其他人则搜寻着伏尔甘赫利以及一个叫作杜特[②]的英属印度人的下落。这个杜特是赫伯伦纳的合作者之一，对炼金术和粒子加速器很有些研究。不过令美国特工沮丧的是：伏尔甘赫利就此销声匿迹，杜特也已命丧法国驻北非的反间谍局[③]特勤人员的枪下。

而在巴黎，战略情报局的行动重点落在了赫伯伦纳曾执教的法兰西公学院和弗雷德里克·约里奥－居里的实验室。居里夫妇的这位女

---

① 法国收回曾割让给德意志帝国的阿尔萨斯－洛林，接管“德国工业的心脏”鲁尔区的重要城市，如盖尔森基兴等。

② 对前沿科学感兴趣的探险家，实为化名“昌德”的职业间谍，二战期间曾在法国与阿勃维尔特工取得联系。

③ 全称“对外情报和反间谍局”，是 1945—1982 年间法国最主要的对外情报机构，后在 1982 年更名为对外安全总局。

婿是激进的共产党员，曾在解放巴黎的战斗中向德国坦克投掷过汽油炸弹，也有人说约里奥－居里设法在战争期间弄到了多达几吨的铀。换一个角度看，法国的科学家在如此艰难的工作环境下依然取得了那样惊人的成绩，既令世人赞叹，也令世人不安。最近，美国国家档案馆又解禁了一批机密档案，其中就有一份关于“法国原子能实验”的报告，将约里奥－居里列为了“危险人物”，报告称：“据可靠消息，法国科学家可能已经掌握了制造原子弹的技术，且拥有所需的材料。出于政治考虑，他们不想让同盟国或本国政府从中获利……而是愿意把手上的信息卖给某个小国。”①

我们当然已经无法得知：约里奥－居里是否曾和岳父的朋友—— [246]
炼金师伏尔甘赫利讨论过这件事。也许伏尔甘赫利和法国的科学家想法一致，认为既然造出核武器的秘密很快就会为大国所知晓，不如抢先一步把这秘密公之于众。再后来发生的事当然已永远载入了史册，不论伏尔甘赫利身在何方，想必都见证了那场有如地狱一般可怖的灾难。只是他面对的不再是巴黎圣母院的中世纪浮雕，而是黑白照片上与圣母院的浮雕如出一辙的画面：倾颓的避难所、血肉模糊的面孔、仿佛包含着一百万个太阳的巨大的蘑菇云②——有生之年见此情景，恐怕就连“早知如此”的伏尔甘赫利也觉得难以置信吧。

---

① 美国国家档案和记录管理局《第226-210-431-2号文件》，由塞尔比·斯金纳中校向威廉·里维斯·舒勒上校汇报，1946年2月18日。

② 指二战末期，美军在日本广岛与长崎市投放原子弹的画面。这是人类第一次（也是目前仅有的一次）在战争中使用核武器。

第十二站 /

巴黎寻微

1940年6月22日

即使护送他的官兵愿意透露他们此行的目的地，引擎巨大的声响也让正常谈话变得几乎不可能了。这是一个夏日的早晨，阳光通透，柏林在他们的脚下变成了小小的轻木[①]模型，格鲁讷瓦尔德[②]的松林则像是落入了深渊的绿宝石缎带……飞机颠簸得厉害，布莱克出门前没来得及吃早饭，现在看来反而是件好事。一阵尖啸过后，机身逐渐恢复了平稳。如果边上有舷窗，他或许能从底下街道分布的情况推断出国王大道[③]的位置，甚至是米米娜[④]含泪与他挥别的街区。他不知党卫军领章上的图案代表了什么意思，不然来接他的那两个盖世太保是什么军衔，倒是一目了然。他给了米米娜一个短促的吻，似乎当着陌生人的面表达亲热，到底有些尴尬。他不记得自己同米米娜分开时到底有没有把那句话说出口（还是只在心里默念便罢）：“专政之下，一切皆有可能。”

---

① 木棉科轻木属植物，是世界上最轻的木材，常用来制作展览模型。

② 位于柏林夏洛滕堡－维尔默斯多夫区。

③ 德国杜塞尔多夫的一条著名街道。

④ 布莱克（1900—1991）的第一任妻子德梅特拉·梅萨拉（1902—1955），希腊裔模特、艺术品经销商，后因车祸身亡。

飞机上没有靠背椅，只在机舱两侧各安了一条木质的长板凳，布莱克猜那平常是供伞兵坐的。他沿着板凳上的一排面孔朝驾驶舱看去，阳光透过挡风玻璃照了进来。但他的视线让野餐篮子和装着果汁的板条箱挡住了大半——在斯塔肯机场的时候，他看着人们把这些东西搬上了飞机。布莱克忽然就好奇起来，想知道这是不是什么老百姓不知道的军队传统，每当要举办庆祝胜利的野餐会时便邀请像他这样的雕塑家一块儿，好把最光荣的时刻用石雕的方式保留下来？六点的时候，电话铃响了，在当时一片寂静的屋子里显得尤其刺耳。一大清
[250] 早来电话召唤他，不大可能是为了委派给他重要的雕塑任务。自从布莱克接到上头的命令，说他尽可以代表自己的意愿（这一次例外）把未来所有的作品都献给柏林以后，他已经习惯了"上升到历史的高度"来看待工作室里的每一件雕塑，务求让它们配得上伟大帝国的繁荣昌盛。好朋友施佩尔大概是唯一可以告诉他发生了什么的人，可惜这会儿施佩尔出城去了。布莱克只听电话里的那个声音对他说："布莱克先生，我们是秘密警察。"（他确定他们说的是"秘密警察"）"请你这就为短途旅行做好准备，汽车会在一小时内停在你家门口。"

引擎的轰鸣回荡在他的耳边，飞机的震颤则钻入了他的四肢。布莱克迷迷糊糊地睡了约摸一小时，醒来一想，他们肯定已经越过了德国的边界——如果还有所谓的边界的话①。明媚的阳光透过驾驶室照进了机舱，在近乎苍白的光线下，他无法分清飞机是朝西还是朝北飞。官兵的举止和装束一如往常，对穿着便服的布莱克视若无睹。即便他们在隆隆的声响中略作交谈，布莱克也没法推断出任何有用的线索。他知道这次半强迫式的"短途旅行"可能有着某个宏大的目的，也会产生他还想象不到的重要后果。当现代艺术家不再用所谓的蒙昧主义②扑灭人们的心头之火时，可以释放出巨大能量的艺术作品就有

---

① 1940 年春，德国攻克了丹麦及挪威、荷兰、比利时、卢森堡和法国。

② 指某些艺术作品故作隐晦、含糊不清乃至用以愚民的创作风格。

了广阔的新空间——布莱克诚愿柏林如此，他们的每一座城市都如此。他知道他们脚下的某个地方有着成群的牛羊以及绵延数百公里的车流，每一辆车的车顶都绑着床垫，以便在德军的俯冲轰炸机袭来时略作防御。（他是听朋友在电话里说起才知道的，不怎么靠得住的电台可不会播报这种事情。）据说成百上千的巴黎人正排队等着 39 路公交车，他们要先坐车到沃吉哈，然后设法前往波尔多[①]。巴黎的政府大院里燃起了熊熊的篝火，一箱接一箱的警局档案从人链的这一头传到了那一头，在金银匠码头的驳船上堆成了小山。卢浮宫的珍贵文物被秘密运到了别处，断臂维纳斯或许在布列塔尼的军事基地搭上了空军飞机，又或者被转移到了奥弗涅[②]的城堡，让人随意摆在了潮湿的走廊里。

机身开始倾斜，然后顺着云和风搭起的扶梯下滑。距离起飞已经过去两个多小时了，机舱里热得让人无法忍受，比起不知道此行的目的地，闷热令布莱克更为沮丧：这种极度的不适和元首的承诺背道而驰。元首曾经保证过，说他的艺术家再也不必住在阁楼里，又或者因为物资匮乏而生活窘迫。

布吕里－德佩舍，1940 年 6 月 21 日，上午 11 ： 30

人们管他叫“元首”，而他管这个地方叫“狼谷”。树林边和村庄 [251]
后的小路是散步的好去处——村庄里已然空无一人，让他不由想起了上奥地利的首府林茨。原先的牧师住所改成了临时会议室（如今闻起来满是皮革和须后水的味道），会议室的墙上则挂着法国东北部和低地国家[③]的地图。过去的三周以来，狼谷就是他的家。那天早上，当

---

① 纳粹占领巴黎后，法国政府临时迁往了波尔多。

② 奥弗涅（Auvergne）得名自公元前最后一个世纪生活在该地区的强大高卢部落阿维尔尼（Arvernes），位于法国中部已经合并的奥弗涅－罗讷－阿尔卑斯大区，是欧洲人口最稀少的地区之一。

③ 是对欧洲西北沿海地区的称呼，广义上包括荷兰、比利时、卢森堡、法国北部与德国西部。

在场的诸位专家都同意他们已经取得了有史以来最光荣的胜利[1]后，巴黎的地图让人摊平在了会议桌上。从那以后，他便张口闭口都是巴黎了。

多年以来，他一直对此充满期待。他当然要派建筑师和规划师前往巴黎，以便仔细观察并做好记录，但是他的亲自到访仍然是他最为珍视的梦想。在满怀热情的少年时代，他就逐一研究过巴黎的街道地图，并用心记住了所有重要建筑物和纪念碑的设计图。他自学成才，远比从迂腐的教授那里学到的东西更多——那些食古不化的教书匠竟以为十七岁时获得的文凭就是艺术成就的最高证明。而当他为巴黎之行做最后的准备时，不无高兴地发现一切都还保存在他的记忆里，每一个细节都仍然鲜活、仍然准确。

他坚信自己比大多数巴黎人更了解巴黎，哪怕没有向导也不会迷路。《贝德克尔指南》对他的帮助不大，他已经自个儿指派好了旅行团的成员：吉斯勒、布莱克、施佩尔；他的飞行员、司机、秘书；摄像师兼导演弗伦兹、摄影师霍夫曼、新闻负责人迪特里希；要求和博登沙茨将军、医生以及三名副官同行的凯特尔元帅；会在机场与他们汇合的斯派德尔参谋长。他们会乘坐秃鹰运输机飞抵巴黎，然后改坐六轮的奔驰敞篷车。他要亲自带队，为所有人都上一堂有益的课。每当他想到他们的帝国那空洞无物的旅行指南和穿着蓝色制服的傲慢讲解员，就不免要气得发抖。这些人日复一日说着陈词滥调，只关心繁冗的"游客须知"：不要触碰展品、不要踩到实木复合地板、请走在拦绳中间……他绝不会做那样的导游。

[252] 六个星期以前，他说过要和他的艺术家们一道进入巴黎；短短六个星期后他当真要做到了，这让所有人都感到了惊讶。令他无比自豪并且满足的是，尽管法国选择与他们交战的做法十分愚蠢，尽管巴黎有着大量的"南方佬"难民和犹太人，但它毕竟是伟大的文化之都，

---

① 德军于 1940 年 6 月 14 日占领巴黎。

而他们即将前往那里，对这座城市致以无比崇高的敬意。

他知道在巴黎人的眼中，他仍然和粉刷匠或者美发师无异，因为他们还无法把他视作巴黎的捍卫者。时间会改变这一切的。如果当初让丘吉尔如愿以偿了，那么巴黎的每个街角都会发生战斗，世界上最美丽的城市也会因为那个醉醺醺又好战的记者①的缘故，就此从地图上消失——英国政府毕竟太过懦弱，没能阻止丘吉尔愚不可及的作战计划。②好在奥斯曼男爵把巴黎的街道扩建得那样宽敞，确保了他们（或者任何一支现代化的军队）一旦进驻巴黎便能占领要隘，且畅行无阻（尽管男爵当年未必是这个用意）。③自然，这座拥有两千年历史的城市存在着缺陷，但是任何由君王监督完成的作品都有其价值；外科医生尚且能从研究癌变细胞里学到一些东西，对着一具被焚毁了的尸体就无能为力了——亏得法国人没有听丘吉尔的话，如果巴黎当真在战火中沦为了废墟，他还要它何用呢？

那天早上，他第十次把手指放在了巴黎的地图上，沿着垂直的道路来回比划着。等他再度抬头看钟的时候，已经快要吃午饭了。

布吕里－德佩舍，1940年6月22日，下午2：00

在好友施佩尔看来，阿诺·布莱克依旧显得惊魂未定。飞行员把机头对准了地面，又在最后一刻拉起操纵杆，于是飞机像受伤的野鹅落在托伊皮茨④湖面一样，有惊无险地降落在了跑道上。一个闷声不响的二等兵过来接布莱克，开着指挥车一路经过了森林和沼泽——那里的居民要么已经逃走，要么被驱逐出境了。布莱克看到了空空的农

---

① 温斯顿·伦纳德·斯宾塞·丘吉尔爵士（1874—1965），英国保守党外交家、军事家、作家，早年曾做过战地记者。

② 1940年6月13日，丘吉尔第五次也是最后一次以英国首相的身份访问法国，欲游说法国政府继续对德作战，但很明显，法国当时已经决定投降。

③ 有阴谋论者指出奥斯曼男爵拓宽巴黎的街道是为了方便拿破仑三世调动军队，也为了防止叛军利用旧巴黎狭窄的街道设置街垒。

④ 是德国西南部的一条湖泊，由勃兰登堡州负责管辖。

舍，桌子上甚至还摆着饭菜。一头被床单缠住了脑袋的牛在哞哞叫唤
[253] 着。可哪怕指挥车驶过了十字路口，哪怕最近才竖起来的手形指示牌上写着“布吕里－德佩舍”，布莱克依然对他们即将前往的地方和即将发生的事情毫无头绪。

指挥车停在了一座小教堂的面前，附近还有一些刻着“托德组织”缩写[①]的木棚。一群面带笑容的军官前来迎接布莱克。他一眼认出了建筑师赫尔曼·吉斯勒，还有那个他平素称作好朋友的人。“好朋友”笑得露出了牙齿，活像一个淘气的小学生——施佩尔说：“你一定吓坏了吧。”（他并不是在提问，语气中满是笃定。）

布莱克突然觉得身心俱疲。他扬眉看了看施佩尔，抿紧了嘴，然后才问：“你为什么不派人提前通知我一声？我只好留下米米娜一个人，她看上去很惊慌……到底发生了什么事？”

施佩尔在回答以前又故弄玄虚地停顿了一下。“你在比利时，这里是指挥部！**没想到**吧？”

勤务兵把他们带到了原先牧师的住所，他们刚走到大门前，布莱克就看见了元首的身影——他穿着一贯的朴素制服站在那里，有着好似芭蕾舞演员的独特体态和耍蛇人似的手。布莱克有一瞬间产生了一个荒唐的念头：难道阿道夫·希特勒本人也是这场精心策划的恶作剧的一部分？元首走上前来，久久握着布莱克的手，就像一个欢迎儿子回家的老父亲。那双可以看清三万人集会中每一个人面孔的蓝眼睛牢牢盯着布莱克。元首一边握着布莱克的手，一边缓缓点了点头，好像在确认自己先前做出的判断：布莱克先生的确堪当此任。然后他碰了碰布莱克的手肘，把他拉到了一边。

“很抱歉此行安排得如此仓促。但一切都照计划进行着，完全符

---

① 是纳粹的民用和军事工程组织。托德组织（Organisation Todt）的缩写为 O.T.，以其创始人弗里茨·托德（1891—1942）命名，在二战期间负责法国等占领区的大量工程项目，因强迫劳动而臭名昭著。

合我的预期。现在我们要进入下一个阶段了。”元首说话时带着点假惺惺的客套，又像是个扮演着两面三刀角色的演员。“巴黎始终让我着迷。而如今，它的大门向我们敞开了。如你所知，我一直打算和我的艺术家们一起参观这座艺术之都。本来是可以安排一次凯旋仪式的，但我不希望法国人民在吃了败仗以后再承受更多的痛苦。”

布莱克想到他在巴黎的朋友，点了点头。[254]

“我必须替将来做打算。”元首继续说道，“巴黎是其他城市的标杆，也能够激励我们更好地重建我们的主要城市。作为一个老巴黎，想必你能够安排好此次行程，不漏掉任何一个重要的景点。”

有人带来了什么紧急的消息，元首对他的接见不得不到此为止了。布莱克留在了旅馆，入住后先是洗了把脸、剃了须，随后在树林里散了一会儿步，他这才想起要给柏林方面打个电话。这么多年后能再次回到巴黎，当然令他激动，但他知道这一次故地重游，更像是到医院探望病中的老朋友。等布莱克散步回来，得知了元首不愿被人看到和平民同游纳粹占领下的巴黎，所以要请布莱克换上军装。布莱克选了一顶陆军中尉的帽子，又在灰西装的外面披了一件军用长大衣。衣服很合身，甚至有些太合身了，把他的身体裹得紧绷绷的。

布莱克给尚且一无所知的米米娜去了电话，然后坐到客房的书桌前，草拟了一份巴黎主要建筑的参观路线图，预备稍后交给元首身边的人。傍晚六点时，他穿着借来的衣服离开旅馆，往食堂走去。一路都有士兵向他敬礼，那可真是一种古怪的体验。他迈步进入食堂，虽然打扮成了军人的模样，举止却一看就是个平民，和元首同一桌的军官爆发出一阵大笑。

穿着白色制服的士兵为他们端来了饭菜。如果不想和元首一样吃素，尽可以吃肉，不过唯一的饮料是果汁和水。夜幕降临了，天边响起了隆隆的雷声。饭后不久，一行人便各自歇息去了。暴风雨只持续了一会儿，等四下里恢复寂静后，发电机的嗡嗡声和巡逻的卫兵嚓嚓的脚步声清晰可闻。

勤务兵来叫醒布莱克的时候是凌晨三点，他其实始终没有睡着。他起身，穿好制服，走进外面仍旧漆黑一片的夜。一个小时后，他们已经重新回到了空中。布莱克想再暗自梳理一遍提交给元首的路线，却反而想起了 1927 年他最初到巴黎的那段日子：女房东带他到巴贝斯百货公司[1]买了一张双人床（她坚持要买双人床）。而在四艺舞厅，
[255] 一位美丽的女黑人和他就尼采[2]的哲学思想展开过讨论。他又想起了他在让蒂伊[3]的小工作室，那里有菜田，有混种狗看守着的鸡舍，从蒙帕纳斯的咖啡厅坐地铁过去只要二十五分钟。

他们这回乘坐的秃鹰运输机有靠背椅，也有舷窗。当曙光开始照亮田野的时候，布莱克低头往下看，那里只有牛羊，别无人烟。难民已经抱着孩子、推着独轮车往南去了。机上的其他乘客都在愉快地交谈，所以布莱克不免要纳闷：为什么他是唯一觉得自己正在执行危险任务的人？

巴黎，1940 年 6 月 23 日，星期日
清晨 5 ： 45

数天以来弥漫在街上的浓烟终于消散了，据说这浓烟一路飘到了英格兰南部的海岸，在那里下起了煤灰雨。浓烟的来去难以解释，也一并带走了巴黎所有的生机。这座城市似乎已经为一场盛大的仪式做好了准备，却没有邀请任何人前来参加。香榭丽舍大街上，晨雾紧贴着地面聚拢过来。在无名烈士墓前站岗的卫兵透过雾气，默默凝视着巴黎：除了飘扬的卍字旗和一会儿停在鹅卵石路面、一会儿剥啄着凯

---

① 以七月王朝期间的法国共和党革命家阿赫曼·巴贝斯（1809—1870）命名。

② 弗里德里希·威廉·尼采（1844—1900），德国语言学家、哲学家、文化评论家、诗人、作曲家，他的著作对于宗教、道德、现代文化、哲学以及科学等领域提出广泛的批判和讨论。尼采的写作风格独特，经常使用格言和悖论的技巧，对于存在主义与后现代主义的发展影响极大。

③ 意为“在墨洛温王朝时期（457—751）迁徙来此的外国金匠”，是法兰西岛大区马恩河谷省的一个市镇。

旋门石砖的灰鸽，巴黎毫无生息。

此时在拉法叶路的尽头——距离市中心十公里外的地方，一辆奔驰车从勒布尔歇机场的方向出现了，随后是另一辆汽车，接着又是一辆……总共五辆轿车组成了一个方阵，汽车的皮革顶篷早已敞开，轮胎从鹅卵石路面上骨碌碌地滚过，车上的人随着颠簸整齐划一地晃动着脑袋。

拉法叶路是郊区的一条长路，和巴黎市中心的宏伟大道有几分相似，只是一时还看不出究竟通往何方。街道两侧空荡荡的建筑放大了发动机的噪音，一扇扇窗户要么紧闭着，要么涂上了蓝漆。弗伦兹站在其中的一辆车上，扛着摄像机。尽管雾气仍然笼罩着大地，巴黎只显出了隐约的轮廓，但这一天无疑会是个适合拍摄的好天。

他们通过某个水泥路障时，有纳粹士兵大喊一声“敬礼”。元首 [256]
坐在第二辆汽车的副驾驶座，布莱克、吉斯勒和施佩尔三人挤在后排的活动折叠椅上。从机场出发至今，元首一直缄默不语。布莱克从道路两旁快速后退的门廊上收回视线，看向副驾驶座上的元首，见他紧缩着身体，几乎是蜷在了灰色的外套里，似乎让眼前阴森森的景象弄得有些闷闷不乐。布莱克倒以为这愈发体现了元首对周围环境的极度敏感——阿道夫·希特勒就是拥有那种摒弃一切杂念、只专注于目标的非凡能力。

停战协定尚未生效，保不齐会有狙击手在沿途的某扇窗后拿枪管瞄准了他们。之所以选择这条路，是因为想不错过巴黎的主要建筑便抵达市中心，并无他途。在看了至少三公里平淡无奇的公寓楼后，忽然之间，巴黎歌剧院的后山墙在其他房屋的掩映下出现在了他们的视野里。

布莱克当即便吃了一惊，因为这显然不再是他事先规划好的路线。看来元首在研究过他提交的路线图以后自有打算。他们沿着街道的东侧行驶，从后方接近了位于两幢街角楼宇之间的歌剧院，仿佛就是为了偷袭它一样。汽车滑进空荡荡的歌剧院广场，有两名纳粹军官正在台阶上等待。元首跳下车，跑进了剧院大楼。

剧院内灯火通明，大理石和镀金装饰被照得明晃晃的，让地面看起来像结了一层冰。满头白发的看门人领着他们走上了壮观的楼梯。

片刻之前还蜷缩在副驾驶座上的男人已经不见了踪影，元首激动得浑身发抖。“看看这美妙而独特的建筑比例！”他喊道，像指挥一样舞动着手臂。“看看这富丽堂皇的大厅！”看门人静静地站在一边，像快要心脏病发作那样面无表情又姿态僵硬。

“你们可得想象一下——”元首说，“身着舞会礼服的女士走下楼梯，从两旁穿着制服的男士身边经过。施佩尔先生，我们一定要在柏林也造出这样的建筑！”元首在楼梯的尽头转过身，向仍然往上走着

[257] 的人们解释说：“即便没有‘美好年代’① 的那种华丽、没有折衷主义② 的元素和巴洛克式的浮夸，这歌剧院依然是独一无二的。它的建筑之美就在于它的比例。”

他们走进礼堂，等待看门人按下开关，唤醒仿佛童话一般的场景。元首在原地转了一圈，欣赏着眼前美轮美奂的景象，对着空荡荡的座位大声喊着：“这真是世界上最美丽的歌剧院！”

元首走在队伍的最前面，带着他在新闻纪录片里一贯的匆忙脚步，看门人尽力跟随在他的身后。他们随即参观了更衣室和排练室，元首说他联想到了德加③ 的画作，倒让布莱克很有些惊讶。他们在舞台上站了好几分钟，或者彼此聊天，或者听元首滔滔不绝地讲解——他似乎了解巴黎歌剧院最微小的细节。元首又请布莱克转告看门人，

---

① 是欧洲社会史上的一段时期，从十九世纪末开始，至第一次世界大战爆发结束。这一时期被上流阶级认为是“黄金时代”，随着资本主义及工业革命的发展，科学技术日新月异，欧洲的文化、艺术及生活方式等日臻成熟。

② 十九至二十世纪初的欧美复古主义，特点是根据需要（如表达权力和财富的累积）模仿、并列各不同历史时期的建筑风格，大多讲求比例均衡、造型独特、富于装饰，如古典主义样式与巴洛克装饰混合的巴黎歌剧院。

③ 埃德加·伊莱尔·日耳曼·德加（1834—1917），法国印象派画家、雕塑家，他最著名的绘画题材即是芭蕾舞女演员。

说希望看一看这里的总统接待室。不知怎么的，布莱克很难在法语里找到恰当的词汇，等他终于组织好语句，把问题说出口以后，看门人却显得很是困惑，表示剧院里并没有这样的房间。但是元首坚信自己不会搞错，他微微露出了不耐烦，坚持要看接待室。看门人这下想起来了，说确实有过一间皇家接待室，但是在剧院重新装修的时候让人拆掉了。

“现在你们知道我对这里有多了解了吧！”元首喊道。他充满感染力地笑起来：“先生们，这就是所谓‘民主’的活生生的例子啊！法兰西共和国甚至都不给自己的总统一间单独的接待室！”

即将离开歌剧院时，元首命副官给了看门人一张五十马克的纸币。看门人礼貌地拒绝了小费。元首又要求布莱克再做尝试，看门人依旧拒绝了，说他只是在尽本分而已。

歌剧院前竖着卡尔波①的《舞蹈》——这尊著名的雕塑曾令法兰西第二帝国的资产阶级惊骇不已，却获得了元首全副的注意力。尽管雕塑上有着一道道黑色的污迹，使演奏手鼓的酒神和健美的、围绕着酒神翩翩起舞的希腊女神有如大笑着的凶案受害人，但他们那珍珠一般
洁白的牙齿依然清晰可辨。元首宣称这才是大师级的作品，是值得德 [258]
国艺术家借鉴的、轻盈而优雅之美的典范。

之后，他们回到车上，离开了歌剧院广场，在关张大吉的和平咖啡馆前向右拐去。

早晨 6：10

嘉布遣大道两旁昂贵的商店都关了门，橱窗里甚至连充场面的假人都没放。下一站是玛德莲教堂，他们同样从后方接近建筑物。汽车还行驶着的时候，一名副官就从车上跳下来，打开了车门。元首先于其他人站到人行道上，然后一路小跑着上了台阶。他忽然停下来，抬

① 让－巴蒂斯特·卡尔波（1827—1875），法国浪漫主义时期的雕塑家、画家。

头看着教堂，紧跟在他后面的人差点撞到他的背上。教堂的山墙上雕刻着《最后的审判》，把拿破仑预备用来纪念大军团的荣耀神殿变成了纯粹的基督教圣殿。[①] 元首觉得玛德莲教堂流于匠气，不免叫他失望，但又胜在位置优越，可以欣赏到河对岸众议院所在的波旁宫。教堂参观已毕，他们便沿皇家路南下，进入了协和广场，司机奉命放满速度，绕方尖碑而行。

元首站在车上，一手搭着挡风玻璃的镀铬金属框，同时发表自己的见解：方尖碑太小了，广场上的围墙聊胜于无，根本无法凸显方尖碑在巴黎的重要地位。不过这里的视野的确开阔，能毫无阻碍地环视四周，饱览城市各个方向的美景。两名穿着短披风的宪兵站在路旁，摄像机抓紧时机拍摄有人类在巴黎活动的迹象，好让日后的新闻片稍微显出一点鲜活气。届时，新闻片的解说员会这样补充道："清晨，元首出人意料地造访了巴黎！"一个人影正横穿马路，朝从广场发散出去的其中一条大街走。元首瞥了那里一眼，只见一个穿黑袍、戴小圆帽的男人在低头赶路，或许是为了快速走过街口而不被任何人看到，又像是要小心避开地上的坑洞（那片巨大的灰色开阔地上本也不会有洞，所以把他的姿态衬得尤其可笑）。他们的汽车驶过时，扛着摄像机的弗伦兹扭过身来，把那个黑乎乎的人影定格在了镜头里。尽管一闪即逝，这仍然会是法国首都日常生活的一景：某位教区神父忙忙地赶去参加弥撒，像一只黑色的甲虫匆匆回到了地下。

[259] 而随着道路两旁的建筑次第出现，元首仿佛预见了新闻片里有如庄严行军的画面，于是命令车队在香榭丽舍大街前停了下来，就像宏大的乐章响起以前必然会有的停顿一样。随后，他们的轿车开始慢慢爬坡，沿着香榭丽舍大街直向凯旋门驶去。他们在车里左顾右盼，认出了他们在图画书和明信片上看到过的景色：荣军院的圆顶教堂和位

① 1806 年，拿破仑决定在此建"大军团荣耀神殿"。波旁复辟时期，路易十八则在山墙上雕刻了《最后的审判》。

于它正前方的亚历山大三世桥[①]、大皇宫和小皇宫[②]、远处的埃菲尔铁塔、圆形广场[③]的喷泉（尽管喷泉里没有水）、露台上空无一人的富格咖啡馆……电影海报仍然宣传着自巴黎人出逃以来就再也不曾上演的两部美国电影：《横冲直撞》和《浮生若梦》[④]。就在车队的前方，阳光突然照亮了某幢高楼上的一排窗户，又在他们经过大楼底下时再次躲进了云雾。凯旋门本身便是一块巨大的磁铁，将他们一路吸引了过去，虽然传统意义上的凯旋队伍是沿反方向游行的。

这不再是阿诺·布莱克所认识的巴黎，而是未来柏林的雏形，是一个尚未完善的梦。摄影师不断拍着照，直到他们离凯旋门太近，他无法再把拱门完全装入取景框为止。1916 年的时候，躺在病床上的元首曾经画过一幅《大拱门》，那是他理想中的柏林的“凯旋门”，大到把巴黎的凯旋门整个儿塞进去还有余。在元首的设想里，通往柏林“凯旋门”的路也要比香榭丽舍大街再宽二十米，沿途不会有小家子气的、设计师希托夫用来分隔星形广场的资产阶级住房。布莱克想到这儿，不由也试着从元首的角度看待巴黎，他不得不承认：无论有没有人欣赏，这座城市都展现出一种能压倒一切的荣耀。

他们把车停在了星形广场。一部分凯旋门上还搭着脚手架，但元首依然能够读到拿破仑的政治语录[⑤]，又或许是因为他本就把那些内容牢记在了心间。元首把手背在身后，从这里顺着香榭丽舍大街往下看，直望到远处的方尖碑和卢浮宫。布莱克注意到：元首的脸上出现

---

① 是横跨塞纳河的一座拱桥，连接右岸的香榭丽舍大街地区和左岸的荣军院以及埃菲尔铁塔地区，被公认为是巴黎最华丽的桥梁。该桥以沙皇亚历山大三世（1845—1894）的名字命名，是为庆祝 1892 年法俄缔结的保卫性同盟。

② 巴黎大、小皇宫现均为美术馆，是为举办 1900 年的世界博览会所兴建的展览馆，虽然中文译作“皇宫”，但它们本身并非皇家宫殿。

③ 指香榭丽舍圆形广场，该广场将香榭丽舍大街分为了东西两段。

④ 皆为 1938 年上映的美国爱情喜剧电影。

⑤ 凯旋门的内壁刻有跟随拿破仑远征的 386 位将军的名字和 96 场获胜的战争，门上则刻了 1792—1815 年间法国的战事史。

了和他在检视柏林的重建模型时一模一样的表情——当时的元首甚至[260]微微蹲下身来，好确保自己能看得更仔细。那是一个孩子望着心爱玩具时眼也不眨的专注，带着最纯粹的、心无旁骛的兴奋。已经六点半了，到了他们不得不离开的时候，元首却几乎不愿迈开脚步。

早晨 6 ：35

尽管有那么多军事战略家和艺术鉴赏家在场，从星形广场辐射出去的十二条大道还是把他们弄迷糊了。当车队第二次绕回凯旋门时，司机不由放慢了速度。所有人都很困惑，不过他们没有选择再次经过雨果大街或者克勒贝尔大街[1]，而是命司机走福煦大街[2]，直开到第一个路口，然后有些犹豫地左拐进了庞加莱大街。元首似乎对观光暂时失去了兴趣。毫无疑问，他正在消化他们方才看到的景点，正如他解释过的那样，他要评估整座城市的氛围和日光对建筑产生的影响。而直到今天以前，他还仅仅是用最抽象的方式（譬如书报和图像资料）来了解那些纪念碑的。

不一会儿工夫，他们已经站在了夏乐宫[3]的露台上，凝视着塞纳河对岸的埃菲尔铁塔。摄像师跪在元首的脚边，努力把他的头和塔顶放进同一个画面。与此同时，摄影师拍摄的照片会向全世界证明：阿道夫·希特勒确实到过巴黎。布莱克、施佩尔和元首三人站在露台上，他们身后的埃菲尔铁塔有如纸质的背景，几乎让照片看起来像合成的一样。解说员会念旁白道："看哪，埃菲尔铁塔的美景！"他的语气必然十分轻快，仿佛在向人展示度假回来后制成的影集。"元首的左手边是施佩尔教授。"解说员会继续说道。施佩尔似乎在憋着笑，或至少试着装出云淡风轻的模样。元首的右手边是"假中尉"布莱克，他弓着背、戴着不甚合适的军帽，浅浅地笑着，自然不值得一提。

① 以大革命战争期间杰出的法军将领让－巴蒂斯特·克勒贝尔（1753—1800）命名。
② 以法国陆军统帅费迪南·福煦（1851—1929 年）命名。
③ 得名自宫殿所在的制高点夏乐山。

九天前，纳粹士兵发现埃菲尔铁塔的电梯坏了，为了迎接元首一行的到来，他们只好爬了一千六百六十五级台阶，在塔顶升起了一面卍字旗，无奈风太大，很快把旗帜撕成了碎片。于是他们又换上了一面较小的旗帜，正因为小，隔着雾气根本看不到。在新闻片接下来的画面中，可见元首背对埃菲尔铁塔，朝夏乐宫上方镀金的铭文抬起了头——但是他抬头的时间太短了，不足以把那几行铭文看全："我是坟茔抑或宝库，是开口诉说抑或保持沉默，凡来此地之人须自行决断……朋友，既要入内，务必心怀热望。" [261]

掩藏在阴霾之后的太阳开始燃烧。他们脚下的广场和码头显得空旷而又不祥，没有驳船从河上经过，除了风刮过开阔地的响动之外，整座城市寂静无声。面对这样失真的现实，元首依然能镇定自若地考察地形兼评价建筑的规模。他变得异乎寻常地絮叨，谈到了设计埃菲尔铁塔的建筑师那难能可贵的天才——他们把铁塔与夏乐宫还有战神广场完美地连成了一条直线。元首对铁塔的轻巧和挺拔大加赞扬，说它是唯一赋予了巴黎特色的纪念碑，而所有其他的建筑在别的城市也能找到。正如布莱克告诉过他的那样，元首知道这座铁塔是为世博会建造的，但它已经达成了千百倍于最初的目标：埃菲尔铁塔是新时代的报晓鸟，是工程师与艺术家携手的杰作，运用最新的科技构建出了前人不敢想象的庞大塔身，就此掀开了钢筋和混凝土铸成的新古典主义的篇章。

他们在夏乐宫待了不多一会儿，就出发穿越耶拿桥[①]，驶过埃菲尔铁塔的脚下，到达了战神广场的另一端，在那里欣赏了巴黎军事学校威风凛凛的外立面，又回头看了一眼他们方才待过的夏乐宫的露台。在回到车上以前，元首注视着埃菲尔铁塔，向它做了最后的告别。太阳出来以后，气温升高了，勤务兵拿着元首脱下来的风衣，替

---

① 为纪念 1806 年拿破仑率领的法军在耶拿会战中令普鲁士军队惨败并被迫退出第四次反法同盟，故名。

他换上了不用系腰带的白色外套，这让他看起来像个化学家，又或是实验室的工作人员。元首难得穿上了便服，但此刻不是计较形象的时候——他也不会刻意拘泥形式，以免影响了他们此行的愉快。

等汽车沿着图尔维尔[①]大街行驶，荣军院的金色圆顶离他们越来越近时，大伙儿都清楚地意识到：本次观光的重中之重即将到来。荣军院是对元首有着深刻意义的一站，像他的前人布吕歇尔[②]和俾斯麦一样，元首是以征服者的身份来到巴黎的，但他同时也是拿破仑的崇拜者，是和这位法兰西人的皇帝平起平坐的对手，更自认是“世界史之精神”的代表。当车队在沃邦广场[③]停下时，元首猛然发现曼金将
[262] 军[④]的雕像傲然屹立在一旁，正是曼金的军队在1919年时占领了莱茵兰地区。元首的脸立刻沉了下来，他再次成为捍卫日耳曼人[⑤]的尊严、欲为民族屈辱复仇的使者。他转向后面汽车上的士兵，沉声说：“把它炸了。我们的明天不需要这样累赘的回忆。”

听到这话，布莱克不禁觉得但凡领袖者，自有其不得已：即使是在这样特殊的时刻，元首也不得不把思绪从艺术上暂时抽离，再次投入残酷的政治和纷乱的战事当中。

---

① 以海军上将、路易十四时期的民族英雄安－伊拉利昂·德·康斯坦丁·图尔维尔伯爵（1642—1701）命名。

② 格布哈德·列博莱希特·冯·布吕歇尔，瓦尔施塔特公爵（1742—1819），普鲁士元帅，在七年战争、法国大革命战争和拿破仑战争中因积极进攻的指挥风格声名远扬，人称“前进元帅”。

③ 以法国元帅、军事工程师塞巴斯蒂安·勒·普雷斯特·德·沃邦（1633—1707）命名。

④ 夏尔·伊曼纽尔·马利·曼金（1866—1925），一战期间的法国将军。在英、法、美盟军取得对德胜利（第二次马恩河战役）后，曼金的第十军团被派往莱茵兰并占领了该地区。由于试图促进建立亲法的莱茵共和国，从而把莱茵河西岸地区从德国分离出来，曼金成为了争议的焦点。

⑤ 同罗马人对高卢人的称呼相仿，历史上，罗马人称莱茵河以东、多瑙河以北（今德国、波兰、荷兰、丹麦、瑞典南部）的蛮族为日耳曼人，大约相当于古中国对西戎和北狄的称谓。

他们走进荣军院，站在圆形墓穴的回廊之上，凝视着底下用红褐色斑岩凿成的拿破仑墓。众人第一次沉默了下来，被这里神秘的气氛和阴暗的光线所慑——圆顶教堂之所以比平日更加昏暗，是因为在停战协定生效（宣布巴黎为不设防城市）、得免纳粹空军的轰炸之前，人们把一只只沙袋垒在了窗边。纪念拿破仑辉煌胜利的一面面彩旗[①]悬挂在壁柱上，已经褪了色。巴黎如今的征服者凝视着同样征服过巴黎的伟人那重达五十吨的墓，脱帽扣在胸前，又低头默哀。

布莱克站得足够近，近到可以听见元首的呼吸声。他的背脊上窜过一阵战栗，为见证了历史而激动不已。他随时预备好聆听标志着两位伟大领袖永恒会晤的言论——元首转向吉斯勒，几乎像耳语一般地说道："我的墓由你来建。"然后他提高了音量，嘱咐说他的墓不要和这里一样的彩绘拱顶，最好是换成天穹的设计，正中凿出类似罗马万神殿的采光孔，能让雨水和阳光倾泻下来，正打在坚不可摧的石棺上。石棺上只要刻这样两个词：阿道夫·希特勒。

元首选择在这个庄严的时刻宣布他要送给法国的"礼物"：拿破仑之子、莱希斯塔德公爵[②]的遗体会让人从维也纳运到巴黎，重新安葬在荣军院里他父亲的墓旁。这将是元首对法国人民及其光荣历史的又一次致敬。

早晨 7：15

当他们的汽车经波旁宫转向东方时，阳光沿着塞纳河直射过来。附近的钟楼敲响了七点一刻又或是七点半的钟声。狗儿撒着欢一路小 [263]
跑，门房也从沿街的大楼里走出来，提着扫帚，捏着抹布，开始每一

---

① 指荣军院的圣路易士兵教堂里陈列着的、法军从敌人手中缴获的军旗，最初有一百面，后有部分在法国大革命中遭焚毁。

② 弗朗索瓦·约瑟夫·夏尔·波拿巴（1811—1832），虽从未继位，但支持者仍称他为拿破仑二世。曾退避外祖父——神圣罗马帝国及奥地利皇帝弗朗茨二世（1768—1835）处，因常年患病而在维也纳早逝。虽然他的大部分遗骸后来被转移到了巴黎，但他的心脏和肠子仍留在维也纳，这对哈布斯堡家族的成员而言是种传统。

天清理台阶的工作。他们的车队在圣日耳曼大道上稍作停留，元首向德国驻巴黎大使馆的工作人员下达指示，请他们翻新使馆建筑。随后，他们匆匆穿过拉丁区的狭窄街道，经过圣叙尔比斯教堂、卢森堡广场和奥德翁剧院的希腊式立柱。两名警察目送着他们的车队沿圣米迦勒大道行驶，前往索弗洛路①。那天早上，一通电话叫醒了巴黎警察总长，他已经习惯了这座城市的新主人心血来潮的各种花样。第五分区的宪兵队负责人在电话里告诉警察总长说：带着冲锋枪的纳粹士兵叫醒了还在睡梦中的先贤祠看门人，命他在早上七点打开先贤祠的铁门。

大约七点半的时候，人们看到元首轻快地步入了先贤祠，片刻后又皱着眉出现了。他对那里头的雕塑（他称之为“肿瘤”）和出人意料的阴冷十分厌恶，就像是他本人受到了侮辱一样：“老天爷！”元首咆哮道，“想想罗马的万神殿、再看看它——它根本配不上‘先贤祠’②这个名字！”布莱克对元首在雕塑和建筑方面的见地很是熟悉，但这是他第一次听元首对生活中的实例（更不用说是巴黎的先贤祠了）表达出如此强烈的情绪。根据元首的说法，一件把人体都弄变了形的雕塑是对造物主的莫大侮辱。他说这话的时候，脑袋里一定想着先贤祠的唱诗堂、西卡尔③为纪念国民公会④所作的雕塑——那些面目粗犷、显得饱经风霜的士兵和雕塑上激进的座右铭：“不自由，毋宁死。”在元首看来，一个真正的艺术家不必非要用艺术来凸显个性，一个真正的艺术家也应当对政治毫无兴趣。和犹太人不同，元首觉得好的艺术

---

① 以先贤祠的设计师、法国新古典主义时期的建筑师雅克－日耳曼·索弗洛（1713—1780）命名。

② 先贤祠（Panthéon）源自希腊语“万神殿”（Pántheion），既和罗马的万神殿同名，其立面也仿照罗马的万神殿所建。

③ 弗朗索瓦－莱昂·西卡尔（1862—1934），法国雕塑家，以其情绪饱满、形态粗犷的爱国主义艺术作品而闻名。

④ 存在于1792—1795年间，是法国大革命时期的单一国会，也是第一个没有阶级区分的法国议会，由普选产生的男性代表组成。

作品不需要经过扭曲，不需要带着轻浮，更不需要充满讽刺。雕塑和建筑就像靴子一样，同为人手所造，只不过靴子在几年的磨损后就得扔掉，而一件艺术品历经数百年仍可长存。

元首公开表达了他的私人情感，这让阿诺·布莱克不由生出一种 [264] 感念之情。他忽然意识到，尽管元首声称“他的艺术家们”是他在巴黎的向导，但实际上是元首本人一直在向他们展示应当如何看待这座城市，好为他们将来的艰巨任务①做准备。当他们驶离先贤祠时，元首从座位上转过身，上下打量着布莱克“中尉”，脸上带着狡猾的笑。然后他仿佛要安慰布莱克那滑稽的外表似的，对他说道：“真正的艺术家不从军……”元首甚至表示，他很希望看一看蒙帕纳斯——那里是年轻时的布莱克最初追逐艺术灵感的地方。“我也热爱巴黎，要不是命运把我卷进了政治的洪流，我原本也会像你一样在这里学习。我在一战以前可是一门心思想着当艺术家的。”

而蒙帕纳斯并没有任何对元首来说具有重要意义的建筑，因此元首提出这样的想法，更显出他对手下之人的体贴。蒙帕纳斯去不了，他们便沿着蒙帕纳斯大道行驶，看到了著名的丁香园咖啡馆和卡尔波的《地球四极》②喷泉雕塑——这证实了元首对卡尔波的作品果然高度重视。然后他们返回圣米迦勒大道，迅速驶向塞纳河边。他们仍然有很多景点要看，离结束行程还有很长一段路要走，但是留给他们的时间已经不多了。

在圣米迦勒广场上，两名警察向元首行礼，元首也回了礼。他们越过西岱岛，沿着毫无生气的码头朝巴黎圣母院行去。至少在这里，巴黎仍然散发着神秘的魅力。车轮不停，滚滚向前，警察总署大楼的外墙于是像窗帘一样向左滑动，圣母院那哥特式的双塔则像浪漫主义歌剧的布景，在灰蒙蒙的光线下冉冉升起。他们又经过了巴黎司法宫

---

① 依样在德国各主要城市兴建大楼和公共雕塑。

② 由象征亚洲、欧洲、北美洲和非洲的四个人像托起地球。

和圣礼拜堂，元首的表情波澜不惊，他反而注意到了街道另一侧的圆顶，于是问布莱克道："那不是商事法院的圆顶吗？"布莱克摇摇头，回答说："我觉得是法兰西学术院的圆顶。"等轿车和那幢建筑的入口齐平时，元首扭过头，兴高采烈地指给布莱克看："你瞧那里写的是什么？……商事法院！"

早晨 7 ： 50

[265] 车队跨过阿尔科莱桥[①]，到达巴黎市政厅，经过了卡纳瓦雷博物馆[②]和通往孚日广场[③]的犹太人街区，街区里的商店一律护窗板紧闭。沿途的浓荫盖住了奶白色和粉色的外墙，而元首看上去有些兴味索然。麻雀叽叽喳喳地叫唤，富人家的孩子让保姆带着，在绿树成行的花园嬉戏，道路两旁的拱廊开阔又怡人……这里的一切都散发着资产阶级的气息，既自得又自在，让人难以忽略。直到他们沿着里沃利路重返主干道时，元首才重新变得活跃起来。他理想中的柏林就是眼前的模样：一排排整齐划一、仿佛没有尽头的房屋外立面，带着毋庸置疑的宏伟设计的烙印，象征着伟大帝国首都那无与伦比的和平与幸福。

他们的右手边是通往中央市场的肮脏街道。这里平时有多热闹，此刻就有多死寂。没有尚且裹着泥土的一捆捆蔬菜阻塞道路，没有小贩粗野的叫嚷，没有咖啡和劣质烟草的气味……不过就在这时，他们忽然听到了报童的声音，那声音穿透早晨寂静的空气，更像是从古老的时代远远传来的。声音的主人从一旁的街上走来，边走边唱小调一般叫卖着："早报！早报！"报童眼看着一辆辆轿车经过，于是加紧跑

---

① 为纪念拿破仑在 1796 年的阿尔科莱战役中率法军击败奥军（神圣罗马帝国军队），故名。

② 得名自曾经的公馆主人、卡纳瓦雷领主弗朗索瓦（1520—1571）的遗孀。

③ 巴黎最古老的广场，位于玛莱区，最初称为皇家广场。法国大革命后，政府征税，孚日省（法国大东部大区所辖的省份，因境内的孚日山而得名）首先响应，积极配合，为了纪念，皇家广场因此更名。

过来，手中挥舞着一份报纸，正要再对着车上的人吆喝，“早报”两个字却堵在了喉咙里。他在沉默中带着恐惧凝视——对面的那双蓝眼睛同样凝视着他。下一秒，报童落荒而逃，报纸“哗”一声撒在了人行道上。再往前一点的地方站着一群主妇，她们像中央市场所有的女摊贩一样不修边幅，天不怕地不怕地大声闲谈着。其中嗓门最大、体格最壮的妇人在车队开过时偷偷瞥了一眼，随即她挥着手臂，指着元首说：“是他——哎呀，是他！”话音刚落，妇人们便四散开来，用和肥胖的身躯不成正比的速度飞快逃跑了。

车开过中央市场，卢浮宫终于出现在了他们的面前。元首遥望着它那标志性的宏伟外墙，说道：“如果要评选建筑史上最伟大的作品，我会毫不犹豫地选择卢浮宫。”片刻之后，旺多姆广场给元首留下了同样深刻的印象。尽管曾遭到无政府主义者的破坏，但这广场仍然昭示着皇帝拿破仑那永恒的荣耀。

不久，他们回到了巴黎歌剧院的正门前，顺应元首的心意，要在充足的光线下欣赏歌剧院华美的外观。不过轿车没有停，而是加速穿 [266]
过绍塞-昂坦路①和克利希路②，右转过克利希广场，沿着林荫道从周日早晨分外安静的红磨坊③穿过，到达了皮加勒广场④。时间尚早，他们没能看到往常在这里出没的巴黎妇女，据说那些女人都涂着用巴黎的地沟油做成的口红。

奔驰轿车快速地连续换挡，在陡峭的山坡急转直下，穿过蒙马特

---

① 绍塞意为“马路”，昂坦得名自附近第一代昂坦公爵路易-安托万·德·帕尔代扬（1665—1736）的府邸。

② 因附近通往（林中）克利希的克利希广场和克利希门而得名。克利希意为“用作狩猎场的荒地”，是法兰西岛大区上塞纳省的一个市镇，位于巴黎市郊。

③ 是靠近蒙马特的红灯区，保留了十八世纪的街区风貌，因（克利希大道）屋顶上的红色风车造型而得名，也是传统法国康康舞的发源地。

④ 以路易十五时期的法国雕塑大师让-巴蒂斯特·皮加勒（1714—1785）命名。皮加勒的雕塑结合了巴洛克以及新古典艺术的风格，密切反映了路易十五时期“旧政权”品位的变化。

高地的小路，驶入了圣心堂底下的小广场。他们下了车，走到广场的边缘，背对着教堂俯瞰巴黎。前来做礼拜的人们从教堂进进出出，他们当中的一些人认出了希特勒，却选择了无视他。元首靠在栏杆上，试图用眼睛描摹奥斯曼男爵当年“总体规划”出来的路线。可是仅仅从这样的高度，巴黎的美景依然被大片大片的房屋、工厂和其他实用建筑所遮盖，遥远的距离和尚未散开的雾气让一切都难以分辨。此刻的巴黎是一幅印象派作品，是朦胧的水彩画，他们曾从近处观看的坚固纪念碑就像是灰色海面上的一枚枚浮标。

布莱克能感受到元首的失望。这是阿道夫·希特勒第一次也是唯一一次到访他多年以来心心念念并且狂热钻研过的城市。可是他们的观光仅仅持续了两个半小时，在此期间，元首既没有进食，也没有走入任何私宅，没有和哪怕一个巴黎人有过交谈，甚至没有用过洗手间。在他们能够短暂交流的间歇，施佩尔依旧像往常一样玩世不恭，他开玩笑地称呼元首为“主厨”。但是现在，当元首扫视着被塞纳河一分为二、又让黑黢黢的山丘包围着的巴黎时，布莱克似乎在他的眼中看到了隐隐的泪光。“能到巴黎来看一看是我的夙愿。”元首说，“如今这个梦想终于实现了，我高兴得简直说不出话来。”不过元首依然时刻谨记他们此行的目的，他吩咐“他的艺术家们”吉斯勒、布莱克还有施佩尔道：“我们的旅行虽然要画上句号了，但是对你们而言，艰难的时刻才刚刚开始。你们务必努力，在我交给你们的城市里创建出最好的建筑和雕塑作品。”然后他交代随行的秘书：“不准让任何事情妨碍到这些人的工作。”

[267] 他们在栏杆边站了很久。最终，元首依依不舍地转过身，抬头看了看面前的白色大教堂，扔下一句：“可怕。”便带头回到了车上。

秃鹰运输机在上午十点从勒布尔歇机场起飞了。元首有令，让飞行员在城市的上空多盘旋几圈。他们于是看到了阳光照耀下的塞纳河那钢青色的曲线，这使人们更容易分辨出其他建筑的大概位置：西岱岛上的巴黎圣母院、埃菲尔铁塔、荣军院……

海拔进一步上升，他们眼中的巴黎最后一次为夏日的云雾所遮蔽。现在，舷窗外只看得到郊外的森林和田野了。元首一边用力敲打着座椅的扶手，一边说道："这可真是一次难得的体验！"参观过这座传奇之城的满足远多于失望（尽管元首认为现实中的巴黎没有他想象的那样宏伟），而它明显的缺陷则从某种程度上激起了元首的好胜心，让他更为期待再次审视柏林的重建模型。唯一刺耳的声音来自赫尔曼·吉斯勒，他告诉元首，说他根本没能真正见识到巴黎，因为一座没有人的城市又怎能算得上是城市呢？吉斯勒说他们真应该在 1937 年世博会[①]的时候来，当时的巴黎人流如织、车水马龙。元首同意地点点头："我完全可以想象。"

回到狼谷后，元首与吉斯勒、布莱克还有施佩尔在树林散步，同时分享了自己的看法。他对巴黎的印象依然鲜明，而他的决定表明：即便空无一人，巴黎也能对任何到访过的人产生巨大的影响。元首经常思考着到底要不要彻底毁掉巴黎，但现在他不打算那样做了。正如他那天晚上在牧师住所里对施佩尔说的："等我们结束对柏林的重建，一定会让巴黎相形见绌。既然如此，为什么还要费力摧毁它呢？"

阿诺·布莱克教授于 1971 年开始撰写回忆录（《大事记 1925—1965》）。他回顾这一生中的重要事件，发现 1940 年的那一次巴黎寻微给他留下的回忆之生动，甚至超过他早年在蒙帕纳斯的留学生涯。而比起他的亲身经历，照片上消失在雾霭中的灰色纪念碑、他站在元首身边的新闻片画面仿佛要来得更加真实。正如布莱克对朋友们提到的那样，他很高兴能有机会目睹元首鲜为人知的另一面——短短几小 [268]
时的行程让他看到了一个得以从战争和繁琐的案头工作（元首的敌人企图借此埋葬他的野心）里暂时解脱出来的希特勒。哪怕他按照元首

① 如果算上 1925 年的国际装饰艺术与现代工业博览会，则是巴黎迄今为止举办的第七届世界博览会。

的要求雕刻出来的作品都变成了碎片[①]，布莱克也仍然记得巴黎的无限风华——法国的首都缺少了人与车，却依旧能通过它的艺术与建筑延续欧洲的文明。在那段尤其艰难的岁月当中，布莱克像守着秘密宝藏一样紧抓住自己的回忆不放，因为正如1945年[②]施佩尔在柏林的废墟上笑着同他告别时预言的那样："从今往后，就连狗也不会从你的手里讨食了。"

---

① 被誉为"德意志的米开朗基罗"的布莱克尽管只为政治服务了十年，却被永远贴上了"纳粹艺术家"的标签。他的作品契合纳粹的宣传理念，同时也符合希特勒（1889—1945）及其御用建筑师施佩尔（1905—1981）的审美，成了将纳粹思想具象化的有力武器和形象标识。战后，布莱克的绝大多数公共雕塑作品都被盟军销毁。

② 二战结束，纳粹德国战败，宣布投降。

第十三站 /

占领

I

据说城里的孩子往往更早熟，因为他们每一天所见所闻的几乎都是咄咄怪事。即便他们刻意养成了冷漠的性子，又或者努力保持低调，他们外出时的路线和他们所抱持的信念总也难免受到攻击。熟悉得不能再熟悉的公交车可能突然充满危险，家和学校之间走过千百次的街道可能突然变得扑朔迷离。大人总是抱怨生活日复一日、毫无新意，但是孩子知道事实并非如此：对着人狂吠的狗、貌似无害的乞丐、地下室的气窗、建筑外墙上让人困惑的涂鸦……构成了孩子们每日行程的千万种元素以及这座城市本身，时刻都在发生着变化。而如果换一个时间和角度来看，即使是理应不变的事物也会显得有所不同。大人可不是繁华都市的权威，他们要么错过了生活中的点滴，要么企图对某些生活片段视而不见。不过我们也不能苛责大人——哪怕是最理解孩子的父母也不会愿意重温他们童年时由于特定的原因所经历过的恐怖。

在那些艰难的岁月里，巴黎确实发生了很多怪事，所以巴黎的孩子比平时更为迅速地成长起来了。但是他们的这种成长只是心理意义上的。统计数据显示，巴黎婴幼儿的平均体重正变得越来越轻，他们的平均身高也正变得越来越矮。学校分发给孩子的粉色维生素药丸和据说富含蛋白质的“元帅[①]饼干”并没有起到明显的促进生长的作用。俗话说：巧妇难为无米之炊——如果家里的食材只剩卷心菜和豆子的
[272] 话，妈妈们也实在翻不出什么新花样了，顶多这一顿把小扁豆烧成汤，混着白豆一起吃，下一顿再把白豆换成板栗。

因为吃不好，甚至是根本吃不饱，孩子对这座城市的变化更敏感了。通常情况下，他们很快就会忘掉都市生活里的种种艰辛，但是咕咕叫唤的肚子放大了每一处细小的麻烦。从前的时候，孩子们尚且能在街边买到陀螺和糖果，但现在，街边的小摊只出售最单调乏味的东西，譬如成语集锦和自行车修理包。围绕着婴幼儿的需求发展起来的经济一夜之间便崩溃了。邮票和模型车的价格很快涨到了人们负担不起的地步，玩具商店纷纷关门歇业，店主人也不得已远走他乡。维希政权下的巴黎颁布了太多令人不安的规定，让人不禁怀疑号称最喜欢孩子的贝当元帅对这座城市的真实情况其实一无所知。皇家宫殿的池水让人抽干了，平素总有孩子到那里玩耍，带着他们用沙丁鱼罐头和绕线筒做成的小船，可如今他们不得不一路走到杜伊勒里花园，结果失望地发现：那里的人工湖对小船来说着实太大了。另一些孩子来到家附近的公园，却见他们平时最爱攀爬的大树让人砍去做了柴火。临时政府推行的配给制对孩子的生活造成了全方位的影响，没有任何统计数据足以概括它给那些幼小心灵所带来的伤害。孩子们不再有新鞋穿，如果旧鞋穿破了，等待着他们的是刻有“塞梅尔弗莱克斯[②]”字样的木底鞋，而穿笨重的木根拖鞋意味着他们从此无法自由地奔跑。孩子们也不再有新衣穿，如果旧衣服太小了，他们便不得不向玩具“借”——把大一号的洋娃娃的衣服剥下来，套到自己的身上。

哪怕平时不怎么挑食的孩子也发现了：理应是甜甜的东西如今尝

---

① 亨利·菲利普·贝当（1856—1951），法国陆军将领、政治家，也是法国维希（正式国名为法兰西国，是二战期间纳粹德国控制下的法国政权）的元首和总理。

② 法国一便鞋品牌。

起来却是苦的，就好像有人要故意捉弄他们似的。商店橱窗里确实还摆着漂亮的蛋糕和堆成小山的水果，但它们的面前都竖着“仅供展示”的牌子，也就是说蛋糕也好、水果也罢，只不过是仿真的模型。再也没有什么东西是“所见即所得”的了。巴黎遍布着各类簇新的标志，要么没有实际意义，要么拼写有误，要么把德语和法语掺杂在了一起，譬如所谓的“大巴黎”（Gross Paris）；又譬如仅限德国人入内的“士兵电影院”（Soldatenkino）——有些新造出来的单词实在太长，必须写得很小才能塞进一块告示牌。这些牌子是德国人竖起来的，法国人管占领了他们地盘的纳粹大兵叫“德国佬”。在他们看来，一切都是德国佬的错，还有那些英国人和犹太人——统统不是好东西。所以 [273]
大人的心情永远很糟糕，因为不论做什么都要排队等，他们口袋里的香烟总也不够抽。

对于更年长一些的孩子来说，德国佬统治下的巴黎当然大不如前了，因为比起还不记事的弟弟妹妹，他们对从前的“好日子”记忆犹新，也更在意自己无法好好穿衣打扮的事实。刚到学龄的幼童则在一片混乱的生活里找到了乐子。住在荣军院边上的小男孩看到某位将军的雕像让德国佬给炸飞了，石块碎屑像雨点一样飞溅到附近人家的阳台上。多数孩子对探照灯能穿透夜空的长长光束十分好奇，他们睁大眼睛寻找着天边闪烁的红灯（那代表了飞机的起降），还特别喜欢模仿防空警报发出的呜呜声。夏令时又开始了，家家户户的钟表拨快了一小时，孩子们必须在蒙蒙亮的天色里拿着手电筒去上学——沿街舞动着的一个个光圈让他们看起来仿佛童话中游行着的精灵。生日自然是一切从简了，不过孩子们收到了豚鼠之类的小动物做礼物，顿时高兴坏了——爸爸妈妈之前可从来不准他们养宠物的。一部分人家把兔子养在了浴缸里，喂它们吃定期从公园拔来的青草。住在贝尔维尔[①]

① 意为“丽城”，是巴黎市的二十个区之一，工人阶级多居住于此，内有法国第二大的唐人街。

的小女孩说她有那么一个邻居，他们家养着的兔子趁人不备时嚼碎了粮票，那户人家便终于有理由割开兔子的喉咙，把它和胡萝卜还有卷心菜一起扔进了锅里。

尽管大人一直说生活越来越难了，但直到这样的情形持续了大约两年后，许多孩子（尤其是那些住在特定区域的孩子）才真正体会到“越来越难”的意味。

那一年的春天，巴黎有成千上万的家庭被没收了无线电收音机和停在自家楼梯平台上的自行车。那些自行车平日里都上了锁，因为偷车贼向来很多——没收财物的命令一经下达，偷车贼倒是少了一大批作案的目标。没收财物不算，这些人家还不准往外打电话（家中的电话线已经被切断了），不准用公共电话，不准上咖啡馆（所以也没法借用咖啡馆的电话）。缺衣少食的人们恳请老家的亲眷寄一点吃食来，唯一的办法是填写已经印好固定内容的信纸：“________一家很好”；“________受伤________死亡________入狱”；“需要________食物和________钱”。可是后来，情况变得更糟了：即便能“写信”，他们也
[274] 不准买来邮票贴在信封上。星期天变得前所未有地无聊，被孤立起来的这些家庭不许上公园，不许到游乐场玩耍，不许进游泳馆。此外，他们也不得去市场采购，不得参观博物馆，甚至不得到医院探访亲戚（尽管家中适龄的儿童仍然得上学）。他们没法进剧院或者电影院，硬生生错过了看特雷内[①]演唱《巴黎浪漫曲》的机会。

除了阅读以外，人们实在想不到还能在家做什么，可就连阅读也变得异常困难了。巴黎第三区有个叫乔治的男孩，他不得不把所有从市立图书馆借来的书还回去。图书管理员布彻小姐看乔治捧着书进

---

① 路易·夏尔·奥古斯特·克劳德·特雷内（1913—2001），法国歌手、作曲人，有“国民歌王”之称。在那个年代，歌手一般不为自己谱曲，然而特雷内谱写了大量作品，且拒绝录制不是自己写的曲子。

来，问他道：“你喜欢看书对吧？”

乔治点了点头。

“我猜你还想继续看书，是不是？”

“是。”乔治说，“但我现在看不了了。”

布彻小姐于是低声对乔治说：“今天傍晚五点半，你在外面等我。”

五点半的时候，布彻小姐推着自行车，走过了市立图书馆的大门，她让乔治坐在自行车的后座上。他们沿着布列塔尼路直行，然后往南骑上了蒂雷纳路[1]。十分钟后，两人停在了卡纳瓦雷博物馆的门前——布彻小姐的父亲是博物馆的馆长，他们一家就住在博物馆的楼上。布彻小姐把乔治带进博物馆，指给他看藏书室在哪儿，她告诉乔治说：只要他愿意，可以随时过来读他喜欢的书。乔治也正是那么做的，直到他和他的家人必须离开巴黎的那一天。

乔治知道布彻小姐帮了他一个大忙，他还知道布彻小姐相当勇敢，因为她毫不避讳地让他坐在自行车的后座上，而他当时还在胸前佩着黄色的星星徽章。在学校里，老师也这么告诉大家，说不准区别对待那些必须佩戴星星的同学。除非他（或她）本来就讨人嫌，不然绝大多数孩子都对乔治以及和乔治一样的人表示了同情。不过不管是学校外面的墙壁还是每日发行的报纸，上面总归或贴或印着“他们这类人”的照片。所以乔治不免要常常照镜子，看他是不是也长出了和照片上的人一样难看的大鼻子和蠢兮兮的招风耳。

“他们这类人”不单要佩戴星星徽章，而且要用自家的布票来买。
姐姐们抱怨芥黄色的星星怎么搭配衣服都很丑；邻居不再和他们往 [275]
来，更有甚者会在公开场合对他们出言不逊。一个姑娘哭着跑回家，因为美发师拒绝为“像她这样的人”冲洗头发，她不得不顶着一头的肥皂泡、裹上头巾狼狈而逃。但比起受到的欺辱和歧视，他们还面对

---

① 以法国大元帅亨利·德·拉图尔·奥弗涅·蒂雷纳子爵（1611—1675）命名。

着更为实际的问题：别人或许是吃不好或者吃不饱，他们是压根没得吃。按照新规定，他们这类人家的主妇只能在下午三点到四点之间外出排队买菜，而每到那个时候，市场上为数不多的食材早就让人抢光了。

那是1942年的夏天。对于一部分人来说，那是他们在巴黎度过的最后一个夏天，而留在了巴黎的人有时也怀疑：这究竟还是不是自己一直以来居住着的城市？

II

那年七月，也就是庆祝巴士底日[①]后的第三天，孩子们头一回来到了巴黎的这个地方——至少他们从没有一个人到过这里。

纳特站在马路上，看着一辆辆几乎头尾相接停靠着的公交车，公交车的上半部漆成了白色，下半部则是绿色的，车前脸仿佛一张张微笑着的面孔。这条马路很短，尽头便是塞纳河。尽管从这里还看不到，但纳特知道那里一定就是塞纳河，因为路的尽头没有建筑，而是一片开阔地，何况还有海鸥在他的头顶懒洋洋地盘旋。

他像做贼似的紧了紧外套，背上仿佛还残留着妈妈使劲儿一推他时的那股力道。纳特没有停下来扣纽扣——不是因为天气冷，而是为了藏住穿在外套里的毛衣。他开始朝塞纳河的方向走，在小路的尽头悄悄地右转，这里就是格勒纳勒码头了，同时也是不远处地铁站的名字。

河上起了风，吹得纳特的双眼又酸又涩。他一边一步一步地朝前走，一边暗想自己是不是应该折回去，回到其他人都在的那个地方。但就在这时，风里传来了橡胶和金属摩擦时发出的长长尖啸。纳
[276] 特抬起头，见一辆绿色的列车仿佛要一跃而上，扑向盘旋着的海鸥似

① 即法国国庆日，定于每年的7月14日，以纪念1789年7月14日巴黎群众攻克了象征封建统治的巴士底狱，从而揭开法国大革命的序幕。

的——怪不得人们管它叫“高架铁路”呢，就好像在这段特定的路线上，列车完完全全变成了另外一种模样，它似乎随时都可能无声无息地飞离铁轨、冲向蓝天。

格勒纳勒码头站的木台阶从人行道一路往上延伸，台阶底下则铺着好似地下室挡雨槽的路基。纳特一格一格地爬上木质的台阶，朝大金属笼子一样的地铁站走。他依然口渴得冒烟，也依然能闻到裤子里散发出的阵阵尿骚味。马路对面的环卫工停下了扫地的动作，注视着纳特走完最后一级台阶。离台阶不远的地方坐着身穿制服的售票员——巴黎人管他们叫“打孔员”，因为他们负责在车票上打孔。可是纳特既没有车票，也没有买车票的钱。打孔员面无表情，看上去倒更像是公共厕所的保洁员，只是还要再邋遢一点。她的头顶上方悬着两块告示牌，一块写着“出口”，另一块写着“禁止通过”，两个警察正从“禁止通过”的标志下往外走。纳特听到了铁链叮当作响的声音，远处传来了车轮嘎吱嘎吱轧过铁轨的响动——列车马上要进站了。

女人们一边喊着：“渴！我们渴呀！孩子们也渴！”一边要么互相搀扶、要么彼此推搡着冲出来，跌跌撞撞地往外跑。她们时刻留意着对面警察的视线（尽管那视线被大盖帽的帽檐遮住了一半），每个人认准了一双看守着她们的眼睛，像预备朝敌军发起进攻的步兵那样警惕。她们身后的巨大空间既封闭又闷热，里头人声鼎沸，夹杂着屎尿和消毒水的难闻气味。忽然有人大喊一声：“杂货店开了！”

一些妇人立即挣脱了同伴的手，啪嗒啪嗒地朝街对面跑。她们边跑边掏着上衣口袋又或者随身挎包里的钱，寻思着要买水，快速计算着她们要几斤水果、多少饼干，如果牛奶有得卖，那么再来一罐巴娜尼亚可可粉也未尝不可。看守着她们的警察就等在外面，他们允许一部分妇人到对面买水，又把其他人拦在了水泥柱之间，命她们聚在脏兮兮的玻璃拱门下面，不准再走远。拱门上用红色的字母拼出了“冬赛馆”[1]三个大字。

安娜和妈妈挤到了冬赛馆的入口。安娜穿戴整齐，直直地站在原
[277] 地小便——她从前天起就是这样做的，“放风”的机会实在难得，不能浪费了。她的头发也梳得好好的，编成了辫子，就好像她正要出门替大人跑腿一样。妈妈推了一把她的腰，又试着拽她的胳膊，好更用力地把她往外送。人群正互相踩踏，前进一步又后退两步。安娜紧紧抓住前面妇人的裙子，抵住了她们的屁股，好让她们知道后边还有人。

她不晓得自己究竟是怎么逃到外面的，有警察站在公交车的旁边。安娜从他们的面前经过，看着那条短短的通往自由的小路，清新的空气猛地冲进了她的肺部。其中的一名警察唤她回来，安娜尽量镇定地回答：“我不是关在那里面的，只不过是来探探家人的消息。”

她没有回头，警察或许并不相信她的说辞；她也没有逃跑，即便她很想那样做。可是一跑起来，木拖鞋会掉，她就不得不停下来穿，或者干脆把它们留在街上。

打孔员不发一语地盯着纳特看了几秒，蹦出一个字：“进！”脸上的表情半点也称不上友好。地铁站里十分昏暗，唯一闪闪发亮的东西是每天让几百万只手摩挲过的闸机杆子。纳特穿过闸机，走到另一侧的站台，尽量离打孔员远一点，以免她改了主意，又把他叫回去。

车来了，几乎没什么人下车。按照对“他们这类人”的规定，纳特本应该上最后一节车厢的，但他没有那样做。他掰着门上的金属把手，硬是把车门打开，就好像大力士参孙[2]或者驯兽师那样。因为得双手使劲儿，他的外套有一瞬间敞开了。上车以后，纳特转身关好车

---

① 冬季自行车竞赛馆的简称。纳粹占领期间，要求法国政府交出年龄介于十六到五十岁之间的犹太人，结果法国政府力求表现，连出生在法国的犹太儿童一并逮捕，于1942年7月16—17日将一万多名犹太人关进了冬赛馆。

② 《圣经·士师记》中的犹太人，以借着上帝所赐极大的力气徒手击杀雄狮并只身与以色列的外敌非利士人争战而著名。

门，又隐蔽地拢紧了外套，然后在靠近车门的位置坐了下来。

列车启动了。下了车的人仿佛正沿着站台快速倒退，紧接着倒退的是隧道顶上的一根根黑色纵梁。乘客望着漆黑一片的窗外，窗玻璃上映出一张张陌生的面孔。纳特在对面的玻璃上看到了自己的脸，他的两只眼睛就仿佛两个黑窟窿。再也没有人在地铁上交谈了。列车开始提速，但并不算开得飞快，因为下一站离这里不远。不一会儿，他们就重新回到了地上，阳光洒进来，窗玻璃上的面孔看不到了，转而出现在窗外的是一条条街道、载着“煤气包”的公交车那白色的车顶、[278]
街边三五成群的警察、一排排的树木和宽阔的河面——那里是公交车到不了的地方。随即列车一个拐弯，埃菲尔铁塔便缓缓从乘客的右手边消失不见了。

一个男人站起身来，朝车门走去，显然是预备好了要下车。窗外又掠过一排窗户，可以看见摆满植物的阳台、有水晶吊灯和餐桌的大房间。那窗户离他们如此近，如果列车这时候停下，纳特甚至可以直接爬到对面的阳台上。

转眼间列车便进站了，但似乎又往前开了一小段，纳特这才意识到他坐的不是平常的最后一节车厢。伴随着车轮发出的刺耳摩擦声，列车戛然而止，站台的墙上标有“帕西站”[1] 几个小字。

高架铁路线的终点到了，阳光从塞纳河上直射过来，又被车站的天棚遮挡住了。很快，列车会重新回到地下。纳特默念着他接下来要经过的站点：“特罗卡德罗站、树林站、星形站。”他尽量不在“星形”二字上逗留太久，因为那就是他此刻还别在毛衣上的东西——一枚黄色的星星徽章。

安娜没有回头。她已经看到了高架铁路桥和地铁站红色的标志，她知道自己要去哪里，也知道怎么坐地铁。然后她到底没有忍住，还

① 得名自十七世纪的帕西领主兼枢密大臣克劳德·查于。帕西是巴黎传统的富人区。

是回过了头。

那个拿着扫帚、帽子上有帆船图案的环卫工正一瞬也不瞬地看着她。随后他低下头，脑袋指着马路对面地铁站的方向。安娜一边过马路，一边留神环卫工的举动，但那人始终维持着同一个姿势：低着头，用脑袋指着通往地铁站的木台阶。

安娜的口袋里还有一枚五法郎的硬币，上面印着贝当元帅的脸。如果不坐最后一节车厢，她在地铁里应当是安全的。她把硬币搁在售票柜台上，打孔员收走了五法郎，给了她一张车票外加四法郎的找零。安娜把零钱塞回口袋，她想好了，如果有人问起，她就说她是出门替妈妈跑腿的，虽然她也不确定到底还要不要回去——家里已经一个人也没有了。不过安娜坚信：妈妈会在地铁站找到她的。她走到标有“星形广场站方向”的指示牌下，星形广场站是所有地铁线路汇合的地方。她们最终的目的地远在巴黎的另一头，中途会经过星形广场站。

[279] 钢结构的门架下头，掌声稀稀拉拉地响了起来，在冬赛馆的上空回荡了一小会儿，但也只有一小会儿而已。镀锌的金属射灯照亮了印有“瑞兹拉卷烟”和“福思考可可热饮”的广告牌，依稀可见广告牌底下有人在挥舞着手臂。扩音喇叭里播报着的或许是人名，可是周围实在太嘈杂了，那些曲里拐弯的音节很快消散在了空气里——无论是谁在对着麦克风讲话，他恐怕连自己发出的声音都听不清。噪音和灯光下的尘埃一样密集，各种叫喊声要么被其他的什么动静盖过，要么和别的响动混在了一起，根本难以引起人们的注意。就像车站大厅那层层叠叠的喧嚣一样，四下里尽是衣料的摩擦声、人们伸展四肢的声音、喘气的声音、有什么东西掉在了水泥地上的声音。一名妇女一心寻死，已经用头撞地快一分钟了，方才有警察过来敲昏了她。

一部分被关押着的人躺在了颇为陡峭的赛道上——这很危险，因为那里距离看台顶部少说也有二十五米，这几天以来，随时有人从看台上跳下来自寻短见。一些人家用袋子和外套围出了小小的分隔区，试图在又一批同胞被送进来时原地不动。一些人宁愿在家开煤气自杀也不愿被捕，据说第十四区的一个妇人狠心把孩子扔出了窗外，随即跟着跳楼自尽。目睹了这一惨剧的青年表示母子几人当场身亡，也有人反驳说事发地点不在第十四区，而在贝尔维尔[①]——等那位宁死不屈的母亲从楼上跳下来的时候，消防员正好拿毯子接住了她。

对苦难还一无所知的孩子被送上了开往冬赛馆的公交车，靠窗的位置全让他们占了，只因为他们很好奇自己究竟要去哪里。执行搜捕的警察敲开了住在第十区的亚伯罕齐克夫人家的门，发现她正抱着六岁大的儿子，他们告诉她“准备好东西”，一个小时后他们会再来。亚伯罕齐克夫人一边称谢“耶和华满有怜悯”，一边往自家的房门冲，预备收拾行李、赶快跑路，却看到大楼的管理员已经锁上了她家的门。一眨眼的工夫，她已经无家可归了——她向来安分守己，家里的餐边柜上还摆着身穿猎装、手牵猎犬的贝当元帅的照片。

起初他们都没把“谣言”当一回事，也几乎没什么人认真读过共产主义者分发的传单。后来陆续有人收到通过气动邮政网寄来的信，那时电话线还没被完全切断，所以又有人接到了电话。他们这才坐到 [280]
一块儿，整夜讨论着，以为会被抓走的只有男人或者移民，有小孩的、父亲是战俘的家庭肯定平安无事。据他们当中的某个人说，他的父亲被一个陌生人拉下了火车，说那么多年以后还能重逢真是不可思议，而那个自称是故交的人在老先生即将回到列车上时亮明了身份，说自己是秘密警察，又威胁老先生说“你今晚休想再回家了”。

如今不单是那位老先生，脏乱不堪、没有任何分隔和隐私可言的冬赛馆里关押了一万多名犹太人，于是流言四起，群情耸动。冬赛馆的内庭位于看台的背面，正对着芬莱医生路[②]上生产雪铁龙汽车配件

---

① 贝尔维尔处于巴黎第十、第十一、第十九和第二十区的交界处。

② 以古巴医生、科学家、黄热病研究先驱卡洛斯·胡安·芬莱（1833—1915）命名。

的车间。一部分善心的邻居目睹孩子们被送上公交车的画面，又闻到冬赛馆不断散发出的恶臭，自发跑来这里，透过车间的窗户不断往冬赛馆的内庭投掷面包等食物。

人群突然加快速度朝出口涌去。女儿已经顺利逃脱了，或许此刻正站在街上等着她。安娜的母亲眼看着一个男孩儿偷偷溜了出去，没有被抓回来，想必那孩子也成功逃到了外面。所以她可得抓紧了，不然大概会错过唯一一次逃跑的机会——她想都不愿想如果再也看不到女儿了会怎么样。她竭力穿过人群，随时留意着出口处的动静，有那么几次甚至撞到了看守她们的警察身上。人心都是肉长的呀，哪个警察没有母亲！可只有她发火的时候，他们才正眼瞧她一下。其中的一个警察提高了音量，呵斥她道："如果你再不回去，我就关你禁闭了！"说得好像体育馆里真的会有牢房一样。她绝望地朝他喊："让我过去吧！关在那里面的人是多一个还是少一个，对你又有什么影响？"

那警察耸了耸肩，放轻了声音："回里面去。"然后转身离开了。他似乎不再管她，略微佝偻着背，大盖帽下露出翘起的发梢。她顺势走到了街上。

几个女人站在马路对面的一幢建筑前，她朝她们走去。她们意识到她要过来搭话，纷纷缩进了墙角。她恳求道："让我进楼里躲一
[281] 躲吧，我得藏起来。"一个看上去比她更害怕的女人说："不，不！你走，继续走。别待在这儿。"

一阵风吹过，她能闻到自己身上散发的酸臭味。她想照这样下去，她被警察拖回去是早晚的事，那样便再也找不到女儿了。而就在这时，她看到地上躺着一只袖管，已经很旧了，里面似乎包着什么东西，被排污管里的水冲到了路牙石边上。一个帽子上绣有巴黎市徽的环卫工正用大扫帚清理混着垃圾的污水。她走到他的身边，低声说："跟我来！"环卫工照做了，他一直跟着她，直跟到了格勒纳勒码头地铁站。

她站在台阶下面，环顾四周。环卫工对她微微一笑，快速举起手来，好像在同她挥别，然后他低下头，继续扫起地来。

又一辆白绿相间的公交车拐过不远处的塞纳河，朝这里驶来，车顶的行李架上堆满了手提箱，孩子们天真无邪的面庞紧紧贴着玻璃窗。

这是在星形广场站才能看到的情景：队伍只有一列，站台却有两个。列车门自一侧打开，让乘客先下车，然后另一侧的车门才开启，让等待着的人上车——两者之间隔着一个车厢的宽度。纳特走下地铁，沿着站台往前走，他忍不住扭头往车厢里张望，只见一些德国佬肩上挂着步枪，脖子上拴着防毒面具，以便腾出手来提包裹和购物袋。有德国佬，但没有警察，这对纳特来说更重要。

他走到站台的尽头，那里挂着一块写有“隧道危险——前方禁止通行”的金属板。纳特拐过一个弯，继续朝站台外走，和其他人一道穿过了闸机。地铁站里的自动扶梯早已不工作了，电灯也分外昏暗，纳特和周围的每一个大人一样，慢慢地爬着楼梯。他的肚子一抽一抽地痛，他这才想起来自己虽然不觉得饿，但确实已经好久没吃过东西了。

跨过最后一级台阶，纳特走到大厅立柱的背面（常有人在这里小 [282]
便），他把手伸进外套，拽住毛衣上的星星徽章一扯，又把那块小小的布料揉成一团，塞进了口袋。他身边的人来来往往，步伐果断——他们很清楚自己要去哪里。纳特在印有地铁路线图的告示板前站了很久，目光追随着一根根彩色的线条。为了让自己看起来不那么可疑，他还特意研究了每一个已经标注为“关闭”的站点。他尤其关注地铁蓝线，从星形广场站一直追索到地图的右上角，见沿途有贝尔维尔站、战斗广场站和贝勒波尔站[1]。他忽然就想到了他在学校时的朋友

① 以法军将领皮埃尔·德·贝勒波尔（1773—1855）命名。

伊尔伯德，他和自己不一样，所以不用佩戴星星徽章，他的爸爸妈妈也一直对纳特相当和善。

车站里的人着实太多了，有时一转身就会撞上别的旅客。安娜的母亲走到大厅，觉得竟然在那里找到了女儿，堪称奇迹——虽然这也归功于安娜下车后始终耐心地等在星形广场站，哪儿也没去。纳特从地铁路线图前转过身，看到一个女孩儿被母亲紧紧抱在了胸前，他有一瞬间很想上前搭话，但他到底没有那么做。他从她们的身旁经过，跟随人流，朝标着“民族站方向”的通道走去。

当天晚些时候，纳特站到了伊尔伯德家的门口——他们家已经人去楼空了。几个月后，等纳特越过了停战分界线，前往格勒诺布尔[①]并最终进入自由区[②]的时候，他依然常常回想起那对母女相拥而泣的一幕。

自那以后，身在巴黎的人们每一天都有新发现，就好像他们从没有真正了解过这座城市一样。家住皮亚路[③]51 号的里姆勒一家发觉他们隔壁公寓的车库顶上竟然有个小隔间，可以容纳（包括他们在内的）十个人紧贴住墙根睡觉。圣安托万市郊路 181 号的门房打开了六楼的某一把门锁，那里原本是间佣人房，而住在同一幢楼里、此刻前来避难的赞尼克一家对此十分惊愕。蔷薇路上再也听不到孩童嬉戏的
[283] 声音了，过往的人们觉得这里安静得不可思议。一户犹太人家的母亲让年幼的儿子躲进垃圾桶，这个浑身盖着果皮和菜叶的孩子随后被带

① 得名自西罗马皇帝格拉提安（359—383），是法国东南部奥弗涅－罗讷－阿尔卑斯大区伊泽尔省的一个市镇。二战时法国战败（1940），割让了包括格勒诺布尔在内的边境地区给意大利，为非军事占领区。

② 是二战期间法国本土的一部分，依据《第二次贡比涅停战协定》建立，位于停战分界线的南侧（相对于北侧的“占领区”而言），由贝当领导的维希法国统治。

③ 以十九世纪该路段的拥有者、公证人、贝尔维尔市议员让－雅克·皮亚命名。

离了他们的街区，接着被送往拉马克路上法国犹太人总工会[①]开设的“儿童福利院”。一部分被迫躲藏起来的家庭搬到了后厨、阁楼或者邻居家挂着帘子的小储藏室，尽管离原本的家不过几米远，他们依然觉得自己被流放到了千里之外。

为了容纳大批“新”住户，巴黎敞开了一系列秘密场所——所有人们未曾想到，但凡能住人的地方都投入了使用。可由于冬赛馆事件的缘故，巴黎的常住人口比两天前实际减少了一万三千余人。

开往德朗西集中营的公交车在散发出阵阵恶臭的冬赛馆外排起长队，把被关押着的男女老少一一带走。冬赛馆终于清空了，原本囚在冬赛馆里的人先是前往德朗西，再从那里坐上开往东方[②]的火车。暂时逃离魔窟或未曾被搜捕到的犹太人留在了巴黎，四处躲藏，从不敢在同一个地方待超过两个晚上。安娜和她的母亲就这样担惊受怕地生活了两年，随后再次被捕，让人送到了孩子们戏称为“无处之国”[③]的奥斯维辛集中营。还藏匿着的犹太人不敢冒出门的风险，所以不得不仰仗邻居或者朋友的接济——他们小心翼翼地分享别人本也有限的口粮，诚惶诚恐地接受着他人不知何时便难再续的好意。

如同往常一样，难以预料的问题随时会出现，公寓的门房不得不绞尽脑汁寻找对策。他们按照要求，切断了一切供给犹太人家的水、电、煤，但这还不够——警察有令：上述人家的宠物也要统统交由门房看管。于是一夜之间，公寓底楼原本舒适的小房间成了又脏又臭的动物园。家猫被赶出了大门，任其自生自灭，因为报纸上说害虫会把致命的病菌传给猫，再由猫传染给人类；但是其他的动物，譬如狗、兔子、豚鼠甚至是鸟类就没那么幸运了。很显然，它们的主人再也不

---

① 是二战期间由维希政权强制法国境内的犹太人加入的机构，以没收来的犹太人的财产进一步加强对他们的迫害。

② 指波兰的奥斯维辛集中营。

③ 纳粹的政策是让犹太人对他们最终的目的地（譬如奥斯维辛集中营）一无所知，因此“无处之国”是被拘禁在法国德朗西集中营里的犹太儿童想象出来的地名。

会回来了，而粮票和肉票又那么紧张，倒不如杀了它们来吃，还能稍微填饱肚子。反正生活已经如此艰难，短时间内也绝不会好转，即便这些宠物的主人还在，杀了它们果腹也是迟早的事。

这座城市恢复了所谓正常的状态。整个巴黎充斥着怨毒又神秘的
[284] 怪谈，没有人愿意深究。人们听到冬赛馆的恶臭经久不散的传闻，说这个人或那个人要么被捕、要么自杀了，还有小孩子独自一人留在空荡荡的公寓……像听天方夜谭。

有那么一些大人费尽心思"撇下来"的孩子还是让人骗到了拉马克路上的"儿童福利院"，随即坐上前往东北郊德朗西集中营的火车，在最终被送到奥斯维辛以前短暂地和父母亲团聚了。另一些孩子则让好心人救了下来，给他们起了新的名字，把他们带到了巴黎以外的新家，和新的爸爸妈妈住在了一起。当现实变得比惊悚故事更可怕的时候，许多孩子表现出了超乎年龄的成熟。他们在自己的父母重拾童年的恐怖回忆①时给他们写信，在信里用诸如"有雷暴"或者"出太阳了"这样隐晦的短语告诉爸爸妈妈不要担心。孩子们报喜不报忧，大人想听什么，他们就写什么。他们所不知道的是：如果爸爸妈妈已经不在人世，那么再温暖的词句恐怕也安慰不了他们了。

---

① 欧洲盛行的反犹太主义风潮使犹太人长期遭到迫害，而诸如法国等西欧国家的所谓犹太人"解放"既没有结束对犹太人的歧视，也未能使犹太人真正融入当地社会。

圣日耳曼德佩的爱人们

35 毫米黑白胶卷。

静默；无标题。

淡入[①]：

1. 玛德莲广场

广场上的鹅卵石。

朱丽叶的视角：无精打采的人们挎着包，匆匆走过。汽车有一至两辆；自行车往来穿梭；身着裙裤的年轻女子蹬着人力出租车。如果可能，不要拍到任何鸽子。

中景：夏洛特穿过皇家路上稀稀拉拉的人群，对着镜头挥手。她背着包，走过广场，带着点刻意地摆动胯部。阳光照在她白色的连衣裙上；微风拂过她的秀发；她看起来既年轻又开朗。

镜头后移并放大：夏洛特似乎已经走得很近了，但实际上她离镜头还有一段距离。

一辆黑色雪铁龙驶入她左后方的广场。响起关车门的声音。三个

---

① 表示时间及空间转换的剪辑技巧之一，常与“淡出”连用——表现为画面渐隐然后渐显，从而使观众产生完整的段落感。

身穿华达呢风衣、头戴软呢帽的男子抓住夏洛特，把她塞进了汽车。

夏洛特的尖叫声。

雪铁龙开动了。朱丽叶跑进镜头，追赶汽车。

朱丽叶拍打着车窗：那是我姐姐！那是我姐姐！

[288] 近景：夏洛特透过后挡风玻璃望着外面，睁大眼睛，表情里带着恐惧。汽车一个转弯，急刹住了。车门打开，一只手臂把朱丽叶也拽进了车里。

镜头放大：黑色的雪铁龙轿车加速驶向协和广场。

近景：玛德莲广场上的鹅卵石。

2. 车内景

前排坐着两名男子；后排也坐着两个，夏洛特夹在他们中间。朱丽叶坐在其中一个盖世太保的膝上。

朱丽叶咯咯地笑：我好久没坐过小汽车了！

盖世太保一拳打在她的背上。朱丽叶的脸上露出痛苦又震惊的表情。

3. 玛德莲广场

黑色的雪铁龙轿车加速驶离。过往的行人照旧步履匆匆。雪铁龙愈行愈远，直到再也看不见为止。

小号独奏——起初是一声长音，然后奏响急促的旋律，带着点草率，听上去又很悲伤，让人联想到空荡荡的房间。屏幕上快速滚动片名：**圣日耳曼德佩的爱人们**。

4. 片头：塞纳河左岸及市郊

淡入淡出：朱丽叶凝视着车窗外。黑色的长发和厚重的刘海让她看起来像个孩子，但她的表情带着成年人才有的凝重。

片名出现时，车窗玻璃反射的街景一一掠过朱丽叶的脸庞。小号的演奏继续，陆续加入低音贝斯和钹。

注：拍摄姐妹俩1943年9月被带往弗雷讷[1]监狱的真实路线（她 [289]
们最初被带到了福煦大街[2]，但福煦大街太短，场景也太为人熟悉，可略过不拍）。在轿车快速行驶的过程中拍摄整个画面：雪铁龙从协和广场过塞纳河，南下圣日耳曼大道、哈斯拜耶大道[3]，直到当费尔-罗什罗广场；沿途经过空无一人的商店和咖啡馆。

淡入淡出两次，呈现市郊越发荒凉的场景：断墙；孤零零的枯树；空荡荡的建筑……阳光明媚。孩子们在废墟中玩耍。

小号声停止。静默。

屏幕全暗，四秒。

5. 办公室，福煦大街84号

打字机发出嗒嗒的声响。

桌上摆着一台打字机，边上有一个苹果。

身穿军装、梳着发髻的女人正在打字；一名士兵站在门边。朱丽叶坐在角落。房间里有华丽的壁炉、第二帝国风格[4]的镜子、与周围的装饰显得格格不入的军事用品。

朱丽叶低头看着两腿之间的挎包（是姐姐夏洛特在开场时背着的包）。她抬起头；打字员看了看她，把桌上的苹果朝她的方向一推，然后继续打字。

---

① 意为"梣树"。

② 二战期间，福煦大街82号、84号以及86号曾是盖世太保驻巴黎的总部，因此当时的福煦（Foch）大街又被法国人蔑称为"德国佬（Boche）大街"。

③ 以法国化学家、生理学家、政治家弗朗索瓦-万塞讷·哈斯拜耶（1794—1878）命名。

④ 是法兰西第二帝国时期（十九世纪后半叶）尤其流行的建筑风格，讲求奢华和多彩。

朱丽叶偷偷瞥了一眼包里的东西，那是一份卷起来的文件，然后迅速抬头，瞄了打字员一眼。她举起手，脸上带着很是煎熬的表情。

朱丽叶：夫人，我肚子痛……

打字员向士兵点点头，指着边上的一扇木门。

打字员对朱丽叶：不许锁门，快点出来。

6. 厕所

装饰艺术[①]风格的瓷砖；花窗玻璃上画着姹紫嫣红的花园和徜徉在花园里的美丽女人。抛过光的两级木质台阶上架着马桶座圈。

[290] 朱丽叶打开挎包，取出文件，按着把手冲了一次马桶。然后她挽起袖管，尽可能地把文件塞到马桶的深处。她再一次按下把手，这一回冲马桶的声音很响。

近景：在马桶底部顺着水流盘旋的文件，上面是手写的一系列名单和住址。

7. 办公室

士兵走到厕所门口，打开门。朱丽叶从马桶上下来，回到房间，坐在角落。女打字员已经不见了。

近景：时钟（显示上午 11 ∶ 05）。外面偶尔传来有人摔倒和喊叫的声音。

朱丽叶（坐）和士兵（站）之间隔着一块橡木镶板。

近景：朱丽叶两腿之间的挎包已经空了。

近景：时钟（显示下午 2 ∶ 30）。

屏幕全暗，三秒。

外面的金属过道上传来重重的脚步声（穿着靴子的脚），声音回

① 该名称源自 1925 年在巴黎举行的国际装饰艺术与现代工业博览会，其设计面向富裕的上层阶级，强调装饰别致优雅，采用精致、稀有、名贵的材料。

荡在过道里。

8. 弗雷讷监狱

铁链声与脚步声继续在走廊里回荡。

从缓慢行驶的车辆上拍摄弗雷讷监狱的砖砌外立面和围着铁丝网的外墙。

9. 医务室

一只戴着橡胶手套的手，指尖沾着血。

中景：朱丽叶拉好裙子的拉链，然后套上毛衣。

在军装外穿着白大褂的女勤务兵脱下手套。她走到架子边上，递给朱丽叶一条毛巾、一张叠好的毯子和一块洗脸布。

10. 淋浴间

花洒下朱丽叶的背影，黑发及腰，但毫无情色的意味。灯光尽可 [291]
能地打到最亮。不远处传来女人模糊的喊叫。

近景：带着一缕缕暗色血迹的洗澡水流向排水孔。

花洒下的朱丽叶：不对焦，水像雨雾一样密集，水声哗哗的。

11. 监狱牢房

朱丽叶；四个假装天不怕地不怕的邋遢妓女。牢房内有行军床、便桶、高高的窗户。铁质的窗栅栏外面覆盖着毛玻璃。

妓女甲：……那个混账还管我叫贱人，完事了拍拍屁股，没付一毛钱就滚蛋了。我把话撂在这儿，他要是不做回头客，老娘把名字倒过来写！

妓女乙朝着朱丽叶的方向抬了抬下巴，仿佛在说：“嘘——她还只是个孩子。”

妓女甲：哎呀！她早晚会懂的，要是她还没让那些人……

妓女丁打量着朱丽叶：肥嘟嘟的小东西。

妓女丙语气轻快：肥嘟嘟的小东西，鼻头真大。

妓女甲：呵！她那点头发又能藏得了什么，要是他们像对我一样对她……

妓女丁不肯罢休地追问：他们对你做什么了？

谈话声继续。除闪回[①]画面以外，即兴演奏的爵士乐（小号）在以下场景中时断时续。

近景：朱丽叶裹着毯子，她抱住膝盖，弓着背，豆大的泪珠从睫毛上一滴滴坠下来。她从毯子的边缘挑出已经松开的线头，把它们一根一根摆在床单上。

12. 童年时的家，豪华公寓：圣日耳曼德佩附近的塞纳河路

[292] 那时的朱丽叶还是个小女孩，穿着衬衣和短裤、长筒袜、帆布鞋，留着童花头。她的父母亲在激烈地争吵。格雷柯先生（科西嘉人，比妻子大了三十岁）打了格雷柯夫人一个耳光，她尖叫着摔倒在地。

小朱丽叶默默地看着。父母亲似乎对她视而不见。

格雷柯夫人：滚！你给我滚！

门“砰”一声关上了。随后传来更多的关门声和走廊里的回声，原来她们依旧在牢房里。

13. 监狱牢房

妓女们要么来回踱步，要么倒在床上打瞌睡，要么在穿衣梳头。

朱丽叶把她的行军床拖到其中一扇窗户的边上，她站到床上，伸

---

① 不同于倒叙和回忆，指镜头由现在时跳切到过去时的一种剪辑手法，通常较为短暂，旨在表现人物一瞬间的思想感情和心理活动。

长脖子，透过碎了一角的毛玻璃向外张望。

慢镜头（边缘模糊，中间清晰）：一只白山羊被人拴在监狱围栏之外的稀疏草地上。山羊朝监狱的方向抬过一两次头。（分别在白天及黄昏时进行拍摄）山羊快乐地咀嚼着青草。画面定格，八秒。

镜头切到朱丽叶破旧的毯子。她把拆下来的线头绑在一起，又用卷纸筒做成简易的卷发器。

近景：朱丽叶把头发一圈一圈绕在卷纸筒上。

山羊依旧被拴在那里，依旧嚼着青草。户外的光线正在变暗。

朱丽叶躺在行军床上，头上缠着卷纸筒。

屏幕全暗。

14. 儿时的家，塞纳河路

客厅的大窗敞开着。从内庭能听到城市的声音；画面外传来微弱 [293]
的呼吸声。镜头在同一楼层对面的窗户上平移，然后从七楼俯拍底下的庭院。

朱丽叶还是小女孩时的模样。她踩在环绕整个七楼的外墙挡板上，像芭蕾舞演员那样把两只脚摆成了一字形。她的睫毛扑闪着，擦过外墙；她开始沿着挡板小心地移动起来。

下列画面是透过朱丽叶的视角看到的：她从邻居家的窗户朝里张望，然后是外墙和落水管，接着来到下一户人家的窗前。

- 布置得很是简陋的房间：夫妻俩正在桌边吃饭，不时呆呆地盯着对方发愣。

- 外墙。

- 靠背椅上挂着德国军官的制服；凌乱的床，床脚堆着女人的衣物。

- 外墙。

- 一个小男孩抱着一只泰迪熊，直视镜头。他把熊朝镜头递过来。

- 外墙和落水管。

- 堆满板条箱和行李的房间。

- 朱丽叶穿着帆布鞋的脚和楼下的庭院。呼吸声持续着。

- 一只猫懒洋洋地躺在女主人的腿上，女主人的身后摆着猫的相片，她双目空洞地看着镜头，仿佛朱丽叶不是攀在七楼的外墙上，而是从平地上经过她的窗前一样。

- 外墙。

- 一个老人坐在离窗户很近的地方，正在修手表。

- 外墙。

- 一只手伸出来，把朱丽叶猛地拽进了房间，然后一巴掌扇在她的脸上。

格雷柯夫人：再让我发现你瞎胡闹，我就打断你的腿！

屏幕全暗。

15. 审讯室

[294] 空无一物的墙壁。身穿便服、系着波点领带的矮个子男人坐在桌后，面前摆着一沓文件；朱丽叶坐在木质的椅子上。

男人翻了翻文件：你提交的材料不齐全。你的真名叫什么？

朱丽叶：朱丽叶·格雷柯。

男人：说谎。这些文件是伪造的。你的真实姓名到底是什么？

朱丽叶：我的真实姓名？朱丽叶啊……你的真实姓名又是什么？

近景：男人眯起眼睛，冲镜头转过脸。

屏幕全暗。

16. 监狱牢房

朱丽叶坐在行军床上，抱膝在胸前，鼻青脸肿。（维持同一姿势，在固定位置拍摄十分钟，叠化[1]画面后取其中十五秒。）

17. 弗雷讷监狱

从马路对面拍摄监狱外墙，与第8场相仿。乌鸦发出嘶哑的叫声。画面定格，五秒。

屏幕全暗，然后渐淡处理成浅灰色。响起城市的喧嚣和麻雀叽叽喳喳的叫声。

18. 福煦大街

朱丽叶依旧坐着，双手扶膝，但这一次她坐在一张长凳上，身上穿着大衣。她抬起头，看着福煦大街上有着奶白色外墙的高楼和在晨曦中显得分外美丽的高大树木。朱丽叶和开场时做一样的打扮，她站起来，沿着大街走。小号声轻轻响起。不时有路人看着朱丽叶。（勿 [295]
使用群众演员。）

（配乐：音调长而空寂，朱丽叶在街上行走时的伴奏应和画面融为一体，可从头至尾采用迈尔斯·戴维斯[2]的《皆如是》。如果可能，请戴维斯即兴演奏，收录原声，不加剪辑。）

19. 水晶旅馆，圣日耳曼德佩

背景声。

全景：肮脏的旅馆入口，肮脏的窗户，肮脏的半长不短的窗帘；旅馆外面放着清洗用的水桶。

缩小镜头：朱丽叶走入镜头。她站在那里，看着酒店深棕色的内饰。

---

① 用来表示两种不同的事物、事件或时空重叠转化的剪辑手法。

② 迈尔斯·杜威·戴维斯三世（1926—1991），美国爵士乐演奏家、小号手、作曲家，二十世纪最有影响力的音乐人之一。

20. 水晶旅馆，内景

朱丽叶爬上楼梯（铁栏杆，棕色的地毯，暗色的压纹植绒墙纸）。旅馆的主人（只拍摄衬衫袖子和脏兮兮的西装马甲）出现在楼梯口。

旅馆老板：你这是去哪儿？

朱丽叶走下楼梯：我来取我的东西。

旅馆老板转身就走，不一会儿带着一只破烂的手提箱回来，把它摔在大厅的地毯上：喏，你的东西。

朱丽叶：就这点？

旅馆老板：啧啧！她还有脸说——“就这点？”你怎么不去当铺问问看？

朱丽叶盯着旅馆老板。

旅馆老板：你当我是什么？搞慈善的？你没付钱就跑得影子都不见了。

朱丽叶跪在地毯上，打开手提箱。

近景：无数小飞蛾从手提箱里飞出来；破损的连衣裙的一角隐约可见。

21. 圣日耳曼德佩附近的街道

[296] 长镜头：紧跟朱丽叶，她提着箱子，从圣本笃路沿圣日耳曼大道离开，经过圣日耳曼德佩修道院和小公园。人们在热烈地交谈。三名年轻的德国士兵途经此地，像穿着廉价羊毛制服的高中生。树干上贴着《告群众书》，上面用黑颜料写着“法国内务部队”[①]的字样；另有“全力以赴！”和“胜利就在前方！”的海报，勾着红框，附有冯·肖

① 法国抵抗运动组建的准军事部队。

尔蒂茨[①]将军的签名，威胁如若不然便要毁掉整个巴黎。

朱丽叶左转来到布西路[②]，穿过集市上的一个个摊位，直达塞纳河路拐角处的某幢建筑。

特写：酒店隔壁是“金马肉铺”，门面上饰有金色的马头。酒店门边的一块牌子上标着“提供当日客房”。

朱丽叶不再看马头装饰，她踏进昏暗的酒店走廊。镜头定格在酒店入口处，四秒。

画面外传来巨大的爆炸声和人群的喊叫。

22. 酒店房间

朱丽叶打开七楼的窗户，跳到外面的铅皮屋顶上。

屋顶全景。远处浓烟四起。

插入档案馆纪录片的素材（1944 年 8 月，巴黎解放时的画面）：人们从墙上撕下海报；穿西装、打领带的平民端着步枪；街垒又筑了起来；人们在家门口寻找掩护；警察总署大楼外飞扬着三色旗，沙袋堵住了大半的窗口，只能看到圣母院塔楼的上半部分；装甲车沿着里沃利路飞驰；圣米迦勒广场上有尸体，也有残砖碎瓦；冯·肖尔蒂茨将军从莫里斯酒店[③]出来，刚点燃一支雪茄，就被一个愤怒的巴黎女人一把将雪茄摁在了他的脸上。少女欢呼雀跃，围住了美国大兵的坦克车。

巴黎大片大片的屋顶。

朱丽叶回到酒店房间，躺在床上，凝视着天花板。 [297]

白色的石膏吊顶，电灯。窗外依旧传来枪声和欢呼声。

---

① 迪特里希·冯·肖尔蒂茨（1894—1966），德国将领。1944 年，时任巴黎军政长官的肖尔蒂茨拒绝服从希特勒关于毁灭巴黎的命令，将其和平转交给了自由法国（原法兰西第三共和国国防部次长夏尔·戴高乐在英国所建立的政体）的军队。

② 以 1341 年时巴黎高等法院院长西蒙·德·布西（？—1369）命名。

③ 以酒店创始人、加来邮政局长奥古斯坦·莫里斯（1738—1820）命名。

天花板渐淡处理成白云朵朵的明亮的天空。

23. 乔尔的公寓

中景：堆积如山的各类衣物。

镜头后移：一间宽敞的一室户公寓，看起来像废弃了的剧院道具间。青年乔尔有着高高的个子，戴着眼镜，举止夸张地打开了门。

乔尔：我眼睛没花吧？朱丽叶！真的是你吗？

朱丽叶淡淡地一笑：也许是吧……我可以进来吗？

乔尔让她进了门。两人坐下；他递给她一支烟。

乔尔：你上哪儿去了？我们很久都没见过你了！

朱丽叶：度假去了，在弗雷讷（沉默）。他们带走了我姐姐，还有我妈，因为她们比较……你也知道的，我妈妈向来喜欢冒险[①]（耸耸肩，喷出一口浓烟。）她老说我不是她亲生的，是她从吉普赛人那里买来的……

乔尔打量着朱丽叶，带着故作嫌弃的友善：是，她也顺便从吉普赛人那里替你买了衣服。你这样可不行，咱们得从头到脚替你好好收掇一下。（对着一排排衣架和那一大堆衣服一扬手。）我家里人也……我们家的铺子都让政府收走了，现在（忽然换成时髦的巴黎第十六区[②]的口音）我是当家人了！（从衣架上取下一件绿色的外套。）唯一的问题是，这些都是男装（挑起眉）。我们家向来只做男装，不过如今都"解放"了，又有什么关系呢，不用太在意那点小小的区别！你试试这件！

朱丽叶试穿过外套，把它抛在了地板上。她翻找着衣架上和那成堆的衣服里可以入眼的，一一进行"试穿"：卡其色的军装，黑色的

① 朱丽叶的母亲和姐姐因为参与法国抵抗运动被捕。

② 通常被视为巴黎最富裕的地区（奥特伊－讷伊－帕西），拥有法国最昂贵的地产，设有众多的外国使馆，还有巴黎最宽阔的街道福煦大街。

华达呢风衣，她看着全身镜里的自己，又迅速地一件件换下来；然后 [298]
是沉甸甸的套头衫和粗花呢外套，朱丽叶围拢衣襟，闻了闻布料的味道，脸上洋溢着满足。

（注：这不是后来的大明星朱丽叶·格雷柯。此时的她还是个带着婴儿肥的少女，虽然远远称不上是时装模特，但哪怕最可笑的衣服穿在她身上也别有一番风情。）

朱丽叶的两个好朋友也来拜访乔尔，她们一起为朱丽叶的“大改造”出谋划策，毫无顾忌地讨论着和男装相关的一切话题。（即兴采访演员，一次性同期录音，剪辑时掐掉所有的提问，只保留她们的回答）。

朱丽叶：我永远都没法儿习惯从右边扣纽扣。[①]

乔尔：亲爱的，结论先别下得太早。

朱丽叶回到衣架前。在她重新出现以前，镜头转向两个好朋友的笑脸，她们称许着她的选择。

路易莎假装生气地大笑：你可不许穿成那样出门！

24. 圣日耳曼德佩广场

两名上了年纪的妇人穿着死气沉沉的黑衣，挎着手提包，看上去很是惊诧。

朱丽叶和她的朋友们站在一间酒吧的门前，三人都穿着有垫肩的男士夹克和长裤，把裤腿挽了一部分起来。朱丽叶解开夹克的扣子。

特写：鞋店外面陈列着一双靴子；行人（只拍摄他们的腿）络绎不绝，又有几双腿从鞋店外面经过，下一秒，陈列着的靴子消失了。

朱丽叶把颇有分量的购物袋塞进宽大的夹克，三个女孩朝圣日耳曼德佩广场上的人群潇洒地走去。

---

① 外衣的扣子习惯上采用女左男右的缝制方式。

25. 豪华的起居室，圣日耳曼市郊

[299] 诙谐的室内轻音乐。

一位戴着珍珠首饰和头巾的女士，衣着优雅，表情倨傲而不失戒备。朱丽叶坐在她的对面，她的头发很长了，乱蓬蓬的，她穿着黑色的修身羊毛连衣裙，脚上蹬着鞋店外展示的那双皮靴。

女士问朱丽叶：你干这一行很久了？

朱丽叶：啊，有一段时间了。①

女士：所以你以前就当过女佣？

朱丽叶环顾客厅：是啊……你没当过？

近景：那位女士露出受了冒犯、难以置信的表情。

26. 圣日耳曼德佩附近的街道

雨夜，灯光照在人行道上。朱丽叶和朋友们沿着马路走，一边讨论和电影相关的话题。镜头跟随几人的谈话推进，就好像一起参与了这场对话一样。

乔尔：……但那是一部关于资本家的电影，是对美国的美化。

路易莎：共产党就不能拍关于资本家的电影了？不管怎么说，那只是一种寓言。

安玛莉：现如今还有什么不是寓言的呢？朗②、威尔斯③、雷诺

---

① 彼时，朱丽叶已决心从事演艺工作，前去圣日耳曼市郊“面试”更可能是为了体验生活，所以一开始误解了雇主的提问。

② 弗里德里希“弗里茨”·克里斯蒂安·安东·朗（1890—1976），奥地利知名编剧、导演，以犯罪默片开启了世界电影的新风貌，常与希区柯克（1899—1980）、卓别林（1889—1977）等人并列史上最具影响力的导演。

③ 乔治·奥森·威尔斯（1915—1985），美国电影导演、编剧、演员。他拍摄的《公民凯恩》被公认为史上最伟大的电影之一。

阿[1]……所有的作品都是寓言式的。

乔尔：请允许我插一句，是关于什么的寓言？

他们走到王妃路[2]和克里斯汀路的拐角，停在一间酒吧的面前。

朱丽叶抬头看着酒吧门上的塑料店名“禁忌”：是关于现实的寓言。你从电影院走到外面，天下着雨，你渐渐消失在雨里，因为电影要比“你”真实得多……

路易莎显得兴高采烈的：可怜的人！她都不知道自己是谁了。亲 [300]
爱的，你醒醒！今天下午，她还真以为自己是个女佣呢。

乔尔戏剧化地一推酒吧的门：电影第二场——他们走进一家讨人厌的小酒吧，名字叫作“禁忌”，乔尔说他要请每人喝一杯外国鸡尾酒，朱丽叶还以为她身在塔希提[3]……

27. 禁忌酒吧

体格魁梧、穿翻毛领外套的仓库搬运工和送报车司机在吧台喝酒，在朱丽叶等人走进酒吧时回头看了他们一眼。

朱丽叶和朋友们走下楼梯，来到有着拱顶的长长的地窖，里面摆满了小小的桌椅。灯光照在墙上用作装饰的非洲面具上。他们在其中的一张桌旁坐下来。

28. 王妃路

近景：禁忌酒吧的入口。它看起来比从前更干净、更时髦，塑料店名不见了，取而代之的是霓虹灯管拼出的“禁忌”二字。灯光闪烁，一只猫迅速穿过马路，汽车一个急刹。穿着考究的人们三三两两地走

---

① 让·雷诺阿（1894—1979），法国电影导演（自然主义的代表人物），印象派画家皮埃尔-奥古斯特·雷诺阿（1841—1919）的次子。

② 王妃路及下文王妃门中的“王妃”皆指玛丽-安托瓦内特王后。

③ 港台译为“大溪地”，是法属波利尼西亚的最大岛屿，位于南太平洋，四季温暖如春、物产丰富，被称为“最接近天堂的地方”。

进酒吧。

人声和爵士乐声渐强。

29. 禁忌酒吧

有着挑高拱顶的地窖：做“新风格”[①]打扮的女人和她们穿休闲服饰的男伴，看起来既好奇又带着一点不安。他们中的一些人指着地窖另一头的桌子，那里烟雾缭绕，桌边坐着一群不同肤色的知识分子。

朱丽叶和路易莎站在酒吧的入口，进酒吧的人对她们视若无睹。她们不时打趣女士们昂贵的衣饰，偷偷捏一把女士们的屁股。一个戴着黑框眼镜、一脸严肃的男子走进酒吧。朱丽叶从他的裤子后兜摸出一本笔记。露易莎从朱丽叶的手中拿过笔记，翻开，读着上面的内容。

[301] 路易莎：禁忌酒吧，王妃路33号，电话：丹东53—28。整晚营业（哎呀呀！）醉鬼哲学家、文盲诗人、黑人、长发青年……”（对朱丽叶）那不就是你嘛！我敢打包票，他肯定还雇了摄影师呢！对，你就这样披头散发的好了——到你的知识分子朋友那儿坐一会儿去，你是他们的小宝贝！

她们走到一张桌边，一个黑人正在播放唱片。男士们盯着朱丽叶；她也回望着他们。朱丽叶弯下腰，试图看清留声机转盘上的标签。

近景：黑胶唱片隐约反射着朱丽叶的脸。那是一首迈尔斯·戴维斯的歌，随性又慵懒。（《欺骗》）

鲍里斯·维安[②]（从镜头里看比实际生活中要高一些，文弱温雅，

---

① 指法国迪奥公司在1947年推出的第一个时装系列，其特色为凸显曲线的收腰、长及小腿的黑色毛料裙、修饰精巧的肩线等，名噪一时。

② 鲍里斯·维安（1920—1959），法国文艺鬼才，是著名文化人，对法国爵士乐具有重要影响力，和迈尔斯·戴维斯关系密切。

带着点快活的轻狂；俯身靠近朱丽叶）：那是迈尔斯·戴维斯的曲子。他来巴黎参加爵士音乐节，你想去听他的演奏会吗？

朱丽叶抬头看着维安。

维安：要是你愿意呢，我们就带你一块儿去。戴维斯这一阵都在普莱耶尔音乐厅[①]排练。

朱丽叶点了点头。

维安双手叉腰：你就是不开口！为什么你从来不开口？（盯着朱丽叶。）我们可以带你去，不过有个条件：你得为我们唱支歌儿。

朱丽叶摇了摇头，看上去很尴尬，好像在说："不。"

维安：好吧好吧，你可以用别人的歌词啊，就像说腹语那样。（把她带到烟雾缭绕的桌边。）这些酒鬼你都认识吧？（在座的人一一向朱丽叶问好。维安郑重其事地比了比朱丽叶）格雷柯小姐正在找心仪的歌词呢。

波伏娃[②]（穿着条纹套头衫，梳着整齐的发髻，涂着红色的指甲油；对萨特）：你早说过格雷柯应该做个歌手的，你怎么不替她填回词呢？

萨特思索一番：《白马路》[③]怎么样？虽然是写给新戏《禁闭》[④]的，但是（对着朱丽叶举起手中的伏特加酒杯），我愿意把它献给格雷柯小姐。

波伏娃：萨特！《白马路》是讲杀人凶手的，想想吧，她要上台表演——你倒是给她一点像样的东西呢。

---

① 以音乐厅的创建者、法国作曲家、钢琴制造业大亨、伊格纳兹·约瑟夫·普莱耶尔（1757—1831）之子卡米尔·普莱耶尔（1788—1855）命名。

② 西蒙娜·露茜-埃内斯汀-玛丽-伯特朗·德·波伏娃（1908—1986），法国作家、哲学家、政治活动家，其哲学散文《第二性》是现代女权主义的奠基之作，与存在主义哲学家让-保罗·萨特（1905—1980）是非传统伴侣关系。

③ 巴黎的一条古街道，因十二世纪时该地托钵修会的修士身穿白衣，故名。

④ 萨特创作于1944年的剧本，其中的台词"他人就是地狱"成为他最为人熟知的一句话。

萨特打量着朱丽叶：朱丽叶、朱丽叶（Juliette）……正好押韵小姑娘（fillette）。啊！就用雷蒙·格诺①的《如果你想一想，小姑娘》怎么样？（对朱丽叶）你知道格诺吗？

[302] 朱丽叶点了点头。知道。

波伏娃从桌上倾过身，朝朱丽叶带着醉意地一笑，背诵着诗歌的内容：“你的脸庞像花朵般美丽”“你的腰身像蜜蜂般纤细”……（对萨特）后面是什么？

萨特兴致勃勃地接过话：“你白皙莹润的大腿，你纤巧柔嫩的双足……”我们可以请科斯马②来谱曲。

在场的人都看看朱丽叶。变焦：她仿佛在脑海中勾勒着这样的画面——她突然变成了歌星的模样，仪态万千地站在落地式麦克风的旁边，带着淡淡的微笑凝视镜头。背景音乐巧妙地融入了更为温柔和浪漫的元素，可叠入迈尔斯·戴维斯的《月之梦》或《皆如是》。

桌边的人们继续欢乐地背诵着短诗《如果你想一想，小姑娘》：“美好的日子一去不返……皱纹顿生，皮肉松弛”“来采玫瑰吧，那玫瑰一般的人生！”“如果你想一想……你好好想一想，爱的季节当真永无尽头，那你可就错啦，小姑娘！”

30. 普莱耶尔音乐厅

破旧的、装饰艺术风格的外立面。配乐起初显得模糊和遥远，在接下来的场景中渐强。

镜头平移过音乐厅白色的廊柱。

礼堂。远处的舞台上：贝斯手、鼓手、瘦削的迈尔斯·戴维斯（二十三岁）。戴维斯穿着白衬衫和定做的亚麻西装，打着黑领带，显得十分精干，他手中的小号在舞台的灯光下闪着耀眼的光。

---

① 雷蒙·格诺（1903—1976），法国诗人、小说家。

② 约瑟夫·科斯马（1905—1969），匈牙利－法国作曲家。

听众分散在各个角落；朱丽叶坐在第四排，双手交握在左膝上，专心地听着表演。她穿着简洁但醒目的黑色套裙，睫毛膏比以往涂得更厚。

叠化：礼堂里几乎座无虚席；朱丽叶还像之前一样。叠化期间的音乐有着缓慢而略嫌尖锐的曲调，让人联想到本片开场时的情景。音乐响起的同时给朱丽叶一个特写：她凝望着镜头。

乐声停止。

演奏者停下休息；摄影师正替戴维斯拍照，他身旁的记者在奋力 [303]
写着什么。

戴维斯扭头问另一名演奏者：哎，那边的那个女孩是谁？就是有一头黑色长发的那个。

演奏者：那边的那个？你想对她做什么？

戴维斯：你这话说得……什么叫我想对她做什么，我只是想认识她。她一整天都坐在那儿。

演奏者：老兄，她不适合你。她是和鲍里斯·维安他们一起来的，就是那些“存在主义[1]者”。

戴维斯：我才不在乎呢。她很漂亮，我想认识她。（放轻了声音。）我还从来没有见过像她这样的女人。

戴维斯向朱丽叶勾勾食指。朱丽叶慢慢朝舞台走过来，跨上台阶。他们相对而立，看着对方，拘谨地微微一笑。

戴维斯：你喜欢音乐吗？

朱丽叶（用法语反问）：我喜欢音乐吗？（她牢牢盯着戴维斯手上的小号，手指沿着小号轻轻地滑动。）如你所见。

---

① 认为人存在的意义无法经由理性思考而得到答案，强调个人、独立自主和主观经验。尼采和克尔凯郭尔（1813—1855）可被看作其先驱，雅斯贝尔斯（1883—1969）、海德格尔（1889—1976）、萨特和加缪是其代表人物。存在主义最突出的命题是：世界让人痛苦；人们选择而且无法避免选择他们的品格、目标和观点；世界和我们的处境的真相最清楚地反映在茫然的心理、不安或恐惧的瞬间。

戴维斯调整了一下站姿：啊，看来你不会说英语？没关系，我们随便来一段！（挥一挥手中的小号。）你会吹这个吗？你会不会乐器？

朱丽叶噘起嘴，做了个吹小号的动作（始终用法语）：你可以教我。

戴维斯：哪，你看，先把手指放在这里。

近景：朱丽叶在戴维斯对准吹嘴的时候按下按键。小号发出优美又洪亮的声音。她的脸上顿时有了光彩，大笑起来。

戴维斯也大笑：很不错嘛！（对一旁的演奏者显摆）瞧，我这不就和"存在主义者"来了一段？（对朱丽叶）你想不想去喝咖啡？我是说——咖啡（用法语）？

朱丽叶：好啊，但不是在这里。（默默地握住戴维斯的手，要领他离开舞台。）我们走。

演奏者：嘿，迈尔斯！

戴维斯转过身：伙计，你自个儿接着练吧！

31. 塞纳河畔

[304] 近景：鸽子在鹅卵石路面啄食。不一会儿又飞走了。

镜头后移（贴近地面拍摄）：拄着拐杖的乞丐赶走了鸽子。朱丽叶和戴维斯的小腿——她穿着凉鞋，他穿着擦得锃亮的皮鞋，沿艺术桥上游的塞纳河堤走。两人的脚步声。

镜头后移：从倾斜的角度拍摄被柳树枝挡住了一半的艺术桥；朱丽叶和戴维斯紧紧拥抱着；戴维斯背对着河面。一条煤船驶入镜头。船屋外面种着天竺葵，船上的小女孩注视着这对恋人。

两人继续沿河堤走。静默。

戴维斯似乎要开口说些什么。

朱丽叶低头，垂着眼睫：我不喜欢那些男人……但是你（看着戴维斯）你不一样。

戴维斯：你不喜欢那些男人？你是这个意思吗？那我告诉你，在美国，我算不上是“男人”（摊开手掌。）我是个黑鬼！（朱丽叶抚摸着他的手指。）我卖艺、供人取乐（戴维斯拍打着双手，模仿黑脸剧团[①]的夸张表演。）我就是汤姆叔叔——你懂我的意思吗？

朱丽叶：《汤姆叔叔的小屋》[②]，是，我懂。

戴维斯看上去几乎有些害羞，他还在往前走：这里有种特殊的气味，我在其他地方都没有闻到过。（嗅着空气。朱丽叶看着他，既好笑又惊讶。）就像是咖啡豆、椰子、酸橙、朗姆酒都混在了一起的那种味道，啊，还有古龙水——嘿！所以《巴黎之春》[③]就是这么来的吧（哼起了《巴黎之春》的调子）叭叭叭叭叭叭叭……

朱丽叶停下脚步，拉住他的手臂，她指着他的脸：这位小号手，你真是不可思议。

戴维斯模仿吹小号的动作；朱丽叶踮起脚尖，亲吻了他的嘴唇。

长镜头：他们沿着塞纳河散步。行人稀少。河边没什么人特别留意他们，只除了一个扭过头来弄钓饵的垂钓者（用临时演员）。

背景音乐：对《巴黎之春》的即兴改编（但不过分）。

他们走到重回夏特雷广场附近的台阶底下。戴维斯沿着塞纳河远眺，然后小跑几步追上了朱丽叶的脚步。 [305]

戴维斯握着朱丽叶的手：不过说真的，“存在主义者”到底是什么样的？

朱丽叶神秘地一笑。

---

① 十九世纪起源于美国的娱乐表演形式，多由白人演员特地扮成黑人，以诙谐的方式模仿黑人的音乐、舞蹈、服装和方言等。

② 又译作《黑奴吁天录》，是美国作家哈里特·伊丽莎白·比彻·斯托（1811—1896）于1852年发表的一部小说，其中关于黑人和奴隶制的观点成为了美国南北战争的导火索之一。

③ 创作于1935年的法国流行歌曲，其中有“巴黎之春，爱弥漫在空气里”这样的歌词。

他们来到繁忙的大街，背景音乐仍在继续。

32. 新闻片（播放的速度显著加快；画质粗糙，呈颗粒状）

黑屏，显示倒数计时：7、6、5、4、3……

旁白起初显得优雅，逐渐语带讽刺：

“圣日耳曼德佩街区……”

广场和修道院。近景：覆盖着常春藤的断壁。

“有着巴黎最古老的修道院遗址。是坐落在市中心的乡村一隅。在这里，时间仿佛也流逝得格外缓慢。”

菲尔斯滕贝格广场[①]；婴儿车；要么在喂鸽子、要么在小公园的长椅上织毛衣的老太太。

“正是在这个安静的小广场，德拉克罗瓦[②]在他的画室创造出了全新的艺术风格。乍看之下，似乎一切都不曾改变。”

咖啡馆前的人行道。穿着体面的资产阶级人士读着报纸、搅拌着杯中的咖啡。

“这里还有花神咖啡馆。”

一对青少年从咖啡馆的门前走过：女孩穿毛衣、七分裤、系绑带的罗马凉鞋，扎着马尾辫；男孩穿着开襟衫，留着胡须，嘴里叼着香烟。镜头快速调转，在他们经过后紧跟着他们拍摄。女孩始终处在画面正中。她撕开巧克力冰淇淋的包装纸，随手扔在人行道上。

“我收回‘一切都不曾改变’这句话。如今的花神咖啡馆是座神庙，庙里的两位大祭司分别叫作让－保罗·萨特和西蒙娜·德·波伏娃。”

---

① 以梅斯及斯特拉斯堡主教纪尧姆－埃贡·德·菲尔斯滕贝格（1629—1704）命名。

② 欧仁·德拉克罗瓦（1798—1863），法国浪漫主义画家，他的画作对印象派画家的崛起和梵高（1853—1890）的画风产生了极大的影响。其著名的《自由引导人民》启发雨果写成了《悲惨世界》。

户外的咖啡桌上摆着喝空了的咖啡杯和满是烟蒂的烟灰缸，以及两本书——波伏娃的《第二性》和萨特的《肮脏的手》[①]。

“这个邪教的名称是什么呢？存在主义！” [306]

小号和铙钹的声音愈发急促。

书店一景：年轻人挑选着书籍；墙上贴着手绘的海报“赞成还是反对？”。

圣日耳曼俱乐部的地下舞池。戴墨镜的男人，穿半身裙的女人。速度极快的爵士乐。

特写：参照“收税官”卢梭[②]的《诗人和他的缪斯》所作的粗犷壁画；西装革履的萨特，嘴里叼着烟斗，他的旁边是个长发女人，有点像朱丽叶·格雷柯。

“有人说这种似是而非的哲学，其本质是日耳曼式的——没有人理解它，甚至是它的拥护者也不理解。也有人说萨特和他的信徒是‘美式生活’送来的糖衣炮弹。谁又能否认呢？”

展示更多跳舞的场面。

“爵士乐、吉特巴舞[③]、美国香烟……”

人们放松大笑的面孔，嚼着口香糖。

“圣日耳曼俱乐部让我们的美国大兵有家的感觉！”

特写：戴平顶帽和墨镜的年轻人露齿而笑。

“我们的‘存在主义者’戴着墨镜，住在地下。他所光顾的书店、酒吧和——你没听错，他常去的‘迪斯科舞厅’都位于海平面以下——让-保罗·萨特躲在地底，这可能是由于他对原子弹病态的迷恋。他——当然还有波伏娃都穿黑衣。毕竟黑色（轻咳一声）是他们

---

① 萨特的代表作之一，是继《死无葬身之地》（1946）后又一部将现实主义的创作手法与存在主义哲学思想相结合的艺术作品。

② 亨利·朱利安·费利克斯·卢梭（1844—1910），法国后印象派画家，以纯真、原始的风格著称。他曾是一名海关收税员，故有“收税官”的外号。

③ 起源于美国西部的一种牛仔舞，是伴随爵士乐节拍跳的快速四步舞，也叫水手舞。

最喜欢的颜色。”

展示美国黑人享受着音乐和舞蹈的画面。

镜头切换：萨特沿着人行道走，一边和热切的崇拜者交谈。

“那个看起来活像滴水嘴兽又或是杂货店老板的男人是谁？你不知道？哎呀，那就是这一切的始作俑者——让－保罗·萨特！他是被长发飘飘的青少年尊为‘大师’的邪教领袖，是《存在与虚无》《恶心》《肮脏的手》的作者。现在你总明白了吧。”

播放萨特在某次文学晚宴上和波伏娃耳语的新闻片镜头。

“随便问问哪个曾受邀到过‘大师’房间的女青年吧，她们会肯定地告诉你：让－保罗·萨特闻起来就是发了霉、长了毛的卡芒贝尔奶酪[①]的味道。”

[307] 镜头切到解说员：他坐在花神咖啡馆外的桌边，一脸严肃，穿着格子西装，戴着黑框眼镜，看上去（或者试图看上去）比实际年龄更老成；侍应生端走了他面前的咖啡杯。

从马路对面拍摄，放大镜头：车辆和行人快速经过解说员的面前，他正对着镜头讲话。

“这可不是我从小了解的法国文学。在所有这些玄而又玄的‘哲学’概念里面，我唯一能稍微弄明白的一点是：我们都可以随心所欲。如果真是这样……（从桌上收好那两本书）那我也是‘存在主义者’了。”（站起来，把书扔进边上的垃圾车，走到街上。）

爵士乐渐强。

街对面的窗户做虚化处理，镜头沿店面平移一圈，重新切回：

33. 花神咖啡馆（使用和插播新闻片以前同样的35毫米黑白胶卷，画质更为清晰）

萨特，波伏娃，戴维斯，朱丽叶。谈话接连进行着，语速飞快，

---

① 表面遍布发霉的白毛，内部则是黄色的，故又称“金银币”奶酪。

旁人几乎听不清他们在说什么，对话的声音盖过了咖啡馆里其他顾客（包括出镜的导演）发出的声音。背景声：侍应生确认订单的声音，托盘和餐具互碰时丁零当啷的声音，咖啡馆外轻便摩托车的声音，汽车喇叭声，警笛声。

朱丽叶有些心不在焉地听着餐桌上的对话，一边环视周围的顾客和咖啡馆外街道上的情形。她的沉默和极其平淡的表情与激烈的对话形成了鲜明的对比。

萨特用英语和戴维斯交谈。语法正确，但口音很重。他烟不离嘴。（下列对话无字幕。）

萨特：……因为你的音乐能让观众产生政治上的共鸣……

戴维斯：伙计，我只是个吹小号的。我让小号发出声音，观众是喜欢还是不买账，对我来说都一样。（摆动着修长的手指。）我不想掺和到政治里面。

萨特：可是在我看来，吹小号本身就是一种政治行为。

戴维斯向前倾身：我做的仅仅是音乐而已。

萨特：没错，爵士乐是对自由的表达。

戴维斯向后靠在椅背上，自嘲地笑：这是白人才会说的话——爵士乐。白人总是要替每一样东西都贴上标签。对我来说，它们只是曲 [308]
调。我把一首歌分解成一个一个片段，然后用不同的方式把它们重新组合到一起，我追求的不是烂俗或者煽情……

萨特：是，可前提是你要先有态度、有表达，人们才有可能从你的曲调里听到它。（碾熄香烟；从烟盒里又抽出一支。）譬如说，这是一只玻璃杯。放在桌上的玻璃杯。

戴维斯拿起他面前的杯子，喝了一口，然后放回桌上：嗯。

萨特：我在陈述事实，我说“玻璃杯”这个词，玻璃杯本身没有发生任何变化，它和之前一模一样。可能杯子里的酒稍微晃了一下，但玻璃杯还是那只玻璃杯。

戴维斯：嘿呀！这就是你们说的存在主义吧？

萨特：不，如果你信那些新闻记者的鬼话，那么格雷柯小姐才是“存在主义者”。(微微一笑)他们管她叫“存在主义的缪斯女神”。

在座的人都看着朱丽叶。朱丽叶看着咖啡馆外的行人，一个身穿迪奥套装的女人牵着贵宾犬走过，贵宾犬抬起一条腿，对着树干撒尿。

萨特：这不是什么存在主义。这只是两个男人之间的一场对话。

戴维斯专心地看着萨特。

萨特：但是我刚刚说“玻璃杯”的时候，又确实发生了一些事情。因为我说出了口，这只玻璃杯就不再是一个模糊的、不相关的概念了，不再……(看着波伏娃)怎么说，它不再“迷失在我们对事物的整体认知当中”(先用法语，后用英语)我的意思是，如果我为一样东西命名了，如果我明确了某样人、事、物的概念，我就要承担起相应的后果。同样地，如果某个人通过暴力手段，(用法语)譬如说严刑拷打(朱丽叶在这时抬起了头，萨特的话吸引了她的注意力)强迫另外一个人说出姓名、电话号码或者家庭地址，他就理应为改变了他自己和别人对现实的认知而承担起责任。(对侍应生)再给我们来一瓶酒。(对戴维斯)所以我们说作家也好、音乐家也罢，都因为扫除蒙昧、揭露现实，从而在某种意义上改变了现实。

戴维斯无可奈何地笑：是是是，你说得对，我这人的天职就是“扫除蒙昧、揭露现实”！

萨特：譬如说在阿拉巴马[①]，人们或许不认为黑人受到压迫，除非首先有那么一个人站起来说：“不对，黑人正在遭受迫害！”

戴维斯歪着头，看起来将信将疑：至少我这辈子是不会去阿拉巴马的。

---

① 和美国南方的其他州一样，阿拉巴马州的议员在进入二十世纪时剥夺了非裔美国人的选举权。白人直至1960年代始终垄断郊区的利益，市区当中非裔美国人的代表性亦严重不足。

萨特：我还有一个更好的例子。司汤达[①]在《帕尔马修道院》里写过这样一段话——（用法语）格雷柯，你知道《帕尔马修道院》吗？（朱丽叶不置可否地笑笑。）司汤达这样写道，说莫斯卡伯爵很担心，因为他发现自己的爱人吉娜和法布里奇奥之间萌生了一种他还没法定义的感情。然后，莫斯卡看到吉娜和法布里奇奥并肩坐在马车上，他当即脱口而出：（用法语）"如果他们俩把爱说出了口的话……"（犹豫了一下，换成英语）"如果他们俩把爱说出了口的话，我就完了……"（吐出一口浓浓的烟。）所以，一旦你把什么说出口，就再也收不回来了——你要承担起责任。 [309]

戴维斯把手覆在朱丽叶的手背上。

波伏娃对着戴维斯和朱丽叶微笑：是，你要负起责任来！不过你们知道萨特第一次说这话是什么时候吗？就是那些关于作家要负起责任来的话？

萨特喝干杯子里的酒，嘿嘿地笑。

波伏娃：他当时应邀到联合国教科文组织[②]做演讲，就在索邦学院。那是两年前还是三年前的事了，总之是四六年的时候，教科文组织第一次开会。前一天晚上，我们俩和库斯勒[③]还有加缪[④]他们一起去了天方夜谭酒吧。萨特你还记得吗？他当时和加缪夫人跳了一支舞，活像个笨手笨脚的人在舞池里拖着一袋煤球。他第二天一早就要在大会上发言，但是他喝得太醉了，演讲稿连一个字都没写。

戴维斯指着萨特：老师自己都没做功课呀！

波伏娃：是啊，加缪也喝醉了，他说："没有我帮忙你行不行

---

① 原名马里-亨利·贝尔（1783—1842），十九世纪最重要的法国现实主义作家之一，以准确的人物心理分析和凝练的笔法而闻名。代表作有《红与黑》和《帕尔马修道院》。

② 联合国教科文组织的总部设在巴黎。

③ 阿瑟·库斯勒（1905—1983），匈牙利犹太裔英国作家、记者和批评家。

④ 阿尔贝·加缪（1913—1960），法国小说家、哲学家、评论家，于1957年获诺贝尔文学奖。

啊。”萨特说：“我倒是想呢，没有我帮忙我行不行啊。”

萨特在桌上摊开粗短的手指，咯咯地笑起来。

波伏娃：再后来的事他都不记得了。我们到中央市场的“维记”吃了早饭：洋葱汤、牡蛎、白葡萄酒。天快要亮了，我们站在桥上，萨特和我，我们俩（用法语）忽然就对整个人类的现状感到悲观起来——哎呀呀！我们说活着还有什么意思，不如跳进塞纳河吧。不过说完这话我就回家睡觉了，萨特去了索邦学院，在那里大谈特谈作家要负起的责任。

戴维斯（对萨特）：那挺好啊，至少他们知道你有话直说，因为你事先都没写稿子……

波伏娃摇了摇头：不，萨特早就打好腹稿了。

[310] 萨特瞪着他那双斜视的眼睛，略微噘起嘴，看上去很严肃：我们能怎么办呢？我们唯一能做的就是尽量问心无愧。我那天在索邦学院说的大概就是这个意思，当时巴黎已经解放了。（侍应生带来了酒。萨特倒满一杯，突然问戴维斯）你为什么不和格雷柯结婚？

戴维斯看着朱丽叶：负责任哪，老兄……我太爱她了，不想让她不开心。

波伏娃对朱丽叶笑着（用法语）：他太爱你了，不想让你不开心。

朱丽叶吻了吻戴维斯的脸颊。

他们对望着。近景：两人的侧面。

朱丽叶（对波伏娃）：他是不想带我去美国。

戴维斯（用法语）：你是说黑白通婚？这对黑人来说很不妙，对嫁给了黑人的白人女性来说更不妙。

萨特：但是你可以选择留在法国，大家都喜欢你的音乐。

朱丽叶看着戴维斯（对萨特和波伏娃）：你们觉不觉得他长得像贾科梅蒂[1]？

---

① 阿尔伯托·贾克梅蒂（1901—1966），瑞士雕塑家。

戴维斯一头雾水：杰克·梅蒂？谁？

侍应生：我要清理台面了……请问你们要在这里吃晚饭吗？

波伏娃（问戴维斯和朱丽叶）：你们怎么说？

戴维斯看着朱丽叶：我们要去找那么一座桥，站在上面看着塞纳河，然后没准会跳下去……妈的，我只是来这里玩音乐的，没想过还要思考人生。

邻座的顾客（导演饰）折好报纸，起身离开。

朱丽叶用餐巾卷成小小的圆锥，把糖罐里剩下的砂糖倒进去，折好，压紧，又伸手拿过隔壁桌上干净的烟灰缸，一道塞进自己的包里。她站起来，握住戴维斯的手。

萨特（对朱丽叶）：格雷柯，那首《如果你想一想，小姑娘》你没忘吧？

朱丽叶和戴维斯预备离开，她回过头，摇摇脑袋，表示自己还记得。

镜头切换："存在主义"青年在街边的垃圾车里翻找着，不一会儿掏出一本《肮脏的手》，边走边读起来。

34. 路易斯安那[1]酒店外景，塞纳河路

镜头从酒店的底楼缓缓移动到顶层：脏兮兮的护窗板、窗台上的 [311]
花盆箱、阳台栏杆。在顶层定格。

35. 路易斯安那酒店内景

戴维斯躺在客房的床上；朱丽叶盘腿坐在他身边，看着他。

静默。

---

① 得名自美国路易斯安那州，曾是法国属地，为纪念法王路易十四而命名，有大量法国移民居住，因此该州至今都是美国主要的法语区之一。

戴维斯：她叫艾琳[①]，是个好女孩，我很在乎她，但是她……她不像你，没有你的那种独立，没有你的那种气质，我的意思是……

朱丽叶看上去有些忧伤，但并不显得沮丧；很难判断戴维斯讲的话她到底听懂了多少：你会留在这里（用手指指床单），留在巴黎、留在法国吗？

戴维斯：我也不知道，我已经习惯了这里“众星捧月”的感觉……他是对的，我是说萨特。每个人都喜欢我的音乐，但这不是好事。不管我演奏什么，观众都会欢呼，就好像由谁来演奏对他们来说根本不重要。可是如果我回美国，肯定再也不会遇到像你这样的女人了。

朱丽叶也躺到床上：你会回来的，你还要把你的唱片都送给我呢。

柔和的小号声。

下列镜头是音乐的伴奏，而不是正相反。（和第 18 场一样，请戴维斯即兴演奏，可以向他展示第 31 场中在塞纳河两岸拍摄的、未经剪辑的画面，但不透露给他具体的情节。）

36. 酒店对面，塞纳河路

（和第 12 场以及第 14 场中朱丽叶童年时的家位于同一地点。）

拍摄街对面的窗户反射的风景和建筑外墙上光线的变化（从上午直到傍晚），加以叠化。

37. 圣日耳曼德佩广场

[312] 朱丽叶和戴维斯。他的手臂环着她的肩膀，戴维斯高高的个子对着镜头，侧脸亲吻朱丽叶。朱丽叶（也给侧脸）的脑袋向后仰，身

① 艾琳·伯斯－卡顿·戴维斯－奥利弗（1899—1975），戴维斯的初恋女友，后与之育有三子。

体像小提琴一样弓起。(可参照杜瓦诺[1]拍摄的《市政厅前之吻》的姿势。)圣日耳曼德佩修道院的尖顶出现在背景中。因为错位的缘故,让两人看起来好像在穿越广场时停下了脚步,正在车流当中接吻。

一辆车在他们的身后停下。传来关车门的声音。

朱丽叶(轻轻地):离开巴黎总比留下容易。

戴维斯坐上出租车。他转过身,透过后挡风玻璃望着朱丽叶(即镜头),像是即将被送进监狱的囚犯。

朱丽叶看着出租车消失在通往波拿巴路的车流里。她在原地站了好一会儿,然后转过身,凝望着修道院的尖顶。

38. 圣日耳曼德佩广场

画面此时变成了彩色的。

(下列所有场景都用彩色胶卷拍摄。)

长镜头;手持摄影。中距变焦:广场上的人、汽车、自行车。

屏幕全暗。

标题:"五年后……"

39. 纽约华尔道夫酒店

公园大道上宏伟的酒店外观;黄色的出租车;酒店门卫。

酒店里昂贵的地毯;有着闪亮的黄铜把手、带猫眼的房门。

门开了。

朱丽叶已经褪去了婴儿肥,她的脸上扑了粉,鼻子也因为化妆修饰过的缘故,显得更秀气了。她伸出双臂(用英语):迈尔斯!真高兴…… [311]

① 罗贝尔·杜瓦诺(1912—1994),法国平民摄影家,与亨利·卡蒂尔-布雷松(1908—2004)并称为一代摄影大师。杜瓦诺最为人熟知的作品是他在1950年发表的《市政厅前之吻》。

戴维斯穿着宽松的运动外套，脸绷得紧紧的，瞪大了眼睛，明显很吃惊：是啊，没错。（紧张地左右观察着走廊。）我告诉过你什么？（看着她身后的房间。）他们给你订了一个大套房？（故意摆出满不在乎的姿态，又回头看了看走廊。）小姐，你的客房服务。

身穿蓝色制服的酒店服务生推着推车，走到客房的门前，他看到朱丽叶和戴维斯，不由愣住了。

戴维斯从冰桶里抽出香槟：（对服务生）你他妈的看什么看！（对朱丽叶）我告诉过你什么？我告诉过你——我永远不想在这个国家见到你。（猛地抬起头，竭力摆出气势汹汹的样子。）你有钱吗？给我一点钱！

朱丽叶震惊地拿过手包，在里面翻找，然后递给戴维斯几张美钞。

戴维斯一把抢过钱，撞得服务生一个趔趄。他沿着走廊大步往前走，一边拔开软木塞，对着酒瓶猛灌了一口。

40. 酒店电梯

电梯里三面都是镜子，戴维斯瞪大眼睛，盯着自己的脚。他抬起头，眼里含着泪。

41. 华尔道夫酒店音乐厅

麦克风支架；舞台上的朱丽叶显得十分苗条。她穿着黑衣，头发又长又直，但故意设计得有几分凌乱，灯光为她增添了如梦似幻的气息。

她演唱了一整首《如果你想一想，小姑娘》，拍摄从乐团介绍到曲终时听众的反应。（三分钟。）朱丽叶的演绎冰凉而温柔。她的表情恰到好处，仿佛无声的歌词。

[314] （字幕滚动歌词：如果你想一想……你好好想一想，爱的季节当真永无尽头，那你可就错啦，小姑娘……）

在表演的过程中两次把镜头切给戴维斯：在酒店大堂和服务生发生争执，被劝离酒店。

镜头切回朱丽叶，一曲终了，掌声如潮。朱丽叶直视镜头，厚重的假睫毛轻轻颤动，给特写，定格。

屏幕全暗。

42. 圣日耳曼德佩广场

此时播放片尾字幕。

摄制组在玛德莲广场。朱丽叶穿着修身的迪奥外套，与上一场景时的妆发基本相同。身穿华达呢风衣、戴着软呢帽的演员站在她的周围，边抽烟边聊天。

如同片头部分那样，小号声渐弱。

化妆师正为朱丽叶补妆。

导演拿着扩音器：各就各位！

朱丽叶指指站在她旁边的另外两名演员，向导演举起了手。

特写：戴着黑框眼镜、满脸严肃的评论家在和同行交谈。

评论家甲：装什么清高！不过是个乳臭未干的丫头，看起来跟个女阿飞似的……

评论家乙：你还能指望什么？这就是他们所谓的“现实”！（他们一起坏笑起来。）

导演对预备打板的场记：叫那些白痴给我走开！（环视现场，气鼓鼓的）“盖世太保”在哪里？（对穿着华达呢风衣的演员）先生们，如果你们准备好了……

几个演员扔掉手中的烟蒂，用长筒靴碾熄，走向不远处的黑色雪铁龙轿车。其中一人在经过朱丽叶身边时挠了挠她的腰。朱丽叶转过身，笑对着镜头。她的妆容看起来非常自然，她也显得很是快乐。

镜头定格。

淡出。

继续播放片尾字幕。

第十五站 /

狡狐之日

1. 狙击之火

凡是在场的人都对那一天发生的事记忆犹新。仪式本身已经足够令人难忘了，而突发的可怕状况让当时的场面一片混乱，为这整件事蒙上了一层不可思议的、神乎其神的色彩。就好像上帝已经写好了剧本，要在名为《法兰西》的最新一集探险故事的结尾把每一条情节都归拢起来，汇集到 1944 年 8 月 26 日的巴黎圣母院。主演戴高乐和圣母院的塔楼一样醒目，不管从城市的哪个角度都能一眼看到。塔楼的钟敲响了，唤醒了人们记忆中每一个历史性的时刻：万千观众的大脑像万千台摄像机一样转动起来，记录下每一帧画面、每一道声音，以向后人阐述，以供后代凭吊——因为就在那时、那地，人们的胸中涌起他们必将生生不息的自豪感，为后代谋福祉成了触动他们心弦的神圣职责。是的，他们要代代延续下去，要追随那位了不起的领袖，因为他们见证过他的非凡才能，这个世界也早已知道他坚不可摧。

是夏尔·戴高乐的声音在动乱的年代里激励着人们，让畏缩在黑暗房间里收听他广播的民众鼓起了勇气。如今他像巨人一般，迈着大步重新回到了巴黎。尽管在雾蒙蒙的伦敦那漫长的四年时光里[1]，他食不甘味、寝不安席，但消瘦的戴高乐将军仍然充满领袖的风范。他弯下腰，为凯旋门前的无名烈士墓献上摆成十字型的白玫瑰。他走过长长的香榭丽舍大街，见百姓在每一棵行道树和每一盏路灯前对他
[318] 欢呼；军官朝他敬礼，他们那饱受战火洗礼的面庞淌满了泪水；挥舞着手帕和丝带的美丽少女冲上前来，向他献上感激的吻。勒克莱尔将军[2]的坦克车队仿佛慕耳弥冬人[3]的战队，轰隆隆地紧跟在戴高乐的身旁，人群的夹道欢迎让他不得不偶尔请游行的队伍稍稍放慢一点脚步。

面带微笑的将军们在协和广场坐上小轿车，沿着里沃利路驶向巴黎市政厅。民族解放委员会把临时政府的首脑戴高乐请进了市政厅；当他稍后出现在阳台上，向人群发表讲话时，军官们激动地簇拥过来，差点把戴高乐挤下了阳台。他的一位部下后来描述了他是如何蹲在戴高乐将军的脚边，牢牢抱住他的膝盖，以防他被过于兴奋的人群推搡着、一头倒栽进阳台底下的人海。“敌人已经在颤抖。”戴高乐对巴黎市民朗声说道，“但他们还没有放弃在我们的土地上撒野。我们必须证明自己配得上法兰西儿女的光荣称号，必须把战斗进行到底，我们这一代人必将见证法兰西历史上最伟大的胜利。”

当天下午四点二十分，戴高乐和临时政府的一众官员离开市政厅，过塞纳河，前往巴黎圣母院参加感恩节的敬拜仪式。

当有成千上万人目睹了同一件事的时候，没有两个人的描述会是一模一样的。几乎毁掉了敬拜仪式（也几乎毁掉法兰西伟大胜利）的真凶究竟是谁，至今没有定论。虽然始终没能结案，但既然事件的结

---

① 纳粹德国建立维希傀儡政权后，戴高乐（1890—1970）曾赴英国组织不妥协的自由法国运动。

② 菲利普·勒克莱尔·德·奥特克洛克（1902—1947），法国著名将领，1952 年被追晋为法国元帅。

③ 传说中古希腊第一勇士阿喀琉斯的亲兵，骁勇善战，号令严明。

果一目了然，何况也没有造成更大的破坏，所以即便是最坚定的阴谋论支持者也对挖掘所谓的内幕提不起什么兴致了。

英国广播公司的资深记者罗伯特·里德是前一天和美军一同从圣洛[①]赶来的，为的是报道当天的感恩节仪式。事件发生时他正盘腿坐在圣母院的地上，距离正门不远，手里拿着麦克风。等混乱的局面稍稍得到控制，里德便赶紧找到了录音师，对方正盯着一旁的录音设备——留声机的碟片上还覆着一层圣母院的碎石。里德随后和录音师赶到斯克里布酒店[②]，把录音提交给了审查小组。他们就是否向世人公开戴高乐将军险遭暗杀一事展开了激烈的讨论，最终这段录音获得了播放的许可。第二天，英国广播公司便在“战报”时段播放了里德他们获取的第一手资料，美国哥伦比亚广播公司和全国广播公司随即进行了转播。

在录音里，里德那既嘶哑又高亢的解说声盖过了人群的欢呼：[319]
“戴高乐将军出现在了市民面前，他受到了热烈的欢迎、无比热烈的欢迎……”突然，枪声响了起来，紧接着传来人们狼狈的惊叫、里德紧张的约克郡口音和他的麦克风被人踩踏的声音。片刻的沉默后，里德嘶哑的嗓音才又响了起来，他的音调是如此激昂，仿佛正在朗读约翰·布肯[③]的小说桥段，只不过周围的喧闹声证明了一切都是真实发生着的，而非小说家的文学创作：“这是我所见过的最惊心动魄的场面！到处都有人开火……戴高乐将军试图控制想要冲进圣母院的

① 得名自中世纪的天主教圣人库唐斯的洛，是法国西北部城市、诺曼底大区芒什省的省会。圣洛在二战时期受到严重破坏，被作家萨缪尔·贝克特（1906—1989）称为“废墟之都”；战后则被授予了法国荣誉勋章之城的名号，至二十世纪六十年代已基本完成重建。

② 以法国剧作家欧仁·斯克里布（1791—1861）命名。斯克里布善于制造紧张的情节，并以此尽情愉悦观众。二战时期，斯克里布酒店是驻巴黎的战地记者的大本营。

③ 约翰·布肯，特威兹穆尔男爵（1875—1940），惊悚小说《三十九级台阶》的作者，苏格兰小说家、政治家，曾任加拿大总督。

人群，他径直走进了圣母院密集的炮火当中……子弹像冰雹一样砸过来，但是将军毫不犹豫地笔直往里走，他抬头挺胸，和子弹擦肩而过；那是真正的枪林弹雨，可将军沿着中间的过道一直向前——这是何等非凡的英勇！是我生平所见最光辉的勇士的典范！周围枪炮声不断，火花四射，戴高乐将军却似乎有如神助一般。”

多年后，里德对枪击事件进行了更为细致的描述，由他的孙辈在 2007 年时整理出版。根据里德的说法，当年的狙击手似乎躲在圣母院的塔楼廊台和管风琴的后面，屋顶上也有他们的人。里德身边的一个巴黎市民被流弹击中了脖子，其他试图藏到圣母院的立柱后或者教堂椅下面的人也有不少受了伤，伤亡的总人数估计在一百到三百之间。里德至今还记得无烟火药和教堂里的熏香混在一起的味道，也永不能忘在始建于十二世纪的圣母院发动现代战争的“疯狂场面”。和所有人一样，他惊叹于手无寸铁的戴高乐将军就那样立在圣坛前，仿佛上帝派来的使者：“圣母院里枪声震天，火星迸射，石块飞溅，几乎让人睁不开眼。天晓得那些狙击手怎么就是打不中戴高乐将军，要知道他们可是一直在开枪。”

枪击事件发生后，人们首先会问的是：第一，那些狙击手是谁？第二，戴高乐将军是怎么在枪林弹雨中活下来的？（虽然这在很大程
[320] 度上只是个感叹句。）最终，当欧洲又恢复了和平，解放巴黎的民族英雄已深陷国内的政治斗争时，有人在私底下提出了第三个问题：狙击手的身份是否和戴高乐奇迹般的生还有关？

直到今日，这些问题都没有一个能令所有人满意的解答。里德本人曾看到四名“相貌凶恶”的枪手被带出了圣母院，他们穿着灰色的法兰绒长裤和白色汗衫，“很明显是德国佬”。与此同时，在圣母院广场的对面，一个九岁的男孩（他的父亲是巴黎警察总署的司机）从自家五楼的窗户爬到外面的镀锌屋顶上，蹲在石栏后望着圣母院的方向。这个男孩名叫米歇尔·巴拉特，他看到有人从圣母院的塔楼向外射击，不一会儿，“有几个可疑的民兵”被人押到了广场上。巴拉特称

呼他们为“民兵”，这意味着他们是法兰西准军事部队①的人——也就是纳粹的狗腿子。年方九岁的巴拉特俯瞰着不远处的广场，见其中的一个民兵让人群围住，一顿痛殴，生死不明。他在事发五十四年后写道：“那残酷的画面仍然铭刻在我的心中。”（《巴黎解放即景》）

而在逮捕法兰西民兵的同时，零星的枪声仍不时在广场响起，没人知道那究竟是纳粹的狙击手还是杀红了眼的抵抗军开的枪。

巴黎的解放是一场必然流血、旷日持久的硬仗。1944 年 8 月 26 日，当戴高乐走过香榭丽舍大街时，这座城市里依然聚集着纳粹士兵、盖世太保军官、服务于维希政权的法兰西民兵和其他危险分子。难保他们当中的某些人不会躲进圣母院，既可能为了自保，也可能为了复仇，在绝望中做好了拼死一搏的准备。但凡熟悉卡西莫多生平的读者都知道，除了下水道，巴黎没有比圣母院更好的藏身地了。有关当局自然也质问了圣母院塔楼的看守，问他为什么没有一个人想到要在感恩节的礼拜举行以前对圣母院所有的楼梯和廊台作一番巡查，看守的回答是：“哪会有活人躲在这里啊，圣母院就像巴黎的地下墓穴！”枪击事件发生后，法国军方确实对圣母院进行了彻查，但根据第二装甲师某中校的说法：“除了警察以外，我们的军官没在塔楼里找到任何人。”

戴高乐本人在他的《战争回忆录》里提出了除纳粹军和法兰西民兵行凶以外的第三种可能。 [321]
戴高乐比任何人都更清楚地意识到：法西斯主义一旦撤离这片土地，必会造成危险的权力真空。他也知道昨天的战友或许就是明天的对手，尽管有作为“第三方”的美军加以制衡，但政变随时都可能发生。戴高乐在上世纪五十年代一边写回忆录，一

① 即“维持治安军团”，后改名为法兰西民兵组织，反戴高乐、反犹、反民主。他们注定得不到法国人的尊重。而比起德国人，法兰西民兵组织更令人恐惧，因为他们懂得当地的语言、了解当地的人情、熟知各种情报渠道，对内镇压，对外阿附，不择手段，被视为“法国的盖世太保”。

边预备重掌大权[①]，他问过自己这样一个问题（当然他也问他的读者）："当我就那样暴露在光天化日下的时候，为什么纳粹士兵也好、法兰西民兵也罢，只是朝着烟囱开枪，却没有把枪口瞄准我呢？"戴高乐挑明了他的看法，那就是神秘的狙击手背后是法国共产党[②]在捣鬼："我觉得那就是一个圈套，目的是为了在百姓当中散布恐慌，也为法共积聚起革命的力量进一步制造口实。"

如果共产党人企图通过搞恐怖活动来证明自己不可或缺，那他们可打错了算盘。发生在圣母院的枪击事件越发使得夏尔·戴高乐的形象高大起来，成了新共和国当之无愧的政治和精神领袖。冒着枪林弹雨、大无畏地直走到圣坛前的戴高乐用实际行动把自己镌刻进了法国的历史，也就此改写了法国的明天。一些无论如何都想在新政权里分一杯羹的人认为：戴高乐已经行之有效地发动了属于他自己的政变，但是任何不怀好意的暗示都因为事件那太过光荣的结局而不得不偃旗息鼓。那些悬而未决的疑问很快变成了只有学者才感兴趣的话题：第二装甲师的军官所看到的警察在圣母院的塔楼里做什么呢？廊台、管风琴后以及屋顶上的狙击手到底是如何躲过搜查的？罗伯特·里德和米歇尔·巴拉特见到的疑似纳粹士兵和法兰西民兵的人究竟是谁？对此，为什么随后立即展开的正式调查没有留下相关记录？

恐怕只有最见不得戴高乐风光的人才会费心问这些问题，也只有一心仿效戴高乐千秋功业的人才会急于知道——从戴高乐对重大突发事件那无比娴熟的应对当中，他可以学到什么？

2. 天文台花园

[322] 1959 年 10 月 15 日深夜，一个看上去颇为自得但稍嫌心神不宁

① 戴高乐在辞去法兰西共和国临时政府主席一职后（1946），因阿尔及利亚战争的缘故重返政坛，制定新宪法，成立法兰西第五共和国并当选第一任总统（1958）。

② 法兰西共和国临时政府由法国共产党、社会主义者和戴高乐主义者共组，由戴高乐领导。

的男人坐在圣日耳曼大道知名的利普酒馆里。他的面前放着一小碟腌渍入味的酸菜，以及半瓶喝剩下的“琼瑶浆”白葡萄酒。侍应生在他的桌边来去，动作轻快，态度殷切，无不表明这人是个常客，而且不是什么无名小卒。他保养得不错，尽管已经四十好几了，但每天早上剃须的时候，镜子里映出的那张脸依旧算得上俊俏。一整天下来（就像那天晚上一样），他打着的黑色细领带略微有了些褶皱，衣领也不那么挺括了。他还顾不上打理重新冒出来的胡茬，虽然这无损他的翩翩风度，但显然他这一天过得很是辛劳。他坐在那里，既安静又有威严（至少在他自己看来确实如此）。他偶尔会无意识地微微噘起嘴，带着点孩子气，笑起来眼角也早已有了皱纹——要是让小说家来形容的话，多半会说他看起来又“感性”又“意志坚定”，总之很是为他增添魅力，而他向来擅长利用这一点达成自己的目的。

利普酒馆是他最喜欢小酌的地方。这里距离参议院[①]所在的卢森堡宫[②]不到一公里，距离他和妻儿在盖尼默路[③]上的公寓同样不远（就在卢森堡花园相对更安静的另一侧）。尽管他也享受在塞纳河左岸的街道上悠闲地散步，但出于安全考虑，他今晚不会步行回家。他的那辆蓝色标致 403 就停在马路对面，随时可以开走。快到午夜了，虽然花神咖啡馆和双叟咖啡馆[④]仍然忙碌，马路上的车流却稀少起来，外国游客眼中的巴黎“西洋镜”——九连环一样的大塞车今晚是不会上演了。

他坐在小酒馆的底楼，靠近门边的那个位置。酒馆的镜子和墙上的瓷砖反射着摇曳又迷离的灯光，反倒让瓷砖拼贴出来的叶片肥厚的

---

① 又称上议院，与下议院（国民议会）相对。

② 位于卢森堡公园内，曾是玛丽·德·美第奇的住所。

③ 以法国民族英雄、一战时期的王牌飞行员乔治·盖尼默（1894—1917）命名。

④ 咖啡馆的名字取自店内柱子上的两个中国买办的木制雕像。这里曾是巴黎知识分子的聚集地，波伏娃和萨特、加缪、毕加索、海明威（1899—1961）等是咖啡馆的常客。

绿植和色彩鲜艳的鹦鹉显得不那么清晰了。天花板上画着的丘比特[①]被烟气熏得黑乎乎的，他们扭动着棕色的小身体，将手中的爱之箭对
[323] 准了虚空中的目标。时间已晚，他却依然指望从前的同事罗贝尔·佩斯凯出现在利普酒馆。有那么一瞬间，他好像看到一个和佩斯凯身材相仿的男人站在马路对面的门廊下，但不一会儿就消失了。如果佩斯凯临时改了主意，倒也不奇怪。如今的世道这样乱，就连他也不得不和心术不正又背信弃义的傻瓜（譬如佩斯凯这样的人）扯上关系。

自从他牢牢抱住戴高乐的膝盖、以免将军大人跌下市政厅阳台的那天起，已经过去十五年了。戴高乐都没低头看一眼是谁救了自己，可他不会保持沉默——这么多年以来，他一遍又一遍讲过那天的故事，每一遍的细节都有所不同，以至于连他都不确定事实究竟是怎样的了。他救下戴高乐的隔天，将军大人召他到战争部，一眼认出了他就是 1943 年时拒绝把手里的间谍网（即国民战俘盟会）交给侄子贝尔纳·戴高乐来领导的那个人。将军大人像脾气暴躁的校长那样训斥他道："怎么又是你！"随后非但没让他继续担任战俘部的秘书长，反而通知他说：新政府不需要他这种人的效劳。

1946 年，戴高乐暂离政坛，他的职业生涯方才有了起色。他深谙审时度势的重要性，所以人们给他起了个"狡狐"的外号。他从没有固定的政治立场，作风大胆，信念坚定，那就是他要不择手段往上爬，所以德国人没打进来以前他是反犹的极右翼，打不过德国人了就只好效忠他们扶植起来的维希政权，暗地里当然也参与抵抗运动。再后来，所谓的"中间偏左路线"[②]有了大把施展拳脚的机会，他便以中左派人士自居。他是法国历史上最年轻的内政部长，最近则当上了司法部长，多年以来积累下了可观的经验、人脉和三教九流的各种秘

---

① 罗马神话中的小爱神，往往被塑造成手拿弓箭、背部长有一对翅膀的调皮小男孩。据说他的金箭射入人心会产生爱情。

② 包含社会自由主义、社会民主主义等，其政策主张偏向激进改革，强调要加强政府的公权力并有效管理市场经济秩序等。

辛。他倒没找着罗贝尔·佩斯凯的什么把柄，不过像佩斯凯这样的蠢货自会把破绽交到别人的手上。

后来戴高乐重新掌权，佩斯凯也在最近的议员选举中失利。他本人因为投靠了中左翼，得以在参议院谋得了席位，然而仍然在野的佩斯凯混得还是比较惨。有传言说佩斯凯和法属阿尔及利亚的秘密军事组织[①]过从甚密，该组织对想要把阿尔及利亚还给阿拉伯人的“法国叛徒”发动过恐怖袭击。[②]但实际上，佩斯凯只是站错了队伍，他老喜欢说：“眼睛要盯着领头羊的屁股，不要东张西望的。”可佩斯凯偏 [324]
偏选错了领头羊。他被指控在波旁宫（国民议会）的厕所里安装炸弹，他那些右派的朋友却没有一个跳出来为他辩护。佩斯凯自己给出的反驳又太过滑稽，压根不能解决问题，他说：“那该死的厕所是波旁宫唯一有用的地方，我干什么要费劲巴力地把它炸掉？”

此刻，他凝视着酒馆外面黑漆漆的街道，企图分清什么是夜景，什么只是窗玻璃和镜子的反射。因为有这样的反射，所以一个正前往圣日耳曼德佩广场的人走着走着似乎会突然消失，然后又在反方向猛地出现。坐在利普酒馆的窗边，他不用转过脑袋就可以看到行人从正反两个方向经过。但是佩斯凯始终没有出现，不论是从正反哪一面来看。他抬头望一望酒馆的墙，墙边放着电话和雪茄盒，墙上的钟（终于和它在玻璃上的反射一致了）指向了十二点整。午夜到了，他又等了差不多半小时，然后走到街上，摸出了口袋里的车钥匙。

十月的晚上已经很冷了。他轻巧地爬进驾驶座，一次就打着了火，汽车发动了。

这辆标致 403 是他精挑细选的结果，就像既优雅又时尚的穿着

---

① 是阿尔及利亚战争期间的法国右翼准军事组织，为了阻止阿尔及利亚脱离法国的殖民统治，该组织曾在法国本土执行过恐怖袭击。

② 指阿尔及利亚争取独立的武装力量与法国之间的战争（1954—1962）。美国支持法国维持在阿尔及利亚的殖民，埃及和苏联支持阿尔及利亚独立。最终，阿尔及利亚独立战争以阿拉伯人的胜利、法国承认阿尔及利亚的独立而告终。

看似随意，其实用心搭配过一样。对于像他这样的中左派人士、戴高乐的反对者、一只脚牢牢扎在了社会主义阵营里的精英政治家来说，标致403堪称完美。它的最高时速（仅仅是理论上）是每小时一百二十八公里，老派却利落，散发着坚固又可靠的气息。皮革内装、点烟器和雾灯是标配，前卫又不乏一丝低调的奢华。汽车的变速杆装在了方向盘下面，为在前排多安一个座椅腾出了空间。尽管前排的三个座位都可以调节，中间座位的扶手也可以抬起来，但标志403似乎更适合五口之家外出度假，而不是用来和情妇偷偷地出游。[①]

[325] 他驾车开过广场，向东行驶，然后打转向灯，右拐进入了塞纳河路。

根据他的说法（一度也是仅有的对当晚事件的描述），这时，一辆小型的深色轿车也跟着他转弯，不过把弯拐得太大，几乎将他逼到了马路边上。这原本也没什么大不了的，但正如他不久后告诉记者的那样，这个小小的意外让他“警觉”了起来——毕竟现在是非常时期。他当然算不得去殖民化的积极倡导者，身为司法部长，他还呼吁政府派兵，好镇压阿尔及利亚的解放运动。但既然他如今已身在反戴高乐的中左派阵营（并且一心指望着将来要领导那个阵营），那么哪怕是装也要装出点支持法国从阿尔及利亚撤军的样子来。而很多法国人不愿意看到那样的局面，他们竭力反对阿尔及利亚独立——有一点想要独立的苗头都不行，为此不惜对支持撤军的政客下手。就在三天前，《巴黎新闻社》还报道说一支法属阿尔及利亚的小分队已经越过了西班牙的边境，正潜伏在法国某地，预备展开刺杀任务。

他沿着塞纳河路缓缓加速，一直开到了图尔农路。前方可见卢森堡宫的圆顶，如果右转则是盖尼默路的拐角——他的家就在那儿。他瞥了一眼后视镜，发现刚才的那辆车仍然跟在他后面，所以他没有选择回家，而是左转开上了圣米迦勒大道，就像他后来对记者解释的那

① 他和妻子育有三子，此外和两名情妇育有一儿一女。

样："为了多一点思考的时间。"他的右手边是卢森堡花园的栏杆，左手边是美第奇路上已经关门的书店。

据他所说，后来发生的事从开始到结束不过两分多钟。他开到美第奇广场的时候，跟在他后面的深色轿车加速从他的旁边驶过，试图把他逼到一边的人行道上。方才的转弯超车同样不是意外，对方确实是冲着他来的——他证实了自己先前的怀疑，于是把油门一踩到底，标致 403 几乎瞬间冲了出去，沿着圣米迦勒大道飞驰。他暂时把敌人甩在了身后，在第一个路口转弯，来到了昏暗的、位于卢森堡花园和巴黎天文台之间的孔德路。① 标致 403 一个甩尾，停在了马路左侧，他一把推开车门，跳过人行道上的金属栏杆，踩到了天文台花园的草坪上。他向前跑了几步，然后迅速卧倒。

他面朝下躺在湿漉漉的草地上，听到轮胎摩擦地面的声音和自动步枪发出的哒哒哒的响声。还打仗那会儿，他从战俘营里逃脱了六次，如果今晚在巴黎天文台的花园被人枪杀，那也实在太讽刺了。1940 年，他在默兹河② 右岸的斯特奈③ 附近受了伤，为了不拖累大部队，担架队毅然决然把他留在了原地，暴露在德国战斗机的射程范围以内；他果真被敌人俘虏了，但依然活了下来。或许正是一次次的战地经历赋予了他异于常人的沉着，他起身飞奔过草坪，跃过和天文台大街接壤的树篱，躲在了 5 号一户人家的屋檐下，按响了门铃。门铃响起的同时，他听到了刺客驾车逃逸的声音。 [326]

枪声响起后，整个街区都被惊动了。警察立即赶到了现场，记者带着摄像师紧随其后，闪光灯泡把蓝色的标致 403 照得一清二楚，车的前后门上总共有七个弹孔，足可见刺杀事件的严重性。而逃过了一

---

① 以法国哲学家、社会学家奥古斯特·孔德（1798—1857）命名。

② 也称马斯河（荷兰语），发源于法国香槟－阿登大区，流经比利时，最终在荷兰注入北海，和莱茵河口连成三角洲。

③ 斯特奈（Stenay）可能得名自当地的萨图尔（Saturn）神庙，是法国大东部大区默兹省的一个市镇。

劫的参议员阁下虽然惊魂不定，但表现出了令人钦佩的镇静。

时间刚过午夜一点。记者匆匆记录下事件的始末：圣米迦勒大道上的飞车追逐，凶手（二至三名持枪人员）驾驶着一辆深色的小型轿车……随后冲进通宵营业的酒吧，给新闻编辑室打电话，或直接过河，赶到在第二区的办公室，正好给了夜班编辑足够的时间插入对突发事件的报道：《参议员险遭暗杀》。第二天（10月17日，星期六）一早，这则消息登上了法国所有报纸的头版头条。政治新闻终于像犯罪小说一样激动人心了，助理编辑的工作也难得地轻松，只要稍微改一改标题就好：

《天文台花园生死追逐！》

《午夜亮起的车前灯——杀手在逃！》

每一篇报道几乎都涵盖了各种地图，用带着虚线的箭头准确标出了天文台大街上树篱的位置和杀手逃走时参议员所在的方位。每一篇报道也都刊登了遍布弹孔的标志403的模样，以及孔德路上天文台花园金属栏杆的照片——这些栏杆足有一米二高，可见人到中年的参议员体能绝佳。

[327] “弗朗索瓦·密特朗先生在驾车前行的同时充分意识到了自己所面临的危险，他在极短的时间内便想好了对策，迫使敌人无计可施。……正是由于他在十万火急之时非凡的镇定、聪慧的头脑以及对拉丁区街道分布的了解，使他得以在有预谋的暗杀行动中幸免于难。”

巴黎天文台花园的枪击事件为法国各地敲响了警钟。人们采取了更为严格的安保措施。边境戒严，法国的亲阿（阿尔及利亚）分子受到一系列盘问和搜查。中左派政客和评论员发出警告，称可能发生新一轮的法西斯政变，并要求政府采取迅速有效的打击行动。政府也确实那么做了，因为法兰西第五共和国“正处在危难之中”——镇压来得如此突然又如此严厉，以至于部分右翼分子宣称这是中左派的诡计，要借此对他们施以政治迫害不算，还诋毁了法属阿尔及利亚爱国者的崇高事业。

密特朗参议员本人表现出了令人感佩的克制。即使是在他当选为参议员的“辉煌时刻”，他也从没有像眼下这样吃香过。他不论走到哪里都被摄像机围住，人们争相要采访他。但密特朗在声明里谨慎地表示：“目前，我们的国家上下群情激愤，我不想说任何可能会让事态升级的话。尽管哪怕是用简单的逻辑来捋一捋，也能想明白这次针对我的攻击是极端主义团体盲目的政治热情所导致的。”

对于一个仕途不顺的男人来说，这次暗杀行动是他人生中重要的转折点。一夜之间，他成了和右翼恐怖分子斗智斗勇的英雄。法国人民向密特朗表达了十二万分的同情和支持。险遭暗杀当然不值得庆贺，但一个精明的政治家知道如何在逆境中化劣势为优势。弗朗索瓦·密特朗终于爬到了那个他渴望拥有的位置，戴高乐再也没法忽视他了。曾经因为他不怎么光彩乃至可疑的过去对他爱搭不理的社会主义者转变了态度，竭诚欢迎“沙场老将”密特朗把和戴高乐的斗争进行到底。

3. 克洛局长

在当时，只有一个人能胜任追捕恐怖分子的重任，因为这项工作 [328]
不单具有政治敏感性，而且存在相当的风险；也只有一个人同时赢得了政界人士、罪犯和媒体的尊重，也因此有足够的声望能让公众放心：由他带头开展的调查工作必然巨细靡遗、公开公正。

巴黎刑侦大队的负责人乔治·克洛局长是个和蔼又谦逊的人，对无比响亮的名头总觉得受之有愧。许多杂志都报道过他的故事，用的往往是《克洛局长对抗风衣男“迪迪”》这样浮夸的标题，导致部分民众以为克洛是个虚构出来的人物。在天文台花园枪击案发生一年以前，克洛曾受邀上过一档纪念“梅格雷探长”的缔造者——推理小说家乔治·西默农的电视节目。克洛对观众解释说：西默农笔下的探险故事和实际生活里枯燥乏味、异常艰辛的刑侦工作完全是两码事。但由于克洛本人就是梅格雷探长的原型之一，所以尽管节目组还原了克洛的办公室布置，把与他每日相对的金属文件柜和塑料椅也搬上了镜头，克洛局长还是没能打消公众对推理故事的浪漫幻想。

不过克洛不是不了解刑侦工作的巨大魅力——正因为了解，他才得以成长为一名优秀的警探。乔治·克洛出生在遥远的阿韦龙省[①]的大家庭，父亲是个乡村邮递员，原本指望儿子安安心心做个教书匠。可是有一天，克洛的表哥来他们家做客，还带来了他在巴黎安保队的朋友。那个男人讲述着一桩桩貌似无法破解的悬案，随即道出了“只缘身在此山中”、回头看又明摆着的案件真相——年轻的克洛听得如痴如醉，就此决定了自己将要从事一生的事业。

时间又过去了很久，克洛才终于接到了他人生中的第一桩悬案。那大概是1934年的时候，二战还没打响，克洛当时是巴黎北部大采石场区的小警员。有一天，他梦寐以求的那种大案终于送到了他的面前。丹雷蒙路[②]的一位门房向警方报案，说他们大楼里的一个苏联老兵神秘死亡了。老人穿着骠骑兵的制服，就那样躺倒在床上。鉴证科
[329] 的人解开他那饰有肋状盘花纽的上衣，发现他被人狠狠捅了一刀。房间的柜子里藏着还沾有血迹的凶器，刀刃与伤口完全吻合。可奇怪的是，老兵身上的制服完好无损，金色的穗子没被割断，布料上也没有任何用刀刺穿过的痕迹。

那天晚上，克洛反复思索着这个乍看之下让人犯难的案子，越想越是兴奋。一个曲折离奇的故事逐渐在他的脑海中成形：凶手把谋杀伪装成了自然死亡，虽然为了掩盖犯罪证据藏起了凶器，可同时又把

① 法国奥克西塔尼大区所辖的省份，与巴黎一南一北，两地相距遥远。

② 以1837年法军占领君士坦丁（阿尔及利亚）时牺牲的中将夏尔-马利·但尼·德·丹雷蒙伯爵（1783—1837）命名。

这证据留在了现场。也许丹雷蒙路上的凶案是某个晦涩的间谍故事的结局，而故事的开头可以一直追溯到沙俄最黑暗的时期……

第二天早上，一封信寄到了警局。信的作者就是死者本人，他在决意自杀前把信投递了出去，然后回到房间，一刀刺进胸口，又用生命里仅剩的几分钟把军刀藏进了一旁的橱柜。最后他躺到床上，扣好了纽扣——他希望穿着这身荣耀的军装被人埋葬。而对于克洛来说，原来并没有什么阴谋、没有秘密、没有间谍故事，真相简单到让他大失所望，他却也从中学到了一个深刻的教训，那就是所谓绞尽脑汁得出的精妙推理，十有八九都是在浪费时间。

五年后，二战爆发了。克洛被关进了摩拉维亚[①]的战俘营，他花了六个月挖地道，想要逃跑，却在就要挖通的时候被抓到了。后来他让人遣返巴黎，加入了维希政权下的警局。他在战争余下的时间里假意搜捕抵抗运动的成员，实际上暗中为他们提供假护照、送他们离境。战后，克洛挑起重任，负责逮捕并审问曾与纳粹紧密合作过的法国警察。他一查到底，同时秉公任直，会根据不同的动机（为情势所逼或确实心怀恶意）做出相应的判断。

克洛警员后来成了克洛局长，刑侦大队在他的带领下破着一桩桩貌似平淡的案子，让凡是对福尔摩斯式推理着迷的人提不起丝毫探究的兴趣。克洛没有成家，工作就是他的情人。他一心扑在事业上，也早已明白扑朔迷离的悬案基本只会出现在小说里。他遏制住了内心对解谜的渴望，只偶尔允许自己到蒙马特和跳蚤市场逛一逛。他假扮成艺术品收藏家，在那里发现了数百幅伪造的画作，其中大部分是毕加索和郁特里罗[②]的作品。克洛买下了那些假画，带回警局，走廊里堆不下了就把它们挂到墙上，或者送给同事。经过长达五年的

---

① 位于捷克东部，得名于起源该地区的摩拉瓦河。

② 莫里斯·郁特里罗（1883—1955），原名莫里斯·瓦拉东，法国画家，画作以城市景观为主。

卧底，金银匠码头的警察总署办公室已然收藏了世界上最大规模的油画赝品。毫无疑问，在那些收藏家皆渴望拥有的美丽画作中，不乏本
[330] 应是无价之宝的真迹，应当把它们送到河对岸的卢浮宫去。可既然一众专家甚至是画家本人也未必能区分孰真孰假，便不要烦劳他们了吧——搅乱巴黎艺术品市场的一池春水却无法得出明确的结论，显然毫无意义。

1959 年 10 月，巴黎天文台花园发生枪击案的消息当晚就传到了乔治·克洛的耳中，他顿时感到自己多年来苦苦压抑的、对破解谜团的狂热又躁动了起来。这件案子轰动全国，要如何给民众一个交代，把狡猾的职业杀手捉拿归案，显然相当棘手——毕竟这些杀手会无所不用其极地掩盖行踪，也因此更激起了克洛的好胜心。警车驶过天文台大街，嘎吱一声停了下来。一个穿着深色大衣的男人正在那里说话，他的周围站了一圈记者。这个男人面色苍白，似乎还在微微发抖，但他就是有那样的本事，能让记者全神贯注地听他说出口的每一个字。

克洛局长向他的老上级打了个招呼（他早就认识身为司法部长的密特朗参议员了），然后请参议员阁下录了口供。距离事发还不到两小时，密特朗提供的细节很是粗略，这一点情有可原。过往的办案经验告诉克洛，明确的线索很快会浮出水面。实际上（可能是由于当时已是凌晨，也可能是由于受害人显著的社会地位），天文台花园枪击案显得和最引人入胜的悬案一样错综复杂，让人如堕云雾，既吸引着克洛一探究竟，又仿佛嘲弄着他或许永远也找不到事件的真相。在克洛派出最得力的手下，好对利普酒馆的侍应生和附近街区的居民进行走访之前，他的心中就已经产生了千百个疑问，而他能给出的每一个回答都那样模棱两可。

众所周知，法属阿尔及利亚的极端分子多是法国的高级军官，如果他们要搞破坏，必然会像策划军事行动那样精准。既然如此，为什

么他们（或者他们雇来的刺客）要开一辆连区区的标致 403 都追不上的车？照密特朗的口供来看，他们这一路追的追、逃的逃，在深夜无人的街头花了十分钟才驶过一点六公里，堪称史上最最慢的“飞车追逐”了。或许参议员阁下在右转进入塞纳河路以前，还在利普酒馆附近徘徊了好一会儿，又或者刺客在把标致 403 打成筛子以前，始终在静静等待——可这又是为什么呢？

随着调查的深入，这些看似矛盾的现象通常都能找到合理的解释。即便是冷静自持如密特朗者，也有可能因为过于震惊而记错了 [331]
某些细节。除了在时间问题上含糊其辞以外，密特朗还提到了他所途经的“美第奇广场”，但严格说起来那并不是一个真实存在的地名。卢森堡花园附近有好几个广场，没有一个是用“美第奇”来命名的。或许这些细节都无关紧要，但它们至少证明了受害者的口供并不可靠。

鉴证科赶到现场后，提出了一系列新的疑问。他们在参议员的车上插入金属棒，每个弹孔处插入一根，总共七根，整齐地在副驾驶座的前后门上形成了一个圆弧，让标致 403 看上去活像一只受了伤的豪猪[①]。七根金属棒都和车门呈直角关系，这意味着刺客在开枪时停下了他们驾驶着的车辆。

要知道那可都是些职业杀手，他们不单自信到开枪时停下了车，而且还“吃力不讨好”地对准他们以为平躺在前排座位或者蜷在车内地板上的密特朗开枪，七发子弹中的一发也确实射穿了驾驶座的皮靠背。但倘若他们真的自恃“艺高胆大”，为什么开枪前两次都没能把密特朗的车逼到路边，在圣米迦勒大道上甚至还差点跟丢了目标？如果这些人当真是冷血的杀手，为什么不在开枪以前先确认车里有没有人，再确认目标人物是不是躺在了几米开外的草地上？倘若他们那样做了，自然会看到目标人物跳起身来（不得不说参议员的这种做法其

① 又称箭猪，身上披有尖刺。

实相当愚蠢），越过草地、跨过了树篱。

标志 403 上的七个弹孔也很成问题。根据鉴证科的说法，杀手使用的很可能是斯登冲锋枪。被纳粹占领的那四年催生了这样一批法国人，他们在自家的地窖和工具房里储备着大量来路不明的非法武器，并且认为这么做是捍卫了人身自由。但即便唾手可得，杀手会选择斯登冲锋枪作凶器也依然令人费解：这种枪有严重的卡弹问题，命中率不佳，还经常走火。不过哪怕再靠不住，一挺斯登冲锋枪也可以在三秒内发射三十枚子弹——所以为什么杀手从头到尾只开了七枪？（没有一枪射偏，因为鉴证科在附近并没有找到别的弹壳。）难道是因为他们的资金太过有限，别说是跑得足够快的轿车了，就连多余的子弹和枪械都买不起？要么是因为他们还是新手——从来没有人听过他们的名头，他们对当晚的刺杀行动也没有进行过任何预演？又或者
[332] 他们只是为了警告密特朗，并不打算取他的性命？可是要吓唬一个政客有的是办法，根本不用这样大费周章。克洛局长的心直往下沉，他不敢再想下去了：也许……也许这压根不是恐怖组织干的，而是法国情报局开展的秘密行动，目的就是为了引导舆论，让民众被牵着鼻子走。

总之，这个案子有着太多无法解释的谜团。哪怕对锁定了的部分嫌疑人进行窃听和搜查后也没有获得实质性的突破。据说跨过西班牙边境、正蛰伏在法国的阿尔及利亚暗杀小队毫无动静；虽然居民听到了枪声，却没有人亲眼目睹枪击案的发生。而随着时间的流逝，克洛本能地不愿再调查下去。他越看越觉得这个案子索然无味，越看越觉得它像当年的苏联老兵自杀案——警方想破脑袋也解决不了的难题，或许会被突然冒出来的证据轻而易举地破解。所以在案发一周以后（1959 年 10 月 22 日），乔治・克洛向来令人称道的、对真相刨根究底的热情已经冷却了大半，他把卷宗塞进金属柜，“砰”一声关上了柜门，力道之大，让挂在墙上的仿毕加索和郁特里罗的画作都被震得晃了几晃。

4. 留局待取①

美第奇邮局就坐落在卢森堡宫对面的沃吉哈路上。这里终年风声呼啸，大概是因为这条路实在太长（沃吉哈路是巴黎最长的街道），把西南风一股脑儿汇入了塞纳河左岸的心脏地带。

正是午休时间，窗口后面的柜员见邮局忽然大门敞开，一群人不由分说拥了进来，像是被外面的大风刮进来的一样。其中有个穿长袍的律师，另一个披着雨衣的男人虽然是大家关注的焦点，却看起来不怎么聪明，也显得颇为烦躁，应当不是什么了不得的人物。在场的还有好几名摄像师，这让工作人员误以为他们是来为电影取景的，女士们连忙拿过梳子和粉饼，匆匆整理起仪容来。

如果大伙儿得知那个相貌猥琐、披着雨衣的矮个子男人曾是国民议会的议员，而且企图偷带炸药进波旁宫，好炸毁那里的厕所的话，恐怕会大吃一惊。可再仔细一看，此人脸上那傻兮兮的笑容和畏畏缩缩、十分奇怪的走路姿势又难免让人相信：他确实干得出那种蠢事。
矮个子掐灭了香烟，走到“留局待取”的柜台边，问有没有一封给罗 [333]
贝尔·佩斯凯先生的信。果然有那么一封信。他于是把信留在柜台上，转过身，像个蹩脚的演员一样夸张地说道：“梅特·德雷耶–杜费尔先生，我没有碰过这封信，还烦请你把它收进公文包，锁进保险箱，以便日后交给检察官大人。”

穿着律师袍的杜费尔“刷”一下取过柜台上的信，捏在拇指和食指中间，面对邮局的工作人员朗声说道：“佩斯凯先生，如大家所见，你没有动过我手里的这封信，我会照你的要求把它锁在保险箱里，直到作为物证递交给检察官大人。”他随即用同样洪亮的声音对慌里慌张的柜员说：“我是梅特·德雷耶–杜费尔律师，烦请你记录下刚刚发生的一切。”

---

① 又称“存局候领”，指信件或包裹正存放在当地邮局，等待收件人自行领取。

“好的，先生。”柜员磕磕巴巴地问，“需要、需要我把您刚才说的话也记下来吗？”

律师先生微微一笑，看似很是耐心。“尊敬的夫人，如果可以，请尤其把我刚才说的话记下来，那比什么都重要。”

说完这话，他便带头走出了邮局，跟在他身后的是他那依旧傻笑着的客户——佩斯凯站在邮局外面，撩起杜费尔黑色律师袍的一角挡风，又点燃了一支烟。

佩斯凯当过木匠，当过国会议员，当过极右翼团体的线人，也是打着“爱国”旗号行暴力之实的准军事组织的一员。正如克洛局长预料的那样，佩斯凯单枪匹马解开了暗杀密特朗参议员未遂的谜题。两天以前，佩斯凯在水泵路上的律师事务所里语出惊人。他昭告在场的记者，说他手中握有王牌：他在密特朗遇刺前四十八小时便给自己写了一封信，留局待取。他在信中“预言”了会在天文台花园发生的枪击案。自然，密特朗参议员对佩斯凯的证词予以了否认。

现在，这封信已经呈给了巴黎司法宫的布伦瑞克法官，当着律师以及他们的客户（佩斯凯和密特朗）的面宣读了出来。“我会详细描述密特朗先生制定出来的计划。他让我在两天以后，也就是10月15日到16日的凌晨在天文台花园假装对他下手……”

佩斯凯在信中说，是密特朗首先向他提出这个计划的，如果成
[334] 功，能助他们两个青云直上。佩斯凯在写于事发两天前的信中用了将来时，从他的描述来看，自利普酒馆到天文台花园发生的一切都和现实中的一模一样。佩斯凯说他当时开着一辆辛卡轿车，副驾驶座上是个开朗但傻乎乎的农民，是他们家在欧日地区伯夫龙[1]庄园的帮佣。而斯登冲锋枪是佩斯凯从朋友那里借来的。佩斯凯向布伦瑞克法官指出道，唯一的变数发生在密特朗俯卧在湿漉漉的草地上、等待被“暗

① 伯夫龙意为“（迪沃河支流）的河狸”，位于诺曼底卡尔瓦多斯省。

杀”的那几分钟里。首先，一对恋人一直在街旁的大树下接吻。后来开过来一辆出租车，在这里下了客。佩斯凯迟迟找不到动手的机会，他开着辛卡轿车绕着街区兜了好几圈，又在标致 403 的旁边停了下来。这时，他听到黑暗中传来了密特朗的声音：“开枪啊！你还在等什么？”于是按照原定的计划，斯登冲锋枪击中了标致403的车门（佩斯凯称开枪的不是自己，而是副驾驶座上的帮佣）；佩斯凯随后把他的辛卡轿车开到了蒙帕纳斯大道，停好，步行折返天文台大街，正好来得及欣赏密特朗在镜头前的绝佳演技。

布伦瑞克法官放下手中的信，抬起头，见庭上的六位律师目瞪口呆，一句话也说不出来——这倒是件新鲜事。弗朗索瓦·密特朗则头一次（也是唯一一次）失控，他面色苍白，发出了仿佛抽泣一般的喉音。他似乎能听到敌人得意的叫嚣和全国上下两千六百万选民那歇斯底里的大笑。完了，他的政治生涯就此跌进了谷底。无论佩斯凯说的是不是真话，没有一个政客能从这样的丑闻里全身而退。

可即便是在他人生中最黑暗的时刻，“狡狐”密特朗也仍然牢记他从战争当中学到的教训。一个从战俘营里逃走了六次的人不会轻易言败。尽管密特朗指控佩斯凯恶意诽谤，但佩斯凯毕竟占得了先机，他手上握着那封信，明明白白地告诉世人是密特朗导演了这次暗杀行动；更让密特朗被动的是，他曾经一度沉浸在法国人民对他的赞美和同情当中，着实让佩斯凯杀了个措手不及。在佩斯凯玩过了这套“留局待取”的把戏之后，密特朗再怎么撇清干系也没用了，他到底还能不能翻身，取决于他能给出怎样的说明。

这是密特朗当着布伦瑞克法官的面向法国人民交代的事件始末：他承认，他确实在枪击案发生以前见过佩斯凯一两次。当时，佩斯凯 〔335〕
告诉了他一个可怕的消息，说他欠法属阿尔及利亚的“老朋友”一大笔钱，为了抵债，他们命他暗杀密特朗。如果佩斯凯拒绝，那他自己就没命了，所以他跑来向密特朗求助。如果他们伪造一起暗杀事件，既能让佩斯凯暂时脱身，又能降低其他人企图再行刺密特朗的可能性。本着人道主义精神，密特朗答应了佩斯凯的提议。他们本应在利普酒馆最后碰一次面的，只是事发当晚佩斯凯并没有出现，不过其余的事情都按照计划顺利进行了。而直到佩斯凯公开指责密特朗才是幕后真凶时，密特朗方才意识到发生了什么：他成了右翼集团密谋毁掉其政治生涯、从而打击中左派势力的最大受害者。

尽管并不完全让人信服，但密特朗盼着他的这番说辞能稍稍挽回他在公众心目中的形象。可惜媒体不为所动——没有人指望政客遵纪守法，但在法国人民看来，能当上政客的人起码得有点尊严，也绝不应该犯这样低级的错误。报纸头条上骂声一片，说得最客气的还属《极光报》了：“难以置信——这种笨蛋也当过内政部长！”

布伦瑞克法官为一个糟得不能再糟的案子争取到了最好的量刑结果。有罪当然要罚，但又不能因为此事牵涉到法属阿尔及利亚而进一步损害法兰西第五共和国的声誉。世人必须看到：巴黎不是上海或者卡萨布兰卡[1]，法国不会在殖民的原则性问题上左右摇摆。佩斯凯和其同伙（副驾驶座上的农庄帮佣）被控非法持有枪支罪，而密特朗因为白白浪费了克洛局长的时间和宝贵的社会资源，被控藐视法庭罪。这两项指控相对来说都很轻微，随时有撤销的可能。

让人诧异的是，参议院通过投票，剥夺了密特朗身为议员的豁免权，案件就此开始走极为漫长又不足为外人道的司法程序，最终又会是一桩陈年旧案，要么逐渐被人淡忘，要么通过秘密谈判私下达成和解。传记作家和历史学家一直试图还原事件的真相，追查到的线索却支离破碎，他们在重重迷雾之后看到了各样油滑的政治人物：被控曾
[336] 在阿尔及利亚草菅人命的德勃雷总理[2]；佩斯凯的另一名律师、曾为

① 这两座城市都在二战期间受到亲德的维希法国政权的（部分）管治，后法国政府同意撤离当地。

② 米歇尔·德勃雷（1912—1996），法兰西第五共和国首任总理。

右翼恐怖分子辩护并作为总统候选人的蒂克西埃－维尼扬古；维尼扬古的竞选团队经理、臭名昭著的让－马利·勒庞[①]。虽然密特朗怀疑就是这些人一门心思要陷害他，但他们一个都不承认自己同天文台花园事件有一星半点的牵连。

佩斯凯被迫离开了法国，他后来就此事发表过太多不同版本的声明，以至于即便他肯说真话，也对厘清事实毫无帮助了。在1965年刊登于《世界报》的一篇文章里，佩斯凯出人意料地承认密特朗当年之所以会答应参与暗杀计划，纯粹是为了帮忙，佩斯凯也因此助了密特朗的总统竞选一臂之力。虽然他不久又撤回了这项声明，称密特朗的朋友付给他四万法郎，让他给《世界报》写了那篇文章。佩斯凯在《我如何"刺杀"密特朗——最后的真相》里也强调过这一点，为此多卖出了几本书，多赚到了几个钱。

实际上，"天文台花园事件"在当年冬天（1959）就得出了确切的结论。当时，克洛局长安排了一次看似毫无必要的"现场重演"，他命人把密特朗参议员的标致403开到了万塞讷森林一条僻静的街上，朝车身进行射击，又任凭空车一头撞在了树上。发生在天文台花园的枪击没对标致403造成太大的损伤，倒是这一次"重演"把它变成了一堆窗户全碎、扭曲变形的废铜烂铁。

"狡狐"如今正身处后人称之为"穿越沙漠"的艰难时期。戴高乐总统曾要求起诉密特朗，但他后来改了主意，决定对此事既往不咎，说他所领导的党派也绝不会借此大做文章、从中牟利。有人说戴高乐之所以肯放密特朗一马，是为了保护德勃雷总理免遭密特朗的报复，因为据传密特朗掌握着德勃雷可能在阿尔及利亚秘密处决了一名反对派将领的消息，此事一旦曝光，定然会弄得难以收场。戴高乐的亲信则表示，戴高乐之所以要维护政府的尊严，是因为他预见了密特朗或

① 法国政治家，1972年创立极右翼政党国民阵线。因替纳粹战犯辩解及否认犹太人大屠杀而遭受批评，后以反移民、反欧盟及反伊斯兰为基调。

有一日成为法兰西共和国的总统——不管这在当时看来有多不可思议。当然，戴高乐也知道：尽管他说了“既往不咎”，可政客不会允许密特朗把这件丑事轻轻松松抛到脑后。国民议会的代表明面上是对
[337] 此事闭口不提了，但哪怕多年以后，人们依旧不时能从他们的讲话里听到“天文台花园”这几个反常的字眼。

5. 小克拉马[①]
（尾声）

1962 年 8 月末，一个星期三的晚上，这时候很容易找到停车位，扬招出租车也方便，电话亭外根本没有人排队。咖啡馆暂不营业，椅子一把一把倒扣在桌上，弹球机[②]则堵住了大门。车流稀少，步行即可到达协和广场中央的方尖碑脚下。警察戴着白手套，照例在圣奥诺雷市郊路 55 号的立柱旁站岗；游客如果从大门外经过，应当一眼便能认出这里是法兰西共和国总统的官邸——爱丽舍宫。

一个男人腋下夹着一顶摩托车头盔，似乎正研究爱丽舍宫对面某家苏联古董商店的橱窗。此刻他扭过头，透过爱丽舍宫外面的铁门，见戴高乐将军从宫里出来，走下了台阶。（他确定那就是将军本人，而不是常常假扮他的替身。）戴高乐等妻子伊冯娜坐进黑色的雪铁龙 DS，便也坐到了后排、伊冯娜的边上；他们的女婿博西厄[③]上校坐在副驾驶位。他们的身后另有一辆雪铁龙 DS，上面坐着四个彪形大汉，人称“超级警察”——这四名保镖姓甚名谁，街对面的那个男人一清二楚。

部长级会议刚刚结束，专门就阿尔及利亚问题进行了讨论。六

---

① 克拉马意为“草场”，位于巴黎西南郊，距离巴黎市中心约九公里。

② 又称“弹珠机”，起源于日本，是一种具有娱乐和博彩成分的机器，在很长一段时间里受到成人玩家的欢迎。

③ 阿兰·德·博西厄（1915—2006），后升任为法国将军、陆军参谋长。

月份的时候，《埃维昂协议》经全民公决获得通过，阿尔及利亚就此独立。但是一部分“黑脚”[①]不愿意看到这样的局面，认为戴高乐背叛了他们，发誓要继续抗争。于是法国境内接连发生了一系列银行抢劫案，据称是秘密军事组织（此前和佩斯凯多有牵连的法属阿尔及利亚右翼恐怖分子）的手笔。该组织的一名高级军官叫作安德烈·康纳尔，绰号“单片镜”——这个康纳尔很快被乔装成大楼外墙清洁工的特工在巴黎逮捕了。当时康纳尔的手中握着一封信，要求组织上划拨 [338]
给他一百万法郎，显然他们正在计划一项惊天行动。

面对这些不惜行凶的亲阿“爱国者”和雇佣军，法国政府试图安抚民众，一边出台一揽子反恐措施，一边小心应对心怀不满、冲进马赛港的大批阿尔及利亚难民。无甚进展的会开了很久，直到部长们早已注意力涣散、肚子也饿得咕咕叫唤时才结束。一部分官员赶紧出城度假去了，不到下一次紧急召集时绝不露面。天色不早了，戴高乐总统夫妇和女婿博西厄仍然决定驱车前往维拉库布莱空军基地[②]。他们要从那里坐飞机到科隆贝双教堂村[③]，回家过周末。

总统的车队采取了一如往常的安全措施——也就是说，戴高乐的随行护卫没有安保队长希望看到的那么多。在爱丽舍宫服役最久的前安保负责人、警察局长雅克·坎特莱布最近向总统递交了辞呈，以抗议戴高乐“放弃”殖民地、允许阿尔及利亚独立的做法。事实上，知道总统车队惯常路线的人还真不少，戴高乐甚至会只带着司机偷溜出爱丽舍宫，一路开过市区——车上的总统三角旗迎风招展，唯恐端着枪企图行刺的疯子不知道总统就坐在车里。即便愿意乖乖听话，戴高乐总统也只接受最低级别的安全防护：两名骑警开道，两辆雪铁龙DS紧随其后（戴高乐坐在其中的一辆上面），另有两名驾驶摩托的警

---

① 指出生及生活在法属阿尔及利亚的法国公民。
② 全称韦利济－维拉库布莱空军基地，位于巴黎西南郊，距离巴黎市中心十六公里。
③ 法国上马恩省的一个市镇，属于肖蒙区。

卫殿后。周三晚上 7 点 55 分，这个小型车队碾过砂石路面，平稳地离开了圣奥诺雷市郊路上的爱丽舍宫。

古董商店橱窗前的男人走到停在咖啡馆外的摩托车边。与此同时，爱丽舍宫里有人拿起听筒，拨通了默东[①]雨果大街 2 号某公寓楼的电话，只说了一句："他在第二辆车上。"

戴高乐的一生中受过太多次的暗算，却每一次都能死里逃生，这
[339] 让他看起来几乎像是电影里有着不死之身的幸运儿——在烟囱倒下来的时候恰巧离开了原地，或者在蛋黄派[②]砸过来的一瞬间正好蹲下来系鞋带。大约一年前（1961 年 9 月），总统的车队沿十九号国道开往科隆贝双教堂村，轿车以一百一十公里的时速驶过塞纳河桥村，途经广阔的田野和树林，南下克朗塞[③]。国道旁堆着修路工人留下的大量黄沙，里面埋着一只液化气罐，内有四十三公斤 C4 塑胶炸药，另有装着二十公斤汽油、石油及肥皂片混合物的燃料罐。负责侦查的人用望远镜追踪着总统的车队，见对方越开越近时按下了手中的遥控器按钮。黄沙和碎石扬起漫天的风暴，席卷了雪铁龙 DS 的车身。戴高乐大喊："冲过去！我们冲过去！"司机一踩油门，雪铁龙浴火而出，加速前进。车上的人竟都平安无事。出于某种原因，绑在塑胶炸药上的雷管松开了，因此只烧着了燃料罐，炸药并没有被引爆。鉴证科专家后来解释说："这大大降低了杀伤力，就好像用一张纸做引子，企图烧着整段树干一样。"

从那时起，针对戴高乐的袭击变得更加频繁了。阿尔及利亚的独立已经板上钉钉，不再指望改变政局的秘密军事组织却一心想着复仇。即使是在巴黎的市中心，戴高乐也难逃杀手的围追堵截，照这样

---

① 意为"擅于收割者"，是法兰西岛大区上塞纳省的一个市镇，属于布洛涅 - 比扬古区县。

② 恶作剧时糊别人一脸的奶油点心，多见于喜剧类影视作品。

③ 与塞纳河桥村同为法国奥布省的市镇，属于塞纳河畔诺让区。

看，他死于枪击或者爆炸似乎只是时间问题。刑侦大队成立了专案组，不舍昼夜地搜寻躲在暗处的敌人。他们核验每一张酒店的登记入住表；他们藏身在货车里，借助车顶的通风口监视嫌疑人的一举一动（这一招还是他们从秘密军事组织“偷师”来的）；他们也分析地铁站里神秘的政治口号（尽是些涂鸦和缩写）……正如部长们获悉的那样，情报部门已经被数据淹没了，侦查员每天都要花费大把的时间过滤各种无用的信息。

相比之下，秘密军事组织的线索要可靠得多，他们在爱丽舍宫埋了暗桩（一个清洁女工），后来还成功策反了前安保负责人雅克·坎特莱布。他们知道总统的车队所采用的不同路线，也知道那辆黑色的雪铁龙 DS 往往是障眼法，戴高乐有时会乘坐黄色或蓝色的雪铁龙 DS 出行。即便爱丽舍宫的告密者没法确定总统当天的行经路线，他 [340]
或她也只需在街对面或维拉库布莱空军基地安插眼线，等弄清总统的行踪后给杀手打个电话就行。可惜的是（对戴高乐来说走运的是），到目前为止，秘密军事组织的每一次行动总会出现这样或者那样的问题。

1962 年早些时候，秘密军事组织派人驾驶着雷诺信使牌轿车，在总统乘坐的雪铁龙 DS 沿路易布莱里奥码头[①] 驶向格勒纳勒桥时成功与之并驾齐驱了。杀手摇下车窗，预备开枪，却见一辆小巧的雷诺 4CV 忽然挤到了两辆车的中间，而雪铁龙 DS 则趁机消失在了车流里。还有一次，该组织的杀手“跛子”（乔治·沃坦）、“烟斗”（雅克·普雷沃）、“天使脸”（匈牙利雇佣兵拉尤斯·马顿）和“迪迪尔”（法国空军中校巴斯蒂安-特里）四人守在奥尔良门地铁站附近的四间咖啡馆里，等待线人向他们通风报信。岂料当天的邮政系统大罢工，电话线路无法正常工作。他们不死心，又制定了“多管齐下”的行动计划：如何

---

① 以法国发明家、工程师、飞行家路易·布莱里奥（1872—1936）命名，他以在 1909 年成功完成人类首次驾驶飞行器飞越英吉利海峡而著称。

在平交道口围堵车队，如何让训练有素的狗背上炸药接近总统……企图在戴高乐前往法国东部时对他进行暗杀，却依然没能得手。正如“迪迪尔”在被处决以前供认的那样：“一直以来，我们似乎有着走不完的背字，直到最后一刻都是如此。”

他们最接近成功的那次行动有个代号，叫作“羚羊”（秘密军事组织把凡是需要用到远程步枪的行动统称为“羚羊”。）1962 年 5 月 20 日晚，特勤局搜查了芬莱医生路 13 号的一间公寓（原本的冬赛馆旧址上已经建起了一幢幢新的大楼），发现了一只写有“阿尔及尔[①]－巴黎奥利[②]”字样的包裹。包裹里装着一支火箭筒和三枚火箭弹。特勤局自然知道秘密军事组织的目标是戴高乐，但不知道他们预备下手的时间和地点。好在他们顺藤摸瓜，很快掌握了一条重要的线索：每晚八点到九点间，住在圣奥诺雷市郊路 86 号（苏联古董商店楼上）的老画家会关好护窗板，准备歇息。如果站在老画家的客厅里，从窗户往外看，正好可以俯瞰对面爱丽舍宫的入口。5 月 23 日，戴高乐先生将在那里接见毛里塔尼亚[③]总统。此类国事访问向来一成不变：等访客的轿车自铁门驶入庭院后，戴高乐会从宫里出来，在台阶上停留至少九十秒。5 月 21 日，特勤局发现了秘密军事组织的“羚羊行动”。5
[341] 月 22 日，老画家关上护窗板，照常入睡。5 月 23 日，戴高乐站在爱丽舍宫的台阶上，腰板笔挺，欢迎毛里塔尼亚总统达达赫远道而来。

在那个星期三的傍晚，车队在 7 点 55 分离开爱丽舍宫，汇入了八月末稀疏的车流，然后穿过亚历山大三世桥，朝着西南郊地平线上的夕阳一路驶去。七分钟后，车队自沙蒂永[④]门离开了市区，拉响警

① 阿尔及利亚首都，二战期间是戴高乐领导的法国临时政府的所在地。

② 指巴黎奥利机场。

③ 西非阿拉伯国家。1912 年成为法国殖民地，1958 年成为法兰西共同体的一个自治共和国。摩尔人为其主要民族，以胖为美。

④ 意为“小城防”。

笛，以超过七十公里的时速再走八公里，向右一个急转弯，就到维拉库布莱空军基地了。

距离车队七公里开外的地方是小克拉马地区，杜克雷特－汤姆森牌电视机的陈列室已经打烊，老板正放下店里的闸门，预备到后面的车库去取车。

小克拉马坐落在巴黎市郊和环城高速之间，从前是采石场，后来开辟出了农田，如今则是乱糟糟的城乡结合部，不同发展阶段的元素掺杂在一起。镇上有一个安塔尔[①]加油站、一溜商铺和几块空地；还有一些鹅卵石搭起来的小屋，屋外围着女贞树篱，脏兮兮的窗台上摆着天竺葵和鸟笼，农村生活的痕迹依稀可辨。这样的小克拉马照理说不会吸引任何人停下观光，而一旦出现陌生的人或车又必定异常醒目，所以电视机陈列室的老板对自己迟迟没注意到不远处的那辆雪铁龙 ID 轿车着实感到了惊讶。

这辆车停在陈列室对面的树林路上。两百米外通往巴黎的人行道上泊着一辆标致 403，马路对面则趴着黄色的雷诺信使轿车，面朝西南，背对巴黎。这三辆车形成了一个三角形。现在是晚上八点零八分，一名男子打开雷诺信使吱嘎作响的滑动门，走到树篱后小解。他扭头看着巴黎的方向：天下着小雨，让八月的夜晚显得异常阴暗，路过的轿车不紧不慢打着雨刮器，远处从巴黎驶来的车辆则开着大灯。

这名男子甚至顾不得拉好裤链，忽然跑向雷诺信使轿车，边跑边喊着什么。他用手勾住车门，猛地把自己甩进了车里，仍然用匈牙利语大喊着：“他们来了！他们来了！” [342]

总统的车队像特快列车那样呜呜鸣着笛，以接近九十公里的时速开到了十字路口。一个正往巴黎行驶的司机听到鸣笛声，下意识地靠边停车，随即看到马路中央迸溅出了一道火星；下一秒，他的右手食

① 成立于十八世纪，曾是法国第二大汽油零售商，后于 2000 年被道达尔（法国最大的石油公司）收购。

指便从方向盘上飞跳了起来。博西厄扭过头，朝岳父戴高乐和岳母伊冯娜大喊一声："快趴下！"话音刚落，标致403和雷诺信使上的杀手便开始了扫射。四把汤普森冲锋枪、一把施迈瑟冲锋枪和两把FM-24/29轻机枪齐齐开火——陈列室里的电视机屏幕瞬间粉碎；子弹穿过淡季歇业的特里亚农咖啡馆，在树脂座椅上留下了一个个弹孔。

雪铁龙DS试图加速，有那么一两秒钟的时间，引擎的轰鸣声甚至盖过了密集的枪声。但戴高乐乘坐的雪铁龙轿车毕竟受到交叉火力的钳制，暂时动弹不得，如果等在树林路拐角的雪铁龙ID再给他们以致命一击，局面就相当被动了——这是杀手在默东的公寓里用玩具车反复推演过的场面。

机枪在他们的手中抖动，他们见开道的两名骑警一个拐弯，猛地冲向前去。现场硝烟弥漫，车队仿佛忽然形成了一个缺口，杀手于是对着雪铁龙DS又是一通扫射，却见司机还是那个司机——一年以前，正是他在飞沙走石的塞纳河桥村附近突出重围，今晚他驾驶着雪铁龙DS，犹如驾驭一匹正刨蹄预备狂奔的骏马。果然，雪铁龙的轮胎在地面留下深深的痕迹，烤漆车身和镀铬饰条闪着光，带着十二万分英勇跃过硝烟，咆哮着驶向了夕阳，把愈显破旧、一片狼藉的小克拉马远远甩在了身后。

三分钟后，戴高乐总统走下雪铁龙，站上维拉库布莱空军基地的跑道，车窗玻璃的碎屑从西装洒落到他脚下的停机坪上。妻子伊冯娜说："但愿那几只鸡没被打坏。"她指的是放在汽车后备箱里的鸡肉，那是他们一家明天的午饭；在场的骑警却以为总统夫人是在担忧他们的安危，因为法语里的鸡肉（poulet）也有"警察"的意思。向来内敛的戴高乐谢过了司机，也谢过了女婿，一脸平静地说："刚才真是挺险的。"他对杀手的无能似乎还有些恨铁不成钢："猪的射击水平都比他们高，十步开外他们就打不中目标了。"

不到两小时，警方便在默东森林里发现了被弃置的雷诺信使轿车。杀手把机枪留在了车里，为了销毁证据，还往车内投了一枚炸

弹，虽然引线已经点燃，却不知何故中途熄灭了——所有的证据到底 [343]
还是保留了下来。不出两周，参与刺杀行动的人基本都被逮捕了，只有“跛子”从来没让人抓到。调查人员在小克拉马的案发现场（十字路口附近）找到了一百多枚弹壳，而刺杀行动只导致一人受伤（那名路过的司机少了一小截食指），实在是个奇迹。雪铁龙 DS 中了差不多有十枪，但每一枪都射得偏低，没能造成太大的损害。尽管秘密军事组织在爱丽舍宫有内应，但显然没人告诉过他们：总统的座驾配备有防弹玻璃和特制的液压悬架，就连轮胎都是防弹的。不过即便如此，杀手们也确实倒楣倒到了姥姥家，两挺机枪临时卡壳，“跛子”不得不在射击到一半时停下来更换弹夹。

秘密军事组织对戴高乐能一而再、再而三地脱险感到不可思议，也对己方一而再、再而三地功败垂成感到无比难堪。部分成员甚至怀疑法国特勤人员利用了他们，导演了一次又一次针对戴高乐的袭击，目的是抹黑他们的组织，并把夏尔·戴高乐总统塑造成一个“活生生的神迹”。这似乎也是某些电视评论员的观点，根据蓬皮杜总理[①]的说法，他的某位家中有电视的朋友向他转达了媒体语带讽刺的质问。记者的大意是：不然你要怎么解释犯罪分子这么迅速的落网？要怎么解释杀手用来销毁证据的炸弹恰好又没能爆炸？要怎么解释戴高乐不管怎么折腾都不会出事，哪怕是主动送死阎王爷也不收？

我们没能找到特勤部门参与行刺戴高乐的任何证据。即便有，也只会越发显得戴高乐老奸巨猾、手段非凡、能力卓著。在过去的二十年里，每当面临紧急情况时，戴高乐从没有掩饰过为了国家利益，从大局出发，有时不得不欺瞒民众的事实。而大多数选民因为他的这种坦荡越发敬佩他。法国人普遍认为：如果他们的领袖不懂愚弄敌人的伎俩，那么这个国家根本没法在充满背叛和暴力的世界里生存下来。

---

① 乔治·让·雷蒙·蓬皮杜（1911—1974），法国政治家、戴高乐的接班人，后担任法国总统。

刺杀行动发生四周以后，9月20日（星期四）晚，小克拉马的某个十字路口车来车往，人们可以在杜克雷特－汤姆森陈列室的电视
[344] 屏幕上瞥到戴高乐总统那严肃的面容。拜这位“活生生的神迹”所赐，这家陈列室一个月以前让子弹打得稀烂，刚刚整修一新；也托戴高乐总统的福：要不是他选在这个节骨眼上做电视直播，陈列室的生意本也不会这么快有起色。对此，老板的心中五味杂陈。

戴高乐总统坐在爱丽舍宫的金厅[①]，面对全国观众，预备传达重要的讯息。漫画家或许会把总统描绘成暴风雨中的灯塔。他的眉毛像逆风翱翔的海鸥，他伸出宽大的手掌，似乎正要挽救脆弱如婴儿的法兰西共和国。总统身后的书架上是一本本皮面装订的书，它们虽然沉默着，却代表了法国最灿烂的文化。

“法兰西共和国、法兰西人民……你们同我一道经历了如许多的艰辛，出过血，更流过泪。我们怀揣同样的希望，我们拥有同样的激情，我们渴望同样的胜利，这组成了我们之间最独特的纽带。它使我们团结起来，它赋予我源源不断的力量，伴随力量而来的还有沉甸甸的责任。”

弗朗索瓦·密特朗坐在盖尼默路的公寓里，听着总统感人至深的讲话，心中又是愤恨，又是佩服。总统在讲话时刻意放慢了语速，以表明他不只是简单回顾或评论近来发生的事件，他所说的每一字、每一句都经过了反复的推敲。法国人民对又一次险遭刺杀的戴高乐报以了极大的同情，他的声望之高已达自解放以来的巅峰。如果总统阁下在这个时候决定退出政坛，回到一片祥和的科隆贝双教堂村的老家，把他在爱丽舍宫的位置留给某个更年轻、更富有朝气的人，恐怕谁也不会指责他“临阵脱逃”。

“……尽管如此，我们得以保留了个体的自由。去殖民化的过程困难重重、痛苦不堪，但我们熬过来了。如今，艰巨的任务依然摆在

---

① 即总统办公室。

我们的面前，因为一个国家若想要生存，就必定要继续发展。但如果我们放弃坚守的信条，打破固有的制度，则发展就是空谈，我们的国家也将陷入无底深渊。”

或许就是在这个时候，弗朗索瓦·密特朗为他的下一本著作想好了书名。他要在书里控诉戴高乐主义者的种种行径，也要强烈谴责“无冕之皇”[①] 夏尔·戴高乐本人。

“总统制是法兰西共和国的立国之根本。总统必须直接由人民选出，而不是由少数民选代表来委任。” [345]

密特朗决定了，他的第二本书要叫作《永久的政变》。

“因此，我提议：从今往后，法兰西共和国的总统将以普选的方式产生。”

不得不说，戴高乐的这一招实在是高明。参众两院联合反对总统的这一提议，他们不愿把过多的政权放到一个人的手上，唯恐“波拿巴主义”[②] 在国内抬头，再次出现全民批准的个人独裁。但是选民不会做长远的考虑，眼下他们必然会美化戴高乐的政绩，也愿意支持他的决定，就像他们的曾祖父辈曾赶到投票箱边，把日后发动政变的拿破仑三世选为了法兰西第二共和国的总统[③]一样。

一个月后，戴高乐的提议以绝对多数票获得了通过（三分之二的选民投了赞成票），戴高乐主义者则在随之而来的全国大选中大获全胜。不过反戴高乐的阵营也取得了相当不俗的成绩。三年前，那个出于某种原因愿意俯卧在拉丁区湿漉漉的草地上、任凭从诺曼底来的农民朝他的标志 403 开枪的男人重新回到了涅夫勒省[④]的国民议席。在

---

① 这个称呼通常用在罗马共和国的终身独裁官盖乌斯·尤利乌斯·恺撒的身上，他虽未加冕，却与皇帝无异。

② 指通过军事政变上台，是在敌对阶级之间进行斡旋、打着民主旗号的贵族政权。

③ 路易－拿破仑在 1848 年以压倒性优势当选为法国总统，后于 1851 年成功发动政变，随即在 1852 年加冕称帝。

④ 法国勃艮第－弗朗什－孔泰大区所辖的省份，其名称来自涅夫勒河。

未来的几年里，他不得不坐在“反对派”的冷板凳[①]上，忍受着其他议员对天文台花园事件的含沙射影以及对他本人的冷嘲热讽。但即便是“活生生的神迹”戴高乐也不可能永垂不朽。五年、十年或者十五年以后，岁月终究会带走无数枪支弹药都带不走的伟大领袖。法兰西第五共和国的总统会从此成为一段传奇，巴黎的天空也会因为他的离世而顿显黯淡。然而等到黑暗过去，在熹微的晨光里，“狡狐”或许终于能迎来属于他的崭新的黎明。

① 法国沿袭英国的做法，指在野党为准备上台执政而设的预备内阁，又称为“影子内阁”，每当议会辩论时，其成员总与坐在对面的执政党议员唱反调。

第十六站 /

扩大可行范围

I. A. i.

巴黎第十大学楠泰尔学院建在巴黎西郊以外的棚户区，占地 [349] 三十二万平方米，从前是个军事基地。“楠泰尔”（Nempthor）一词取自其古罗马时期的地名，意为“圣地丘堡”（Nemptodurum）。整个学院的地面是由夯实了的生活垃圾和建材废料填出来的，汽车当然能通过，行人却大为不便。学院的一万三千名学生住在混凝土浇筑出来的、灰蒙蒙的宿舍楼里。从部分寝室的窗户往外看，可见校区边上的低矮棚屋，上面铺着波纹铁皮屋顶，里头住着从葡萄牙和北非移居法国的民工。那时是 1967 年，裸露的乳房和一具具晒成棕褐色的身体已是法国南部的海滩上常见的风景。女性会往身上抹防晒霜，男性则直接俯趴在沙滩上。度假的人群里不乏到沙滩边的松树林参加天体营[①]的，男男女女不论出身，只要看对眼就可展开一段露水情。

而在巴黎第十大学楠泰尔学院，男女学生是分开住宿的。他们

---

① 天体意为“天生之体”，指的是在一定区域内，人无论是运动或者休憩，不分男女老少都一丝不挂，是上世纪六十年代起流行于西方的所谓裸体运动。

还没能享受到当年12月28日通过的《诺伊维尔特[1]法案》的好处（该法案允许女性口服避孕药），但他们当中的许多人已经读过或听说过超现实主义者、劳伦斯[2]、赖希[3]、赫胥黎[4]、马尔库塞[5]以及波伏娃的作品。大型连锁度假酒店（譬如地中海俱乐部）的宣传广告也向有固定收入的中产阶级传递了这样一则信息：即人在性之一事上完全可以随
[350] 心所欲。在未来的三到四年内，楠泰尔的大部分学生都会走上统一分配的工作岗位，在学生看来，这也算得上是国家机器对无产阶级的进一步剥削和压榨了。[6]

自1965年开始，法国的女性便可以在未经父亲或丈夫许可的情况下外出工作、开设银行账户，自由支配其收入。早在二十一年以前，法国的女性就已经获得了投票权，如今倡导的性解放不过是所谓的"扩大可行范围"的一部分。虽然怀孕依旧要冒巨大的风险，堕胎也依旧是非法的，可因为口服避孕药已经合法——尽管该药物还未纳入社保，也就是说人们需要自掏腰包，并且哪怕是在《诺伊维尔特法案》通过当日就开始服药的妇女仍有避孕失败的可能，但是相较以往，女性总归是有了更多的选择。诸如《世界时装之苑》和《嘉人》这样的月刊也正大光明地刊登起和爱抚、口交、性高潮、两性亲密关系

---

① 吕西安·诺伊维尔特（1924—2013），法国政治家，因在上世纪六十年代推动口服避孕药合法化而被誉为法国"避孕药之父"。

② 大卫·赫伯特·劳伦斯（1885—1930），二十世纪英语文学最重要也最具争议性的作家之一，其对情感和性爱的描绘非常直白，在当时极为罕见。

③ 威廉·赖希（1897—1957），乌克兰籍（原奥匈帝国）心理学家，"弗洛伊德主义的马克思主义"代表人物。

④ 奥尔德斯·伦纳德·赫胥黎（1894—1963），英国作家，劳伦斯的好友。其创作表达和平主义，也反映科技发展灭绝人性的一面，其中最著名的便是《美丽新世界》。

⑤ 赫伯特·马尔库塞（1898—1979），德裔美国哲学家、社会学家、政治理论家，主要研究资本主义和科学技术对人的异化。在法国五月风暴中，马尔库塞与马克思（1818—1883）、毛泽东（1893—1976）并称为"3M"。

⑥ 根据作者在后文的说法，当时法国社会的阶级固化依旧难以打破，即无产阶级（又作工农阶级或普罗阶级）出身之人仍然要靠出卖劳动力为生，资产阶级出身之人则能较为轻易地走上管理层的岗位。

以及美容产品相关的内容。每期杂志差不多有一半的篇幅都辟给了广告，用以描绘让人大开眼界的性爱姿势。这些“富有教育意义”的图片同样可以在矿泉水瓶和苦艾酒的外包装上找到。自从二战以来，普通家庭的可用电量增加了至少一倍，据说因为家用电器的迅速普及，就此为主妇省下了大把的精力和时间。

大势之下，楠泰尔显然站在了阻碍性解放的一边，其校规之一便是男生不得进入女生的宿舍。校方之所以下达这样的禁令，或许是担心如果允许男女学生一同过夜，必然助长校园的“淫乱风气”。学校所没有想到的是：不只深夜，清晨时分被垃圾车咣咣咣的响动或摩托车发动机的轰鸣吵醒的学生同样有可能发生性关系。所以不管怎么看，在当时的背景下，学校对学生人身自由的这种限制是荒谬的。穿着迷你裙和涤纶套头衫、理应获得“解放”的上千名年轻女性住在二十世纪的宿舍楼里，却仿佛倒退回了极端保守的中世纪。而外面的世界已经头也不回地往前走了——美国人在越南打着劳民伤财的仗；激进的思想家正质疑西方文明的根基；留着长发的青年比楠泰尔的学生大不了几岁，却已然是摇滚乐坛冉冉升起的巨星。

I. A. ii.

三月份，天气逐渐转暖，人心也开始了蠢动。通往女生宿舍的门让校工上了锁，却只是做做样子而已，校工也知道：但凡稍微用点力，门锁就能被拧开——门锁也果然被拧开了，从此，楠泰尔的男生开始自由地出入女生宿舍。 [351]

对学生的违纪行为，楠泰尔的教授倒是乐见其成。他们多是社会学家、政治学家或者（后）浪漫主义文学的权威，本来就反对学校把男女生隔离开来的做法。除了部分媒体记者以外，社会上没人把学生的“造反”太当一回事，觉得那只不过是青年人怀抱侥幸又春情萌动的小小叛逆。在楠泰尔，学生普遍认为学校需要自上而下的结构改革，好跟上时代的步伐。一部分学生想多花一点时间好好阅读、深入思考，然后再参与到政治活动当中。还有一些学生强调他们需要更多的时间来适应大学生活。学生一致认为：代表政府、推行资本主义制度的大学应当赋予他们某些特定的权利。与之相比，废除“男生不得进入女生宿舍”的校规根本微不足道，毕竟这和学校默许学生吸毒或滥用暴力是两码事，远不到会让校方闻之色变的地步。

自从门锁被拧开以后，男生终于不用再偷爬底楼的窗户，能畅通无阻地进入女生的地盘了。他们来到女生宿舍，也带来了葡萄酒、香烟、热狗、突尼斯糕点和勃起的阴茎。一部分女孩儿当然如鱼得水，“乏人问津”的女生则难免变得更孤僻一些。除此以外，同学之间谈话的内容和方式也发生了转变。在心仪的女孩面前，男生往往更愿意引经据典、滔滔不绝。但从社会活动的参与度来看，楠泰尔的这场“宿舍起义”没能掀起什么浪花。参加影院俱乐部的人还是那么几拨；比起加入政治议题，当时的女生也仍然只在和文娱相关的社团里发光发热。或许正如某些历史学家所坚称的，发生在1967年的楠泰尔“宿舍起义”是一桩相对孤立的事件，并非后来影响力巨大的“五月风暴”的序幕。

I. B. i.

[352] 次年1月8日（星期一），法国青年事务及体育部部长[①]前往楠泰尔，为新建的游泳场馆揭幕。

在大学校园里打造符合奥运规格的游泳场馆是件既高调又奢侈的事。用术语来说，就是体现了当时的法国极为复杂的社会结构和全球化的资本主义倾向。而作风保守的楠泰尔之所以肯建游泳馆，是因为泳衣虽然暴露了十分之九的人体皮肤，但到底包裹住了要害，可以让男女学生在欣赏异性的身体曲线之余不至于太过想入非非、企图动手动脚。何况冷气强劲的泳池弥漫着浓重的消毒水味，四周贴着坚

① 弗朗索瓦·米索夫（1919—2003），法国政治家、外交官。

硬的耐磨瓷砖，和旖旎的沙滩或者松林不可同日而语。即便想和女生“勾搭”（draguer）——法语戏称之为“通水道”或“捕鱼”，泡在漂白水里的男生也不得不接受这样一个现实，那就是他们的老二缩得和葡萄干一样小，纵然有心怕也无力。此外，调动起大学生对游泳项目的积极性有助于增强他们的体质，也能顺带让社会对体育锻炼重视起来，因此间接提高法国在相关赛事上的竞争力。所以，青年事务及体育部部长出台了一项“千家俱乐部”政策，承诺为各大校园的文体场馆提供资金，并允许学生自主运营上述场馆，以根据师生的实际需求开展俱乐部的各项服务、添置相应的设备，譬如乒乓球（板、桌）、练习游泳时会用到的浮板、桌上足球[1]、意式咖啡机等。部长还发表了一份厚厚的《青年白皮书》，记录下了当代年轻人较为正面的所思所想。

I. B. ii.

揭幕仪式定在当天的课后举行。一个一头红发的学生打断了部长的致辞，此人领口大敞，脸上的表情既挑衅又无耻。他的父亲是携全家到法国避难的德裔犹太人，人们管这红发的小子叫作“红毛丹”。
“红毛丹”顶撞正在发言的青年事务及体育部部长道：“部长先生，我 [353]
拜读过你的《青年白皮书》，整整三百页的报告，没有一处提到和青年人的性有关的问题。”

人们对“红毛丹”竟敢打断部长的讲话一事更感兴趣，因此部长的回答反倒没有被媒体广泛报导。当时，满心不痛快的部长讥讽“红毛丹”道：“光是看你的样子就知道，你肯定对‘和青年人的性有关的问题’相当了解，所以请你一定要在泳池里多泡一会儿，去去火。”

---

① 又称足球机，只需转动操纵杆，带动穿在操纵杆上的小人踢球即可。足球机沿用现代足球比赛的一些规则，同样能展现精彩的接球、停球、带球、传球、射门等进攻和防守技术。

文件一
（《青年白皮书》的结论）

法国的青年人希望早日成婚，可是在有能力好好抚养孩子以前，他们不敢轻易生育后代。青年人的首要目标乃是获取事业上的成功，同时最好能从微薄的薪水里省下一部分钱：男性希望用这笔钱买车，女性希望用这笔钱置办嫁妆。法国青年对当今世界的重大问题充满兴趣，但他们并不急于参政。有百分之七十二的受访者认为：二十一岁以下的青少年不应当享有选举权。他们认为战争离他们还很遥远，觉得他们以及这个民族的未来取决于工业是否高效、社会是否有序以及国民是否有凝聚力。

I. C. i.

人们多半认为“楠泰尔游泳馆事件”（而非之前的“宿舍起义”）才是引发“五月风暴”的导火索之一。自“红毛丹”顶撞部长之后，楠泰尔学院便越发“校风不正”起来。譬如在一年一度的新年招待会上，楠泰尔学院的院长、院长夫人以及另外四名宾客离开座位，到自助餐台边取食物。正如院长在二十五年后回忆的那样：当时他们一离席，就有四个年轻的社会学教授挪开了他们座位上的私人物品，一屁股坐了下来。此前，院长的好朋友雷蒙·阿隆[①]在得知楠泰尔学院即将开［354］设社会学系时，曾经发出过这样的警告：“如果校园里气氛紧张，学生又起来闹事，你就知道是谁在煽风点火了。要当心那些社会学家，他们唯恐天下不乱啊！”

① 雷蒙·阿隆（1905—1983），法国社会学家、哲学家、政治学家，以批判法国左派思想家萨特闻名。代表作为《知识分子的鸦片》。

I. C. ii.

随着期末考的日益临近，学生的叛逆行为逐渐影响到了正常的授课。从前的时候，教授在圆形的阶梯教室给一千五百到二千名学生同时上课。学生或者胡乱记笔记，或者聊天，或者看报。某位教授把在闹哄哄的教室讲课比作“在圣拉扎尔火车站说话”。有时，教授会随堂给学生出口试题，然后被学生“百科全书式的无知”弄得大吃一惊。而如今，想要积极发言（发言的内容却与课程无关）的学生会随时打断上课的进度，反过来教训老师说他们的教育方法如此落后，身为师长却好比一台台由国家量产、用以镇压学生的机器。

媒体对学生的“离经叛道”表现出了浓厚的兴趣。因此不久之后，可能占法国一半人口的观众就在电视上看到了学生举行新闻发布会的“奇观”。学生像考官一样坐在搁板桌的后面，面前放着一支支麦克风。他们熟练地吐出烟圈，当着全国观众的面一边摇晃着手指，一边张口闭口都是社会学和政治学的术语。对许多观众而言，这样的术语还颇有点学院派的味道，很是让他们买账。学生用他们一贯的腔调自问自答：“我们为什么要革命？因为统治阶级一直以来都限制我们过正常的生活。统治阶级为什么要限制我们的生活？因为帝国主义反对一切形式的大众文化。帝国主义为什么反对大众文化？因为归根结底，摆在我们面前的是一场阶级斗争。”

这种自问自答不需要和听（观）众互动，可以让学生在反对者提出质疑以前就做出回应：“我们难道不是资产阶级的一份子吗？是，我们确实是资产阶级的一份子。但正因为如此，我们更要行使我们的权利，批判我们的制度，在必要的时候推翻我们的政权。我们革命的结果是什么？不是简单地把无产阶级变成资产阶级，不是把无产阶级 [355]
的孩子送到管理层的岗位，而是从根本上消除劳动者和管理者之间的差别。”

尽管存在一定的分歧，但学生的这番言论和戴高乐主义者推行的政策还是基本吻合的。自 1945 年以来，戴高乐主义者始终致力于提高工人在工厂经营方面的参与度（他们称之为“联合管理”模式）。而对于电视机前的观众来说，此类新闻发布会之所以吸引他们，是因为学生在一定程度上操控了媒体、夺过了话语权、对世代以来的国家权力机关表现出了不屑，这在由政府控制的公共广播平台上是很罕见的。因此观众觉得刺激，觉得发布会和后续事件的走向越发难测，也越发抓牢了他们的注意力。更不用说政府官员和学界代表的衣着向来千篇一律，而学生的穿着打扮（针织衫、围巾、二手夹克等）让人耳目一新，正符合人类学家列维－施特劳斯[①]所说的“拼装”的典型（在列维－施特劳斯看来，这或许和相对原始、不强调最大化地合理分配并利用资源的前资本主义时期息息相关）：在学生的心目中，参加新闻发布会没有固定的着装要求，他们拿起什么就穿什么。

I. C. iii.

1968 年 3 月 20 日，巴黎的学生为抗议美国在越南发动的帝国主义战争，打碎了加尼叶歌剧院附近“美国运通”办公室的窗玻璃，并在运通的大楼外墙上涂写了各种反战口号。3 月 22 日，六名楠泰尔学生在支持越共的游行示威活动中被捕。这证实了许多评论家的观点，即愈演愈烈的“楠泰尔主义”不是法国特有的现象，而是国际青年运动的组成部分。

3 月 22 日晚，血气方刚的楠泰尔学生故意从标有“非行政人员及教授不得通过”的小门返回了学院。他们推开两名震惊的学校行政人员，爬到楠泰尔最高建筑的顶层（学生认为这幢大楼恰恰是专制教

① 克劳德·列维－施特劳斯（1908—2009），法国人类学家，与英国古典人类学家詹姆斯·乔治·弗雷泽爵士（1854—1941）、德裔美国人类学家弗朗茨·博厄斯（1858—1942）共同享有“现代人类学之父”的美誉。

育的象征)，闯进那里的校董会议室，在墙上写下了诸如“老师，你们已经过时了，你们教的文化也是如此”的标语。学生还通过了一项 [356] 决议，他们比照卡斯特罗带头的“七二六起义”①，称自己发起的乃是“三二二起义”。不久，他们争取到了一间会议室(重新把它命名为了“切格瓦拉②室”)，专门用作政治集会。

I. D. i.

正如评论员先前所称的那样，在电视上目睹学生反叛之举的观众见证了“一个奇特的新现象”。巴黎的年轻人仿佛跟随着为官僚服务的花衣魔笛手③，就这样稀里糊涂来到了楠泰尔的“学习工厂”。他们好似一只只包裹，让人沿着香榭丽舍大街一路投递到了巴黎西郊以外的前军事基地。等到达楠泰尔以后，他们终日接受的“知识”又是预先筛选过的，向他们传授“知识”的教授则和自动贩售机没什么两样。入读楠泰尔的学生多在二十岁上下，家住巴黎的第十六、第十七和第十八区。他们的父母基本都是资产阶级(要么是中上层的管理人员，要么是公务员，要么从事自由职业)，但是不愿或不能为子女提供更好的住宿条件——在巴黎市区租一间缺水断电、不带家具、不曾开通煤气的小房间要每月一百五十法郎，而住楠泰尔的学生宿舍每月只需花费九十法郎。

I. D. ii.

基于(但不仅限于)上述原因，入读楠泰尔的人数激增，校方对

---

① 菲德尔·亚历杭德罗·卡斯特罗·鲁斯(1926—2016)，古巴革命领袖，古巴共产党、社会主义古巴和古巴革命武装力量的主要缔造者。1953 年 7 月 26 日，以卡斯特罗为首的约 160 名革命者向古巴圣地亚哥的蒙卡达兵营以及巴亚莫兵营等军事据点进攻，以求掀起推翻巴蒂斯塔(1901—1973)政权的斗争，史称“七二六起义”。

② 切·格瓦拉(1928—1967)，本名埃内斯托·格瓦拉，是古巴革命的核心人物之一。

③ 源自德国的民间故事，传说此人一吹起笛子来就能让少年儿童闻声随行。

此预估不足，导致楠泰尔的空间越发显得局促。学生的活动范围很小，校园里虽然有影院俱乐部、廉价食堂、配有一百个座位的自助餐厅，但也仅此而已了。学生要想尽办法丰富自己的课余活动，他们或者坐火车到巴黎市区观光，或者搭朋友的便车去郊游，或者在公用的小厨房炖一锅汤，大伙儿分着吃。一部分学生自愿到附近的棚户区，
[357] 教那里外来民工的孩子学法语（譬如不同的词性和时态等）。另一些学生骑着踏板车或轻便摩托车，买来想听的唱片，又或者编织钥匙环上的绳结和灯罩上的流苏来打发时间。他们也会逛商场，甚至到机场开眼界；他们住在校园里，而校园里最不缺床伴和情侣。在楠泰尔，三五成群的朋友要么让人没了隐私和清静，要么赶走了一个人时的孤单和自闭。面向青年人、在社会上颇受欢迎的广播节目（以及同名杂志）《嗨，朋友》却因为偏爱说教又缺乏深度，在楠泰尔遭受了冷遇。

学生当然也起来反抗，说他们要有更大的活动空间、更有针对性的校园服务。但他们没钱，所以这类反抗通常徒有其表：他们会张贴托洛茨基[1]或者毛泽东[2]的头像、在不许进食的阶梯教室吃三明治、在严禁吸烟的办公室把烟头扔得满地都是、组建所谓的政治小团体等等。

讽刺的是，出现在电视上的学生领袖本欲批判视觉消费，却反而因为出镜，成了视觉消费（从影视到广告）瞄准的目标和潜在的用户。套用戈达尔[3]拍摄于1966年的电影《男人，女人》的副标题，这些学生恰好是信奉“马克思和可口可乐的新一代”。他们年轻、优雅、

① 列夫·达维多维奇·托洛茨基（1879—1940），布尔什维克主要领导人、十月革命指挥者、苏联红军缔造者和第四国际精神领袖。

② 法国部分政治激进、抱有幻想的学生对发生在中国的文化大革命（1966—1976）神魂颠倒，开始深切地认同毛泽东领导下的中国，逐渐将其视为“光辉灿烂的乌托邦未来”以及医治法国本土各种政治弊端的灵丹妙药。他们企图通过采取中国红卫兵式的手段彻底改造自身、改造社会，从而在普遍意义上涤除资产阶级的罪恶。

③ 让－吕克·戈达尔，法国和瑞士藉导演，是法国新浪潮电影的奠基者之一。

机智，是最适合不过的营销对象。在披头士乐队和阿兰·德龙成为流行符号的当下，学生也不能免俗地留起了长发、追逐着明星。尽管也阅读马克思、尼采和弗洛伊德，尽管也具备专业知识和专门的意识形态，但学生的情感不可避免地受到耶耶风潮[1]盛行时期的流行歌曲的影响。法国的市场虽不像英美那样做了细分，但法国青年的颓废和迷茫与英美青年如出一辙，这从部分歌名中便可见一斑：《一无所剩》、《我所做的我自己不明白》、《我的青春已逝》[2]……而当时的媒体人一般会撇开政治立场或哲学思想不谈，只采访最符合观众审美、脸蛋俊俏、打扮入时的女学生。尽管记者也和接受采访的女生调情，但并没有轻视或侮辱女性的意思，只是为了增加一点噱头，好让电视转播有更高的收视率。

文件二

1968年3月26日，法国广播电视局放映了一部有关楠泰尔学院和“楠泰尔主义”的纪录片《楠泰尔住宿生实录》。该片未做批判，仅如实展示了学生的各种见解，在社会上引起了极大的反响，从某种程度上改变了人们对五月风暴最初的看法。纪录片基本是在一个小房间里拍摄完成的，十几个社会学专业的学生挤在一处，他们做了一锅炖菜，装在两个不锈钢锅子和一只酷彩珐琅铸铁锅里，大伙儿你一口我一口，吃得不亦乐乎。现场很是嘈杂，气氛也颇为欢乐。 [358]

传统意义上的人类学家可能不会把这部纪录片看作特别有价值的影像资料，因为记者会不时打断接受他采访的人——那是一个很漂亮的女生，穿着薄薄的条纹套头衫和短裙。她对答如流，相当讨人喜欢，虽然羞怯，但愿意好好说出自己的看法。摄像机常拍她的面部特

---

① 指受到英美流行元素影响的法国音乐文化。

② 后两首歌曲为耶耶风潮的代表歌手冯丝华·哈蒂的作品；《一无所剩》（“溜溜球效应”乐队）和《我所做的我自己不明白》分别语出自《圣经·创世记》（47：18）和《圣经·罗马书》（7：5）。

写，这让她的眼睛和嘴唇成了画面的焦点。因为场地过于狭小，记者的一头黑发会忽然出现在镜头里，他也会不时抬起手腕（这名记者穿着黑色的长袖衬衫），瞄一眼金表上的时间。接受采访的女生抱膝坐在那儿，她多少有些紧张，似乎被笼罩在了记者的阴影之下。起初，小房间里的吵闹声几乎盖过了她的回答，但是随着采访的深入，房间里安静了下来。

你学哪几门课？

我去年学的是社会学，今年正在上人口统计学。事实上……我正在做研究，看看受压迫的妇女——她们的生育能力会不会受到影响。

这是一个相当严肃的课题啊。

是，这个课题非常有意思，因为它是和女性直接相关的。

我记得你告诉过我，说你以前住在兰斯？

对，我以前是住在那里。

那你是什么时候搬到宿舍来的？

我住到这里……我今年大二，是一月份的时候搬过来的，当时是偷偷住进来的。

“偷偷住进来”是什么意思？

我和我的男朋友住在一起，因为我那个时候还没有申请到自己的房间。

和你的男朋友？

对。

你们是什么时候认识的？

[359] 去年……我们从去年开始就一直在一起。

你是在这里认识他的？

对。

一个外省的女孩为什么会到楠泰尔来?

楠泰尔有很多外地学生。你初来乍到，刚开始会有点不适应。

因为你谁也不认识?

是啊，一开始我谁也不认识。头一个月的时候，我几乎没怎么住过校，就借宿在巴黎(市区)的朋友那里，我不想住校。我有点怕。

为什么呢?

因为我还从来没有住过这样的“廉租房”，房间实在是太小了，就像鸽笼一样。而且我也不太敢住在这里：男同学一发现有新来的女生，马上就朝你扑过来。

你认为他们那样做的原因是什么呢?

这个……肯定是因为他们无聊啊。他们只是想找点乐子而已，没别的。他们倒也不会做出更过分的事情，就是闲得慌：譬如说你晚上从食堂出来，实在无所事事，所以觉得烦透了。说起来，我们学院有间自助餐厅……

你和你的男朋友依然维持着情侣关系对吗?

对。

这样的恋爱关系通常都能维持很久吗?

当然不是了，情侣一般很快就分手了。

为什么呢?

因为在这里，我们没法像普通情侣一样生活，这不是正常情侣应该有的生活，何况你周围永远有别的同学啊、朋友啊。所以有很多人会交换伴侣，他们和某个人共同生活一个礼拜，然后换成别的人。

你认为这是楠泰尔学院造成的吗?

不，我认为这是学生宿舍造成的。

是因为你们都住校?

是因为……你看啊，如果一千五百个女生和一千五百个男生每天面对面地生活，肯定会出问题，但凡情侣会出的问题也好，但凡……我也说不好……

你会担心吗？

（轻轻地）会啊。

[360] *你觉得你的男朋友对这些问题敏感吗？*

当然了……当然了，尤其是现在，因为某种集体性的疯狂，同学们都离开了……一开始大家的情绪都很稳定，然后突然像发了疯一样，你的朋友就那样一个接一个地离开了。

（暂停。）

夜深人静的时候，你会不会觉得心烦？

嗯……我现在每个晚上都很心烦。

即便你还和雅克在一起？

（停顿了一下。）

是啊。

房间里彻底安静了下来。在接受采访的女生的左手边还坐着一个女孩儿，她起初看上去很是开朗，眼下则情绪低落，似乎相当不自在。一旁的某个男生咬着指甲，显得颇为烦躁。记者没下什么结论就结束了采访，随后场景忽然发生了转变——在纪录片的末尾，四个穿着西班牙传统服饰的男生正在宿舍楼的底下演奏吉普赛音乐，他们有的用的是吉他，有的用的是曼陀铃①。

问答选摘

学生最担心什么？

---

① 起源于意大利的弹拨乐器，和小提琴差不多大，曼陀铃是其意大利语（mandolino）的音译，意为“杏仁”，因其外形酷似杏仁而得名。

最担心花费了宝贵的青春刻苦学习，毕业后却找不到工作。(失业率仍然居高不下。)

其后果是什么?

青年人缺乏经济基础，这不仅会影响到他们今后的婚恋，也会影响到他们的生活方式，最终导致社会两极分化(贫富差距日益明显)。

1960年代末加速的社会流动性对学生产生了怎样的影响?

社会流动性的增强是件好坏参半的事。这意味着无产阶级的孩子能有机会担任他们所渴望的管理层的职务，也意味着资产阶级的孩子可能会沦为新的无产阶级。

II. A. i.

1968年5月2日，由于抗议活动的持续和因此对校园财产造成的破坏，政府部门担心楠泰尔学院的骚乱会蔓延到巴黎大学的其他校区，故而决定采取行动。当天晚上，楠泰尔学院的格拉平院长出现在电视上，他面带遗憾，措辞严厉，宣布学校就此停课。 [361]

对格拉平院长而言，这是一场全新的、在公共关系领域的复杂斗争，可惜院长本人对此似乎毫无准备，就像握着冷兵器误闯雷区的古罗马角斗士。格拉平院长的讲话令人费解，从语法的角度来看没有问题，把每一个词单独拎出来也能叫人听懂，但合在一起(哪怕是极为专注地听)就不知所云了。实际上，院长这是给自己出了一份高难度的考卷，而他的表现显然不尽如人意。格拉平院长结束讲话后，电视屏幕重新变成了灰色。学生继续从楠泰尔学院出发，走进了索邦学院飘着消毒药水味的走廊和阶梯教室。

如今，学生的抗议活动已经从荒凉的巴黎西郊转移到了欧洲大陆最知名、最上镜的广阔空间：巴黎的拉丁区及其主要的商业大动脉——圣米迦勒大道。

第二天，当局便派人进驻了“雷区”，命警察驱赶占领索邦学院的全体学生。

II. B. i.

5月3日聚集在索邦学院的学生受到楠泰尔、斯特拉斯堡、柏林和伯克利等地类似抗议活动的启发。学生抡着镐头和锤子，凿下索邦学院的石砌外墙，又把学院的部分设施（譬如桌椅）拆解成了棍棒，以充实他们所谓的“反法西斯装备”。大伙儿本以为一个名为“西洋社”的反共学生组织会对他们发起袭击，据说西洋社已经被秘密军事
[362] 组织的恐怖分子（前伞兵）渗透了。戴着摩托车头盔、挥舞着板斧的西洋社成员正在圣米迦勒大道附近示威，要求把索邦学院的叛乱者一律移送到北京接受“改造”。

然而当天下午四点左右，从索邦广场闯进学院的并非前来向学生宣战、戴着头盔的西洋社成员，而是一队队警察——星期五下午的这个时候，他们通常不是在指挥交通、逮捕小偷、驱赶乞丐，就是在对巴黎的女性（偶尔兼外国女游客）的好身材表示赞美。

学生误以为这些警察是共和国安全保卫队的成员（见下文），即便他们显然缺乏管控人群的经验，执行起任务来既粗暴又笨拙。警察把三百名学生押到了“沙拉碗”（即警车）上，其中一人正是受到传唤、被控“煽动颠覆国家政权罪”的丹尼尔·科恩－本迪，人称“红毛丹”——他本来是要在三天后巴黎大学组织的某次会议上露面的。

大学和政府一致认为，聚集在索邦学院企图闹事的“极端分子”只是少数人，多数学生仍然乖乖地待在宿舍楼，为三周后的期末考试做准备。

II. B. ii.

尽管学生的衣着和发型越来越中性化，但警察还是把男、女学生

逐一区分了开来。他们把女生晾在一边，又把男生推上了等候在路旁的警车。

接下来发生的事若在四十年后重温，其重要性或许会大打折扣，但在当时确实意义重大：那就是女生包围了警车，开始高呼“国安队——亲卫队！”的口号（从历史的角度来看，该口号显然有失偏颇，但胜在朗朗上口）；女青年把法国警察比作盖世太保，朝他们大喊：“放我们的同志走！”而对暴力执法的警察来说，义愤填膺的女青年远称不上是托洛茨基、列宁、斯大林或毛泽东的追随者，在喊出“放我们的同志走！”以前，她们在警察的眼中只是生育的工具，是男人发泄欲望的对象。但女青年偏偏用了中性的“同志”（camarades）一词，[363] 这和她们的着装以及发型一样，就性别而言是混乱的、模糊的，也因此为这场警民冲突带来了新的危险——警察开始正视女性的力量，不再单纯地把她们撇在一边。

七天后，在第一次街垒之夜时（见下文），警察继续对学生发动袭击。他们攻破了盖－吕萨克路①上歪歪倒倒的街垒，又强行闯入公寓，逮捕闹事的学生，不论男女皆然。在国立巴黎高等矿业学校附近的街道上，一个几乎全身赤裸的女孩从公寓里冲出来，像被围追堵截的兔子一样逃到了马路上。她随后被一群警察拦下，遭受了殴打不算，还被拖到了等在圣雅克德福塞路的“沙拉碗”上。目睹了这一暴力事件的巴黎人个个震惊不已。

问答选摘

警民冲突发生了怎样的变化？

警民冲突被激化了，警方的态度也产生了两极分化。警察主要来自无产阶级（也有小部分警察出生在手工艺人或者小资产阶级的家庭），他们的做法重申了他们对权力机构始

---

① 以法国化学家、物理学家约瑟夫·路易·盖－吕萨克（1778—1850）命名。

终凌驾于个体自由之上的看法。但是，他们的行动并没有得到上级的批准（而他们的上级是资产阶级出身）。巴黎警察总长格里莫在目睹了电视上的暴力画面后，严正批评手下道："殴打已经倒地的示威者无异于自毁形象。"比起命令，这更像一句格言，警员对此嗤之以鼻，显然并不把它当一回事。

发生这样的情况，过错方在谁？

a）警察。他们嘴上说允许学生和平地离开索邦学院，又在学生企图离开的时候逮捕了他们。这导致学生奋起反抗，警察则以暴力镇压，进而造成学生更大规模的抗议示威。

b）都没错。尽管警察确实煽动了学生的叛乱之火，但不论是警察还是学生，其个人乃至团体的抗争都被裹挟在了权力斗争当中，而这样的权力斗争又是大势所趋，斗争本身是为了什么，大多数参与者其实并不清楚。

斗争的本质是什么？

[364] 学生一直在进行这样或那样的抗议活动——因为通过了《富歇法案》[①]，导致大学的门槛进一步抬高，青年人想要获得良好的教育变得越发困难，而大学的裁员、校园设施之陈旧、隔离男女学生的校规等等也让学生非常不满。当警察站到了学生的对立面时，无产阶级出身的他们化身为武装分子，借机对属资产阶级的大学生发动了暴行。这种暴行和潜在的历史趋势（譬如资产阶级对剩余价值[②]的垄

---

① 以当时的教育部长克里斯蒂安·富歇（1911—1974）命名，政府建议把大学的"选择性录取"作为一种削减法国迅速增长的学生人数的办法，令学生的焦虑情绪一触即发。

② 根据马克思主义理论，指从劳动者的劳动价值中剥削来的利润，即"劳动者创造的被资产阶级无偿占有的劳动"。

断、无产阶级的异化[①]等)紧密相连，因此成了新一轮斗争的焦点。

III. A.

学生在巴黎的示威活动持续了三天(5月6日至8日)。5月9日，政府宣布索邦学院闭校。5月10日晚，自1944年巴黎解放战争以来，街垒首次出现在了拉丁区的几个关键位置。

尽管街垒的构成已经和以往不同(汽车代替了马车，咖啡馆的座椅代替了民用的家私)，但仍然在第一时间让报纸读者和电视观众联想到了青年人为正义、为道德以及为性解放所进行的抗争，譬如《悲惨世界》中的珂赛特和马吕斯、《自由引导人民》中裸露着上半身的自由女神，以及1789年的法国大革命、1830年的七月革命、1832年的巴黎共和党人起义、1848年的二月革命、1871年的巴黎公社革命……等期间所演绎的无数浪漫故事。

这些街垒为人们参与历史提供了独一无二的机会，而它们之所以会突然出现在拉丁区，主要归功于媒体对五月风暴的争相报道。不论是从短期还是长期效应来看，这些街垒都增加了拉丁区作为旅游胜地的吸引力。在“休战”期间，从比利时开来的观光巴士停在摇摇欲坠的街垒旁，一个年轻人跳下巴士，双手各握一块碎石，站到街垒上面，他的父亲则在底下替他拍下了“到此一游”的照片。

这场名为五月风暴的革命自带主题公园。甚至在革命确实发生以前，各种公共建筑的外墙上就已经出现了广告似的涂鸦，极力宣传此地的“历史名胜”：“迷人废墟——即将为您呈现。”

---

① 马克思主张这一异化是资本主义的结果，指被异化的劳动者与他自己的生产活动、劳动目标、生产过程分离，使得工作成为非自发性的活动，因此劳动者无法对劳动产生认同或者领略到劳动的意义，只能以资产阶级欲其所是的模式而存在。

III. B. i.

[365] 一半是出于巧合，一半是刻意模仿（从前的游击队），学生利用自行车、轻便摩托车、对讲机、晶体管收音机等组建起了原始的通讯网络。他们的鞋子很是灵便，所以比穿着笨重军靴的警察跑得更快，能几人一组躲在城市的各个角落，绕开街垒，火烧汽车，对着无名烈士墓的长明火小便。收听者向来是青年人的欧洲一号电台和卢森堡广播电台也参与了“指挥作战”：学生把收音机搁在窗台上，“现场解说”便以立体声的方式传遍了大街小巷。记者夸大了参与暴动的青年人数，使得更多受各种原因驱使的人走上了街头。

政府和警方试图锁定策划此次暴动的头目，却发现五月风暴的组织结构相当松散。学生并没有遵循早期资产阶级示威者的模式，他们不穿休闲外套或者宽松的蓝色套头衫，也不抽黄色的博涯牌香烟，有关当局对此相当头疼。警察不得不集体接受再教育，他们开始认识到代表了资产阶级新兴文化的青少年不一定符合传统的刻板印象[①]：“抛掉所有先入为主的判断！一个合格的警察不会仅仅根据衣着或外表对人进行分类——穿黑夹克的不一定是流氓；换言之，流氓也有可能打扮得很得体。不是所有嬉皮士[②]都是瘾君子；留长头发的也不代表他就一定不干好事。”[③]由于不再能简单地把一个人的外表和他的社会地位对等起来，警察执法变得越来越难。

---

① 社会学术语，指对于某些特定类型的人、事、物的概括的看法，通常是负面且先入为主的，并不代表属于这一类型的人、事、物都具有相同的特质。

② 特指西方国家 1960 和 1970 年代反抗权力机构和当时政治的年轻人，他们批评资产阶级价值观、反越战，留长发和大胡子，听特定的音乐，穿特定的服装，往往存在滥用药物的问题。

③ 巴黎警察总署发行的《警察与青年人手册》，经最新修订后（2008）目前仍在版。

III. B. ii.

到此时为止（5 月 10 日至 11 日），索邦学院占领者的“反法西斯装备”已经升级。警察使用催泪弹、眩晕手雷、水炮、（橡胶）警棍、军靴做武器。学生的装备则更多样化，几乎像是打开了准军事部队的 [366]
弹药库，其中包括鹅卵石和各种石块、铁棍、简易弹射器、喷砂机、安着一排排钉子的木板、由化学系的学生自制的烟雾弹和催泪弹、含金属颗粒或者混着机油的燃烧瓶（其效果类似于凝固汽油弹）。

烧着的汽车（尤其是轻型的辛卡 1000 和雪铁龙 2CV）既是防御性武器，又是攻击性武器。车主普遍对学生表示了同情，何况他们也投了保，早就想换一辆新车开，所以并不反对学生挪用他们的私家车做街垒。

至于学生的武器装备的效果究竟如何，可以从那几天的伤亡人数上进行判断。第一次街垒之夜后，巴黎共有三百六十七人受伤，其中二百五十一人是警察和其他公共服务人员（譬如急救队和消防队）。有十八名警察受重伤，相比之下，受重伤的学生仅有四人。另有六十辆汽车被彻底摧毁，遭严重破坏的私家车的数量则为一百二十八辆。无涉事人员死亡——这始终是五月风暴的一个显著特征，可能反映了举起武器的学生比起杀伤“敌人”，更想表达某一种主张。还应当指出的是，由于建起了街垒，被挖得坑坑洼洼的街道也异常难行，有两百多辆轿车趴了窝，多数车辆则安全停放在了地下车库，所以拉丁区的居民在五月风暴时死于非命（譬如交通事故）的可能较之往日反而更小了。

III. B. iii.

说占领了索邦学院的学生比起杀伤“敌人”，更想表达某一种主张，理由之一便是他们对武器的选择，譬如鹅卵石。拉丁区的鹅卵石本是花岗岩的一部分，多来自布列塔尼和孚日省的采石场，呈蓝灰色或桃粉色，每块重约二公斤；如果用力投掷出去，甚至可能伤到全副武装的防暴警察。这样的鹅卵石由手势娴熟的工人在路面铺开，形成一块块扇形的图案，既经久耐磨，又便于维护——鹅卵石之上往往还覆着一层薄薄的柏油碎石，轻易就能用镐子或钻机凿穿，然后把鹅卵石逐一挖出来。

五月风暴中用到的鹅卵石在2008年时依然有售，其价格根据石头本身的历史意义和美观程度而有所浮动，这表明当年的鹅卵石确实有收藏和投资的价值（请参阅文件三）。

鹅卵石（铺路石）不单单是武器，也是具有象征意义的纪念品，它在一定程度上代表了巴黎的本质（“巴黎人行道”是具有浪漫色彩的
[367] 文化符号）。此外，鹅卵石还代表着无产阶级的辛勤劳动，反映了那个时期的法国一刀切的、以包分配的形式为民众提供公共服务的社会制度。而类似“海滩上，铺路石”这样的口号（见下文）更宣扬了消费者的个人选择和公民享受休闲娱乐活动的自由。（实际上，巴黎“海滩”的沙子不是天然的，而是夯实抹平后的进口工业用沙，为铺在上面的鹅卵石打下了坚实的基础。）

文件三

（2008年5月法国易趣网刊登的鹅卵石广告）

a）“货真价实的鹅卵石，法国历史的见证者”：每块售价一欧元；十欧元包邮。

b）一百五十块标有“拉丁区，五月风暴”字样的鹅卵石，皆涂有（象征巴黎市的）红蓝二色油漆：“可用作书挡或镇纸的绝佳纪念品”。

c）目前位于比利时布苏市某花坛的“装饰性鹅卵石”：“五月风暴的物证，当年击穿了我岳父的雷诺2CV的挡风玻璃，车就停在巴黎拉丁区”。售价十欧元。

d）1968 年 5 月 23 日至 24 日晚，某消防员收集了“原始形态的巴黎鹅卵石，其上仍有焦油的痕迹，后用作书挡”。售价二十七欧元。

IV. A. i.

在第一次街垒之夜后，警民之间的冲突就已经不再被视为青年一代对政府（及其代理人）的简单反抗了。

一个崭新的角色登上了历史的舞台，它的出场是学生早已预料到，并且称得上是喜闻乐见的。共和国安全保卫部队（简称“国安队”）是在法国解放后成立的一支特种部队，旨在填补常规警察和军队之间的那块空白。国安队的成员进行过群体管控和山地救援方面的培训，他们通常在巴黎市区的高速公路上巡逻，也担任湖区和海滩的救生员。 [368]

国安队新兵的受教育程度相对偏低。许多人来自贫困地区，习惯了用暴力自保，也习惯了用暴力表达自由。这些新兵自然没有住房，所以被统一安置在了营地。他们在平日管辖的区域是外来者、陌生人，部分原因在于身为无产阶级人家的儿子，如果还留在本区执法，他们很可能会在试图镇压大罢工的人群时看到自家人的面孔。

国安队薪水不高，队员也得不到应有的理解和尊重。日复一日，他们当中的不少人产生了心理问题，与人疏离、极度缺乏安全感。作为补偿[①]，他们便在所属的集体寻求归属，往往惟命是从，对部队和部队的传统极为忠诚；又固执地认为人们总把执法机关的错都扣在了国安队的头上，因此心中越发不平。在五月风暴期间，国安队员常要三班倒，他们整夜守在路边的装甲车里，随时待命。

---

① 心理防御机制的一种，指当个体因本身的缺陷不能达成目的时，改以其他方式来弥补这些缺陷，以减轻其焦虑，建立其自尊心。

IV. A. ii.

这种表面上把军队（无产阶级）推到了人民对立面的做法使得国安队成了远比巴黎当局（资产阶级）更大的“敌人”。在此类冲突当中，为了让参与者摆脱对使用暴力的不安或相应的道德约束，人们常常把“敌人”描绘成毫无人性的野兽。譬如某学生报上的漫画便画着一名身负重伤、正准备接受心脏移植手术的国安队员，而为他提供心脏的是隔壁床上已经被施了麻醉的“笨牛”（vache）[①]。

但实际上，国安队员对闹事的学生是怀抱同情的。他们受到极为单一、非黑即白的阶级意识的操控，攻击的往往是无辜的旁观者。据一位目击者称，某年轻教授正欲离开拉丁区的一家书店时，遭到了国安队员不问青红皂白的殴打。队长见受害人一派儒雅风范，怎么看都不像是学生，当即命大伙儿住手，其中的一名队员还不满地说：“可是老大，他手里拿着书啊！”

IV. B.

[369] 出人意料的是，学生的抗议示威活动显示了他们还具备重新细分市场的能力。在已经充斥着商业标志的街道上，五月风暴依然成功打开了属于自己的利基市场[②]，也证明了此前的法国社会对由革命带动起来的商品和相关产业链的活力严重估计不足。自从暴乱开始以来，位于防暴区的商店就生意红火，出售象征革命的红头巾、切·格瓦拉圆领衫和其他各种用品。巴黎高等美术学院的学生赶制出丝网印刷的海报，由参与闹事的在校生拿着，贴满了大街小巷。这些海报上的口号同样出现在拉丁区的建筑外墙上，成功为五月风暴造势，就此定义了新青年发起的革命运动，以至于直到2008年时，人们依然记得当

---

① 相当于英语语境里的“蠢猪”。

② 指顾客群相对较狭窄、有利可图并具备专门性的市场。

年的那些口号，会引用它们来描述和分析发生在 1968 年的暴力冲突。

文件四 / 问答选摘

分析以下口号：

“海滩上，铺路石。”

（相关口号：“我喜欢走鹅卵石路。”）

“海滩”象征着休闲，也象征着自我满足。五月风暴的参与者主要是出身资产阶级的学生，他们日后会走上管理层的工作岗位，又或者成为公务员，等略有经济基础后，会在郊区或城乡结合部购置（抑或租赁）湖景房、海景房——这些小区的开发商针对的是愿意享受生活的住户，小区里除救生员和商店以外还配备有各项便民设施。这样的生活方式无疑符合自由主义的观念，而这种自由主义的观念又不可避免地让人回想起五月风暴期间学生的一系列诉求。

“务实就是：追求不可能。”

（相关口号：“把欲望当成现实。”）

这是一项讽刺满满的邀请，它鼓励消费者控制市场的走向，也鼓励他们根据个人的喜好来定义何为“自由”。类似的口号还有“只要最好的：只要轩尼诗！”、“你值得拥有”，以及劳工联合总会[1]向工人发 [370]
起的呼吁：“把渴望和现实画上等号。”

“要么干，要么等着被干。”

（相关口号：“像解放裤链一样解放头脑。”；“做完爱，那就再做一次。”）

---

① 由法国共产党主导的最强大的工会联合会。

这些口号反映了当时的青年对赖希、福柯[①]和拉冈[②]所提出的理论十分熟悉。所谓的色情活动被异化成了政治竞争的手段。源自《圣经》的教导“你们要彼此相爱，像我爱你们一样。”（约翰一书 15：12）遭到了无情的亵渎，“爱”（更确切地说是“性”）被冠以各种名目，就此沾染上铜臭，进入了庞杂的商业和金融市场。

“如果遇到警察，先往他脸上来一拳。”

（相关口号：“幸福是脖子上套着绞索的地主。”；“说什么‘教授’，要说‘去死吧，婊子！’”）

资产阶级不单借用了无产阶级的专用语，而且添上了十成十的嘲讽（只有第一句针对警察的口号才算得上是“行动指南”）。至于用阴性名词“婊子”（salope）来称呼男性，则无疑加重了侮辱的语气。

V. A. i.

5 月 13 日（星期一），学生的对外宣传似乎取得了相当大的胜利，因为巴黎的工人也加入了示威的浪潮。工会措手不及，只得自己找台阶下，顺势提出了“一日大罢工”（就好像他们事先知情似的）。一直以来，政府态度暧昧、犹豫不决，但学生的示威游行既然引发了巴黎大规模的抗议活动，便也直接威胁到了工会的地位和社会的经济发展。工人和知识分子自发组成的这种联盟不由让人想起 1830 年的七月革命和 1848 年的二月革命（并且这两次革命都是成功了的），不免更让政府忧心忡忡。

[371] 学生聚集到巴黎东站，然后沿马真塔大道[③]游行。他们经过社会

① 米歇尔·福柯（1926—1984），法国哲学家、语言学家、性学家。

② 雅各-马利-艾弥尔·拉冈（1901—1981），法国精神分析学大师。

③ 为纪念 1859 年拿破仑三世率领的法萨（萨丁王国）联军在马真塔战役中击败奥军，故名。

党总部大楼时，一些上了年纪的政客走到大楼外面的阳台，手里举着匆忙做好的标语，上面写着“我们和学生一条心”。学生却毫不买账，高喊着“投——机——分——子！”“官老爷，滚下来！”政客见学生既不尊重他们的年纪，也不尊重他们的社会地位，只好又尴尬地缩回到了窗户后面。不过游行的队伍当中倒也不是没有社会主义政治家：弗朗索瓦·密特朗就是一个特例。他在此前便发表过讲话，表示愿意以分权妥协候选人[①]的身份参加新一届的总统选举。

在共和国广场上，学生和工人汇集了起来。据官方估计，当时的示威群众足有二十万，人们并没有按照传统的大罢工游行时的路线走（即从共和国广场直到巴士底狱），而是沿着图尔比戈[②]路朝夏特雷广场和塞纳河左岸进发。这样一来，哪怕是走在队伍最前面的人也要好几个小时才能通过圣米迦勒大道，到达当费尔－罗什罗广场，最后抵达战神广场。

V. A. ii.

法共机关报《人道报》称呼学生为“可疑分子”、“资产阶级左派”。由共产党控制的劳工联合总会则管学生叫“为资产阶级服务的伪革命者”。但是，布洛涅－比扬古[③]地区的工人对学生自发举行的游行很是佩服。尽管这些在雷诺工厂上班的青年想不明白大学教育还有啥好抱怨的，但他们对眼下闹哄哄的无政府主义状态、对学生的诉求很能够感同身受。一部分工人上班时不再穿蓝色的工作服，他们有的穿着皮夹克，还有的穿着长袖衬衫——以往这都是管理层的标配。工人对工会坚持走“党的基本路线”感到了厌烦，对有朝一日能跃升成为资

---

① 指在半总统制（又称双首长制）下，总统所在的执政党若在国民议会人数过半，则总统可自行任命总理，由总统主政；若不然，总统须任命在野党推举的人为总理，由在野党主政。

② 为纪念 1859 年法军在图尔比戈战役（对战奥地利帝国）中获胜，故名。

③ 位于巴黎西南郊，是法兰西岛大区上塞纳省的一个市镇。

产阶级也并不反对。

游行的队伍经过圣殿区，在那里，微笑着的阿尔及利亚人一块儿喊起了“国安队——亲卫队！”的口号；七年以前，他们当中的一些人眼睁睁地看着家人被巴黎的警察所杀害。[①] 成千上万的在校生队列
[372] 整齐地往前走，他们以学校的所在区域划分为不同的方阵，齐刷刷地举着标语，要求推进“教育制度的民主化改革”。人们随后走过玛莱区，好勇斗狠的工人和一贫如洗的资产阶级知识分子就住在此地破败不堪、早已被人遗忘的房舍里。巴黎第三和第四区的激进派习惯了在夏洛路[②]拐角的红孩儿市场[③]外墙上刷“大字报”，然后被警察逮住，到派出所过周末。他们中的许多人打着临时工，要么在工地上干活，要么在搬家公司卖苦力，要么是还没能找到工作、替某某机构跑腿做民意调查的社会学系毕业生——为了糊口，他们本不该参加这场游行的，但他们依然来了。

在和巴黎警方达成共识后，劳工联合总会派人出面，控制了游行的局面。工会承诺此次游行必然是“和平”进行的，他们密切注意着在校生、无政府主义者以及工人和学生行动委员会的一举一动。学生高呼“把权力还给工人”、“戴高乐下台”；工会的标语上则写着“捍卫我们的购买力”。

V. A. iii.

当先头部队在当天下午五点半到达当费尔－罗什罗广场时，事情发生了戏剧化的转折，后来则被定性为“对有资产阶级叛乱倾向的”大罢工的镇压：劳工联合总会的干事手拉手组成人墙，阻止学生继续

---

① 指发生在 1961 年 10 月 17 日的巴黎惨案，当时巴黎警方袭击了亲民族解放阵线的约三万名阿尔及利亚人。

② 以十七世纪富有的麦芽制造商及该地区开发商克劳德·夏洛命名。

③ 得名自附近的红孩儿收容所，院内的孤儿一律穿红色制服，故名。

向前。如果让游行的队伍顺利抵达战神广场，那么这会是自 1794 年罗伯斯庇尔宣布庆祝至上崇拜节[①]以来，巴黎最大规模的集会。当费尔－罗什罗广场上回荡着扩音喇叭的声响，告诫人群“维持秩序、保持冷静、秉持尊严”。学生自然拒绝原地解散、各回各家，劳工联合总会的干事便二话不说夺过他们手中的标语，撕碎了，又把他们打倒在地。

最终只有几千名学生抵达了目的地——战神广场。他们在埃菲尔铁塔边的草坪上听过了动员讲话，重新占领了索邦学院；工会领导人则打道回府，预备和政府进行新一轮的谈判。

V. B. i.

巴黎处于一种节庆似的混乱状态。尽管工会竭力镇压，但大罢工 [373]
仍然在继续。很快，汽油就紧缺起来——司机为了加油，不得不在街上大排长龙，雪铁龙、福特、标致、雷诺和辛卡轿车的队伍蔓延出老远。巴黎人仿佛忽然住在了一座全新的城市，他们停下匆匆的脚步，在街上彼此交谈。阳光照耀着空荡荡的铁轨，塞纳河和圣马丁运河上的垂钓者却丝毫不受过往驳船的干扰，无比耐心地等待着鱼儿上钩。大小商店一律关门歇业，即便是因为曾经在周一开放[②]而引发零售业革命的不二价超市（Monoprix）也不例外。

经过两周的大罢工，整座城市的烟民都陷入了无烟可抽的窘境，但工人和学生的立场依然坚定。他们收集起烟头，重新制成卷烟出售，通常每四包卖十四生丁。

---

① 是法国大革命时期罗伯斯庇尔试图建立的一套自然神论，以试图取代天主教成为国教。罗伯斯庇尔宣布共和历二年牧月 20 日（1794 年 6 月 8 日）是至上崇拜的第一天，巴黎的大规模庆祝活动在战神广场举行。

② 法国奉行的《劳动法》（1910）规定任何人每周都应有连续三十五小时的休息，这意味着那些在星期六工作的人必须在星期日和星期一休假。

V. B. ii.

在罢工期间，“和平”的抗议活动仍旧不断，但人们已经怀念起之前那些轰轰烈烈的骚乱，于是有了5月23日到24日晚的第二次街垒之夜。学生倒是希望用火烧市政厅的方式来纪念当年的巴黎公社革命，但是混迹人群、身穿长袍和中山装的间谍向当局通风报信，所以警察借来了军用的巨型高速推土机，打乱了大伙儿的计划。工人、学生和失业者改弦易辙，聚集到里昂火车站，随后分成不同的小组向塞纳河的右岸出发，他们在巴黎证券交易所放了一把火，又袭击了前来灭火的消防员。

经历过第二次街垒之夜的人珍藏起他们的回忆，好在事后一遍遍
[374] 向儿孙和专家学者讲述：此起彼伏的警笛声，掠过屋顶的直升机，警察身上闪亮的漆皮黑斗篷、手中的警棍，沿着各主干道响起的嚓嚓的军靴声，催泪弹刺鼻的味道，地上那被踏扁了的、滑腻腻的三明治……学生没法入睡，他们个个衣衫褴褛，看上去像通缉犯似的。这种外在的改变或许也加深了他们对街垒之夜的体验，而这种体验是超凡的、无价的、不可复制的。他们的脸上要么涂着滑石粉，要么盖着用以阻挡催泪瓦斯、浸了柠檬汁的手帕。遍布化学毒素的烟气盘旋在巴黎的上空，让这座现代化城市的街道看似和曾是革命发源地的古老市郊没什么两样。若稍稍动用一点想象力，甚至能把眼前的场景和《巴黎竞赛画报》上的越战场面重叠在一块儿。

到5月24日晚，学生仅用两小时就占领了巴黎的大部分地区。人们常说，已经被电视洗脑的这一代人永远不可能再次攻破巴士底狱，因为每个人都只想着快点回家，看电视上要如何报导巴士底狱的消息。但现在，学生（或者更确切地说，是八百万工人）似乎在不经意间迫使法兰西第五共和国走到了崩溃的边缘。

因为缺乏真正的组织者，这让参与暴动的人无法发挥全部的优势。即便是这样，5月24日以及之后的那几天里，国安队和警察也

时刻担惊受怕，唯恐遭到愤怒的巴黎市民的报复。他们为此选择了“先下手为强”，在学生骑着自行车经过时把人拦下，扎破车胎，把书包里的东西统统倒在地上。他们挨个把学生按在“沙拉碗”上，踢他们的下体；又逮捕了但凡看上去邋遢的、要么有着黑皮肤、要么长着红头发（就像“红毛丹”丹尼·科恩－本迪那样）的青年。基于同样的理由，国安队和警察也拘捕了起着外国名字或有外国口音的人，对着他们的脖子挥拳，甚至直接打断了他们的鼻梁和肋骨，再把他们架在队列的中间。这些可怜的“嫌犯”随后被送到临时用作拘留所的博容医院，进一步受到殴打和威胁，他们不得接受治疗，也不得与家人通话。在释放他们以前，警察还收走了他们每人的一只鞋。

拉丁区的交通信号灯由红转绿，但似乎仅仅起到装饰街道的作用。从五月底开始，巴黎乍看之下像是科幻电影里才有的布景。全副武装、貌似火星机器人的国安队员守在勒莫万枢机站[①]、马比雍站[②]又或者莫贝[③]－医保互助会站的外面，等待学生从地铁里出来，随后将其逮捕。弥漫着享乐主义气息的城市各角落像核爆炸后幸存下来的殖民地，统统乱作一团。索邦学院和奥德翁剧院让无政府主义者和四下乱窜的老鼠占领了。许多人还是头一回看到大学或者剧院里长什么样儿。在索邦学院，熏香和广藿香的味道盖过了消毒药水难闻的气味。人们在墙上涂写各种口号，也留下各种污渍，新的不断叠加在旧的上面。少男少女听着亨德里克斯[④]和乔普林[⑤]的歌，在大麻和迷幻药的 [375]

---

① 以法王腓力四世（1268—1314）时期的阿拉斯主教让·勒莫万（1250—1313）命名，他是首个拟定无罪推定原则的教会律师。

② 以法国学者、历史学家、本笃会修士让·马比雍（1632—1707）命名。

③ 得名自十二世纪时允许在该地区设屠夫摊位的圣热纳维耶芙修道院第二任院长奥贝主教。莫贝（Maubert）则是奥贝（Aubert）的变形。

④ 詹姆斯“吉米”·马歇尔·亨德里克斯（1942—1970），美国吉他手、歌手，被公认为流行音乐史上最重要的电吉他手和二十世纪最著名的音乐人之一。

⑤ 詹妮丝·琳恩·乔普林（1943—1970），美国歌手、音乐家，因过量吸食海洛因而亡，终年二十七岁，和亨德里克斯同为“永远的27俱乐部”成员（指由一群过世时年仅二十七岁的伟大音乐人或艺术家组成的俱乐部）。

作用下，随随便便在走道上丢掉了童贞。学生代表则很是乐观，他们向所有同学保证：既然没有了考试，这个学年结束后也就没有人会留级。

文件五

（五月风暴末期盛行的口号）

“考试＝奴役＋社会发展＋等级制度。”
“即使上帝存在，也要把他废了。”
“如愚见指月，观指不观月。[①]——《楞伽经》”
“改革个屁。”

VI. A. i.

经过三周群情激昂的大爆发，五月底，人们迎来了五月风暴虎头蛇尾的大结局。

戴高乐总统在罢工形势最为严峻的时刻神秘消失了。有传言称他是去了巴登－巴登[②]，好确保一旦发生政变，他能得到法国驻德部队的支持。同时，工会和政府达成协议，除要求在工厂运营方面获得更多的发言权以外，还要求把工人的最低工资上调三成半，把每周的工作时长减少到四十小时。

令工会领袖诧异的是，老百姓竟然拒绝接受这些“福利”。不久
[376] 后，戴高乐总统便回到了巴黎。5 月 30 日，夏尔·戴高乐坐在办公

① 愚人只见手指，不见手指所指向的月亮。“指月”是禅宗典籍中经常用到的术语，以指比喻言教，以月比喻佛法。修道者若一味执著于经文，则经文反而会成为修道的障碍，使其不得悟道。

② 巴登一词在德语中意为“浸浴”，是位于德国西南部的温泉疗养地、旅游胜地和国际会议城市，距离德法边界的莱茵河仅七点五公里。巴登－巴登在大革命期间是法国人的庇护所，法国人在此设立赌场、歌剧院、赛马场，遂令巴登－巴登成为全欧洲夏季的休闲之都。

桌前，对着无线电话筒发表了主题为“恐吓、狂喜和暴政”的讲话。随后，戴高乐总统又出现在了电视上，他那庄严而苍老的外表比一千辆坦克更有威慑力：饱经风霜、瘦削枯槁、好似市政厅雕像的面容，大大的耳垂，早已耷拉下来的眼皮，犹如被淹没的矿井一般蒙着泪雾的眼睛……多数选民都对这样的戴高乐很是放心，哪怕他不日即宣布解散议会，六月份时进行立法选举（而非弗朗索瓦·密特朗急切要求的总统选举）也一样。

VI. A. ii.

戴高乐的政令产生了立竿见影的效果。工会果断把注意力转移到了选举活动上面，无暇顾及造反的工人，把他们抛给了国安队来“善后”。五月风暴是如此富有戏剧性，如此光芒四射。紧接着刮起的六月风暴更为血腥，更称得上是名副其实的“人民内部矛盾”，却因为多数事件并没有发生在巴黎，所以不怎么吸引电视机前的观众。6月11日，索绍[①]的标致工厂发生了两名工人被殴打致死、另有一百五十一人受重伤的恶性事件。法国政府于是紧急立法，命取缔若干左翼组织，禁止示威游行；戴高乐主义团体受全权委托，联合准军事力量介入事态，“鼓励”工人尽早结束罢工。

VI. A. iii.

6月14日，警察强行驱赶了占领索邦学院、巴黎高等美术学院和奥德翁剧院的人群，又命清洁女工（外来移民）为上述地点进行消毒。见政府竟打算满足学生的主要诉求，对其中的是非曲直不甚了了的巴黎市民十分惊讶。新上任的教育部长埃德加·福雷在和楠泰尔学院的格拉平院长私下会谈时表示，这只不过是安抚抗议者的缓兵之

① 意为“在石灰石山下”，是法国东部市镇，著名的工业重镇。

计："拿钱就能堵住他们的嘴，何乐而不为？"

[377] 在教育部起草相关法案、试图与学生达成和解的同时，法国的各大生产商考虑到近来客户参与度的变化，正重新为自家的品牌定位。譬如《世界时装之苑》就在6月17日的特刊中赞扬全国的女学生展现出的"惊人勇气"，并强调用户和时尚品牌多多互动的重要性："我们希望能更深入地参与到你们今日的事迹以及你们对明日的期许当中，也诚邀你们来加入我们今日的事业以及我们对明日的关切。"

女学生在五月风暴中扮演的角色多是分发传单、负责托管幼儿、躺在地上不省人事（好让新闻记者拍下她们的模样）等。她们很少亲手投掷炸弹，更不用说作为"造反派领袖"出现在电视屏幕上了。但是，法国政府和军方（以及时尚品牌）对她们一视同仁，这不免让她们有了一种身为公民以及消费者的自豪感。巴黎高等美术学院曾经出过一张名为《街头之美》的海报，画着一名愤愤投掷鹅卵石的年轻女子，她的大衣及膝，裹着长裤的腿部线条分外利落优美。而这一迷人的形象果然在1968年的巴黎夏季新品发布里有所体现——伊夫·圣洛朗①便是从中获得的灵感，特意设计出及膝的粗呢大衣和不羁的流苏外套，以此向参与了五月风暴的学生致敬。

VI. B.

用后人的眼光来看，五月风暴代表了个体解放，也代表了大家长式的老人政治②形态的崩塌。但有一点更值得我们牢记，那就是五月风暴的最直接反馈者和受益者却不是广大的学生。戴高乐将军在5月30日返回巴黎时，有超过五十万市民参与了在香榭丽舍大街的游行

① 伊夫·圣洛朗（1936—2008），法国时尚设计师，1961年创立同名时装品牌，成就一代传奇。

② 政治学术语，指一个国家或政治团体的领导层平均年龄较大，使得该国或该政治团体的领导权掌握在老人手中，相对扼杀了更为年轻的政治力量，导致政治生态的不平衡及作风上的越趋保守。

活动。此次游行是戴高乐主义者组织起来的，为了表达对戴高乐政权的绝对支持，只不过参加的人数远远超出了预期。在随后进行的全国大选当中，戴高乐主义者果然获得了压倒性的胜利，左翼政党则吞下了前所未有的惨败苦果。

那之后不久，格拉平院长便看着一车接一车的教学设备让人送到了楠泰尔学院。校园里建起了一个又一个自助餐厅和语音实验室，一项又一项成效尚不明确的大型改造项目也在如火如荼地进行着。参与建设的工人开玩笑说：他们“干完这票”就能退休养老去了——虽然实际能进工人口袋里的钱少得可怜（尽管政府的拨款相当慷慨）。在外行看来，楠泰尔学院的大动作既谈不上是“促进国际资本的流动”，也不涉及“法国经济的长期增长动力”，纯粹是“烧钱”。但是教育部长让格拉平院长放宽心，说才刚刚闹过革命，最近两年都不会有人对教育支出提什么质疑的。 [378]

问题

－由学生发起的五月风暴如何导致了法国历史上最大规模的、民众支持现任政府的游行？

－人们的日常生活是否因为五月风暴发生了改变？

－学生是否应当把考试看作等级社会压迫他们的工具？

－根据上述分析做出总结。

1968 年 5 月，资产阶级新青年发动了一场无产阶级革命。革命包含两个侧面：1）对政府和代表政府的警（军）方的暴力反抗，致使此二者成了人民的公敌；2）无视工会意志的大罢工，使得工会和工人发生决裂。

其后果是：1）迅速改善了资产阶级新青年的生活条件和公共服务设施；2）不以学生为中心的教学法受到质疑；3）论资排辈现象有所缓解；4）工会承认工人的资本主义诉求；5）法共在政坛的势力被

大幅削弱。

请根据民意调查的结果描述五月风暴对后世的影响。

五月风暴过后，百分之六十二的法国人对生活总体上感到“非常满意”。对人际关系、住房以及工作感到“满意”的人多过感到“不满意”的。人们对“休闲娱乐”选项的满意度最低，这或许标志着法国人消费者意识的增强。只有百分之三十二的人对未来“感到悲观”(百分之十六的人表示“不知道”或“不愿去想”)。1969 年时，介于十五到二十一岁之间的青少年比 1957 年时同一年龄段的青少年“更快乐”。百分之七十一的受访者享有购物“自由”，要么是因为他们有足够的
[379] 消费能力，要么是因为产品的种类十分丰富，能够满足他们的日常需求。百分之七十七的受访者认为生活在 1960 年代末是件“很幸运的事”。

2008 年时，多数受访者认为五月风暴彻底改变了法国社会，特别是在倡导性别平等和维护工人权益的方面。在他们看来，五月风暴也促使政府对舆论更为关注、更为负责。当被问及和当今世界最息息相关的五月风暴的口号时，几乎有一半的受访者选择了“禁止说禁止”，只有百分之十八的人选择了“务实就是：追求不可能”。

环城大道

戈昂恩，1972—1977年

这幅场景大概只有在漫画里才看得到，创作它的漫画家则是个自大狂，有着上不封顶的预算和令人作呕的幽默感，把极为荒诞的组合图形硬安到了这座城市的头上。 [383]

财政部长刚刚结束在卢浮宫[①]的会议，此时他抬头望着西北偏西的方向，惊讶地张大了嘴巴，自言自语道："那究竟是什么东西？！"

部长瞪大了眼睛，他的面前是个顶天立地的庞然大物，把他的视线硬生生劈成了左右两半。部长看着看着，很快想起了什么："没错，我也知道它会很高，但不应该这么高的……"部长口中的"它"是一幢大楼，因为着实太高，不伸长脖子都望不到头。

如果从背后看，部长本人绝对算得上高大，他微微端着肩膀，颈纹倒不很深，圆脑袋早早谢顶了，很有些低调的英格兰派头。但是……面前的这幢大楼似乎像从部长的脑袋上迸出来的一样，所有人一眼就会看见它。部长站在巴黎人赖以辨别方向的都市轴线上，卢浮宫、方尖碑和凯旋门连成一条神圣的路线，那同时也是人类文明的指

① 直至1989年，法国财政部还一直占据着卢浮宫在里沃利路上的黎塞留侧翼。

南针。历史悠久的巴黎主轴线自东南偏东向西北偏西延伸，如果放到地球仪上看，它的一头指向吉萨大金字塔，另一头指向曼哈顿岛。而如今，就在路的尽头，戈昂恩大楼矗立在那儿。它实在太高了，以至于乍看之下都不是笔直的。

[384] 设计出戈昂恩的漫画家压根是把作品画到了空格之外。它自西面拔地而起，把凯旋门衬得有如老鼠洞那样小。这幢楼重新定义了巴黎的地平线，也兀自改变了都市的透视图。在部长的眼中，戈昂恩大楼投下的阴影横贯整个巴黎，把这座城市变成了一尊不情不愿的日晷。即使还没最终定稿，漫画家笔下的画面已经栩栩如生了：大楼边上外皮粗粝的行道树，不请自来停在树上的鸟，推着婴儿车经过树下的女人，还有穿着崭新的蓝西装和竖条纹衬衫的保险员——他们不愧是戈昂恩的好员工，和这大楼的调调一个样不说，更像是尽心尽责装点大楼的配件。

亮闪闪的玻璃幕墙写满公司的野心。任何在楼顶看到“戈昂恩”[1]三个大字的人可能都会误以为它才是这座城市的名称，就好像迦特[2]、亚实基伦[3]、雅典和巴比伦那样。

被这不成体统的胡闹气得够呛的财政部长一边思考对策，一边回想起 1960 年建成的库勒巴伯大楼。“库勒巴伯”听起来像是儿童读物里的名字[4]，而就是位于库勒巴伯路 33 号的“巴黎首幢摩天大楼”为之后十二年“不成体统的胡闹”开了头。起初，建筑工程还只停留在图纸上，让人展示在了财政部重新装修过的、第二帝国风格的会客厅

---

① 戈昂恩（GAN）是国民保险集团（Groupe des Assurances Nationales）的首字母缩写。

② 意为“榨酒处”，是古以色列和附近地区的常见地名，《圣经》中便提到过非利士人的迦特，考古发现也证实了相关的文献记载。

③ 意为“称重”，是古以色列最大的海港、重要的商业活动中心，自青铜器时代起就相当繁荣，和迦特同属非利士人的“五城”。

④ 得名自十三世纪时在该地区拥有磨坊和葡萄园的库勒巴伯家族。

里。这地址多无害呀，库勒巴伯路 33 号，就像帕西码头 116 号[1]、莫兰大道 17 号[2]、佛兰德路 173 号[3]……乍听之下完全是巴黎再正常不过的一部分。但是建筑师谈到了“整合方案”，仿佛库勒巴伯路 33 号的怪兽当真要在故事书里描绘的欢乐社区安家，仿佛它当真能和铺着方格桌布的小餐馆、在织着毛衣的门房脚下打盹的猫，以及亲切又随意地挂着各式衣物的干洗店共存似的。接着，地上便出现了一个大洞，有人在里头忙碌，也有机器在里头轰鸣。随后，大楼像忽然搭乘着电梯一般往上飞升，一天之内，一个个立方体实打实地、一层接着一层地垒了起来。

欢乐又宜人的社区总之是一去不复返了。对于这只挡在了天地之间的怪兽，反正财政部长自认很难找到语言来形容它。硬要说的话，就是先有了那么一根钢管和一块空白面板，然后是另一根钢管和紧贴着它的窗户，数一数，一排总共有八块面板、十一扇窗户，再纵向乘以几乎一模一样的二十三排，就是库勒巴伯大楼了。它用到的玻璃比凡尔赛宫镜厅[4]里的还多，因此在库勒巴伯路 33 号，你可以同时从两个方向看到日落。而经过十二年的城市规划，相比让部长目瞪口呆的戈昂恩，库勒巴伯真算得上是小巫见大巫了。

既然说到玻璃——在财政部长出席过的一次次会议上，有关“透 [385]
明度”的议题实在很多。官员们纷纷发言，说他们要如何创建一个更

① 帕西码头自 1964 年改名为肯尼迪总统大道。帕西码头 116 号是建于 1955—1962 年间的法国广播电台大楼。

② 以在奥斯特里茨战役中重伤不治的法国猎骑兵上校弗朗索瓦 - 路易 · 德 · 莫兰（1771—1805）命名。莫兰大道 17 号在 1957—1964 年间建起了高十七层的莫兰大楼。

③ 1994 年改名为佛兰德大道。佛兰德意为“低地”，狭义上指比利时的佛兰德省。因该道路位于连接巴黎与法国 - 比利时边界的二号国道（正式名称为佛兰德公路）的起始路段，故名。佛兰德路 173 号是一幢商用建筑大楼。

④ 又称镜廊，为接待各国使节专用，被视为“镇宫之宝”，以十七面由 483 块镜片组成的落地镜得名，反射着金碧辉煌的穹顶壁画和从后花园照射进来的阳光，是凡尔赛宫最奢华、最辉煌的部分。

透明的政府，要如何打造一幢幢更透明的建筑。（就连人心也是透明的，因为部长可以轻易看穿与会之人的想法。）如何把象征和隐喻运用到实际生活当中——这就是他们一次又一次谈论过的话题。

只可惜部长依然有充分的理由质疑这所谓的透明度。自从在库勒巴伯路上建起骇人听闻的摩天大楼以来，十二年倏忽而过。如今，巴黎人走过巴黎，必然在角角落落的玻璃上看到自己，这座城市却从没有像现在这样不透明过——到处是形单影只又被迫成双的巴黎人，每个倒映在玻璃上的行人都有两个自己，一面自厌，一面自恋。

是时候亮明底线了，财政部长暗想。他要做那个亲自划线的人，不然他就不叫瓦莱里·吉斯卡尔·德斯坦。

他把中心城区的建筑限高定在了二十五米，市郊的建筑限高则是三十七米。这分别是十三和十九个吉斯卡尔[①]。巴黎市中心被限制了高度的建筑当然不包括埃菲尔铁塔、蒙帕纳斯大楼[②]、库勒巴伯大楼、上述（帕西码头 116 号、莫兰大道 17 号、佛兰德路 173 号）的高楼、已经在建（含戈昂恩在内）的拉德芳斯[③]以及塞纳河岸区的广厦。但不管怎么说，二十五米和三十七米是巴黎垂直高度的新标准，也是相当受欢迎的新标准，几乎所有人都能理解设立这一标准的意义之所在。

此时是 1977 年，一切由总统瓦莱里·吉斯卡尔·德斯坦说了算。

---

① 作者原文说“在正常生活水准下则分别是八个以及十一个吉斯卡尔”，意味着“正常生活水准下”吉斯卡尔的身高超过三米（实际为一米九），显然不合常理。故在此数据上我做了调整。

② 巴黎市中心唯一的摩天大楼，高二百一十米，启用时为欧洲第一高楼，现在是全法第二高、欧盟国家当中第九高的摩天大楼。

③ 巴黎都会区首要的中心商务区，拥有最多的摩天大楼。“拉德芳斯”乃音译，意为“保卫”（La Défense），得名自附近纪念普法战争中以身殉国的法国将士的雕塑作品《保卫巴黎》。

黑太子，# 1

巴黎北部的贝尔维尔、梅尼蒙当[①]和沙隆[②]在夜色中是烟灰色的，那里的山丘密布烟囱，天线丛生。丁香门[③]附近的山坳里却有一幢不甚对称的楼宇。

屋檐下，五楼的一扇窗户打开着，一名年轻女子睡在屋里，风吹皱了她身上的被单，月光又或是昏黄的街灯在被单上投下斑驳的影子。

窗外传来猫叫春一般凄厉的哀嚎，声音在空气里传播，仿佛飞速丈量过市郊似的，沿途画出一道无形的光带。女子换了个姿势，在床上伸直了腿。大楼里没有灯光，但墙上的污垢（也或许是阴影）看起 [386]
来就像人脸一样。楼下的人行道上，一个相貌不明的人正缓缓踱步。他慢慢地拐过一个弯，好似前头还有很长的路要走。他的黑皮鞋价值不菲，但已经穿得很旧了。这个人一路向前，所到之处留下浅浅的白色粉尘。

贝蒂讷码头[④]，1971 年

吉斯卡尔如果环顾巴黎，随处可见乔治·蓬皮杜的手笔。是啊，银行家蓬皮杜、文化人蓬皮杜、前总统蓬皮杜，甚至是梦想家蓬皮杜。正是这个傻笑着的乡巴佬、道貌岸然的两面派一脚把吉斯卡尔踢出了财政部。"蓬（嘭）——皮（噼）——杜（嘟）"，听听，就连他的名字都像是闹哄哄的汽车喇叭声。

---

① 意为"恶劣天气条件下的郊外驿站"，曾是郊区（后并入巴黎市）的梅尼蒙当属巴黎的二十个区之一。

② 位于巴黎第二十区，在 1860 年并入巴黎市。

③ 得名自丁香镇，位于巴黎东北部，在第十九和第二十区的边界。

④ 以第一代苏利公爵、枢密院首席大臣、亨利四世的得力助手马克西米利安·德·贝蒂讷（1560—1641）命名。

如果没在1974年过世，天晓得这个蓬皮杜还会做出什么来！

养育了蓬皮杜的阿维尔尼①有不少火山栓②，它们从地底冒出来，像古老的、被岁月侵蚀过的摩天大楼。阿维尔尼遍布花岗岩的草场又是如此凄凉，以至于在那里，就连拖拉机难听的引擎声也仿佛悦耳了起来，好似云雀的啁啾又或者小牛的呜咽。难怪在巴黎开车的时候，蓬皮杜会盼着他周围的建筑统统消失，从某种意义上来说，它们也确实消失了。蓬皮杜曾经说过："要让城市来适应汽车，而不是让汽车来适应城市。我们必须抛掉过时的审美观。"他自己的身体倒是对汽车适应得极好，有着和驾驶员一样因为久坐而下垂的臀部和不时要抽筋的腿。

1971年时，拿下蓬皮杜艺术中心（博堡中心）设计方案的建筑师来爱丽舍宫见他。他们首先看到的是西装革履的法兰西共和国总统。随即，蓬皮杜便离开了，很快又穿着便服、抽着高卢香烟折回来，一边说："我真庆幸我不是建筑设计师。这肯定是世界上最艰难的工作，成天要遵守那些条条框框！"

尽管向来有自己的见解，蓬皮杜倒没有不懂装懂。当时，《世界报》的记者也在场，他问起蓬皮杜对现代城市的建筑有什么看法。蓬皮杜说："如果没有高楼，所谓的'现代城市的建筑'就无从谈起。"提问的记者透过总统办公室的窗户，看到巴黎的天际线哪怕在他们说话的当口都发生着变化。蓬皮杜接着表示："不管喜欢与否，你总归避不开高楼。"他又像吐露什么秘密一样补充道："我知道我不该这么说，但是在我看来，巴黎圣母院的双塔……实在是太矮了！"

[387] 比起丈夫的夸夸而谈，蓬皮杜的夫人珂洛德更注重细节。是她决定了蓬皮杜艺术中心的最大通风组件（屋顶的冷却塔和街道的进气

① 现法国中部奥弗涅地区。

② 海底火山爆发时，喷涌而出的熔岩接触到海水便会凝固，常形成突起的固体外壳，堵住火山口。海陆变迁后，地面上的火山栓往往会成为旅游胜地。

口）应该漆成白色，而不是蓝色。

蓬皮杜夫妇的住所（贝蒂讷码头 24 号）坐落在圣路易岛，那里原先是座联排别墅，双开大门上装饰着气派的狮头和木雕花环。三百年前，投机商人开发了贝蒂讷码头，把它改名为“阳台码头”，以带动附设阳台的新楼房的销售。巴黎人戴着扑了粉的假发，自阳台码头施施然经过，个个以为新造起来的房子十分难看：阳台破坏了楼房外立面的简约不说，富有金融家的太太还走到那上面搔首弄姿，当真丢人现眼。1934 年，靠做化妆品起家的富豪海伦娜·鲁宾斯坦[①]买下了阳台码头上的联排别墅，推倒重建（只保留了原来的双开大门），取而代之的是一栋有着时髦舷窗、此外十分低调的豪宅。这便是贝蒂讷码头 24 号——蓬皮杜夫妇后来的居所。

夜里的圣路易岛是如此安静，以至于人们几乎要相信：岛上还挂着防止市民天黑后再登岛的锁链，边上则站着收费员。贝蒂讷码头 22 号、蓬皮杜家的隔壁住着年轻时的波德莱尔，他坐拥水烟筒、棺材床以及从岛上的古玩店赊账买来的旧油画，过着放纵不羁的生活。蓬皮杜是波德莱尔的崇拜者，也喜爱这世上绝大多数的诗歌。他曾在回忆录中这样写道：“我仍然坚信，同诗歌一样，姑娘的脸蛋和柔软丰满的身体是世界上最动人的事物。”（《恢复事实真相》）蓬皮杜因此出版过《法国诗选》，其中收录了好几首波德莱尔的作品。

> 黎明披着红绿衣裳，瑟瑟发抖
> 在寂寥的塞纳河上缓缓朝前走……（《朦胧的黎明》）
>
> 阳台上的傍晚，笼在蔷薇色的雾气里
> 你的乳房多么温暖！你的心地多么良善！（《阳台》）

---

① 海伦娜·鲁宾斯坦（1872—1965），波兰裔美国女商人、艺术收藏家、化妆品企业家。

[388] 蓬皮杜艺术中心的设计方案尘埃落定，工程启动了。几周以来，巴黎最外围地区的居民也能感受到钻土机带来的那股震颤（但这不曾影响到圣路易岛上的人们）。蓬皮杜和波德莱尔站在贝蒂讷码头，从各自的窗户往外看，一边抽烟，一边把烟圈吐向塞纳河的左岸。他们中间只隔着一条普勒蒂埃路[①]，以及一百三十年的光阴。这一百三十年间，22 号和 24 号的窗下都有河狸奋勇向前，在河面推出一道道银色的波光。

一百三十年前，家住贝蒂讷码头 22 号的波德莱尔看向窗外，注视着圣热纳维耶芙山上“阴沉的天空，湿润的太阳”，不由想到了他那黑白混血的女友[②]“不忠的眸子”。他见塞纳河的支流在苏利桥[③]下咕嘟咕嘟冒着泡。他见脏兮兮的驳船和洗衣船缓缓开过，想象自己正身处“运河之城”威尼斯，而那些“想去海外漂流的航船，只为满足你区区的心意，便从天涯海角驶来。”（《邀游》）

一百三十年后，家住贝蒂讷码头 24 号的蓬皮杜看向窗外，幻想着此地的前人甚至都不敢想象的事情：由高强度的钢筋和交叉支撑的大梁组成的水泥森林遮挡了视线；屋顶上方的多车道立交桥仿佛翱翔天际的蛟龙，太空时代才有的汽车犹如猛虎出柙，能在转弯时有力地收缩四肢，随即又纵身疾驰。在恋人徐徐漫步、乞丐怀揣梦想的大道上，他要再架起一条高速公路，就像已经沿着塞纳河右岸建起来的蓬皮杜快车道那样。他想象着一千张挡风玻璃后面的脸因为隧道外忽然可见的美景（一个个金色圆顶、一幢幢摩天大楼）而满是震惊，直到刺耳的刹车声把人们重新带回现实。

---

① 以圣母岛的建筑开发商之一、实业家卢格勒·普勒蒂埃命名。圣母岛曾是塞纳河上的一座小岛，在十六世纪末与上游的牛岛合并，形成了后来的圣路易岛。

② 作者指的是曾与波德莱尔同居的风尘女子让娜·迪瓦尔，她有着四分之一的黑人血统，肤色偏深，被称为“黑色维纳斯”。但实际上波德莱尔的这首诗是写给他的第三任女友、金发碧眼的荷兰裔演员玛丽·迪布朗的。

③ 以第一代苏利公爵命名。

黑太子，# 2

蓬皮杜把将要燃尽的香烟掷到街上。一个看不清面貌的人正沿着贝蒂讷码头向前走。他经过窗下，一脚踩熄了烟屁股。此人穿着长外套，类似建筑工地粉尘的碎屑自他的身上飘落，窸窸窣窣撒在他的脚下。他走到圣路易岛的另一头，朝仿佛弯腰屈膝的市郊和圣心堂那酷似土星五号[①]的大圆顶抬起头。云是红色的。城市的上空回荡着猫叫春一般的哀鸣。在丁香门附近的某幢大楼里，那名年轻女子从床上坐了起来。

她想起了在摩托车的后座入睡的时光。那会儿她靠在情人套着黑夹克的背上，下巴抵住他的锁骨。凹凸不平的柏油路面每颠簸一次，[389]
他的锁骨（连同她的下巴）就感觉到一震。除此以外，他纹丝不动，她却从不担忧。因为他说："会危险驾驶的是其他人。"

他们俩都到了奔三的年纪，时间当真过得飞快。反倒是在他们高速行驶的时候，事物的改变看似发生得既缓慢又轻松。倘若摩托车跨过一处略微隆起的地表，他们会适时调整紧贴在一块儿的身体。他总说："路要是变了，就去重新认识它。"

还有七个小时，他就要尝试打破由他保持的记录（十二分钟多那么一点）。他要驾驶摩托环绕巴黎，也要迎接一个从没有人见过的巴黎。[②]她还记得自己幻想过，等她从摩托车的后座醒来时，会否已经身在巴黎那些她最喜爱的地方：两岸绿树成荫的圣马丁运河、小丘广场[③]、大堂广场[④]……她躺回被单底下，舒展开身体。月光又或是昏黄

① 世界上最大的超重型运载火箭。

② 环城大道的限速为七十五公里每小时，即使在没有车流的情况下，普通人也需半小时才能开车跑完全程。

③ 位于蒙马特，距离圣心堂和狡兔酒吧不远。毕加索等众多知名画家曾在这里居住。

④ 在蒙托格伊路（骄子山路）的南端，前身为中央市场，后改建成了现代化的地下购物中心。

的街灯照亮了房间，好像黎明即将到来一样。

博堡，公元前250年—公元1976年

那天晚上，他从贝尔维尔的山头一直走到圣路易岛，然后过塞纳河，回到了右岸的市政厅广场。在没有更详细标记的地图上，他的脚步画出了一张细密的蛛网，条条小径或是因着自古以来的传统，或是因着地理条件所受的约束，错综复杂，蔓延开去，仿佛自有意识一般。他走过了八公里的路，也穿过了两千年的历史。眼下他站在一个小山坡上，紧盯着面前的博堡高地。

他对这片区域了如指掌。更确切地说，他对这片区域的从前了如指掌。（任何新近发生的事都没法给他留下深刻的印象，即便听人提起，他也一脸茫然。）他在索邦学院向年纪轻轻的学生讲述过巴黎的历史，告诉他们古时的高卢人是怎样定期摧毁他们的城邦，以防家园落入敌人之手。身为巴黎历史方面的专家，他也受邀就巴黎的重建工作发表看法，于是在市政厅的套房专心写作——那间套房恰好位于“规划办公室”的上方，当年，奥斯曼男爵就是在那里盘算着如何
[390] 毁掉巴黎的。未必有人清楚的是，他这个历史专家还是蓬皮杜在巴黎高等师范学院的同窗。所以有时候，在波德莱尔出生的那条沃特福耶路[①]，他会和总统先生以及其他几位从前的师范生一块儿到小餐馆吃午饭，只可惜他从不敢在席间直抒胸臆。

眼下，路易·谢瓦利正动笔写他的又一部著作，名为《巴黎刺客》。为了写书，他散了很长很长的步，读了很多很多的书，深陷在巴黎的过去难以自拔。他要在书里描绘那样一个巴黎——向城市规划者和金融家屈服了的巴黎。如果在满腔怒火之外他还能找到别的什么情绪，他定要依照自己精准的记忆，在字里行间重塑巴黎：“要是放

---

① 沃特福耶意为“高枝”，位于巴黎第六区。波德莱尔出生地的门牌号是沃特福耶路13号。

任不管，历史肯定会被人遗忘。但幸运的是，我们还有那样许多文学作品，它们充满各式各样的情感，遍布一张张鲜活的面孔，是用语言的宝贵沙石一点一点构建起来的。”

所以他紧盯着眼前的博堡街区，任凭此地的污秽之气在周身弥漫，他不介意——博堡的污秽是它的重要组成部分，是不该磨灭的历史。最初这里是个小村庄，就建在河畔沼泽地的丘陵之上，中世纪的人们大约是出于讽刺，称呼这个小村庄为“博堡”(Beaubourg)，也就是美丽小镇的意思。路易九世在位那会儿，曾允许巴黎的妓女在九条路上接客，这九条路也就有着巴黎最粗鄙的路名，譬如脏衣路、娼妓路、毛屁股路、脱裤路、母牛路、卖春路、拉屎路……其中有三条位于博堡。据说苏格兰的玛丽女王①经过拉屎路时，曾经问她的向导：“这路叫什么名字？”向导委婉地回答：“叫作腊肠路，陛下。”于是“腊肠路”一直沿用到了1800年代，后来改名成了玛丽·斯图亚特路。

话虽如此，污秽的博堡街区却从不缺少建筑奇观。这里有别致的门楣和窗棂，有脏兮兮的小巷深处文艺复兴时期的楼梯，有昔日的塔楼和山墙嵌入墙壁的痕迹，有房屋只余空壳但地窖安然无恙的特例。直到1950年，圣梅里教堂的屋顶上还可见一间又一间低矮的木屋，由精美的飞扶壁②一一隔开。

而如今，谢瓦利脚下的博堡高地已然成了荒野停车场。这片矩形的垃圾填埋地常有摩托车手栖息，为附近的商家送货的卡车司机也把这里当作休息站。衣着华丽的易装癖者和夜游巴黎的各色人物总是在此徘徊。天将破晓时，四肢发达的失业者照例前来，看今天的市场上 [391]
有没有零活可干。

那个年代的人依然以为破旧的房子是无药可医的病菌携带者（他

① 即玛丽一世（1542—1587），亦称玛丽·斯图亚特或苏格兰人的女王玛丽。

② 常见于哥特式建筑，是一种起支撑作用的结构部件，凌空跨越下层的附属空间，连接到顶部高墙上肋架券的起脚部位，用于平衡肋架拱顶对墙面的侧向推力。因为飞扶壁暴露在建筑外部，也具有很大的装饰作用。

们把这样的房子叫作“结核病建筑”），所以政府分别在1906年和1919年划定了巴黎的十七个不洁区，博堡高地首当其冲。1925年，勒·柯布西耶[①]制定了一项计划（由某汽车公司赞助），说能一劳永逸地解决不洁区的问题。根据柯布西耶的规划，塞纳河右岸的大部分区域将被夷为平地，十八栋十字形的高楼会取代所有的“结核病建筑”，腾出来的土地上于是能建起东西向的主干道，好让巴黎市民在几分钟内便驾车穿过市区。如此一来，哪怕是柯布西耶住在市郊的秘书也不必再担心上班会迟到了。后来，柯布西耶的这个计划让人束之高阁，不过他的设想仍然是不少城市规划者的梦。有“市郊的奥斯曼男爵”之称的保罗·德卢维耶[②]便坐着自个儿的斯图贝克[③]敞篷车，一遍一遍巡视过巴黎，一遍一遍勾勒出新的城市图景——他放话说巴黎人理应以不低于五十公里的时速驾车穿行在这座城市。

1930年代，博堡（“一号不洁区”）的好些街道因市容规划和卫生整顿之故被整个儿拆除了，只留下那片充当荒野停车场的垃圾填埋地，每晚都叫巴黎的夜游魂重新铺上碎玻璃、避孕套和皮下注射针头。

这片荒野停车场便是蓬皮杜为以他的名字命名的文化中心和现代艺术博物馆选定的地址。（他说：“我们必须建一个现代艺术博物馆，谁让我们已经有卢浮宫了呢。”）于是六百八十一个建筑师团队提交了令人眼花缭乱的方案，他们要么把艺术中心设计成立方体，要么设计成分崩离析的菱形、倒金字塔形、巨大的蛋形、弯曲的钩状，甚至是废纸篓一般的模样。最终胜出的方案把艺术中心打造成了“炼油厂”

---

① 勒·柯布西耶（1887—1965），瑞士－法国建筑师、室内设计师，功能主义建筑的泰斗，被称为“功能主义之父”。

② 保罗·德卢维耶（1914—1995），自上世纪三十年代起撰写法国的城市规划与治理方案，人称“法国新城之父”，曾获1985年度的伊拉斯谟奖（由伊拉斯谟基金会颁发给对地区文化、社会或社会科学有杰出贡献的个人或组织）。

③ 一家美国的马车和汽车制造商，曾为军队设计制造过装甲车辆。该公司由德国移民创建于1852年，1966年倒闭。

（设计师对评审的这一类比感到相当满意）。该方案大胆使用了钢材和玻璃，建筑主体骨架外露，并独具一格地创设了色彩鲜艳的管道系统：绿色管道皆为水管，黄色管道封装电路，蓝色管道控制通风，红色管道代表消防安全设施。由专人设计的座椅、烟灰缸和告示板（虽然后来被市民偷走当作纪念品了）也是整体的设计方案当中不可或缺的元素。当然最妙的还是装在有机玻璃圆管里、沿艺术中心外部运行的“毛毛虫”自动扶梯。

博堡的大多数居民对艺术中心选在这儿安家落户很是乐意。他们站在自家门前，指着附近的贫民窟反问：“谁会想住在那种东西的边 [392]
上？”他们因此期待着“炼油厂”早日落成，说它能让博堡街区获得新生。那么多年了，财政拨款都给了巴黎西区，现在到了该东区享受享受、发达起来的时候。一旦艺术中心带动起人气，这里就会开出新的商店，建起更好的排水系统，冷清的咖啡馆也会再度热闹起来，欢快的客人可以对政府官员，对他们的总统，对自以为是的专家学者、艺术家、建筑商、游客还有青年一代调侃几句、讥笑一番。

谢瓦利憎恶人们对巴黎心怀热爱，却又对巴黎的过去一无所知。对他而言，巴黎是历经世世代代方才造好的综合建筑，是一本不断往上叠加透明胶片、胶片上画有形形色色图案的故事书。巴黎的逝者之多已让它不堪重负，而生者的幽灵同样困扰着这座城市。一旦有什么建筑被拆掉，谢瓦利就在脑海里立即重建一栋。

天下起了小雨。他的裤腿让雨水打湿了，他的脚步难免变得沉重，腿上的肌肉也开始发酸。谢瓦利走到韦尔维路①的拐角，站在圣梅里教堂的门口。1662年的时候，巴黎的第一批公共马车②刚投入使

---

① 韦尔维意为“玻璃器皿”，可能得名自十二世纪定居于此的玻璃工人。

② 即无轨公共马车，又称“五苏尔马车”（相当于“五毛钱马车”），有固定的路线和班次，巴黎城市公共交通从此诞生。

用，布莱士·帕斯卡[①]的姐姐吉尔白就是在这里等待马车的。（开通公共马车服务是她的弟弟帕斯卡的主意。）那一天足足有五辆马车经过，但都已经客满，吉尔白只得气呼呼地转身回家去了。谢瓦利沿着吉尔白当年的路线走了那么一小段，拐进了圣奥波蒂内广场附近的一条岔路。道路的两边仍旧是传统的小作坊，一个皮匠坐在家门口，正耐心敲打着一块皮子。小商贩挎着篮子、推着板车、赶着骡子、蹬着三轮、驾驶着已经不再生产的煤油卡车，热热闹闹地穿梭往来。

这条岔路的尽头是人称“市场大洞”的大堂广场。因为露天的部分低于街道，活像个大凹坑似的，所以被巴黎人戏称为了“大洞”。这里原本是遍布美食摊位的中央市场，后来市场搬走了，这段“巴黎的肠胃”也随之让人剜掉了。如今，游客和巴黎人倚在大堂广场的栅栏边，凝视着底下裸露的地层，想象着恐龙和高卢人曾在此出没的远古年代。

大堂广场的周围被破坏得厉害，自然而然地，代表了巴黎各个时期的人物也在这里频频出没，产生神奇的交集。将近三个世纪以前，在一面贴满海报标语、让人凿得坑坑洼洼的石墙跟前，一个身穿蓝色短外套的男人正蹲在那里，手里抓着一枚钥匙，专心致志在石墙上刻着什么。在圣路易岛的所有栏杆上都留下痕迹以后，雷蒂夫[②]来到博堡街区，企图大书特书当日的心事。多年以后，“为了像活在当下一样重温过去”，他会返回“作案现场”，一一阅读并回味这些给未来的
[393] 自己留的言：“6 月 10 日。重归于好：她和我睡了。”

---

① 布莱士·帕斯卡（1623—1662），法国神学家、哲学家、数学家、物理学家。帕斯卡对机械计算器的制造和流体的研究作出了重要贡献，扩展了意大利物理兼数学家、以发明气压计而闻名的埃万杰利斯塔·托里切利（1608—1647）的工作，澄清了压强和真空的概念。

② 尼古拉-埃德姆·雷蒂夫（1734—1806），人称“布列塔尼的雷蒂夫”，法国小说家，以色情作品闻名，且是“巴黎涂鸦第一人”，用钥匙和小铁棍把圣路易岛河边的护栏当日记本用。

一战以前，有人声称在博堡地区发现了雷蒂夫的一部分刻字，但是自1780年代以来，石墙已多数被重砌过，何况雷蒂夫当年用的是钥匙，他从没有能够刻得很深。如今的石墙上到处刻画着被一箭射穿的心脏、生殖器、卡通笑脸和骷髅头。雨水和汽车尾气侵蚀着石刻，让骷髅头的眼窝越陷越深、越变越大。石墙上的古老标语随着岁月的流逝，愈发显得模糊。无政府主义者（Anarchistes）带着圈的缩写Ⓐ像刻在史前巨石柱上的十字架[①]一样浅，仿佛用手轻轻一抹就会消失不见。

黑太子，# 3

雨不是好兆头，但天亮以后就会停。从海拔一百三十米的贝尔维尔看去，巴黎的轮廓正似海岸线一般逐渐变得清晰，几乎像在瞭望尼斯或君士坦丁堡那样。她放眼望着中心城区，见高高的起重机上，红灯一闪一闪，似乎在对往来的飞机眨着眼睛。很快，黎明的微光便要点亮城市的边缘了。

这一次他要独自上路，像英勇的骑士或踏上探险之旅的王子一样。但是他们——那些彼此只知其名的摩托车手都会前去为他送行。他们亲昵地叫他“帕斯卡”，尽管他马上会以另一个称呼（“黑太子”[②]）闻名于世。摄像师已经在马约门各就各位，一名车手正试图向记者形容来去如风、神秘莫测的“帕斯卡”，说他“好像新型的雷达探测器，你知道他存在，但你不知道他究竟在哪里。”

她穿着皮衣皮裤，外面套着一件类似锁子甲[③]的罩衫。她在窗前又站了一会儿，胳膊底下夹着头盔，最后看了一眼晨曦中的巴黎。

---

① 布列塔尼地区一些可追溯至新石器时代的巨石顶上刻有十字架。

② 或许得名自他的全黑装束以及他所骑的黑色铃木 GSX-R1100 摩托车。

③ 是一种在冷兵器时代就出现的盔甲，相对于皮甲，其防护性更强，且比板甲要灵活，缺点是制作较贵，保养困难，容易生锈。

博堡，1977 年 1 月 31 日

多年以前，波德莱尔坐在这里的一家葡萄酒商店，面前摆着一瓶
[394] 勃艮第葡萄酒和一碟核桃，在一封信的背面写道："新宫殿、脚手架、大石块 / 旧城郊，一切都成了别的什么的寓言 / 我珍贵的回忆啊，比那顽石还重。"(《天鹅》) 多年以后，在谢瓦利被迫居住的巴黎，葡萄酒商店的招牌上添了"码头进口——来自东方，物美价廉"的字样。谢瓦利正前往对他来说似乎仍很陌生的里沃利路，经过仿佛窃笑一般闪烁着的、让他难以辨认的霓虹招牌：药局、小吃店、法雅客[①]、米克马克[②]、成人用品商店、自助简餐厅、小王子书店、卡彭饭馆。

在枯树路的拐角，他给一位年轻的军官指了路，对方正在寻找一条改了名的街道上一家已经不存在的酒店。

这样的时空倒错是谢瓦利正常生活的一部分。但是，自从博堡街区的重建工作开始以来，即使是生活在这里的"当代人"也不免注意到不同历史时期那多少有些尴尬的重逢。二战以后，马戏团破产了，原先颇受欢迎的小丑成天借酒浇愁，因为他们不得不和马歇马叟[③]国际默剧学校的毕业生竞争上岗。晚饭后来博堡工地看热闹的一家人撞见了"倚老卖老"的妓女，她们背靠着通往街道的石梯，举止轻浮。于是主妇别过孩子们的脑袋，又颇有深意地瞥一眼自己的丈夫。博堡召唤来了昔日的亡灵，即便除了几幢破屋以外拆得什么都不剩了，整个"一号不洁区"的上空以及夏特雷－大堂广场站（法兰西岛大区快铁）的走廊里仍旧散发着那么多个世纪以来积聚的恶臭：霉味儿、泥土的咸涩味，以及呕吐物、烂菜叶、腐尸还有消毒药水的强烈气味。

---

① 法国一家专门出售书籍、唱片、电脑软件、数码影碟的零售企业。

② 时装门店。

③ 马歇・马叟（1923—2007），本名马歇・曼捷，法国犹太裔戏剧家，以扮演默剧小丑而闻名，在巴黎建立了马歇马叟国际默剧学校。

除臭单位也来过，技术人员分析了这股味道里的各种成分，但始终不能解决问题。哪怕在大力整治“一号不洁区”、又把中央市场迁到翰吉斯[①]之后很久，博堡街区依然弥漫着它独有的恶臭。

谢瓦利折返博堡高地，他站在那里，盯着蓬皮杜艺术中心璀璨的光墙，仿佛来自另一个时空的见证者。他眼看着这堵光墙一根管子接一根管子地搭了起来，眼下它终于造好了，却似乎永远都不会竣工。

吉斯卡尔欠着身，像踏入地下墓穴一样弯腰走进了蓬皮杜艺术中心，聚光灯把他的秃顶照得亮闪闪的。在他和蓬皮杜的遗孀一块儿来到宽敞如水族馆的大厅以前，比利时国王博杜安、摩纳哥王妃格蕾丝·凯利、蒙博托总统[②]、桑戈尔总统[③]以及所有其他受邀的名人和国家元首早已落座在了镀铬的皮革椅上。这是珂洛德·蓬皮杜自丈夫去世以来的首次公开亮相。艺术中心的大厅里挂着蓬皮杜的肖像，即便是做成了用金属条拼接成的六边形（且如月球表面一般凹凸不平），这幅作品也传神地还原了“乡巴佬”蓬皮杜那得意傻笑的样子。 [395]

全场的五千名宾客在方才的一个小时里你推我搡，坐着自动扶梯从一层楼来到另一层，只为寻找有无自助餐。（吉斯卡尔早已有令：开幕仪式尽可以盛大，但不得为来宾提供任何食物或者饮料。）随后，自动扶梯也停了，艺术中心里于是充斥着埋怨声，以及鞋跟敲击金属

---

① 位于巴黎南郊，属法兰西岛大区马恩河谷省，以其世界最大的食品批发市场而闻名。

② 蒙博托·塞塞·塞科·库库·恩本杜·瓦·扎·邦加（1930—1997），意为“以耐力和毫不动摇的意志，从征服走向征服，在身后留下一片火海的无敌战士”。原名约瑟夫-德西雷·蒙博托，曾任刚果民主共和国（1965—1971）和扎伊尔共和国（1971—1997）总统，在任上以贪污腐败和裙带关系而臭名昭著，有“典型的非洲独裁者”之称。

③ 利奥波德·塞达尔·桑戈尔（1906—2001），塞内加尔诗人、文化理论家，1960—1980年间任塞内加尔首任总统，被公认为是二十世纪的非洲最重要的知识分子之一。早年留学法国，与后来成为法国总统的乔治·蓬皮杜成为了好友。

台阶发出的喀哒喀哒声。

室外，业内顶尖的街头艺人和持证上岗的小丑在曾是荒野停车场的水泥地上表演。谢瓦利站在围观者的中间，想象着如果要为他的《巴黎刺客》配一幅插图的话，插画师应当会在一只瘦骨嶙峋的手（谢瓦利本人的手）上画一个思想气泡[①]，在里头填上波德莱尔的《巴黎之梦》的选段：

这可怖的风光还未经世人的俗眼……
我像画家恃才傲物，面对自己的画稿
品味金属、大理石和水组成的醉人单调
楼梯和拱廊造就的巴别塔[②]，成了
有去无回、此路不通的宫殿
我是仙境的建筑师，随心所欲，命令海洋
驯服地流进镶嵌宝石的隧道
就连黑色都明净如虹
天上没有一颗星，甚至没有低悬的残阳
这一片奇景哪，就全凭自己闪闪发光……

室内，吉斯卡尔一步一步走到透明的讲台前。他曾经巴不得建艺术中心的计划因为资金不到位而胎死腹中，但是蓬皮杜的得意门生——“推土机”雅克·希拉克[③]（他那突出的下巴酷似推土机的铲

---

① 通常为圆形或云状图案，内有台词，代表漫画人物的所思所想。

② 出自《圣经·创世记》，人类出于傲慢和虚荣，企图建造巴别塔（“那时，天下人的口音言语都是一样。……他们彼此商量说：‘来吧，我们要建造一座塔，塔顶通天，为要传扬我们的名。’”），结果让上帝打乱了赖以沟通的语言，从此分为不同的语系，再也不能轻易明白对方的话。

③ 雅克·勒内·希拉克（1932—2019），法国政治家，前法国总统。

子）向委员会施加了压力，最终使得艺术中心的建设得以顺利进行。[①]

虽然对这地方百般嫌弃，但在吉斯卡尔看来，蓬皮杜艺术中心也不是全然没用。第一次以总统的身份搬进爱丽舍宫的私人公寓时，吉斯卡尔发现拜蓬皮杜所赐，他的身边净是让他既难安又烦恼的不锈钢装饰，就好像缩成跳蚤大小的人看晶体管收音机的内部一样。蓬皮杜 [396]
管这些体现了“动力学之美”的装饰叫作“环境沙龙”。每当吉斯卡尔在房间里走动，包含五千多种色彩的动态壁画会随观赏角度的不同产生诸多变化，用不了多久便让吉斯卡尔头昏眼花。所以他毫不犹豫下达了指示，把“环境沙龙”移到了它理应待着的地方——蓬皮杜艺术中心。

一想到再也不用面对那可怕的玩意，吉斯卡尔既松了口气，又难掩厌恶。他在蓬皮杜那傻笑着的六边形肖像下致开幕辞，语意模糊，语气鄙薄：“现在以及未来的几十年里，会有大批民众前来这里参观。绵延不绝的人潮会一次次拍打艺术中心的堤坝，人们会在这里破解资讯的奥秘，对着一张张画像目瞪口呆，也聆听各类演奏那柔滑的音调和切分音。”[②]

说这话时，吉斯卡尔抬起头来，看向艺术中心的大梁和色彩缤纷的管道：绿色的是水管，蓝色的是通风管……

他忽然就琢磨过来了，蓬皮杜艺术中心当真建得好：巴黎的垃圾总要集中运到某个地方，还有哪里比原本就是垃圾场的荒地更能堪当此任的呢？何况这幢引发了巨大争议的丑陋建筑让巴黎的资产阶级再一次团结了起来，令他们愈发痛恨改变、惧怕改变。吉斯卡尔致辞后的第二天，有一万八千人参观了蓬皮杜艺术中心，这一数字超出了所有人的预期。

---

① 蓬皮杜于 1974 年因多发性骨髓瘤在任内逝世，蓬皮杜艺术中心于 1977 年方才完工。

② 蓬皮杜艺术中心内包括公共资讯图书馆、法国国立现代艺术美术馆，以及声学、音乐研究和协作学院。

在穿越几个世纪的漫长跋涉后，历史学家路易·谢瓦利倒在皱巴巴的床单上，迷迷糊糊地睡着了。像许多巴黎人一样，谢瓦利甚至在大白天也会关上护窗板，只有前来擦去窗上污垢的佣人才有资格彻底打开它。波德莱尔从贝蒂讷码头搬到了圣路易小岛的另一侧，比起已经足够谨慎的谢瓦利，他还采取了额外措施，给窗户的下半部分装上了磨砂玻璃，这样一来，

> 我就只看得到天空了。
> 我睁开冒火的双眼，却惊见可怕的陋室……
> 又痛感忧虑的芒刺；挂钟的声音好凄惨——
> 粗暴地指向正午。天空正倾泻黑暗，世界陷入麻木悲哀。[①]

黑太子，# 4—5
（1989 年 9 月）

[397] 她在鲁尔山[②]曾经的山头——星形广场和福煦大街的鹅卵石交汇的地方停了下来。从这里往下看，街景晕染开来，成了米罗[③]的画作中那雾蒙蒙的赭石色和粉色斑点，她在其中看到了他的摩托车尾灯，那一点红光正离她越来越远。周日早上的这个时候，附近还几乎没有人。夜里才下过雨，尚且湿漉漉的地面闪闪发亮，但不一会儿就会被风吹干。这里是市区，郊区的情况则大为不同。她听到大风刮过旧城

---

① 是《巴黎之梦》的第二部分，与上文的第一部分在长度和意境上形成强烈的对比，这种突兀使得诗的第二部分成了一个惊叹号，猛地把诗人（以及读者）从梦中唤醒。

② 鲁尔意为“起伏”，但有别于诺曼底大区境内与之同名的鲁尔山。

③ 胡安·米罗（1893—1983），加泰罗尼亚画家、雕塑家，超现实主义的代表人物。其画作常以自创符号及色块构成，与巴勃罗·毕加索、萨尔瓦多·达利（1904—1989）并列西班牙后现代三大艺术家。

门的声音，车流的嗡嗡声自南面和西面席卷而来。

他们是从巴黎的各个角落赶来，特意为他送行的。一群人骑着摩托，开着疝气大灯，一路护送着“帕斯卡”进入香榭丽舍大街。半道上，他们停下来，在苹果面包房吃了苹果香颂派、喝了咖啡。一周以前，正是在这家面包房，他们发誓为“帕斯卡”、为今天的行动保密。[①]他们只以花名互称，譬如爱神、郊狼、查理、伶猴、奥勃利[②]、潘多拉、公主……要么像是漫画人物的名字，要么像是精品店的店名。

她陪同他来到凯旋门下，她只能送他到这里，然后看着他骑上福煦大街的缓坡。七点零五分了。就在王妃门的十字路口前，他放慢了车速，等信号灯重新变绿。有行人正小心翼翼地穿过马路，却没有抬头看他。

绿灯亮了起来。她在大街的另一头，见他加速驶向环城大道的入口，飞一般经过掐着秒表的某个骑手。探险开始了。

吉斯卡尔觉得自己就像桑贝[③]笔下的小教堂，在凶神恶煞的高楼面前显得如此渺小。是他救下了弃之可惜的奥赛火车站[④]，也是他喊停了意大利广场边高达一百八十米的顶点大楼的施工。更是他当机立断，白纸黑字地规定市郊的建筑不得超过三十七米。尽管如此，他却对阻止巴黎最大的市政道路工程无能为力。

这条来势凶猛的公路自平原门向东移动，直至意大利广场，以每

---

① “帕斯卡”又或“黑太子”的真实身份始终是个谜，毕竟在环城大道上飙车属违法行为。

② 是法国以至整个西欧家喻户晓的漫画人物、《高卢英雄传》的主人公之一。

③ 让－雅克·桑贝，法国插画家，曾为《小淘气尼古拉》配画。

④ 始建于1900年，是从巴黎到奥尔良铁路的终点站。在车站弃置不用后本打算建造一所国际酒店，但因其“体量和高度”与现场不协调而未能获得政府批准，最终被紧急列入1973年的名胜古迹增补名录，并在1986年成功改建成了奥赛博物馆。

小时二十三公分的施工速度往前推进，持续了整整十八年。它就建在[398]十九世纪的城防工事外围，那里曾是园林局局长在1950年代圈定的“绿化带”，由一系列廊道和绿地公园组成，是“城市清洁空气的贮存库”。它最后的路段（从阿尼耶①门到王妃门）是在蓬皮杜逝世前不久铺设完成的。如今，它已是巴黎的地图上最显著的一环，像一条原地蠕动着的阿米巴原虫②，牢牢裹住了旧城区；城区内的古迹反而成了被阿米巴原虫吞吃掉的单细胞藻类，等待着它用食物泡③一一把它们消化干净。

法国大革命以前，围城而建的包税人墙引发过巴黎人严正的抗议，他们哀怨，他们愤恨，他们喃喃说巴黎人画地为牢，自己困住了自己。某个才子还写下过语带讥讽的短句，说：“巴黎围墙围巴黎低语。”④而眼下，这句俗话竟然成真了：巴黎的周围充斥着永无止息的杂音，一堵由轮胎碾过柏油路面的刺耳尖啸，以及汽车内燃机轰隆隆的运转声砌起来的音墙就此围住了巴黎。

环城大道（简称“环道”）对缓解巴黎的市内交通毫无助益。倒是外来车辆源源不断驶入市区，好似宣告不治的人依旧接受输血，却不知血管早已被惰性白细胞⑤堵塞了。因此环城大道也被称为“死亡之环”“地狱之环”。它全长三十五公里，每一天、每一公里都至少要发生一起交通事故。

时间尚早，但车流量已经不小了，人人都在赶路。尽快提升到一百九十至两百公里的时速尤其重要。司机和前车总是保持着至少一米的车距，这对他来说便足够了。

---

① 意为“养驴场”，因该地区土地贫瘠，一度被视为只适合养驴。

② 一种单细胞原生动物，可以根据需要改变体形，因而也被称为“变形虫”。

③ 其功能为储存和消化食物养分。

④ 此处“围墙围”（mur murant）和“低语”（murmurant）乃双关，音同意不同。

⑤ 指并未参与外周血循环，而是附着于血管壁上的白细胞。

不远处，刹车灯成片亮了起来，虽然和他处在不同的时间尺度[①]上，但那辆车应该是准备变道了。他略微放松了油门，指针堪堪逼近二百一十公里每小时。然后他超车，加速冲了过去。

隧道的根根岩柱是烧着了一般的橘色，像翻页连环画一般从他的身边一闪而过。摩托车身稍稍倾斜，于是他眼中的人行天桥也倾斜了二十五度，随即消失在他的身后。用时四十五秒。环道的下一个出口马约门已经向他奔来。安在油箱上的摄像头拍到了此前饱受批评的巴黎大会堂[②]，它那巨大的高楼朝他歪了歪脖子，周围稍矮一些的楼房则向后倾身，温顺地等待他经过。

他像熟悉爱人的身体一样熟悉环城大道：拉维莱特门[③]和庞坦门[④]之间的路段颇为颠簸；丁香门附近有着出人意料的弯道，前方的路在两秒钟内是看不到的。他换了挡位，又迅速调回到最高挡。 [399]

悬索桥[⑤]的钢缆在风驰电掣的时刻看起来是弯曲的，随即又调皮地跃了开去。对面的车道上，一辆辆不知目的地何在的汽车刷刷地驶过。忽然，一大块铁板挡住了他的视线，原来是一辆无权开上快车道的重型卡车从他的面前冒了出来，司机却并不加速，于是他有那么一瞬间被迫跟在了卡车的后面。自然，这样的困境不会持续太久。也就几秒钟的时间——在他的眼中，远处的公路桥开始抡着圈旋转；一排树木仿佛跟随失速的行星坠落，又仿佛让飓风连根拔起，自他的头顶呼啸着飞过。

也许在她等待着的地方，她能够听到他胯下的引擎加速咆哮的

---

① 指完成某一物理过程所需时间的平均度量。一般来讲，物理过程的演变越慢，其时间尺度越长，物理过程涉及的空间范围也越大。

② 位于巴黎第十七区的音乐、会议以及购物中心，毗邻布洛涅森林和塞纳河畔讷伊。

③ 在巴黎第十九区的东北边缘，是环城大道的主要交流道口之一。

④ 位于拉维莱特门以南一点五公里处，是前往庞坦市镇（法兰西岛大区塞纳－圣但尼省辖下）的主要通路，故名。

⑤ 指横跨塞纳河的下游桥，于 1968 年落成，属环城大道的一部分，也是巴黎市区最下游的一座桥梁，故此得名。

声音。

白色的隔板把整个房间分成了两半。正如蓬皮杜曾经抱怨的，在距离香榭丽舍大街不到三百米的爱丽舍宫，这座城市的声音就已经被掩盖和扭曲了。隔板前是法国国家图书馆的新模型，它由四幢大楼组成，像是两本打开后相对而立的书，只不过没有书脊或者书页。

每一个走进办公室的人都会不由自主地留意到新图书馆的模型。届时，一千万册还不曾转录成电子档的书将填满图书馆大楼的每一扇窗户。以目前的技术手段来看，这一千万册书必然会因为长时间的光照而发黄变脆。但科技的发展如此之迅猛，以至于根据日后所谓的“加速回报定律”① 判断：到图书馆大楼完工之时，一种特殊的玻璃已然会被人研发出来，既可以抵消阳光的杀伤力，又不会使大楼内部的光线变暗。

人们管吉斯卡尔的继任者叫“密特拉美西斯”②，也有人戏称他为“叔叔卡门”③。密特拉美西斯来自夏朗德河④畔的雅尔纳克⑤，今年是他执政的第九年了。自从巴黎西人（Parisii）缩在栅栏之后，以为如此便可以躲过罗马人的入侵以来，整个法兰西王国还是头一回与外界这般“泾渭分明”——因着圈地而建的环城大道的存在，现如今，“环道内”

---

① 由美国作家、发明家和未来学家雷蒙德·库兹韦尔提出。根据该理论，技术改良以过去的成就为基础，每十年革新的步调会翻倍。

② 由法国总统密特朗（Mitterrand）和埃及法老拉美西斯（Ramesses）的拼写合并而成的“密特拉美西斯”（Mitter-ramsès）调侃了密特朗（1916—1996）上任后发起的文化体制改革运动，其中最为出名的项目便是委任美籍华人建筑师贝聿铭（1917—2019）负责设计出了卢浮宫主入口处的玻璃金字塔。

③ 借另一位埃及法老图坦卡蒙（前 1341—前 1323）的名字玩的文字游戏，图坦卡蒙（Tutankhamun）谐音“叔叔卡门”（Tonton-Kamoun）。密特朗因颇有亲和力，素有“叔叔”的昵称，却因力排众议、采纳在当时看来过于大胆的玻璃金字塔的设计，引发民众哗然，他们直呼密特朗为“叔叔卡门”，讽刺他想当埃及法老。

④ 法国西部河流，源出中央山地边缘。

⑤ 是法国夏朗德省的一个市镇，属于科尼亚克区雅尔纳克县。

已然成了巴黎的别称。

每隔几周，密特拉美西斯都会带上他的智囊团，仿佛举行某种仪式一般到内城巡游。他在神圣的巴黎地界上沿塞纳河航行，一眼便能看到那些他自个儿发起，又或者从吉斯卡尔那里继承来的“大工程”。像是在指定区域建起的庞大寺庙群一般，这些“大工程”在塞纳河的 [400] 两岸成双成对地出现，譬如法国国家图书馆和贝尔西公园，譬如巴士底歌剧院和阿拉伯世界研究所，再譬如奥赛博物馆和卢浮宫金字塔。

“还是学生的时候——”密特拉美西斯告诉在玻璃金字塔前采访他的电视记者道，“我已经在重建巴黎了。”的确，巴黎的心脏似乎从未如此年轻过，建筑外墙被施以了喷砂工艺，工人重新铺设了一块块草坪，政府对居民统一做了动迁再安置，几乎家家户户的窗口都装上了监控探头和电缆。然而那个属于古迹的时代也正在逝去。如今的建筑是城市发展的障碍，是放大了的街道家具，是需要不断强化的自我价值。上一代人造起来的大楼已经面临拆除的局面，站在两名记者当中的密特拉美西斯也已然垂垂老矣。所以不久以后，环城大道或许就不再是巴黎的围墙，更不会围困住巴黎。据从空中鸟瞰过它的城市规划者说，环城大道是尚未定型、有无限可能的新巴黎的主干道，是广阔无垠的环城新都市的中心。

速度正蚕食着现代都市的结构，它重塑城市的形状，也改写城市的密度。滑板手探索着巴黎那极为复杂且漫长的路径，本能地重新认识了两千多年来巴黎的地质特征和城市规划。跑酷[1]练习者在巴黎翻滚跳跃，比寻常的汽车快得多，就像卡西莫多在圣母院的外墙上飞速攀爬一样。

正如波德莱尔所写的：“城市的样子，唉，比人心变得更快！”（《天鹅》）

---

① 又译为“城市疾走”或“飞跃道”，常被归类为一种极限运动，并没有既定规则，多以各种建筑设施为障碍物或辅助，在其间迅速跑跳穿行。

是时候改变人心了。

卡车司机一个急刹车，他惊魂未定的面孔紧贴着挡风玻璃，下巴抵住了方向盘，把眼睛瞪得老大。一只猫从他的面前窜过，发出凄厉的尖叫。

城市自“帕斯卡”的右手边消失不见了，地平线略微下倾，他于是驾车下行。混凝土浇筑出来的车道板像科幻小说里的地牢一样从他的头顶掠过。用时七分四十六秒。沿途的隔音屏障遮蔽了兴建起来的卫星城，很快，一片片棚户区也仿佛在行车道之间接连跌倒。在巴黎以北，楼群躲在和郊区同名的一道道城门之后，愈行愈远。引擎的张弛之间，在环道上飞驰之余，他感受到了数百万司机永不会知晓的、属于环道的节奏和完满。

太阳从他的身后冉冉升起，又在他的右手边越升越高。汇入“死
[401] 亡之环”的车更多了，晚些时候必会拥堵。让蒂伊门①之后是直线路段（蒙鲁日、马拉科夫②和平原门③），他在看记录仪之前就知道自己又提速了。果然，用时十分十秒。

从地面道路开进隧道不过是眨眼之间。王子公园体育场④那肋骨似的钢架像外星怪物一般向他扑来，罩住了他。通往布洛涅森林的长隧道位于地下，一时不见他飞车的身影，只闻他一次一次超车时绵延不绝的回响。前方又出现了福煦大街的缓坡，路灯也仿佛向他送出祝福，有车流环绕着绿意盎然、好似旋转木马的王妃门⑤——和争分夺

---

① 位于巴黎第十三和第十四区的边界，俯瞰让蒂伊市镇，故名。

② 得名自马拉科夫塔，在克里米亚战争中是港湾都市塞瓦斯托波尔的防御中心。马拉科夫位于巴黎西南郊，距离蒙鲁日约二公里。

③ 位于巴黎第十五区，距离马拉科夫二公里。

④ 巴黎第十六区的一座体育场，可容纳近五万人。目前是法甲俱乐部巴黎圣日耳曼队的主场。

⑤ 王妃门的附近是个环岛，故文中有“旋转木马”的比喻。

秒的他不同，它们显然来自另一个更加悠闲的时空。

用时十一分零四秒。他从王妃门出发，绕城一圈，返回起点。这应当会是一个可以保持多年的纪录。

她已经听到了人群的欢呼。于是骑车绕过星形广场，沿香榭丽舍大街南下，穿过有着庭院[①]和金字塔的卢浮宫广场，刚来得及赶回挤满了摩托车手的苹果面包房。这是一个历史性的时刻。

他只说了那么几个字：“十一分零四秒。”

她用双手捧住他的头盔。那一刻，他的面孔是模糊的。那一刻，这座城市飞速倒退回了被人遗忘的未来。

① 指卢浮宫的主庭院拿破仑庭院。

第十八站 /

萨科、布纳和扎伊德

1. 邦迪

两个世纪以前，对于那些负担得起相对舒适的旅程、不至于要风餐露宿的人而言，巴黎始于圣母得胜圣殿路 28 号，也止于圣母得胜圣殿路 28 号。那里曾是布兰维耶侯爵[①]的私宅。1785 年，路易十六花六十万法镑买下了侯爵的花园别墅，把它改建成了法兰西马车和邮政服务中心——皇家客运专线的总站。在此之前，客运专线的站点和订票处则是散落巴黎各区的。每天早上七点（或八点）以及傍晚五点（或六点），描有金色皇家徽章的杜尔哥马车[②]都会从巴黎出发，驶向王国的各个角落。而在一天当中的其余时间，一辆辆马车从遥远的外省风尘仆仆地回到巴黎，卸下已然坐得腿麻的乘客，目送着他们重新走入鱼龙混杂的人群。

无论乘客的心中在思量着什么，是被抛在了身后抑或在目的地急切期盼着他们的恋人，是即将离开的繁华巴黎抑或即将前往的乏味外

① 应指亨利·德·布兰维耶侯爵（1658—1722），法国世袭贵族、作家、历史学家。

② 以路易十六的财政部长安内-罗贝尔-雅克·杜尔哥（1727—1781）命名。杜尔哥是法国十八世纪中后期的古典经济学家，也是重农学派的代表人物之一，被视作经济自由主义的早期倡导者。

省……除非一派天真或过于胆大妄为，不然登上东行马车的旅人总抱有同样的担忧，尤其是当他们未能如愿订到一早的马车座位，不得不等华灯初上才能启程的时候（如果搭乘傍晚五点或六点的那趟马车出城，意味着不一会儿天就黑了）。

几乎每一个乘客都会细心检查马车和马匹的状况，看固定行李箱的皮带是否足够坚韧，观察马车夫有无喝醉的迹象。他们凝视着车顶
[406] 上方那块小小的天空，担心天是不是要下雨，路会不会难走。赶车人的喊声响了起来，催促人们尽快登上马车。于是乘客又关注起旅伴的年龄、职业、身材和散发出的气味来，预备在必要的时候同对方好声好气地商量换座，而这商量的结果会决定他们接下来的四到五天是不是好过。

除了上述这些重要的因素以外，前往王国东部的乘客之所以会焦虑，还有更深一层的原因。皇家客运专线的马车自圣马丁门①离开巴黎以后，会沿着乌尔克运河②穿越遍布教堂和迷人别墅的平原。不过四十分钟，乘客便能抵达名为邦迪的小村庄，那里有着位于塞纳河和马恩河之间的清幽小径和青翠草地，景致妩媚，是巴黎人钟爱的散步以及野餐的好去处。可是紧接着，在路过中世纪的城堡和客运专线的补给站之后，大伙儿要进入的是林木葱郁、遮天蔽日的丘陵地带——好比巴黎市中心常年照不到阳光的阴暗小巷，这片蛮荒之地还不曾得到文明雨露的滋养。

尽管坐马车用不了半小时就能穿越，邦迪森林在巴黎人的心中仍旧投下了巨大的阴影。在他们看来，那里是个半虚构出来的可怕

---

① 是一座凯旋门（为纪念路易十四征服莱茵河及弗朗什 - 孔泰地区而建），位于巴黎第三区。原址是曾用作防御工事的查理五世（1338—1380）城墙门之一。

② 位于巴黎盆地内的一条运河，虽然并不作为饮用水的来源，但仍然是巴黎重要的水路。

地方，就像从土伦到马赛途中的奥利尤勒峡谷[①]，又或者比利牛斯山上的边境通道[②]那样叫人不安。相比之下，巴黎人还是更愿意待在罪案频发的大都市。因为据说在离灯火通明的大道不过十公里远的邦迪森林，强盗不计其数，他们杀人不眨眼，只为抢夺旅客随身携带的财物。自从公元675年，法兰克国王希尔德里克二世和王后比莉查尔德命丧此地[③]以来，已有如许多的旅人在绿林大盗的手中丢了性命，以至于“邦迪森林”在法语中成了“贼窝”的代名词。萨德侯爵[④]更是以此为创作灵感，故而可见他笔下的女主人公屡在邦迪森林惨遭强盗的蹂躏——于是每一年，涂成了黑、绿两色的“邦迪森林”都要让人搬上巴黎剧院的舞台，充当又一名无助的白衣少女误入贼窝时的布景，引得台下的观众浮想联翩。

邦迪森林的可怖无疑被人为地夸大了，但车夫和乘客眼看着森林走到了头，总归很是高兴。也只有当利夫里[⑤]和林中克利希的村庄被远远抛在了身后的时候，车上的人才兴致勃勃地翻出从巴黎带来的食物，一边为了打发漫长的旅程，开始放声歌唱。

虽然人们搞错了惧怕的对象，但他们的惧怕本身并非没有道理。[407]
邦迪森林曾是法兰西岛“密林双带”的一部分，既为巴黎人输送着建

① 据传十八世纪时，来自伊索尔河畔贝斯（法国普罗旺斯－阿尔卑斯－蓝色海岸大区瓦尔省的一个市镇）、劫富济贫的侠盗加斯帕德·布瓦（1757—1781）曾组织犯人从土伦越狱，而后藏身于奥利尤勒附近的山洞。

② 据说北非的偷渡客是从西班牙的比利牛斯山脉步行进入法国境内的。

③ 一说因希尔德里克二世（655—675）得罪了当时纽斯特里亚（法兰克王国领土，南起阿基坦，北至英吉利海峡，包括了巴黎在内的现法国北方大部分地区）的贵族，因此在与家人（比莉查尔德王后及长子达戈贝尔特）到邦迪森林狩猎时被对方密谋杀害。希尔德里克二世等死后葬在了圣日耳曼德佩修道院。

④ 唐纳蒂安－阿尔丰斯－弗朗索瓦·德·萨德（1740—1814），法国贵族出身的哲学家、作家和政治人物，由于他的作品中有大量性虐待情节，被认为是变态文学的创始者。萨德主义（Sadism）与马索克主义（Masochism）即是现今印欧语系中“性虐恋”（SM）的词源。

⑤ 现称利夫里－加尔冈，是法兰西岛大区塞纳－圣但尼省的一个市镇，位于巴黎东北二十公里处。

材和柴火，也为当地居民自以为能抵御外来者的入侵提供不怎么牢靠的保护。而在繁茂的森林之外便是香槟和洛林地区凉风阵阵的平原；平原尽头是广袤的土地，一直延伸到亚洲大陆，蛮族和鼠疫就从那里汹涌而来。1814 年，正是在利夫里和林中克利希的山头，哥萨克人第一次遥遥望见了巴黎。沙皇亚历山大一世则在邦迪城堡阴恻恻地提醒拿破仑的使团，说是这位法兰西人的皇帝先对莫斯科无端发动了袭击。① 半个多世纪后，普鲁士军队踏足这同一片地方，彻底摧毁了附近的森林和村庄，随即围困了毫无招架之力的巴黎。

尽管如此，在巴黎人的眼中，除了沿驿道谋生的铁匠和开设客栈的老板之外，家住邦迪森林的居民仍然像偏远殖民地的野人一样叫他们难懂。巴黎人熟知门前街道上的每一块鹅卵石，对邻居家发生的点滴变化明察秋毫，但市区以外之人的生活是何等光景，他们着实不甚了了。法国大革命前夕，各乡各镇的百姓联合起来，纷纷倾吐自己的不满，邦迪森林的居民这才第一次引起了巴黎人的关注，他们也这才知道：原来住在那儿的村民同样心怀恐惧。这些森林里的贫民饱受饥饿的困扰，地主家的马匹、猎犬、鸽子和兔子毁掉了庄稼，还让村民背上了沉重的税负。此外，当地通往集市的道路一年里倒有半年无法正常通行；村民抱怨说他们的私产也压根得不到尊重："但每个人都应当在自己的住所内享有自由、不受侵扰，这样才公平。"②

即使在工业时代即将到来的宁静曙光中，邦迪依旧是不受大巴黎爱护的卫星城镇。那里的人们感受着巴黎的引力，却体会不到巴黎的温暖。因为巴黎向来对它的郊区十分防备。它利用郊区的劳动力、索取郊区的资源，但始终试图和郊区保持距离，甚至想要完全废除郊区。1548 年，亨利二世命不得在市郊建造房屋，但凡建起的新房必

① 拿破仑的大军在俄法战争中大败，沙皇亚历山大一世（1777—1825）联合奥、普军队追杀而来，于 1814 年初逼近巴黎，开始了第六次反法同盟战役。后拿破仑被迫退位，波旁王朝复辟。

② 参见国会档案《林中欧奈教区之谦卑恳求、抗议及申诉书》（1789）。

须尽快拆除，费用由房主自行承担。到1672年，阻止巴黎向市郊扩张为时已晚，因此政府禁绝在城市外围做任何建设。有人担心巴黎会 [408]
遭逢和巨型古城相同的命运——因为变得太过庞大而无力对自身进行有效的监管。然而巴黎的财富和需求毕竟吸引着越来越多的移民前来打工。他们行进在以首都巴黎为中心、像辐条一样延伸出去、渐次覆盖全国的公路、铁路和运河之上，无怨无悔地维修和保养着这座只把他们当作农奴的城市。1840年代，当梯也尔城墙[①]沿巴黎砌起来的时候，一个人口过剩、群龙无首的郊区迅速填满了城防工事和从前的包税人墙之间乱糟糟的地带。为了消除它对公共秩序可能造成的威胁，这片新的郊区在1859年被纳入了巴黎市。可是巴黎没有就此停下向外扩张的脚步，每一年都有又一批农场、奶牛场、葡萄园和私人土地被这股城市化的浪潮所吞没。

林中克利希、利夫里、林中欧奈[②]和邦迪的村落恰好位于巴黎的最边缘，故而得以保留了它们相对原始的风貌。据悉，最后一名绿林大盗在1824年被处决了，当时，做杀人越货的勾当早已没了油水，因为新修起来的铁路分流了前往东部地区的大部分交通。而愿意徒步（或借车辆）穿越村庄的旅人大多属于一个正在消失的世界，这些人沿无比古老的路线踽踽而行，是为寻求现代都市无法给予他们的慰藉——他们是朝圣者，他们的目的地是邦迪森林里的天使圣母堂。在那里，圣母玛利亚曾伴随着一道光从天而降，在1212年她的圣诞当日[③]自穷凶极恶的劫匪手中救下了三名商人。从此，附近的小溪也连

---

① 路易－菲利普一世认为保卫法国的关键是不让巴黎像1814年那样轻易落入外国军队之手，因此计划兴建城墙，于1841—1844年间由首相马利·约瑟夫·路易·阿道夫·梯也尔（1797—1877）督工，修筑了巴黎的最后一道城防工事，又称梯也尔城墙。后围墙被拆，沿线建起了环城大道，仍是巴黎市和郊区的分界线。

② （邦迪的林中）欧奈意为“种植桤木的土地”，是位于巴黎东北郊区的一个市镇，距离巴黎市中心十四公里。

③ 指天主教所定的圣母圣诞，为每年的9月8日。

带有了神奇的力量，溪水可治百病，至少当地人是这么传说的。因此，即使在强盗变得像野狼一样稀缺的年代，我们也不难想象邦迪村庄那本应千年不变的质朴模样。实际上，要不是某个愚蠢的政策再一次让邦迪森林成了让人闻之色变的地方，它完全有可能摆脱城市化进程的滚滚洪流。

几个世纪以来，巴黎的主要屠宰场以及垃圾填埋场都位于蒙福孔刑场①的遗址之上。那里屹立着一座巨大的中世纪塔楼，每一扇敞开的窗户里都有悬挂在锁链上、任由乌鸦啄食的死尸。当巴黎朝着肖蒙山丘和拉维莱特的方向扩张时，也把从前的蒙福孔刑场围在了其中，自那儿散发出的阵阵恶臭令巴黎市民无法忍受。于是在 1817 年，政府决定把屠宰场搬到欧贝维利耶②，又把臭气熏天的垃圾填埋场移到
[409] 了同样臭名昭著的邦迪森林。到 1849 年为止，每一天都有长长的驳船从乌尔克运河开出，满载巴黎市民的生活垃圾和排泄物，肆意倾倒在邦迪森林的土地上。

经年累月，恶果悄然萌生。邦迪森林再次成了巴黎以东的地平线上令人毛骨悚然的幽灵。短视的政府贪图一时之便，成了唤醒古老诅咒的不知情的帮凶。1883 年，一群忧心忡忡的市民集结出版了一本名为《巴黎及市郊传染病》（下简称《传染病》）的小册子，提醒有关当局留意邦迪森林带来的新一轮威胁——瘟疫。册子里说，每年一旦天气转暖，巴黎东北方向的邦迪森林就会变得“奇臭无比”。册子的封面设计图将巴黎划分成了二十个区，右上角则画有一个黑色的小方块，一旁标有“邦迪”的字样（正向巴黎的各个区散播瘟疫病毒）。所以紧邻邦迪的五个区——巴黎第十、第十一、第十八、第十九和第

① 蒙福孔意为“猎鹰山”，是十三世纪末直至十七世纪初法国王室用以处死“乱臣贼子”（并展示其尸体以警告民众）的主要刑场，位于法比安上校广场（旧称战斗广场）附近的山丘顶部。

② 法兰西岛大区塞纳－圣但尼省的一个市镇，位于巴黎东北郊区。

二十区也是黑色的。其他的十五个区则要么呈灰色，要么是白色，取决于它们和传染源——邦迪森林的距离之远近。册子的内页同样印着这张图，旁边还附了表格，显示但凡最接近邦迪的区域，其居民的年死亡率也最高，底下的标题则言简意赅："以小见大，不言而喻。"

相比之下，从前有强盗出没、让人闻风丧胆的邦迪森林压根不足为惧，因为现代邦迪正用病菌夺去数以千计的巴黎人的性命。《传染病》的作者愤愤地表示："污水处理厂的工人和各式各样的打工者掐住了巴黎的咽喉，他们以牺牲巴黎的健康为代价充实自己的腰包。"作者也质问：这些致命的寄生虫到底是谁？有人查过他们的身份证明吗？他们生活在邦迪腐烂、破败、贫瘠的土地上，而普通人一到那里就要屏住呼吸，不然会忍不住作呕。据《传染病》的作者说，以巴黎的粪便污物为生的非法劳工是"一小群不曾登记在册的外国佬，多半是出身可疑的德意志人和卢森堡人"。依作者之见，与其说对巴黎造成威胁的是来自巴黎本土的排泄物，倒不如说是处理这些排泄物的外来人口。

如此三十年后（1911 年），一位民族学家①甘愿冒着恶臭，想去探究昔日邦迪的生活究竟还剩下些什么。他特意选在圣母玛利亚的诞辰那天前往邦迪森林，看见在林中克利希和蒙费梅伊②之间的小路上，朝圣者依然在涌向天使圣母堂。但是，古老的传统已经被现代世界所破坏，至少在民族学家的眼中诚然如此——属于中世纪乡村的敬虔无处可寻，农家的木棚外弥漫着向信徒兜售的油炸食品的呛人烟气，而大部分信徒或游客来到这里，显然也不是出于宗教信仰："可 [410]
以肯定的是，对于绝大多数前来参观天使圣母堂的人而言，据说有神奇疗效的溪水可不是用来解渴的（而是用来灌装以供出售的）。"最

① 指拉斐尔·沙依诺所著《邦迪森林里的朝圣》（1913）。

② 意为"防御牢固的山"，是法兰西岛大区塞纳-圣但尼省的一个市镇，位于巴黎以东十五公里处。

近，圣母堂还让人偷了一回，足以表明这里再没有什么是神圣不可侵的了。

巴黎固然在不断向外扩张，它那相对瘦小的邻居——东北郊的邦迪森林也在慢慢地发生变化。由于现代技术的应用逐渐能解决当地臭气熏天的难题，越来越多的森林地块被分割出售给了从巴黎来的商人，他们企图在乡间不花什么代价就舒舒服服地养老，带来的除了各式园艺工具，还有他们的无产阶级架构和理想。随着土改运动的进行和旧有地主制经济的瓦解，邦迪森林里的小村庄成了社会主义者和激进人士推崇的“红色地带”，似乎又对巴黎的安全构成了另外一种威胁。然而农村毕竟还残留着过去的影子，直至二战爆发时，那片土地上的新主人仍旧可以从利夫里和林中克利希的大路上收集到牛粪，好为自家的玫瑰花丛施肥。

不过邦迪被大巴黎吞没是迟早的事。城市化的浪潮沿着乌尔克运河一路向东，邦迪的林木也好、表土也罢，终究被打上了“巴黎所有”的烙印。巴黎人在邦迪建起整洁的、带着铁栏杆的小房子，但是很快，它们看起来就像被它们取代的农家小屋一样陈旧和脆弱了。1960 年，政府出资在邦迪打造了第一批廉租公寓，随后推广起了社会住房项目，譬如小村住宅区、圣殿林村住宅区、老磨坊村住宅区……这些颇具乡土气息的名字可能是官员情急之下在政府名录里随意勾选的。不久，工程车再次开进了山村，铲掉了丘陵，填平了洼地，邦迪原本起伏的地貌已几不可察，只有拎着沉甸甸的购物袋或者患有严重关节炎的行人才感觉得到。天使圣母堂被困在了拥有四车道的加加林大道[①]附近的耐磨草地上，有神奇疗效的小溪被引进了涵洞[②]，后来溪水遭到污染，涵洞也让人堵死了。在如今刮着大风的邦

① 得名自尤里·阿列克谢耶维奇·加加林（1934—1968），苏联航天员，首个进入太空的人。

② 又称暗渠，是一种用来为道路排水的暗管，通常较隧道短小。

迪高地上，一幢幢大楼拔地而起，分别叫作宇航员大楼、阿连德[①]大楼、雨果大楼等等。

邦迪的外来务工人员曾经多是阿尔萨斯人和德意志人，后来他们从布列塔尼和南欧前来，如今他们则来自更为遥远的地方，譬如土耳其和中东、马格里布[②]和法属赤道非洲[③]、中国和东南亚。老一辈的巴黎人早早搬到了邦迪市郊，他们看不起这些外乡人。等公交车的时候，他们瞥一眼身边穿着鲜艳的印花衬衫或驼皮连帽大衣、肤色或黑或棕或黄的人，不禁要自问：这里还是不是我一向生活着的那个叫作法兰西的国家？ [411]

我们很难断言：邦迪究竟在何时永远斩断了它属于乡村的那段过往，而荒野又在何时以另一种形态重新回到了邦迪。直到1965年，林中克利希和蒙费梅伊的采石场仍然为巴黎提供着石膏原料，邦迪森林的部分农庄也仍然为当地的蔬果店供货，以对抗益发强大起来的连锁超市。在乌尔克运河另一头的林中欧奈，即使大部分人都去了巴黎打拼，还是有农民选择留下，看守着自家地里的小麦、燕麦、大麦、甜菜和土豆。但是种田的人到底越来越少了，猪圈的气味和泥腥味渐渐消散在了空气里，哪怕这种岁月的味道会让前来邦迪的新移民想起被他们抛在了身后的故乡。一个旧世界在无人瞩目的角落悄悄终结了。1960年代的某一天，在依旧可以从高地遥望埃菲尔铁塔的时候，邦迪的最后一位农民把拖拉机开到田埂边，又掉头开回了小村住宅区，把这片祖祖辈辈辛勤耕耘过的土地留给了大城市来的开发商。

---

① 得名自萨尔瓦多·吉列尔莫·阿连德·戈森斯（1908—1973），智利政治人物，以作为拉美第一位通过公开民选当上总统的马克思主义和社会主义者而闻名。

② 非洲西北部一地区，在阿拉伯语中意为“日落之地”，后逐渐成为摩洛哥、阿尔及利亚和突尼斯三国的代称。十九世纪末，该地区绝大部分成为了法国、西班牙和意大利的殖民地。

③ 是1910—1959年间法国在非洲中部的殖民地联邦政权，疆域范围从刚果河向北延伸到撒哈拉沙漠，主要包括四部分，大致相当于现在的加蓬、刚果、中非以及乍得。

2. 天使谷

引擎的声音渐渐消失，有那么一会儿，他们似乎安全了。原本应当圈住一片垃圾场的铁门不知怎么开了一道缝，三个少年飞速穿过门缝，窜进了灌木丛。树横七竖八地疯长着，像棚户区乱得毫无章法的违章搭建一样。爬山虎缠住了细细的树枝，树根扎进高高的垃圾堆。这里就像一片小小的森林，三个少年可以躲开追捕他们的警察。

他们原本有十个人，正在空地上练球技(而不仅仅是踢皮球)。
[412] 林中克利希的少年多半球技过人，原因很简单：除了用掌上游戏机打发时间、在购物中心或者穆斯林汉堡王[①]附近闲逛、听盗版光碟上的祖克[②]和美国说唱音乐以外，他们在假期里无事可做，只得日日磨炼球技。所以他们知道如何从角球区开出弧线球，有社区小齐达内或小亨利[③]之称的少年会趁守门员不备，头球破门得分。其中的一个孩子是布纳的弟弟，他让球探相中，之前被送到勒阿弗尔进行了试训。擅长足球的少年都很机敏，尤其是这三个躲进了垃圾场的男孩儿，他们跑动迅速，彼此配合默契。布纳是毛里塔尼亚黑人，穆西廷是祖籍土耳其的库尔德人[④]，扎伊德是来自突尼斯的阿拉伯人——他在邦迪市郊有个响当当的名头，人称“弹弓”，因为他可以用栗子砸中十七楼人家的窗户。

孩子们在看表之前就注意到天色变暗了。斋月[⑤]还剩下最后一

---

① 是开设在巴黎最大穆斯林社区的特色速食店，从对乳肉制品的加工处理到店员的着装皆符合穆斯林律法。

② 源于瓜德罗普岛的一种节奏性很强的音乐风格。

③ 指齐内丁·耶齐德·齐达内和蒂埃里·丹尼尔·亨利，皆为法国著名球星。

④ 一个生活于中东的游牧民族，主要分布在土耳其、叙利亚、伊拉克、伊朗四国境内，屡遭迫害。

⑤ 伊斯兰教习俗，会在伊斯兰历的第九个月进行，符合条件的穆斯林必须于该月份恪守斋戒，每天从晨礼到日落期间停止饮食等生理活动，当天日落之后直至次日晨礼之前可正常作息吃喝。

周，他们从早上起便没有吃过东西。父母亲对门禁有严格的规定，他们必须在傍晚六点以前赶回家。警笛声响起的时候，十个少年撒腿狂奔，但他们多数还是被警察抓到了，只余下布纳、穆西廷和扎伊德三人跑进了附近的楼群，永不止息的风一阵阵吹过，在居民区的入口处堆满了垃圾。

多年以前，这些大楼的门厅也曾铺着光洁的大理石，门卫会定时清理垃圾，再确保电梯能正常运行。然而多年以后，大楼成了摇摇欲坠的危楼，有水顺着墙壁往下淌，走廊里散发着难闻的尿骚味。机长若驾驶飞机，预备降落戴高乐机场，哪怕是刻意寻找也难免错过这片仿佛荒地的住宅区——随意扔在了阳台上的儿童自行车和各类垃圾让它看起来像被炸毁了似的。住在大楼里的一些人家也从不外出，由于楼下信箱上的名字已被撕掉或严重污损，就好像这些居民根本不存在了一样。他们当初选择定居此地，逃离了民族解放阵线[1]或者红色高棉[2]的迫害。如今他们的下一代恐吓别人，也被人恐吓——林中克利希有着全法国最年轻的人口，也是失业率最高的地区之一。

警笛声在狂风中打着转，冲过大楼之间的空隙，撞上外墙，又从墙上弹起。某个在火葬场工作的男人看到这三名少年穿过建筑工地，[413]
他们戴着头巾，脖子上挂着耳机线，三双贴了反光条的跑鞋在暮色里一闪一闪的。这个男人于是报了警，不只因为他担心孩子们可能跌进坑洞、弄伤自己，更因为他怀疑这几个少年存心想偷东西。

为了保险起见，布纳、穆西廷和扎伊德都没有随身携带身份证明（他们的家人花了好几年的时间才拿到这些文件），而一个没有身份证的少年很容易被捕。父亲吓唬过扎伊德，说如果他让警察抓到了，不论出于何种原因，他都会被送回突尼斯，那么等待着他的将是比死亡

① 应指阿尔及利亚民族解放阵线。1962 年阿尔及利亚从法国独立后，该党一直是执政党。

② 指柬埔寨共产党及其后继者民主柬埔寨党等左翼势力，曾采取极端改革措施，导致民不聊生。

更糟糕的命运。

警察或者富人当然会觉得三个少年选择的路线很可疑。但这三个孩子清楚这一带的地势，他们从球场一路奔逃，走的正是最符合逻辑的直线，一路穿过居民区、建筑工地和塞维涅大街[①]后面的市政厅公园，朝尖橡树区和天使谷的高楼跑去——扎伊德的家就在那里。令人目眩的安全灯让暮色显得越发昏暗了。他们的耳机里还播放着音乐，三人跟随节拍迈开脚步：“法兰西是个荡货……兄弟，对她可不要含糊！……我朝着拿破仑撒尿，戴高乐将军也别放过……警察嘿哟哟警察，都他妈的是婊子。”

呜啦呜啦的警笛声分外刺耳。十个少年中的某一个蹲在一辆烧毁了的汽车后面，看着警察从不远处经过。其中的一些穿着便衣（这可大大地不妙），随身带着闪光弹（因为不会穿透目标人物的外衣，闪光弹又被称为“非致死性武器”）。布纳、穆西廷和扎伊德像在比赛的最后几秒试图得分的边锋一样，全力跑到市政厅公园的另一侧，然后飞奔过马路，野兔一般敏捷地跳入了枝繁叶茂的荒地。用警察的话来说，这一地区的地形“极为崎岖”，而由于他们常驻利夫里－加尔冈分局（辖区内只住着法国人），对“极为崎岖”的林中克利希可谓一无所知，或许很快就会放弃搜捕、收队回家——至少布纳、穆西廷和扎伊德满心希望如此。

这三名少年闯入的荒地空无人烟，就位于林中克利希的边缘，而林中克利希本身也前不着村、后不着店。

虽然已经被大巴黎吞并了，但东北郊的邦迪距离巴黎市中心仍然那样遥远。事实上，许多邦迪居民从没有去过巴黎，也从没有见过埃

① 以塞维涅夫人命名。特指玛丽·德·海布坦－尚塔尔·塞维涅侯爵夫人（1626—1696），法国书信作家。其现存大部分书信都是写给女儿的，文笔生动有趣，反映了路易十四时期法国的社会风貌，被奉为法国文学的瑰宝。

菲尔铁塔。林中克利希没有火车站，前往巴黎市中心的交通十分不便，公交车的班次也少得可怜。林中克利希是块典型的飞地[①]，它甚至不在法兰西岛大区快铁的地图上，而是坐落在塞夫朗－利夫里站[②]和勒兰西站[③]之间不合比例尺的空白区域。尽管有二十五万居民，林中克利希却更像一个寒酸的前哨站。在《悲惨世界》里，冉·阿让乘坐沿圣马丁门附近的圣亚波林路直达邦迪的马车，从黑心肠的德纳第夫妇手中救下了珂赛特，又自蒙费梅伊经利夫里和邦迪，把珂赛特一路带回了巴黎。但是2005年的时候，布纳身为清洁工的父亲（同扎伊德的父亲一样）每天上完夜班回家，都要在法兰西岛大区快铁上待足一小时，然后换乘601路公交车，等车晃晃悠悠开出十多里地，这才把他送到天使圣母堂的附近。 [414]

无论如何，家住郊区的黑人或阿拉伯人游览巴黎景点的可能性之低，堪比十九世纪圣马叟市郊[④]的居民有那份闲情逸致到贵族聚居的圣日耳曼市郊散步。对来自郊区的少年而言，巴黎就是个大火车站，或者基本等同于大堂广场，是有钱人家的孩子花数千欧元购买名牌服装和正版光碟、出于好奇吸毒、在公共场合接吻的地方——这些少爷小姐恐怕没有兄弟教导他们做人的道理，不懂何谓礼义廉耻。

此外，巴黎也是个极其危险的地方。在拿到人生中第一张毕业证书的那天，一个家住市郊的摩洛哥[⑤]少年去巴黎探望姑妈，结果在里

---

① 指隶属某一行政区管辖但不与本区毗连的土地。如果某一行政主体拥有一块飞地，则它无法取道自己的行政区域到达该地，只能“飞”过其他行政主体的属地才能到达，故名。

② 开通于1860年，位于塞纳－圣但尼省塞夫朗。

③ 开通于1849年，全称勒兰西－维勒蒙布勒－蒙费梅伊站，位于巴黎东北郊区塞纳－圣但尼省的勒兰西和维勒蒙布勒两个市镇的交汇处。

④ 因巴黎第九任主教圣马叟（？—436）而得名，一度被称为“悲苦市郊”，因为它长久以来都是巴黎最丑陋、最贫穷的地区。

⑤ 有别于地中海南岸富裕的摩纳哥，是北非西端的一个君主立宪制国家。1912年沦为殖民地性质的（被）保护国，领土被法国和西班牙瓜分。1956年3月获得独立。

昂火车站被捕，让四名警察关在牢房里好一顿打，然后才把他放了。每个到过巴黎的郊区少年都有类似的故事要讲，说警察会在街上拦住他，强迫他脱下牛仔裤，侮辱他的家人或他们所以为的他的宗教信仰。有时，那些警察会假装要弄死他或袭击他的下体，一边念着多半印在《警务行动指南》[①]里的混账台词："你就喜欢我们这样对你是吧？小基佬，快去，到你的朋友那里去，让他们好好看看你是个什么样的脓包！"郊区当然也会发生这种事，但至少郊区的人民更团结，更一致对外，何况警察也不太敢涉足郊区。

[415] 这就是为什么警笛大作之时少年们要四散奔逃，为什么当他们听见又有一辆警车朝这里驶来时彻底慌了神。

他们所在的荒地向南倾斜，底下的土丘虽然陡峭，却十分柔软，树木皆倒伏在地，就好像它们也一直在试图逃跑。这里曾经是个石膏采石场，后来成了垃圾填埋地。而在很久以前，它是克利希修道院的一部分。三个少年站在老修道院酒窖上头的某个地方——当年的塞维涅夫人十分钟爱这片神奇的土地。她在1672年给女儿写信，信中说："我看着眼前的花园，这些小巷、小桥、大路、草地、森林、磨坊……种种秀美的景色，总不免一再地想到你，我的宝贝。"

布纳、穆西廷和扎伊德却无心流连，他们匆匆穿过倒伏着的林木，发现垃圾填埋场的边缘是一排水泥墙，墙的另一头是一个封闭的庭院，里面满是钢结构的建筑，却没有窗。更远处的修道院路上是一栋栋整齐的小屋，前院干净整洁，沿街设有防盗门。某户人家的狗在不断吠叫，因为接连不断的警笛声和闪烁着的警灯而兴奋不已。几米开外的地方，警用对讲机发出了嗤啦嗤啦的杂音。至少还有一辆警车停在附近，这片荒地似乎被警察包围了。少年们唯一能去的地方在水泥墙的另一头，墙上挂满警示（既有文字也有图案，遍布整个区域），

① 是为警察如何开展行动提供程序、概念和原则的指导性文件，这里只是一种讽刺性的说法，并无相对应的实物。

警示牌上画着骷髅、交叉的骨头和一只仿佛蜡笔涂鸦的黑色的手。另一块警示牌上画着一个卡通人物，他的头发被电得根根竖起。但少年们顾不上看这些，他们爬上水泥墙，因为太害怕了，甚至没工夫担心墙体的高度，就扑通一声落在了另一头。

“光之城”巴黎为两根电缆所环绕，一根距离市中心二十四公里，另一根距离市中心十六公里。尽管没人会特地跑去看它们，但在巴黎的历史上，这两根巨大的环状电缆和标志着这座城市不同扩张阶段的税关与城墙一样重要。其中，外圈电缆承载着四十万伏特的电压。内圈电缆在 1936 年架设到了林中克利希，其额定电压为二十二万五千伏特。在法国，这种“双保险”的配置是巴黎独有的。如果一根电缆出了什么故障，则另一根可以立马顶上，补足电力缺口。如此一来，占法国五分之一用电量的巴黎可以避免重大的停电事故。

三个少年翻墙进入的地方是法国电力公司设在林中克利希地区的 [416]
变电站。在这里，输入电压降到了两万伏，随即再连入当地的配电网。布纳、穆西廷和扎伊德先是想打开主楼的某一扇大门，但门被锁住了。他们不得已翻过边上的另一扇铁门，跳进了一个院落，并尽可能站在远离铁门的地方。他们当时还想：万一警察硬闯进来，他们可以试着躲到变压器的后面。

布纳和扎伊德站在院落的一侧，穆西廷在另一侧。六点钟前赶回家是绝对没可能了，最好的办法是等警察自行离去。十分钟过去了，二十分钟过去了。蓝色的警灯把树丛照得闪闪发亮，警察坐在车里，正和利夫里－加尔冈分局的调度员通话：“锁定嫌疑人两名，正进入法国电力公司……”“请重复。”“我是说——嫌疑人正进入法国电力公司。我们需要增援，以便包围现场。”“收到。”不一会儿，一名警察仿佛自言自语道：“如果他们进了电力公司，大概不会再活着出来了。”

四辆警车、十一名警察把守着出口。但没有人打电话给电力公司，也没有人通知消防队。三名少年大约是在五点半进入变电站的。

六点十二分的时候，布纳（又或是扎伊德）举起手臂，或许是在绝望中祈求有奇迹发生，也或许只是等累了，想活动活动筋骨、伸个懒腰。那时，警察很可能已经离开了现场，因为他们谁也没看到水泥墙上方划过一道耀眼的光，闪了一闪，又迅速消失了。

3. 移民

二十小时前，内政部长在天黑后拜访了巴黎西北郊的阿让特伊[①]。他的到访引发了部分民众激烈的反响。当地青年向部长投掷石[417]块，保镖匆忙打开雨伞，石块砸在雨伞布上，又弹了起来。一名妇女站在高楼的阳台上，质问部长要如何处置那些“败类”。摄像机拍到部长抬头看着阳台，但有那么一会儿，一个剃着光头、嬉皮笑脸、正在镜头前跳来跳去的男孩子挡住了画面。部长终于不耐烦了，他推开那个调皮的男孩，对阳台上的妇人说：“你想除掉那些败类？……我们会帮你做到的。”

内政部长站在人高马大的保镖中间，愈发显得矮小，但他身上的气势可不容小觑。他没打领带，脸上的表情介于横眉怒目和玩世不恭之间，像个知道坏人已经用完了子弹的牛仔义警。他不停地比着手势，略微显得招摇，要是编辑一下这段视频，不知情的人没准会以为他是个说唱歌手：“哟哟，我一听到‘郊区’这个词，就准备好要掏出闪光弹子！”（坊间流传着一则笑话，说部长大人因为某位说唱歌手在作品里污蔑了法国警察，曾经下令要起诉他。）

到郊区体察民情对部长而言十分必要。每一次到访过后，部长的支持率便水涨船高。他完美地扮演了那个众所期待的角色：他已忍无可忍，所以为民挺身而出，不惧“败类”的威吓，义正辞严地告诉他们这里是谁说了算。六月份的时候，他曾到过发生枪击案（导致一名

① 法国中北部城市，位于塞纳河右岸，阿让特伊因此有“（塞纳河）银光闪闪”之意，距离巴黎市中心约十一公里，现已成为巴黎重要的近郊卫星城。

少年死亡）的拉库尔讷沃[①]郊区，承诺会用高压水枪式的作风横扫街头，直到铲除毒瘤为止。事后，部长并不为使用了“高压水枪”这样的煽动性字眼“感到抱歉”。他说：“法语的词汇那么丰富，我没理由不物尽其用。”

正如他在自传《宣言》中解释的那样，他必须态度强硬，方能继续生存。起初，他只能靠自己：“我没有人脉，没有财富，也不是公务员。”他是在巴黎西北郊的富人区——塞纳河畔讷伊执业的律师，是移民的儿子，父亲给他起了一个不同寻常、一听就带着异国情调（可能是犹太人甚至是吉普赛人，但无论如何不会是法国人）的名字：萨科齐·德·纳吉-博萨。[②]“有这样一个名字，很多人会以为默默无闻才是明智之选，而不是想着要成为众所瞩目的焦点。”

萨科（他在敌人和盟友当中广为人知的称呼）热爱内政部长的工作：“不论是白天还是黑夜，我的办公室里总归无比热闹，各式剧情 [418]
让人应接不暇——亟待解决的人质危机、来自恐怖分子的威胁、森林大火、群众示威、节日狂欢、禽流感、洪灾、失踪人口……压在我肩上的责任太重了。”萨科在桑加特[③]的飞机棚见到了被拘禁在那里的非法移民：“三千双眼睛恳求着我，威胁着我。他们没有一个会说法语，他们期望我给出一切，但我能给的其实那么少。”他把指纹数据库的容量从四十万增加到了二百三十万，又允许检举揭发皮条客的外国妓女留在法国。

出于对工作的热爱，他牺牲了家庭生活，不得不常常忽略妻子。[④]他看到法国正逐渐崩塌。法国的乡村在新世纪重新沦为了英国

---

① 法兰西岛大区塞纳-圣但尼省的一个市镇，属于圣但尼区。

② 萨科齐的父亲保罗·萨科齐是匈牙利贵族后裔，因苏联红军占领匈牙利，作为难民逃到了巴黎，迎娶了有法国、希腊和犹太血统的萨科齐的母亲安德蕾·马拉（1925—2017）。

③ 意为“沙地”，是法国北部-加来海峡大区加来海峡省的一个市镇。

④ 萨科齐与第一任妻子玛丽-多米尼克·库利欧里经过几年的分居，于1996年正式离婚。

人的殖民地，法国的商人则纷纷移居伦敦，就连他自己的侄女[1]也跨过海峡，为一家在英国的银行工作。中产阶级眼看着他们的投资失去了价值，而通过工会联合起来的工人认为拿最低工资是天经地义的事。

他还记得戴高乐将军葬礼的那天，方才十五岁的他和万千悲痛的民众一样，在凯旋门下为将军献上了一支白玫瑰。可如今，没有人再关心这个国家了。法国球迷甚至为马赛奥林匹克队[2]喝起了倒彩。一战中被枪毙了的懦夫获得了平反。拿破仑·波拿巴让人和阿道夫·希特勒相提并论，殖民化进程被看作是犯罪活动。

身为政治人物，他想竭尽所能赢得警察的尊重。他允许他们携带闪光弹，又为他们解决"最头疼的住房问题"，下令造起更好的营房和警局。每当有警官结婚或者生子，都会收到附有他签名卡片的花束。他心爱的拉布拉多犬（"英迪"）也被派到了法国反恐部门——黑豹突击队，和队员们一起接受训练。在他的领导下，警察毋须再束手束脚地工作，原先的"防御性策略"会被他所主张的"进攻性哲学"取代，以确保"集中火力打击郊区地带"。

公关公司召集了一批志愿者，把萨科的讲话放给他们听。这些志愿者手握连接到计算机的摇杆，根据听到的内容向左或向右摆动
[419] 杆子：向左表示反对，向右表示赞同。在听到"败类"这个词的时候，绝大多数志愿者把摇杆推到了右侧。

2005年10月26日的晚上，阿让特伊阳台上的女人不自觉地说出了那个会为萨科赢得选举[3]的词——"败类"。记者总是采访那么一

---

① 原著中为"女儿"，当属谬误。萨科齐同三任妻子育有三儿一女，女儿茱莉亚在原著出版（2010年）时尚未出生。而在萨科齐的子侄辈当中（三个侄子、五个侄女），唯有其长兄纪尧姆的小女儿卡普西尼可能符合作者的描述，故作此推测。

② 成立于1899年的马赛足球俱乐部，曾夺得九届法甲冠军及十次法国杯，也是首支问鼎欧冠赛的法国球队。

③ 指两年后的总统选举。

些人，她们要么是提着购物袋的白人老妇，要么是打扮得体的社工，她们说郊区的情况没有大伙儿想的那么糟，年轻人之所以不安分，是因为他们终日无所事事，平常也得不到理解和尊重。但是，如果美丽的巴黎遭到“败类”的围攻，那么任何一个政客都无法坐视不理，无法忽视老百姓的恐慌情绪。

4. 光之城

2005年10月27日晚上，林中克利希忽然陷入了黑暗（这在破败的巴黎市郊偶有发生），家家户户怨声载道。不久，紧急备用电源开始工作，灯又一盏接一盏地亮了起来。

就在这时，一个少年跌跌撞撞地走在前往天使谷的路上。他弓着腰，眼神呆滞，嘴里咕哝着一些没人理解的话。这孩子看起来简直像个外星人，他的脸色焦黄，衣服上带着火苗，好像下一秒就要整个儿烧起来了似的。

他在傍晚六点三十五分踏进购物中心，见到的第一个人是布纳的哥哥西亚卡·特劳雷。此时的穆西廷大着舌头，已几乎不能好好说话。他一遍又一遍重复着什么，西亚卡只听明白了两个词：布纳、意外。

穆西廷攀上墙头，像是在做梦一样。警察和他们的警车都已离开。他的衣服不知怎么烧着了，而他的朋友在转瞬即逝的亮光里永远消失了。四周的空气像着了火。等穆西廷回过神来，才发现和西亚卡同在购物中心的伙伴正试图把他烧着了的外套脱下来。

那个伙伴随即打电话叫了救护车，而穆西廷带着西亚卡穿过市政厅公园，一边说：“他们在追我们……”

两人来到树木葱茏的荒地附近，西亚卡在林中克利希生活了好 [420]
些年，却从来不知道这里还有这样一个地方。他可以感觉到水泥墙散发出的热量，空气里有种烧伤病房的焦煳味。他问穆西廷：“他们俩在哪儿？”穆西廷用一只胳膊捂住脸，另一只指了指水泥墙：“就在那儿。”

当天晚些时候，穆西廷躺在圣安托万医院的手术台上，然后被转到了无菌室。他的父亲——一个待业的砖瓦匠守着他，透过有孔的玻璃挡板和他说了会儿话。三名少年二死一伤的消息很快在郊区传开了，电视和广播随即进行了报导。再后来，就像连绵不断的雨势一样，网络媒体对事件加以了跟进。

在一片混乱的讲述中，这场不幸的事故被剪切、粘贴、编辑、翻译成了各种方言、各样版本。但哪怕有所歪曲，至关重要的信息还是保留了下来，事件的真相伴随着压倒一切的叙述一次又一次得到了还原——警方在林中克利希导致两名少年死亡。内政部长称呼他们这样的人为“败类”。十七岁的穆西廷还没有完全脱离生命危险。他们一个是阿拉伯人，一个是黑人，还有一个是库尔德人，都是家住郊区的少年，与其他人并没有什么两样。触电身亡的布纳甚至只有十五岁。

就在第二天晚上，林中克利希有二十三辆汽车被人点燃，当地居民和警方展开了激战。往常的时候，汽车总在郊区的某个地方熊熊燃烧，但是现在，人们像点亮山顶的灯塔一样放火烧车，仿佛是为了警示敌人入侵，也仿佛是为了表达雷霆之怒。

穆西廷看着病房里的壁挂电视，因为接受了大面积的皮肤移植，他只得一动不动地躺在那里。新闻画面有时令他泪流满面，有时则让他气得发抖。政客们接二连三的谎言无异于火上浇油。住院的第二天，穆西廷就遭到了盘问。警察带着笔记本电脑和便携式打印机，不用玻璃隔板便向他问起了话。他们对穆西廷说：“看看你都做了什么好事，昨天有十三辆汽车被烧着了。”他们叫穆西廷签署一份声明，由于他没法用烧伤了的手写字，他们就让他画个十字代替。

很快，穆西廷的声明让警方捅给了媒体，说穆西廷·阿勒吞承认警察并没有追捕他们，他和布纳还有扎伊德三人早就意识到了翻墙进入法国电力公司的风险。总理[①]和内政部长还表示，根据从警方那里获得的消息看，布纳和扎伊德是因为企图犯下盗窃罪才触电身亡的。 [421]

10月30日，警察在林中克利希的比拉勒清真寺外引爆了催泪弹，带着化学毒气的烟雾飘入因为斋月将尽而人满为患的清真寺。穆斯林信众踉跄着逃到街上，见警察正拿枪指着他们，一边对他们大声呼喝。随后，局势便“趋于稳定”了，据说那天晚上，邦迪地区只有二十辆汽车被焚毁。但暴力确实正在巴黎蔓延，起初它只紧紧围绕北郊发生，很快便扩散到了西面和南面地区。

在维京海盗沿塞纳河劫掠巴黎的日子里，编年史家为了强调其暴行，往往夸大了他们所造成的危害。2005年的时候，我们的电视新闻做了与之极为相仿的事情。美国有线电视新闻网播出了精度甚至不及以中世纪的几何测绘仪画出的法国地图，把并不靠海的里尔标注在了海岸线上，又把西南部的图卢兹[②]画到了位于东南部的阿尔卑斯山区。纵然如此，新闻评论员依旧煞有介事地做了分析，并警告说发生在巴黎郊区的汽车焚烧事件是牵连甚广的国际性灾难，和长期以来的种族对立、恐怖活动、伊斯兰原教旨主义[③]、一夫多妻制，以及穆斯林女性必须蒙面的传统息息相关。巴黎不再是建筑师和政客为得世人赞誉而苦心保存的、古迹林立的迷人飞地，眼下它成了巨大且丑陋、既无规则也无定形、一切都属未知的可怕地带。巴黎的知识分子、咖

---

① 指多米尼克·德维尔潘。2006年，法国学生对德维尔潘政府提交国会的《首次雇佣合同法》（规定法国企业在雇佣年龄不满二十六周岁的雇员时，可在头两年内自由终止合同，无需说明理由）大为不满，纷纷罢课。德维尔潘强制国会通过法案，掀起轩然大波，此举亦重创其政治声望，导致他缺席次年的总统选举，最终由他的政敌、前内政部长萨科齐当选。

② 法国西南部奥克西塔尼大区上加龙省的一个市镇，是法国乃至世界重要的航天中心。

③ 此处指穆斯林群体试图回归其原初信仰的运动（但也可能因此产生极端、激烈的意识形态）。他们认为伊斯兰教在近代出现的自由主义神学面前变得世俗化、西方化，偏离了本质，因而提倡对经文做字面上的、最传统的解释，并且相信从这些阐释中获得的教义应被运用于社会、经济和政治生活的各个方面。

啡馆侍应生和红颜祸水们已然消失；出现在国际媒体上的是一群新巴黎人，每当有拉着警报的车通过或又一枚汽油弹烧着时，他们那蒙着面的脸便在黑暗中一闪而过，窥视着这个走向了末日的世界。

十一月初，巴黎已然被大火包围了。这场地狱之火始于林中克利希，随即烧遍邦迪、博比尼[①]、庞坦和拉维莱特，又沿着乌尔克运河一路北上，杀到了巴黎的市中心。11月6日，内乱进一步蔓延，从布列塔尼直至地中海的其他十二个法国城市无一幸免。

内政部长一再申明“这样极端的暴力在法国实属罕见”，但身处暴乱中心的人们知道：他们目睹的就是一项巴黎特产。情报部门正出
[422] 具秘密报告，说此次骚乱和宗教、种族或原籍国都无关，也没有恐怖分子或帮派人士参与其中。它不是青少年犯罪，而是完全自发的“民众抗议”和“都市暴动”。

如此看来，巴黎市郊的革命精神仍然不死，正是那些“败类”继承了这一古老的传统。11月8日，为了向“光之城”巴黎致敬，从佩皮尼昂[②]到斯特拉斯堡的数百个城镇燃起了冲天火光，政府当即宣布法国进入紧急状态。[③]

地势广阔、貌似丑陋的边郊地区已然证明了自己配得上身份尊荣的首都巴黎。也许有一天，就像其他所有的民众起义一样，这一次的暴动也会被视作新都市诞生前的阵痛。自中世纪以来，巴黎一直在向外扩张，它侵吞了平原，淹没了河谷，似乎不填满整个巴黎盆地不会罢休。每一次因而引发的骚乱都威胁要摧毁这座城市，但是每一次，新的巴黎都从灰烬中浴火重生。在那片自蒙马特高地和埃菲尔铁塔可

---

① 法国北部城市，位于巴黎东北郊，距离巴黎市中心仅九公里。

② 奥克西塔尼大区东比利牛斯省的一个市镇，是法国大陆最南端的省会。

③ 指一个国家（即将）陷入可能会影响其发展及存亡的危机（如内战、恐怖袭击、天灾、瘟疫等）时，由国家元首代表国会所采取的特别措施，主要包括临时调动公职人员、征收民生物资、派发公共物品、施行宵禁、搜索民宅、限制集会及出入境自由等。

以望见的愤怒山丘，一个新的世界正在形成。数百万自诩了解并且热爱巴黎的人将不得不返回这座城市，好重新来认识它。与此同时，巴黎的旅行社和各大酒店不得不受理大规模的退票和退房请求。而郊区的居民正从山谷、从他们高高的水泥房向外发送着信息，这些由郊区土语组成的文字迅速被新闻界翻译成了法语、阿拉伯语、吉普赛语、斯瓦希里语[①]和美式英语。

属于市郊百姓的巴黎像是一堆说唱名词，譬如林中克利希、拉库尔讷沃、欧贝维利耶和邦迪……只有最详尽的旅游指南才会加以标示，表明它们也是“光之城”的一部分。属于市郊百姓的巴黎是一座从塞纳河小岛成长起来、向四面八方延伸开去的城市。“败类”划定了他们在巨大的灰色建筑群中的领地，就位于繁茂的默东森林以及博斯[②]和布里平原之间。“败类”同样是巴黎的孩子，像真正的巴黎本地人一样，他们也用听起来像是诅咒的呐喊表达自豪。既然全世界都在奇迹般地阅读他们发出的消息，他们不妨就写下经历过的危险历程、受到过的刻骨铭心的教训，对敢于前来巴黎、探访世所畏惧的蛮荒之地的人说：“假使你到邦迪来，休想活着再离开！”

---

① 斯瓦西里意为“濒海地区”，是非洲使用人数最多的语言之一。

② 法国的一个传统地区，农业发达，占地近六千平方公里，分布着地处巴黎盆地的五个省份。

终点站

北隘

夕阳下的乌尔克运河犹如一条银灰色的缎带，我们便在这时骑旅行车[1]到达了邦迪。那天早上，我们从多农山[2]隘口出发——几个世纪以来，凯尔特人和罗马军团往返日耳曼和高卢地区时，总要经过这个隘口。它作为过境点的重要性不言而喻，何况还有墨丘利[3]神庙的遗迹和在南部陡坡上的石碑（为了纪念当年帮助法国人偷渡离境、逃出纳粹魔掌的好心人而设）作为标记。我们顺山路向下，穿过松林，横跨格伦德尔布吕什[4]隘口，途经莱茵河谷以及斯特拉斯堡，接着坐高铁越过了法国北部的平原。我的全球定位系统显示：抵达巴黎东站时，我们已经以平均九十二公里的时速走过了五百八十一公里的路程。以高铁的速度来看自然太慢，光靠我们骑行又万万做不到——按原定计划到达斯特拉斯堡城站后，我因为满心激动，一时忘了关掉自行车上的定位系统。[5] [425]

巴黎东站外面就是沿乌尔克运河铺设的自行车道。我们重新跨上

---

① 指装有水壶架、前后车灯、后车架及置物篮的自行车，适合长途旅行。

② 该隘口位于法国东北部的孚日山脉最高峰下三百米处。

③ 罗马神话中为众神传递信息的使者，头戴插有双翅的帽子，脚穿飞行鞋，手握魔杖，行走如飞，对应希腊神话中的赫尔墨斯，被视为旅行者和商人的保护神。

④ 布吕什意为“溪沼”，是法国下莱茵省的一个市镇，属于莫尔赛姆区。

⑤ 在法国，自行车可以带上列车，只不过需要分时段（非上下班高峰期）及车厢（自行车专用车厢）。

旅行车，穿过拉维莱特的科学与工业城[1]，经过有着一扇扇小窗的新哥特式面粉厂——庞坦大磨坊，直到2003年，这个面粉厂还一直负责加工布里和博斯的所有小麦，特供全巴黎的面包房。面粉厂之后是一段弯弯曲曲、仿佛迷宫的小路，路旁有不少近乎废弃了的厂房，虽然还装着监控探头，但每一扇窗户都被砸碎，每一堵外墙都覆盖着涂鸦，显然此地的街头艺术家和开发商一样擅于钻空子，且不达目的绝不肯住手。再之后，道路复又伸直了，我们重新回到运河边，加快了骑车的速度；换挡时，变速器也随之把自行车的链条移到了大齿盘
[426] 上。[2]转眼间，邦迪和标志着进入巴黎太阳圈[3]（假使我们把巴黎比作太阳）的法兰西大岛环城高速就快到了。正沿博比尼－毕加索站[4]骑行的时候，一列有轨电车在驶入站台前放慢了速度，我们可以清楚看到车厢里向外张望的乘客的脸。

日暮时分，巴黎的东北郊呈现出一幅幅宣传片里才有的画面，似乎只为挑起普通市民和投资者的购房欲望。一个黑人和他那貌似库尔德人的朋友正沿着整洁的路堤散步。骑着儿童三轮车的小女孩兴高采烈地离开了父母亲的怀抱。纤道[5]上没有任何碎玻璃，当真出人意料。对路人和车手来说，唯一的危险来自一条飞快地绕着八字、正追逐食物的气味撒着欢儿的狗。乌尔克运河在途经邦迪后开始向东北流淌。一座阴森森的公路桥底下站着三个十几岁的少年，四肢紧绷，故作凶狠，似乎沉浸在忧国忧民的情怀里，但也不介意随时被打断思绪。他们见我们骑车过来，连忙让到一边，又因为认出了玛格丽特[6]

---

① 欧洲最大的科学博物馆。

② 通过改变牙盘大小来改变变速齿比，从而达到为自行车加速的目的。

③ 指太阳能够支配或控制的太空区域。

④ 是巴黎地铁5号线东段的始发站，也是法兰西岛有轨电车1号线的站点之一。

⑤ 指架设在水面上的通道，最初供纤夫背纤和躲避风浪之用。

⑥ 指作者的妻子、学者兼教授玛格丽特·盖伊·汉布里克。

头戴的布伊格电信车队[1]的红帽子，高兴地喊出声，向玛格丽特敬了个礼。

我们从一座人行天桥的下边离开了乌尔克运河，沿着林中欧奈的街道又骑了两公里。当晚预备留宿的公园酒店是一栋五层楼高的水泥建筑，从我们的客房可以看到底下的停车场。前台接待处的塞内加尔[2]人让我们先去地下室停好自行车，然后问我们是从哪里“像这样”一路赶过来的。

每个骑车人都会有这样大好的时机，既能显摆自己疾行如风，又能顺带一提沿途史诗般的征程。于是我告诉他：“今天早上我们还在孚日山脉呢，然后骑车到了斯特拉斯堡，再坐高速列车回到了巴黎东站。”

塞内加尔人看上去有些困惑，显然我并没有回答他的问题。“不，不。”他解释说，“我的意思是，你们是怎么从巴黎东站到我们酒店的？”“我们沿着运河骑车过来的呀。”塞内加尔人的眉毛高高扬了起来，嗓门也变大了：“你们是从巴黎东站骑自行车到这里的？”“是啊。”“哎呀呀，好厉害！”他觉得不可思议地摇摇头，把房门钥匙交给我们，然后又说了一遍：“好厉害！”

让塞内加尔人吃惊的不是我们骑行了十七公里，从巴黎东站赶到了公园酒店这件事，而是我们竟真的骑车穿越了那片钢筋水泥的海洋，经过了十七公里的调车场、建筑工地、墓园、学校、医院、体育 [427]
馆、巨型广告牌，以及将巴黎和郊区联结起来的一系列市政基础设施。基于某种原因（想挑战自我、卫星定位系统不作数、英国人特有的执拗），我们拒绝了更舒适、更便捷的旅行方式，非要骑着自行车，追索看似最不切实际的、旁人难以想象的路径。

第二天早晨，大雨倾盆，这个时候再骑车远行，已经算得上古怪

---

① 环法自行车赛的其中一支队伍。

② 西非国家，十八世纪起成为法国殖民地，直至 1960 年完全独立。

乃至疯狂了。我们便这样“古怪又疯狂”地沿乌尔克运河前进，经过不设道口的铁轨，到达了林中克利希。在两名少年不幸身死的法国电力公司周围绕了一圈后，我们就此踏上了返回巴黎的路。有那么一会儿，雨着实下得太大，我们躲到一座桥的底下，见桥洞里用蓝色的涂料画着一只笑嘻嘻的骷髅头，宣布“运河兄弟会”和“北邦迪派”的地位至高无上，而平素拉帮结派的少年和我们不同，在这样的下雨天明智地选择了留在室内。法兰西大岛环城高速从我们的头顶向后退却，任自行车轮胎破开路面的积水，我们又沿着德朗西的主干道前行，来到了犬舍[①]附近灰蒙蒙的住宅区。1942年，犹太人就是在这里的冬赛馆遭受监禁，然后被辗转送往奥斯维辛集中营的。二战以后，法国人在冬赛馆的原址上若无其事建起了住宅区。1970年代，住宅区遭大面积拆除，不过环绕着主庭院的马蹄形大楼幸存下来，用作了社会保障性住房。其中的五百居民大多在等待政府重新安置。一些人站在水泥遮雨棚的下面，仿佛随时准备好了离开这个脏兮兮的地方。

在当天早上摄于德朗西的照片上，玛格丽特那通常笑容灿烂的脸上表情复杂，可见此次的骑行绝不能算作最让我们欢喜又难忘的巴黎春季之旅。不过好在途经郊区只是序幕，我们折返巴黎是为了执行一项重要的任务。三个月以前，在巴黎一家书店的意外发现揭露了一样令人着迷的东西，这东西已经好几个世纪不曾露面了。它曾是巴黎重要的景点，从某种程度上来说，它也是这座城市未来能否兴盛的基础。

堪堪到达巴黎第十八区的时候，雨势减弱了。圣心堂上方的天空现出了蛋壳蓝色，仿佛预示着我们的探险将与历史发现合而为一。我
[428] 心有所感，不由说了句蠢话：“巴黎看起来再也不会和从前一样了。”下一刻，就好像圣克里斯多福[②]有个时刻聆听旅人心声的邪恶双胞胎

① 指“猎鹿犬”，故名。坐落于布洛涅森林边缘，近犬舍门，曾是王室的狩猎行宫。

② 天主教所信奉的旅行者的主保圣人。

似的，我的感慨立即得到了回应——我们迷路了。我在少年时代就住过的第十八区果然看起来和从前不一样。卫星定位系统只显出一条抖抖索索的虚线，背景则是一片空白。我们面前的街道挤在1930年代建成的铁路之间，看似笔直，实则秘密改变着方向。我在比街道更狭小且令人困惑不已的埃贝尔广场[①]上展开巴黎地图，借着细密的风雨喃喃祷告了一番，我们便再次朝着圣礼拜堂门[②]的方向出发了。

司汤达是格勒诺布尔人，他曾说在他的故乡，“每一条路的尽头都是一座山”。1799年，踌躇满志的司汤达第一次来到巴黎[③]，顿觉“难以忍受”：“周围的环境丑得让我吃惊——一座山也没有！”（《亨利·勃吕拉传》[④]）如果用地质学术语来解释的话，那么巴黎有的是典型的背斜[⑤]构造，它是一座建在沙砾和水洼上的城市。玛莱（Le Marais）——巴黎最大的街区意为“沼泽地”，而巴黎的古地名“卢泰西亚”（Lutetia）在高卢语当中正是“泥沼”的意思。差不多每隔三十年，仿佛得了衰老性健忘症的塞纳河便要泛滥一次，企图回到它位于西岱岛以北一公里半处、沿巴黎大道[⑥]蜿蜒蛇行的旧河床，为此不惜淹没巴黎一半的土地。多出产石膏和灰岩、环绕着“泥沼镇”巴黎的

---

① 以十九世纪时的巴黎市议员安托万·约瑟夫·埃贝尔（1822—1889）命名。

② 有别于西岱岛上的圣礼拜堂，此处（及下文）的“圣礼拜堂”指的是巴黎第十八区的圣但尼礼拜堂，它所在的礼拜堂路（并非本书中提到的圣礼拜堂路）在高卢－罗马时期已经存在，从郊区通往巴黎市中心。

③ 司汤达来巴黎原为求学，后来受革命形势的鼓舞，加入了拿破仑领导的军队，随军转战欧洲大陆。1815年后定居米兰，开始写作。

④ 是明眼人一望即知的司汤达的自传，但直到他去世半个世纪后才出版。

⑤ 是一种地层排列方式，指岩层发生褶曲时，中间部分呈天然拱形，向上隆起。在一般平地上，背斜的地层上半部因受侵蚀变平，岩石破碎，易开采施工。

⑥ 指巴黎“最佳”的多条林荫大道，通常包括奥斯曼大道、博马舍大道、各各他圣母大道、圣殿大道、圣马丁大道、圣但尼大道、圣母领报大道，鱼贩大道、意大利人大道、嘉布遣大道、蒙马特大道和玛德莲大道。

小山丘则是对罗马七丘[①]的拙劣模仿。十九世纪时，部分山丘要么被填平，要么被铲掉，就好像我们的城市规划者牢记以赛亚[②]的预言，定要应验它似的："一切山洼都要填满，大小山岗都要削平。高高低低的要改为平坦，崎崎岖岖的必成为平原。"（以赛亚书 40 ： 4）

1899 年，颇有名望的法国地理学家奥尼齐姆·霍克在"一座山也没有"的巴黎找到了一点自欺欺人式的安慰。因为巴黎子午线恰好把城市以南六百六十四公里处的比加拉什峰[③]一分为二，霍克便宣布比加拉什峰是巴黎的比利牛斯山，他深情款款地称之为"大都会南峰"（《天下最美王国》）。如此一来，巴黎终于有了一座属于自己的山。但是，比加拉什峰到底只是最抽象意义上的"巴黎景观"——即使在晴朗的日子登上埃菲尔铁塔，极目远眺，也搜寻不到"南峰"一丝一毫的影子。将来的某一天，巴黎盆地的地质构造或许会发生剧变，就此形成一座真正的山。不过在那之前，法兰西的首都巴黎不得不替一
[429] 个个小山包安上宏大的名字——蒙马特、蒙帕纳斯、蒙鲁日、蒙苏里[④]、圣热纳维耶芙山，姑且凑合一下。

因此 2008 年 1 月，我在拉丁区的一家书店无意中发现：巴黎人口最稠密的地区之一竟然有一座山，我当时的惊讶可想而知。我不太能够相信自己的好运气，又想马上离开书店，在真相被揭开、在不可避免的失望到来以前，把这条宝贵的信息尽量在心头多藏两天。像每一位来到巴黎的游客一样，我自以为的"发现"往往已为数百万人

---

① 位于罗马心脏地带、台伯河东侧。根据罗马神话，其为罗马建城之初的重要宗教与政治中心，所以罗马也被称为"七丘之城"。

② 《圣经·以赛亚书》的主要人物和作者，公元前八世纪的犹太先知，警告以色列人悔改、归回上帝。

③ 位于法国西南部奥德省境内，海拔一千二百三十米，是科比耶尔山脉（前比利牛斯山麓的一部分）的最高峰。

④ 法语中的"蒙"（Mont）即"山"。蒙苏里（Mont-Souris）则源自十八世纪时人们对法国磨坊的通称，意为"愚弄老鼠"（moque-souris），是磨坊主对谷仓空空如也的自嘲。

所熟知，譬如巴黎圣母院南侧可俯瞰塞纳河的神秘小阁楼，又或是隐藏在埃菲尔铁塔西脚下灌木丛中的锯齿状砖塔（那是埃菲尔铁塔的旧液压升降机没被拆走的一部分）。然后就是纯粹在文献档案里斩获的“发现”了，只有文字描述而无实物，以至于想在脑海中勾勒都无从着手，譬如曾斩首玛丽－安托瓦内特的断头台后来究竟安置在了何处，又或是鲜为人知的屎岛（传说中的“下流岛”）是怎生模样，它曾经位于塞纳河上，即现在的波旁宫所正对的那一块区域。最后则是那些根本称不上是“发现”的发现，因为尽管可以在现实生活中找到原型，但它们始终出于作者的想象，经过了艺术的加工，譬如先贤祠后面那家肮脏的招待所，“墙上的石灰老是在剥落，阳沟①内全是漆黑的泥浆”——那里是巴尔扎克笔下的《高老头》开篇的地方。又或是伏尔泰码头的古玩商店，贵族出身的青年拉斐尔自某古董商处得到一张神奇的驴皮，可以实现他人生中的任何愿望，但愿望一经实现，驴皮立刻缩小，拉斐尔的寿命也会随之缩短。②

然而这一次，我确信这令我激动不已的“发现”背后隐藏着真正的宝藏，我也终于能够回馈巴黎，而不只是简单地积蓄巴黎带给我的精神财富。我偶然发现的这条线索是一位不知名的艺术家在1685年制作的版画。画中显示了圣礼拜堂村（现位于巴黎第十八区）沿山脊而建的风光，一座座小房子映衬在翻滚着的、洛可可式③的白色云海下。一条两旁皆围着树篱的小路穿过犁得整整齐齐的农田，爬上了位于画面最高处的圣礼拜堂。在礼拜堂的门前，自巴黎方向延伸过来的马路和村里的大路汇集一处，通往礼拜堂另一侧的缓坡。

对于曾参照地图，有过在法国徒步或骑行经历的人来说，这幅 [430]

① 相对阴沟而言，指露出地面的排水沟。也有一说为房前的排水沟为阴沟，房后的排水沟为阳沟；有遮挡的排水沟为阴沟，敞露无盖的排水沟为阳沟。

② 出自巴尔扎克的小说《驴皮记》。

③ 起源于十八世纪的法国，纤细轻快的洛可可风格伴随路易十五的统治而来，颜色清淡，构图精致。

版画所描绘的圣礼拜堂的所在地毫无疑问是一处隘口。隘口（又称为关口）是自行车手的国际通用货币，骑行的难度（又或环法自行车赛的一个个赛段）是由途中穿越的隘口数量决定的。即便海拔只有几百米，每越过一处隘口，自行车手都会感觉自己征服了一座山峰。隘口通常以小教堂、十字架或石碑为标记，如果得到官方认证，则有特殊的路牌加以指示。跨过隘口可能是跨过边境，更是跨过一道道门槛，通往的是另一个世界。正如河流交汇点或部落分界线一样，人类历史和自然地理在隘口处紧密交缠，与隘口息息相关。

自从听说法国有个车手组建起来的“百隘俱乐部”以后，我一直在记录我们旅行途中或是偶然或是有意经过的隘口。在我的这张列表上，多农山隘口排名第二百十五，格伦德尔布吕什隘口排名第二百十六。车手一旦骑过了至少一百个不同的隘口（基于“个人兴趣”而非体育竞赛的目的），便可以向百隘俱乐部提交一份完整的清单。如果清单上所有的隘口皆登记在了俱乐部的名录之上，那么这名车手就会自动晋升为俱乐部的一员，并收到一张彩色的证书，兹证明“该成员仅凭血肉之躯，骑车至少攀登过一百处隘口，其中有五处的海拔超过两千米”。

正如司汤达所猜测的那样，严格说起来，巴黎确实“一座山也没有”，照理说也就不会有隘口。虽然法国的边境地区和中央山地有数千隘口，但在孚日山脉和诺曼底的圣米迦勒山之间，隘口的数量下降到了个位数。而从巴黎圣母院出发一天可达的地方，迄今只有一处隘口。自从2007年巴黎推出共享单车服务以来，巴黎“一座山也没有”的事实似乎特别让人难过。每一天，成千上万的巴黎人骑着仿佛从动画片里走进现实的、笨头笨脑的灰色自行车，重新发现他们脚下这座城市的地形：骑过略有陡坡的香榭丽舍大街，就仿佛越过了一座小山，高出塞纳河面二十三米的“圣热纳维耶芙山”也似乎不再是个叫错了的地名。可是巴黎政府并未认可市民这种自发的探索，骑在两个轮子上的巴黎人也没有任何凭证，好理直气壮地庆贺这座城市的“山峦起伏”。

所以要是能证明圣礼拜堂隘口确实存在，对我、对每一个巴黎人都无疑是种慰藉。如果从塞纳河延伸至此、又向北越过山脊的这条路上果真有一处隘口，那么位于它两侧的蒙马特高地和肖蒙山丘也就自然可以算作山脉了。[431]

一月份的时候，我们通过初步走访，发现了鼓舞人心的证据。就在好莱坞音像店和欲望都市俱乐部的对面，圣但尼礼拜堂外的道路是同时向南北两侧倾斜的。南侧是古已建成的罗马大道和圣但尼市郊路，其汇合处正是如今的多莫瓦车站[①]。北侧的道路是个缓坡，通向底下的圣但尼平原，中世纪时，那里曾有一个巨大的集市[②]，再往下则是成片的沼泽地。部分历史学家认为，卢泰西亚的这个平原正是神圣的“高卢中心”。据恺撒在《高卢战记》当中的记载，当时的德鲁伊[③]会从地中海和不列颠尼亚[④]远道而来，只为在“高卢中心”选出他们的大祭司。

圣礼拜堂村仍然有着交通要道的那种喧闹。汽车和卡车双向通行、络绎不绝。比起有着精致市区的巴黎，拥挤的人潮和简朴的商店让圣礼拜堂村反而更有大城市的烟火气。圣但尼礼拜堂的斜对面是神父巷[⑤]，走到头便能看见圣心堂的铁栏杆，凭栏远眺，底下仿如蚁丘的小山坡上是密密麻麻的屋顶和每家每户的烟囱。从亚眠[⑥]、里尔佛

① 以法国内政部长、社会主义政治家马克斯·多莫瓦（1888—1941）命名。

② 是九至十六世纪法兰西岛最大、最具影响力的集市，于每年的6月11—24日开放，吸引了来自欧洲和拜占庭的上千名商人，巴黎大学及其学生使用的羊皮纸在集市上亦有出售。

③ 凯尔特民族的神职人员。

④ 罗马帝国对不列颠岛的拉丁语称呼。

⑤ 得名自附近的圣但尼礼拜堂。

⑥ 自法国北部皮卡第大区的首府亚眠发车。

兰德①和英吉利海峡开来的火车②摇摇晃晃地经过深深的峡谷，正驶向前方的巴黎北站。

人们在昏暗的圣但尼礼拜堂低语。教堂提供的小册子（“为了表示欢迎，也为了传递友爱”）简单介绍了教区的历史，说这里因为埋葬着传基督教入卢泰西亚的圣但尼（连同他的断头一起③）而得名。公元 475 年，来自楠泰尔的修女圣热纳维耶芙提议为圣但尼建一座神龛，方才有了日后的圣但尼礼拜堂。圣热纳维耶芙不单在组织对抗匈奴的运动和缓解百姓的饥荒方面很有一套，而且深知为传扬圣但尼的大名，像他这样的殉道人就应该被葬在隘口——每一位旅人的必经之地。此外，圣但尼礼拜堂的隔壁便是圣女贞德④圣殿，小册子上又说：1429 年时，解了奥尔良之围的贞德曾在圣但尼礼拜堂彻夜祷告（也有一说是贞德因为腿上受了箭伤，所以在教堂又将养了一晚），而后策马扬鞭，赶到被英格兰王国军队占领了的巴黎城门。为感谢贞德守护了巴黎的安全，人们遂在紧挨着圣但尼礼拜堂的空地上建造了圣女贞德圣殿。我们借着献愿蜡烛⑤的微光继续翻阅小册子，结果在
[432] 第二页的最上头读到了这样一句话：“（圣但尼礼拜）堂前的大路是在高卢－罗马时期便架设起来的，这条路延伸到圣但尼市镇及其周边地区，穿过蒙马特和梅尼蒙当之间的隘口，一直通往塞纳河上的西岱岛。”

我果然不是第一个发现圣礼拜堂隘口的人。让人“捷足先登”当

---

① 原名里尔站。除法国国家铁路公司外，比利时国家铁路公司也经营里尔佛兰德站至比利时境内主要城市的路线。

② 指欧洲之星，是一条连接伦敦和巴黎（北站）、里尔、（比利时）布鲁塞尔以及（荷兰）阿姆斯特丹的高速铁路，离开伦敦后便跨越英吉利海峡进入法国。

③ 公元 250 年前后，圣但尼在罗马皇帝德西乌斯（201—251）迫害基督教徒时殉教。传闻他被斩首后仍拾起头颅，边走边讲道，被天主教视为法国和巴黎的主保圣人。

④ 贞德（1426—1445），法国民族英雄，天主教圣人，在英法百年战争（1337—1453）中带领法兰西对抗英格兰王国军队的入侵，最后被捕并被处以火刑。

⑤ 天主教弥撒中在祭台或圣像前奉献的蜡烛，以表达教徒的爱心和诚意。

然稍稍令我失望，但我的沮丧比起找到了第一份确凿证据的快乐，实在不值一提。于是在三个月后，我和玛格丽特骑着旅行车，头一回（以蹬着轮子的方式）爬上了巴黎唯一的隘口。我们在圣礼拜堂门的前方拐弯，和一众行人以及车手一道登上了南面的这个斜坡。为了纪念这一历史性的时刻，我在到达坡顶时扭过头，回望着圣但尼礼拜堂，可惜一辆搬家公司的货车正巧经过，挡住了我的视线。不单如此，我被庞大的车身挤得几乎要掉下去——在我的脚下，货车轮胎和路牙石之间只剩一条窄窄的沥青路面。我不得不把圣但尼礼拜堂暂抛脑后，专心骑车，以免一不小心断送性命，我们的探险会就此终结不说，我甚至连块像样的纪念碑都得不到（“在穿越圣礼拜堂隘口时不幸身亡”），何其冤哉！

在找到了切实的证据之后，真正的挑战方才开始，也就是如何让百隘俱乐部承认这个隘口。我知道这不会是一件容易的事。每一年，俱乐部的“道德、反思及倡议委员会”都会公布当年的“黑名单”。对于不骑车的人来说，这听上去或许很荒谬，但部分旅游局确实想通过夸大当地的丘陵地貌来吸引人们前去骑行、观光。他们甚至会捏造出压根不存在的隘口，再邀请自行车俱乐部和记者前来，共同揭牌庆祝。百隘俱乐部对这种骗局是零容忍的，一定会在“黑名单”里加以曝光：

“道路工人隘口（瓦尔河[①]）：出于宣传目的而设，缺乏实证。违反第十一条规定。”

“自行车手隘口（萨瓦省[②]）：地势不明，由当地骑手编造。违反第十一条规定。”

话虽如此，百隘俱乐部对我“发现”的那个隘口却并不陌生。事

---

① 有别于卢瓦尔河，是法国东南部的一条河流，发源自滨海阿尔卑斯山脉，最终在尼斯和圣洛朗迪瓦尔（因瓦尔河而得名）之间汇入地中海。

② 是法国奥弗涅－罗讷－阿尔卑斯大区所辖的省份，历史上是萨伏依的一部分，故名。

实上，俱乐部的某位成员在参观巴黎圣母院的地下考古墓室[①]时，注意到一张古巴黎的浮雕纸模地图上标有“圣礼拜堂隘口”的字样，于是把这一结果呈报给了俱乐部。百隘的委员会专家就此进行了讨论，最后认定证据不足，不予采信。百隘俱乐部的主席像自行车手在竞速
[433] 比赛时绕过地面的坑洞一般迅速且直白地回复了我的电子邮件：“该隘口从未得到官方认证。它既不曾显示在巴黎的其他地图上，也没有路碑加以命名。”

但至少主席的话给我们留下了一线希望：“该隘口……”他没有明确否认圣礼拜堂隘口的存在。因此，单从逻辑上讲，我们要做的下一步努力是把“该隘口”标记到地图以及路碑上。

于是我先给法国国家地理学院发了电子邮件，然后又写了一封亲笔信，给出了圣礼拜堂隘口的具体坐标和可作为佐证的补充材料。从我在图书馆搜集到的这些材料来看，在朗布托省长和奥斯曼男爵用遍布煤气灯的林荫道取代巴黎阴暗小巷的那个年代，一位名叫西奥多·瓦奎尔的考古学家正像“一只时刻蜷缩着的刺猬”那样在巴黎的遗迹里探寻，试图拼凑出卢泰西亚的远古图像。功夫不负有心人，这个瓦奎尔在索弗洛路的底下找到了曾经的古罗马广场，又在蒙日路[②]的附近觅得了卢泰西亚竞技场的残垣。瓦奎尔不是作家，而是个痴迷于考古发掘的学者；可是在他去世十多年后，1912年时，某位地理学家[③]从瓦奎尔生前所作的大量笔记和留下的草图中有了惊喜的发现，第一次向世人揭示了“圣礼拜堂隘口”的存在。自那以后，好些地理学家（但不是制图师）做了实地考察，企图厘清巴黎日趋混乱的

① 其中收集了自罗马时期至今巴黎的城市遗迹。

② 以法国数学家、投影几何创始人、微分几何之父加斯帕尔·蒙日（1746—1818）命名。

③ 指菲利克斯-乔治·德·帕切特尔（1881—1916），在研究高卢-罗马时期的巴黎方面颇有建树的法国历史学家。

过去。他们越过前寒武纪[①]就已存在的河床和仍然带着古老海水潮气的山丘，在著作中不约而同提到了坐落于史前“锡之路”[②]上的圣礼拜堂隘口。

好几周过去了。要么是地理学院派往圣礼拜堂隘口的考察队从万塞讷森林[③]出发，再也没能回来，要么是我的信在被拆阅后让人直接扔进了废纸篓。我在等待地理学院回复的同时，为了不放弃任何一个机会，给巴黎第十八区的区长和市政厅的官员也写了信。

一个月后，地理学院的回信寄到了。信中说巴黎的这个隘口“从地理和地形意义上讲”确实存在，是“蒙马特和肖蒙山丘之间的最低点”。但是，写信人又不无揶揄地表示，这个隘口“迄今为止”都没能出现在地理学院的地图上，原因有二：其一，“该地区的城市空间结构非常密集”；其二，“当地居民目前并未使用‘圣礼拜堂隘口’这一称谓”。换言之，那一片区域的地图上已经标注了太多的地名，而如果一个探险家来到圣礼拜堂村，问那里的人：“往圣礼拜堂隘口要怎么走？”肯定会看到对方一脸茫然（除非他碰巧问到的是个地理学家，又或者是撰写了圣礼拜堂教区历史的那个人）。

我徒劳地等待着市政官员的答复，我本以为比起地理学院的审慎，市政官员会更坦率、更接地气一点。但事到如今，他们会不会回 [434]
复我似乎已不再重要。就算圣礼拜堂隘口能够得到承认，政府命人在路边为它镶一块镀锌的标记，也不过是让巴黎多一个来自遥远过去的路障，不过是给自行车手多留一处拍照纪念的地方，不过是替这座城市多添一幅能稍稍持久些的涂鸦——前提是在路旁遍布着的、口吻严

---

① 始于大约四十五亿年前的地球形成时期，终于约五亿四千万年前大量肉眼可见的硬壳动物诞生之时。尽管前寒武纪占了地球历史大约八分之七的时间，但人们对这段时期的了解相当之少。

② 为青铜时代到铁器时代的主要贸易路线，为早期（从北欧到地中海）的人类定居点提供了合成青铜必须的金属锡，其证据是沿途出现了许多作为贸易站的丘堡。

③ 法国国家地理学院总部的所在地。

峻的交通标志（“禁止通行”“旅游区已达尽头”“你没有道路优先权”等等）以外还能为圣礼拜堂隘口的路碑找到空间的话。

有一件事是显而易见的，那就是人类建造起来的城市从来都对人类的欲望无动于衷。一座城市以坚实的形态向人展示由他们所虚构出来的历史，它折射人的亲密，讲述人的荣耀、爱情、永恒的骄傲、只有一人知晓或需代代笃信的传奇。它足以让最狂妄的赢家也低下头来，懂得自己的梦其实有多渺小。巴黎从蒙帕纳斯大楼的观景台上露出了真面目，入夜后总有警卫在那儿巡逻，以防想轻生的市民自楼顶一跃而下。[①] 大楼的照明彻夜不熄，但在闪烁着的灯光照不到的地平线上，泰半皆是黑暗。

活生生的城市也是大大的坟场，是一座携带着万千人口、不断下沉的山，死者终归入土，生者尚要奋力攀登。国王、王后和皇帝不过是城市的仆人。他们相帮擦除城市的痕迹，抹去一切记忆的可能。拿破仑三世（奥斯曼男爵）对巴黎的大改造湮没了千万平米之上的历史，以某一场战役命名的林荫道[②] 消除了百万人共有的回忆。在拿破仑三世的统治结束之时，国家档案馆的珍贵史料让巴黎公社一把火烧了个干净。

而两个世纪以前，在距离巴黎八千公里的南大西洋的小岛上，被流放了的拿破仑·波拿巴正感叹他终未能成的雄图霸业：“只得二十多年，又哪里够用。”在他看来，千里之外、目力所不能及的巴黎曾是他把玩于指间的一颗宝珠。如果上天能再给他一点时间，旧城巴黎便会彻底消失：“你寻找亦是徒劳，它连半点痕迹都不会留下。”（《圣赫勒拿岛回忆录》）

这位法兰西人的皇帝在圣赫勒拿岛上检视着自己的过去，检视着

---

① 蒙帕纳斯大楼曾被几起自杀事件坏过名声。在过去的数年中，一个用记者证蒙混过关的媒体人和两位徒手攀爬者都从二百一十米的高空纵身跃下大楼，了结了一生。

② 指巴黎市中心的主干道塞瓦斯托波尔大道。

巴黎的过去：轮船停靠在西岱岛林立的尖塔之下，熙熙攘攘的人群阻塞了狭窄的街道，巴黎军事学校，皇家宫殿……他还记得 1792 年[①]那可怕的一天。城里有人敲响了警钟，坊间都说大动乱这就要发生了。衣衫褴褛、装备低劣的无套裤汉集结起来，从市郊冲向杜伊勒里宫。拿破仑离开他下榻的槌球路上的旅馆，经过卢浮宫和卡鲁索广场 [435] 之间的贫民窟和几乎完全被毁掉了的一栋栋豪宅。一群地痞流氓正在游行，其中一人手举长矛，矛尖上插着血淋淋的头颅。他们见这年轻的中尉双手白净、衣冠笔挺，定要逼着他一块儿高喊“国民万岁！”中尉并没有犹豫——“就像你能想象的那样，我连忙照做了。”

他继续朝卡鲁索广场走去，进了一个朋友的家。这幢房子已经成了仓库，里头堆满匆忙逃走的法兰西贵族的财物，而小件的家具、装饰品以及全家福都送到当铺换成了真金白银，让贵族们随身带走了。中尉走上二楼，穿过东倒西歪、被这个世界抛下了的各类家什，看向窗外：暴民如潮水一般涌进杜伊勒里宫，无情屠杀了充当守卫的瑞士近卫队[②]的队员。就像是在剧院的楼座看一出荒诞的大戏一样，中尉从那扇窗户的后面目睹了法国君主制的暂时终结。多年以后，当初的炮兵中尉已然成了皇帝，他微服出巡，徘徊在巴黎的街头，试图偷听人们谈话的内容，试图揣摩人们脸上的表情，以判定他所创造的新世界是否如他所愿。他当然也试图寻找卡鲁索广场边那幢铭刻了太多记忆的房子。只可惜他所下达的翻新街道的命令得以迅速执行，“那一带发生了翻天覆地的变化，我再也找不到当年的那幢房子了。”

圣礼拜堂隘口依然没有标记在地图上，巴黎也依然没有山。和人类不一样，这样的地理事件本身无需纪念，或许正如国家地理学院在

---

① 法国大革命战争开始的日子。

② 宗座瑞士近卫队是保护天主教会、圣座、罗马教廷和教皇本人的雇佣兵组织，法国曾与其签订合同，组建了隶属法国的瑞士卫队，在十七到十八世纪担任护卫王室的任务，以其纪律和忠诚出名。

信中暗示的那样，对巴黎来说，圣礼拜堂隘口已经不复存在。十九世纪的时候，途经这里的铁路几乎把隘口完全轧平了。铁路也改变了隘口的景致，火车头喷出的白色蒸汽描摹出了一片崭新的天地，为人们的想象力提供了全新的舞台：看哪，在我们脚下的岂不是一条条人行道，岂不是一座座烟囱造就的宫殿，岂不是行进在黑色运河上的一列列幽灵般的队伍！到2010年，圣礼拜堂隘口的重要性也只有通过交通流量来体现了。它是这座未来之城的脑干，甚至在巴黎西族还没有定居塞纳河上的小岛之前，就已经有旅人从此通过了。现在，它是自伦敦始发的欧洲之星的必经路线。如果你当真好奇圣礼拜堂隘口究竟
[436] 在什么地方，不妨从欧洲之星的车厢左侧往外看，在经过标有“平原集市”（昔日神圣的“高卢中心”）字样的车棚后不久，火车便来到了已然被人忘却的圣礼拜堂隘口。因为刚巧爬过坡顶，你会隐约注意到发动机一收一放、火车车轮受到牵引而后忽然松弛的感觉。但是这个隘口实在很容易错过，因为还没等你回过神来，车厢里就已经响起了广播：“尊敬的乘客，我们将在几分钟后到达巴黎北站。”是时候合起书本、取下行李，走进神奇的巴黎了。在那里，即使是最安静的街道也充满了令人着迷的探险故事。

大事年表

约前 4500	新石器时代，塞纳河沿岸（贝尔西地区）出现人类定居点
约前 200	凯尔特部落（高卢族分支巴黎西人）定居塞纳河上的西岱岛
约前 52	恺撒副将拉比埃努斯击败巴黎西人
100	高卢－罗马时代，塞纳河左岸之城卢泰西亚发展起来，建有广场、神庙、市政厅、法院、高架引水渠、克吕尼浴场、剧院、卢泰西亚（吕特斯）竞技场等
300 晚期	圣但尼传基督教入卢泰西亚
360	君士坦丁王朝的尤利安二世①称帝卢泰西亚
451	圣女热纳维耶芙得使匈奴单于阿提拉撤兵，救卢泰西亚（已改名为巴黎）于危难
508	法兰克国王克洛维一世定都巴黎
543	圣日耳曼德佩修道院建于巴黎市郊荒野
639	圣但尼圣殿成为皇家陵墓所在地
885—886	维京人围攻巴黎
1000—1100	巴黎的公共建筑衰败、人口减少
1108—1137	路易六世②统治时期，巴黎成为主要的皇家行宫所在地

---

① 弗拉维乌斯·克劳狄乌斯·尤利安努斯（331—363），君士坦丁王朝的罗马皇帝，也是罗马帝国最后一位信仰多神教的皇帝。

② “胖子”路易六世（1081—1137），法兰西王国卡佩王朝国王，出生于巴黎，致力于巩固西法兰克的王权，死后葬在了圣但尼圣殿。

约 1140—1307	圣殿塔成为圣殿骑士团总部
1163—1345	在圣艾蒂安主教座堂原址上兴建巴黎圣母院
1190—	修建卢浮宫及腓力二世城墙；巴黎土地面积：2.53 平方公里
1248	为圣礼拜堂祝圣
1257	索邦学院落成
1328	巴黎市人口：61098 户（逾 20 万人）；巴黎成为欧洲最大城市
1356—1383	查理五世扩建城墙；巴士底狱建成；巴黎土地面积：4.39 平方公里
1407	奥尔良公爵路易一世（查理六世[①]之弟）在巴黎玛莱区遭暗杀，内战开始
1420	巴黎遭英国人和勃艮第人占领
1429 年 9 月	圣女贞德对占领巴黎的英格兰王国军队发动进攻
1437 年 11 月	查理七世光复巴黎
1515—1547	弗朗索瓦一世在位：建卢浮宫及位于市政厅广场（彼时称格列夫[②]广场）的新市政厅
1560—1574	凯瑟琳·德·美第奇摄政；建杜伊勒里宫
1572 年 8 月 23—24 日	圣巴多罗买大屠杀

① “疯子”查理六世（1368—1422），瓦卢瓦王朝第四位国王、查理五世之子。由于患有精神疾病，统治不力，使得法兰西王国再次陷入混乱，民不聊生，贵族之间矛盾重重，奥尔良派（以奥尔良公爵路易一世为首）和勃艮第派（以勃艮第公爵“无畏的”约翰为首）混战不休。英格兰国王亨利五世（1386—1422）则趁机重启了百年战争。

② 意为“岸边覆盖砂石的平坦地带”。这个广场是前往塞纳河右岸第一个码头的通道，此处曾是巴黎大部分死刑的行刑地点，设有绞架。

1588年5月12日	街垒日（起义反抗亨利三世）
1589—1610	亨利四世在位（1594年加冕）；新桥竣工，玛莱区和圣日耳曼市郊扩建
1635	黎塞留创建法兰西学会
1648年8月26日	街垒日（投石党运动①开始）
1658年2月	塞纳河泛滥
1661—1715	路易十四在位：建巴黎天文台（1667）、荣军院（1671）及取代巴黎城墙的香榭丽舍大街（1676）
1665—1683	法国财政部长让－巴普蒂斯特·柯尔贝尔任内：创建以巴黎为中心的道路系统和法国科学院（1666）、设立负责公共安全及街道清洁的巴黎警察总长（中将军衔）一职（1667）
1682	法国王室移居凡尔赛宫
1686	普罗可布咖啡馆②（巴黎第一家咖啡馆）开业
1700	巴黎市人口：约51.1万
1702	巴黎划分为二十个区
1715—1774	路易十五在位
1722—1728	波旁宫落成（法国国民议会所在地）
1740年12月	塞纳河泛滥
1751—1788	巴黎军事学校及战神广场建成

① 发生在1648—1653年间的反对专制王权的人民起义及政治运动。

② “普罗可布”得名自东罗马历史学家普罗科匹厄斯（约500—565），也是店主——西西里出身的糕点师弗朗切斯科·普罗科皮奥·科尔泰利（1651—1727）的名字转音。普罗科皮奥在巴黎开设了第一家咖啡馆，同时是风靡欧洲的意大利冰淇淋的发明者。

1755—1775	协和广场建成
1775—1791	埃德姆·韦尔尼凯绘制首张精准的巴黎地图
1779	在巴黎奥德翁路（原名法兰西剧院路）建第一条人行道
1770—1780 年代	巴黎掀起建筑热潮：绍塞－昂坦路及塞纳河岸区大兴土木、巴黎皇家宫殿（1781—1784）商铺林立、边郊农村地区加快城市化发展进程
1782	法兰西剧院（法兰西喜剧院）揭幕
1783 年 11 月 21 日	首次载人热气球之旅：皮拉特·德·霍杰①自犬舍飞抵鹌鹑之丘②
1784—1789	建包税人墙；巴黎土地面积：33.7 平方公里
1786	夏尔－阿克塞尔·吉约莫建巴黎地下墓穴
1789	巴黎市人口：约 65 万
	7 月 14 日：巴士底狱沦陷
	7 月 15 日：巴黎第一任市长③就职
	10 月 5—6 日：群众示威游行，迫路易十六自凡尔赛返回巴黎
1790	先贤祠（原圣热纳维耶芙修道院）竣工

① 让－弗朗索瓦·皮拉特·德·霍杰（1754—1785），法国化学及物理学家、飞行先驱，后尝试乘坐热气球跨越英吉利海峡，不幸身亡。

② 巴黎的一个山顶社区，位于东南部的第十三区，得名自 1543 年购买此地葡萄园的皮埃尔·卡耶先生。卡耶（Caille）意为"鹌鹑"。

③ 让－西尔万·巴伊（1736—1793），法国天文学家及演说家、共济会成员、法国大革命的早期领袖之一。于 1789—1791 年间任巴黎首任市长，由于处理群众示威失当而引发战神广场惨案，最终在恐怖统治时期被推上了断头台。

	1月15日：法国分为八十三个省份，巴黎自成一省（享有自治权）
1791年6月21日	路易十六和玛丽－安托瓦内特在瓦雷讷[①]被捕
1793	1月21日：路易十六被处决 8月10日：卢浮宫落成 10月16日：玛丽－安托瓦内特被处决
1794	7月17日：巴黎市长一职被废除（于1848、1870—1871年间短暂恢复） 7月28日：罗伯斯庇尔被处决
1795年10月11日	巴黎划分为十二个大区（每区各设一名区长）并细分为四十八个街区
1799年11月	雾月政变：拿破仑成为法国第一执政
1801	巴黎第一次官方人口普查（或有所低估）：54.7万
1802—1826	开凿乌尔克运河及拉维莱特盆地（人工湖）
1804	拿破仑一世于巴黎圣母院加冕；建拉雪兹神父公墓
1804—1814	巴黎进行一系列城市翻新和建设工作（尤其是在收归国有的教会土地上）：修筑里沃利路第一路段、夏特雷广场、巴黎证券交易所、玛德莲教堂（扩建）、凯旋门（1836年竣工）、新桥梁（艺术桥、奥斯特里茨桥[②]、耶拿桥）以及巴黎下水道系统
1805	首次对巴黎街道进行系统性的编号和命名

① 意为“可做放牧和狩猎用的休耕地”，是法国皮卡第大区索姆省的一个市镇。

② 为纪念拿破仑在奥斯特里茨战役中获胜，故名。

1811	巴黎设安保队
1814	3 月 31 日：反法盟军占领巴黎
	4 月 11 日：拿破仑退位
	5 月：百日政权开始
1815	6 月 18 日：滑铁卢战役
	7 月 9 日：百日政权结束
1815—1824	路易十八在位
1824	查理十世复辟
1828	巴黎首批马拉电车投入运行
1829	和平路①成为巴黎第一条使用煤气灯照明的街道
1830	七月革命；查理十世逊位；路易－菲利普一世加冕
1832	3—9 月：霍乱爆发
	6 月：镇压共和党人起义
1833—1848	塞纳省省长克洛德－斐理伯·巴赫特洛·朗布托任内：推进巴黎广场和纪念碑的翻新和建设工作；建公共饮水处、巴黎第一批柏油马路及公厕
1834 年 4 月 14 日	巴黎工人起义：国民警卫队在唐斯诺南②路 12 号枪杀包括儿童在内的平民
1837	建巴黎第一个火车站：圣拉扎尔路 124 号
1841	巴黎市人口：93.5 万（其中 50% 的人出生在巴黎，有约 3% 的法国公民常住巴黎）

① 最初名为“拿破仑路”，在波旁王朝复辟期间改名为和平路，以庆祝 1815 年签订《巴黎条约》（系拿破仑战败滑铁卢后法国与第七次反法同盟所签订的和约）。

② 意为“妓女的脚踪”，因该路段在很长一段时间内都是巴黎妓女的聚居地。

1841—1844	七月王朝时期的首相阿道夫·梯也尔下令修筑城防工事（梯也尔城墙）
1843	建连通卢浮岛和塞纳河右岸的大桥
1845—1864	欧仁·维奥莱－勒迪克主持翻修巴黎圣母院（于1862年圣诞节重新揭幕）
1848	二月革命 6月：镇压民众起义
1851年12月2日	12月2日：路易－拿破仑·波拿巴发动政变（拿破仑三世，1852—1870年）
1853—1870	塞纳省省长乔治－欧仁·奥斯曼任内：下令拆除2万栋房屋，新建4.4万座房舍和公寓楼，拓宽道路并延长各路段达106公里（包括兴修4座桥梁及664公里的海底隧道），增设2.1万盏路灯，将城市排水系统自107公里延长至561公里，新建3所公园、8个广场、13座教堂、2个犹太会堂、5家剧院
1854—1857	完成香榭丽舍大街和布洛涅森林的景观美化工作
1855年9月21日	奥斯曼下达关于巴黎和谐市容的通告：同一街区的所有建筑物均需有相同形制的阳台、檐口和屋顶
1855—1859	打通从巴黎东站到巴黎天文台的南北向中轴线（塞瓦斯托波尔大道于1858年4月5日竣工）
1859年11月	巴黎兼并郊区，重新划分为二十个大区。兼并前人口：117.4万；兼并后人口：169.6万（占法国总人口的4.6%）

	巴黎土地面积：78.02 平方公里
1850—1860	巴黎各大百货公司建成：乐蓬马歇百货公司（1852）、卢浮宫百货公司（1855）、市政厅百货公司（1860）、巴黎春天（1865）、美丽花园百货公司（1866）、莎玛丽丹百货公司（1869）
1860—1868	亨利·拉布鲁斯特[①]主持修建巴黎国立图书馆
1865—1866	西岱岛主体建筑遭拆除，岛上常住人口自两万减少到五千
1866	巴黎气动邮政网络投入使用（直至 1984 年）
1870	色当会战（普鲁士击败法国）；巴黎遭围困；法兰西第三共和国建国
1871	巴黎公社选举；组建凡尔赛国民政府
	5 月：火烧巴黎市政厅（于 1874—1882 年重建）和杜伊勒里宫（未能重建）；政府军镇压巴黎公社
1875	夏尔·加尼叶设计的巴黎歌剧院落成（歌剧院大街于 1878 年竣工）
1875—1914	蒙马特高地的圣心堂建成
1879	国民政府自凡尔赛迁回巴黎
1889	巴黎举办第四届世界博览会，埃菲尔铁塔落成
1891 年 3 月 15 日	法国其他地区均采用巴黎时间

---

① 皮埃尔－弗朗索瓦－亨利·拉布鲁斯特（1801—1875），法国近代建筑师。早年起即反对学院派对古典规范的拘泥，建议用新结构和新材料来满足对建筑功能与形式的新要求，代表作有巴黎圣热纳维耶芙图书馆和巴黎国立图书馆。

1895年12月	卢米埃尔兄弟[①]在位于嘉布遣大道的大咖啡馆首次公开放映电影
1898年1月13日	左拉为德雷福斯事件发表公开信
1900年4—11月	巴黎举办第五届世界博览会；奥赛火车站落成；巴黎大、小皇宫及亚历山大三世桥落成
	7月19日：巴黎第一条地铁线路开通
1903年7月	举办第一届环法自行车赛，出发点和终点均在巴黎市郊
1906和1919	政府列出“不洁区”名单，开始贫民窟改建工作
1910年	巴黎发生自1658年以来最严重的洪灾
	11月4日：第一条北南地下铁路线通车
1911	巴黎市人口：288.8万（占法国总人口的7.3%，包括郊区在内则占法国总人口的18%）
1914	法国社会主义活动家让·饶勒斯[②]在可颂咖啡馆遭暗杀
	8月1日：法国下令全民总动员
	8月30日：巴黎遭第一轮空袭（巴黎东站）
1915年3月20—21日和1916年1月29日	齐柏林飞艇空袭巴黎

① 即哥哥奥古斯特·马利·路易·尼古拉·卢米埃尔（1862—1954）和弟弟路易·让·卢米埃尔（1864—1948），兄弟俩出生于欧洲最大的制造摄影感光板的家族，是电影和电影放映机的发明人。

② 奥古斯特·马利·约瑟夫·让·里昂·饶勒斯（1859—1914），是法国最早提倡社会民主主义的人物之一，并因其宣扬的和平主义观点（为他招来了杀身之祸）及预言一战的发生而闻名，同时是著名的《人道报》的创办者。曾在德雷福斯事件中积极为德雷福斯辩护。

1918	1—9 月：巴黎不时遭德国哥达式轰炸机及远程加农炮轰炸 11 月 11 日：停战协定生效
1919	勒布尔歇机场投入使用；拆除梯也尔城墙
1921	巴黎市人口：290.6 万（占法国总人口的 7.4%，包括郊区在内则占法国总人口的 15%）
1925	巴黎举办国际装饰艺术与现代工业博览会（第六届巴黎世界博览会）
1930	巴黎土地面积（现包括布洛涅森林和万塞讷森林）：105.4 平方公里
1937	夏乐宫揭幕并举办第七届巴黎世界博览会
1939 年 9 月 3 日	法国对德宣战
1940	6 月：纳粹德国军队进驻巴黎，法国政府先后迁往图尔[1]及波尔多 7 月：建立维希政权，位于占领区的巴黎仍是首都
1942 年 7 月	冬赛馆事件（巴黎最大规模的犹太人抓捕行动）
1944 年 8 月	巴黎解放
1946	巴黎市人口：272.5 万（占法国总人口的 6.8%）；塞纳省人口：477.6 万
1950	法兰西岛大区第一批公共廉租房及卧城[2]投

① 意为“图龙人之城”，是法国中西部城市，中央－卢瓦尔河谷大区安德尔－卢瓦尔省的省会，也是历史文化名城。

② 意为“通勤者居住的城镇”，是大都市周围承担居住职能的卫星城市，交通便利，但只拥有少量的零售业、服务业等基础生活福利设施，可提供的就业岗位极其有限。

	入使用；在热讷维利耶[①]开发新巴黎港
1952	奥利机场取代勒布尔歇机场，成为巴黎的主要民用机场
1958—	巴黎建拉德芳斯中心商务区
1959—1969	夏尔·戴高乐出任法国总统
1961	创建“巴黎大区”（1976 年以原法兰西岛省之名将其重新命名为“法兰西岛大区”）
	10 月 17 日：巴黎惨案（巴黎警方袭击了亲民族解放阵线的约三万名阿尔及利亚人）
1962	7 月：法国承认阿尔及利亚独立
	8 月 4 日：依据《马尔罗[②]法》在巴黎市中心建文化保护区段
	8 月 22 日：戴高乐总统在小克拉马险遭刺杀
1964 年 7 月	塞纳省拆分为巴黎省、塞纳－圣但尼省、马恩河谷省和上塞纳省
1965	“巴黎大区总体规划”方案出台，创建五座卫星新城：塞尔吉－蓬图瓦兹[③]、埃夫里[④]、马恩拉瓦莱[⑤]、默伦－塞纳尔[⑥]、伊夫林省圣

① 得名自圣女热纳维耶芙，是法兰西岛大区上塞纳省的一个市镇，位于巴黎市区西北方、塞纳河左岸，也是大巴黎地区最重要的内河港口区。

② 指乔治·安德烈·马尔罗（1901—1976），法国第一任文化部长、作家、公共知识分子。《马尔罗法》首次划定了法国的历史保护区，将文化遗产与周边环境一起列入保护范围，详细规定了保护方法、申请保护的行政程序、享受的税收优惠等。

③ 法兰西岛西北位于塞尔吉和蓬图瓦兹两市周边区域的新城。

④ 法兰西岛大区埃松省的一个旧市镇，位于巴黎市郊。

⑤ 意为“马恩河谷”，是法兰西岛东部的一个新城，位于马恩河左岸。

⑥ 现称塞纳尔，是法兰西岛大区南部的新城，涵盖了塞纳－马恩与埃松二省的部分地区。

	康坦[1]
1968 年 5—6 月	五月风暴：全国学潮及工人大罢工
1969	蒙帕纳斯大楼（1972 年竣工）及法兰西岛大区快铁投入建设
	巴黎大堂（原中央市场）迁往翰吉斯
1969—1974	乔治・蓬皮杜出任法国总统
1973	环城大道竣工
1974	戴高乐机场投入运营
1974—1981	瓦莱里・吉斯卡尔・德斯坦出任法国总统
1975	巴黎市人口：231.7 万；大巴黎都会区人口（法兰西岛大区之一）：987.9 万（分别占法国总人口的 4.4% 和 18.7%）
	7 月 1 日：推出覆盖全市、统一票价的巴黎公交一卡通（橙卡）
1977	1 月 31 日：蓬皮杜艺术中心（“博堡中心”）落成
	2 月 28 日：巴黎市中心所有新建楼宇限高二十五米
	3 月：雅克・希拉克成为自 1871 年以来首任巴黎市长
1979	贝尔西葡萄酒仓库遭拆除
	9 月：大堂广场落成
1981—1995	弗朗索瓦・密特朗出任法国总统
1981 年 9 月	首列法国高速列车通车，贯通巴黎至里昂路段
1984—1987	拉维莱特公园落成

① 法国伊夫林省的新城和城市圈公共社区，位于巴黎市中心以西约二十五公里处。

1986 年 12 月	奥赛博物馆建成
1989	3 月：卢浮宫金字塔落成 7 月：巴士底歌剧院落成
1991	在贝尔西发现新石器时代的人类工具和独木舟
1992 年 4 月	巴黎迪士尼乐园开幕
1994 年 11 月 14 日	欧洲之星首列火车从巴黎北站出发前往伦敦滑铁卢站
1995—2007	雅克 · 希拉克出任法国总统
1996 年 12 月	法国国家图书馆开幕
1998 年 7 月 12 日	法国国家足球队在塞纳－圣但尼省的法兰西体育场赢得世界杯冠军
1999	巴黎市人口：212.5 万；大巴黎都会区人口：109.47 万（占法国总人口的 18.7%，其中 6.9% 的人出生于欧盟以外地区）
2001	贝特朗 · 德拉诺埃出任巴黎市长
2002 年 7—8 月	巴黎夏季沙滩节：在塞纳河两岸创建临时人工海滩
2005 年 10—11 月	布纳和扎伊德触电事件引发全境骚乱
2006 年 3 月	《首次雇佣合同法》（又称《新劳工法》）的颁布致使学生占领索邦学院，后在共和国安全保卫部队的驱赶下撤离
2007	尼古拉 · 萨科齐出任法国总统
2007 年 7 月	巴黎推出自由单车租赁服务
2008 年 1 月 1 日	巴黎咖啡馆及餐厅全面禁烟
2010	法兰西大岛环城高速建成通车

索引[1]

---

① 本索引条目后数字指原书页码，即本书边码。
② 为纪念英王乔治五世（1865—1936）在一战中给予法国的支持，故改名。
③ 以路易十六的枢密大臣安托万－让·阿梅洛·德·夏洛（1732—1795）命名。

① 为纪念二战时自由法国军团第一旅在（北非）比尔哈凯姆战役中击败德意联军、瓦解轴心国攻势，故名。

① 以法国抵抗运动英雄皮埃尔·乔治（1919—1944）命名。“法比安上校”为其战时化名。

① 以古希腊语学者、在法国大革命初期为巴黎供粮的让－弗朗索瓦·沃维利耶（1731—1801）命名。

① 以法国解剖学家、随军外科医生纪尧姆·杜普特伦（1777—1835）命名。

② 以第一任巴黎警察总长、法国现代警察系统的奠基人加布里耶尔·尼古拉·德·拉黑尼（1625—1709）命名。

总索引

致　谢

我要感谢我所珍视的编辑：皮卡多出版公司的萨曼莎·汉弗莱斯、威廉·沃德尔·诺顿公司的斯塔林·劳伦斯。我要感谢我的第一批读者：罗杰斯、科尔里奇和怀特版权代理公司的吉莲·科尔里奇、梅兰妮·杰克逊版权代理公司的梅兰妮·杰克逊；史蒂芬·罗伯茨、我的女儿艾莉森·罗布、我的太太玛格丽特——她存在于我的每一页作品之中，她才是真正的女主人公。此外，我要感谢以下这些人的帮助：主编保罗·巴格利、作家兼编辑戴维·米勒；版权代理人劳伦斯·拉鲁约、彼得·施特劳斯；历史学家苏迪尔·哈扎里辛格；学者伊恩及鲁斯·伯德夫妇、克洛德及文森内特·皮舒瓦夫妇、詹姆斯·希德勒斯顿、摩根·阿利舍、亨利·约翰逊、杰洛德·斯格罗伊；诗人塞西尔·戴-刘易斯（笔名尼古拉斯·布莱克）；出版人安德鲁·基德、营销编辑卡米拉·埃尔沃西；美术编辑戴维·福伯特、约辛·迈耶、威尔夫·迪基；写作指导卡拉·琼斯、作家兼翻译家伊莎贝尔·托迪埃。最后，我要感谢下列机构：牛津大学的社会科学图书馆、泰勒研究所图书馆、博德利图书馆；法国国家图书馆、巴黎市立图书馆、卡纳瓦雷博物馆；法国国家地理学院、百隘俱乐部，以及巴黎大众运输公司。

译后记

通读过《巴黎》后回头看，我最赞同的是作者格雷厄姆·罗布写在“序言”里的这样一段话（罗布称本书的自序为“始发站”，因为对他来说这是一场纵贯巴黎古今的旅程）：“《巴黎》的每一则故事都是真实的，这每一则故事也都是完整的。故事与故事之间有交错、有转折。……每一则故事都散发特定的气息，都主张自己的立场，都以独有的方式向过去致敬。”这也是我在翻译《巴黎》时体会最深的一点。确实，你会在不同的故事里读到别的故事的影子，再把它们串联起来一想，难免会心一笑。你不一定同意作者（叙事者）的每一种观点、每一个视角，但你一定会不由自主地被书中活灵活现的人物和情节所吸引。

《巴黎》有着鲜明的风格，罗布显然努力做了尝试，用上了各种实验性的、别出心裁的写法。书的每一章（或者说旅程的每一站）面貌迥异，有多条支线并进的、有插叙的、有倒叙的（细心的读者或许会发现，就连那一章的段落编号都是倒过来的），也有模仿电影剧本乃至社会学研究报告的，不一而足。

惟其如此，才让《巴黎》成了一部好看但不好译的作品。罗布“只缘身在此山中”，没有意识到看他的作品的人如果没有同他一样丰富乃至精深的背景知识，对很多小细节光是要读明白就累得够呛了。可能是为了特定的写作需要（我不认为这是罗布一贯的风格），也想尽量为读者多保留一些悬念，罗布的叙事有时会显得格外晦涩。上面提到的近乎意识流的、多支线并进的写作手法倒还在其次，关键是一些非常隐晦又非常要紧的代称和比喻，实在让我这个译者伤脑筋：该怎么处理它们才好呢？我不想提前“剧透”，扫了读者的兴，但往往不得不稍稍点明罗布到底在说什么，好让读者不至于太过一头雾水。

所以与其说是翻译，我所充当的角色更像是解说员，我但愿自己能陪伴读者一起经历书中的各样跌宕起伏，也一起发现巴黎的各种有趣事物。我相信读罢此书，你一定会和我一样，对巴黎的历史、地理、人口、政治、文化、交通、市政规划……有远比先前更为详尽的了解。

虽然粗通法语，但是要追上专业人士罗布的脚步，着实花了我很大的工夫。我在《巴黎》（以及其他作品）里，始终希望尽可能地为读者呈现出文本原来的样貌，哪怕只是一个词，我也盼着能找到它的词源，不至于让读者因为语言的阻隔而错失其中的趣味和迷人之处。当然这往往是放在脚注里的，一般不影响对文本的解读，读者也大可以略过不看。试举两例，譬如罗布在《巴黎》中一笔带过的舒瓦西勒鲁瓦和道布勒桥——我当时就想，读者看到这里，会不会稍稍停下来思考：念上去像咒语一样的舒瓦西勒鲁瓦和道布勒究竟是什么呢？我就有过，所以我在脚注里告诉读者：舒瓦西勒鲁瓦（Choisy-le-Roi）正如书中说的那样，是巴黎的卫星城镇，但它本身的意思是"国王之选"，因为路易十五（1710—1774）选了这个地方练习狩猎。而道布勒桥（Pont au Double）其实是"双桥"（或者说叫"俩桥"）的意思，因为十七世纪的时候，人们但凡要过这座桥，都得付两个铜板的买路钱。类似的例子在书中不胜枚举，留待我们的读者自己慢慢发掘。所以你看，尽管非常不起眼，但舒瓦西勒鲁瓦和道布勒不是对中文读者而言毫无意义的、让人困惑的音节而已，它们同样呈现了法国（巴黎）丰富的历史与文化，却因为我们习惯了只采用音译的办法，很容易就忽略了。

资料查找诚然不易。寻常读者大约不会（也不需要）知道在地质学上，所谓的"坍坡"（fontis）和"钟形帽"（cloche）是什么意思，但对一个合格的译者来说这是必须要做的功课；不单要知道，还要用最妥帖的方式向读者阐释清楚。为此我特意翻阅了《法汉地质词典》，虽然没能直接找到答案，但获得了相当大的启发。罗布雅好文学，他在书中引用了司汤达、巴尔扎克、雨果、波德莱尔、左拉、普鲁斯特等人的作品，有些颇为冷门，并不为中文读者所熟知，我便在必要的情形下参照了各类中、英译本，再一一进行比对，选择最合用的那个（且酌情在译文里标明了出处）。此外，《巴黎》中不乏打油诗、用法语玩的各种文字游戏，甚至提到了古老的火棉胶湿版工艺（一种摄影技术）——托翻译这本书的福，给了我好好钻研相关化学知识的机会。为了百分百确定罗布笔下支持共和的贵族学生的服装颜色，我还“假公济私”重温了《悲惨世界》（电影版），直至找到我想找的那一帧画面为止。

《巴黎》的内涵太丰富了。法国历史上那一场又一场让人（也曾让少年时代的罗布）难以分清的革命是怎么回事？已经失传、后人压根弄不懂的炼金术知识（拉丁语）要怎么翻译？上世纪四十年代顶着“煤气包”的法国公交车长什么样儿？当时根本没留下什么影像资料的冬赛馆内部的景象又如何？这本书出版的时候，法国前总统萨科齐唯一的女儿还未出生，那书中的他怎么会忽然冒出来一个在英国工作的女儿？……要比较好地回答这些问题，我想就只能依靠所谓的译者精神的支撑了。同样地，哪怕是看似不怎么重要的“附录”（譬如大事年表和索引），哪怕是小到一个标点、一处页码或拼写上的谬误，我也要本着负责任的态度穷究下去，尽力做到最好。

翻译永远是有遗憾的，但翻译也像解谜，我在一次又一次自我挑战的过程中获得了满满的乐趣。而对《巴黎》来说，这乐趣属于它的全体读者。正如罗布所写的，他希望他的读者能享受单纯的“追索巴黎本身所带来的乐趣”。我但愿我，但愿我们没有辜负罗布的期待。

金天

2020 年 11 月

图书在版编目（CIP）数据

巴黎：光影流动的盛宴 /(英) 格雷厄姆 · 罗布著；
金天译. -- 上海：上海文艺出版社, 2021
(读城系列)
ISBN 978-7-5321-7914-5
Ⅰ.①巴… Ⅱ.①格… ②金… Ⅲ.①城市史－巴黎 Ⅳ.①K956.5
中国版本图书馆CIP数据核字(2021)第028513号

PARISIANS: AN ADVENTURE HISTORY OF PARIS
By GRAHAM ROBB

发 行 人：毕 胜
策 划 人：林雅琳
责任编辑：林雅琳
封面插画：黄书琪
封面设计师：黄吉如

书　　名：巴黎：光影流动的盛宴
作　　者：(英) 格雷厄姆 · 罗布
译　　者：金 天
出　　版：上海世纪出版集团　上海文艺出版社
地　　址：上海市绍兴路7号　200020
发　　行：上海文艺出版社发行中心发行
　　　　　上海市绍兴路50号　200020　www.ewen.co
印　　刷：苏州市越洋印刷有限公司印刷
开　　本：890×1240　1/32
印　　张：16.25
插　　页：5
字　　数：437,000
印　　次：2021年8月第1版　2021年8月第1次印刷
I S B N：978-7-5321-7914-5/K.0424
定　　价：108.00元
告 读 者：如发现本书有质量问题请与印刷厂质量科联系　T: 0512-68180628